健康
Smile78

健康
Smile 78

健康
Smile 78

健康
Smile78

WHY ZEBRAS DON'T GET ULCERS

壓力

你一輩子都必須面對的問題！
解開壓力與生理、精神的糾纏關係！

羅伯・薩波斯基ROBERT M. SAPOLSK——著

陳思含——譯

健康smile 78

壓力：

你一輩子都必須面對的問題，解開壓力與生理、精神的糾纏關係！

原書書名	WHY ZEBRAS DON'T GET ULCERS
原書作者	羅伯・薩波斯基（Robert M. Sapolsky）
譯　　者	陳思含
特約編輯	洪禎璐
封面設計	林淑慧
主　　編	劉信宏
總 編 輯	林許文二

出　　版	柿子文化事業有限公司
地　　址	11677 臺北市羅斯福路五段 158 號 2 樓
業務專線	（02）89314903#15
讀者專線	（02）89314903#9
傳　　真	（02）29319207
郵撥帳號	19822651 柿子文化事業有限公司
投稿信箱	editor@persimmonbooks.com.tw
服務信箱	service@persimmonbooks.com.tw

業務行政	鄭淑娟、陳顯中

初版一刷	2021 年 12 月
定　　價	新臺幣 460 元
I S B N	978-986-5496-47-0

Printed in Taiwan 版權所有，翻印必究（如有缺頁或破損，請寄回更換）

網路搜尋 60 秒看新世界

～柿子在秋天火紅 文化在書中成熟～

國家圖書館出版品預行編目 (CIP) 資料

> 壓力：你一輩子都必須面對的問題，解開壓力與生理、精神的糾纏
> 關係！/ 羅伯 . 薩波斯基 (Robert M. Sapolsky) 著 ; 陳思含譯 .
> -- 一版 . -- 臺北市 : 柿子文化事業有限公司 , 2021.12
> 　面； 　公分 . -- (健康 Smile ; 78)
> 譯自 : Why zebras don't get ulcers
> ISBN 978-986-5496-47-0(平裝)
>
> 1. 壓力 2. 生理心理學
>
> 172.1　　　　　　　　　　　　　　　　　　110017603

推薦序

本書原文書名是《WHY ZEBRAS DON'T GET ULCERS》，因為斑馬生活單純，牠們要應付的僅是吃飽飽，或看見獅子就跑，面對壓力只有「短期反應」，爾後心跳平緩。但人類可不同，有「心理性」和「社會性」壓力，心裡想著我是不是比別人差，會不會被團體排擠？光是想像就會處於面對壓力的「長期反應」，搞得生理系統耗竭、心理系統衰弱，最後整個人崩潰，難怪心理學家阿德勒說「所有的問題，都是人際關係的問題」。

「適度的壓力使人成長，過度的壓力使人崩潰。」這句話是對的，但壓力作用可沒那麼簡單，書裡完整陳述「壓力」作為一個「歷程」，是如何同時影響身心，又重複負面循環，拖垮個體成為「憂鬱症」。因此，若要破解壓力，絕非單純用力，而是關心生理——減緩神經機制與習慣的無助連結；關懷心理——找出內在衝突；注意環境／情境——生活裡的吃飽沒、有工作及社會地位。不要僅是分析壓力，而是顧慮「生病的人」。

作者提醒我們「管理壓力」的方法有：我還可以做些什麼的「控制感」、資訊與經驗的「可預測性」、宣洩情緒能量的「挫折出口」和重要他人的「社會支持」。有了這些，很神奇地，光用想像——改變自己應對壓力的方式，人類也可以不會得胃潰瘍。

這是一本精彩、豐富、全方位的壓力學，值得各位細細閱讀，認識壓力、調適壓力。

林仁廷／諮商心理師

當二〇二一年東京奧運會如火如荼展開的同時，我收到為本書寫序的邀約，此刻台灣人民沉浸在穿金戴銀的喜悅下，而我的注意力卻集中在全球近八十億人口只有區區不到兩萬人可以參加世界最高端的運動盛會，這群選手跟大家有何不同？能夠應對最大壓力的那群人是誰？他們怎麼辦到的？我們要怎麼做才能像他們一樣？哪些身體和心理因素讓他們得以承受最高強度的壓力？先天體質還是後天的訓練讓他們如此特殊？運動科學和醫學扮演什麼角色？

　　幾十年前，如果說情緒和壓力會引起身體許多器官出狀況，大概只有少數醫師和學術研究者可以理解，然而他們能做的不多，可能勸你「想開一點！」「沒有什麼過不去的！」甚至「不要亂想」、「你就是太閒」等等，而這些不僅沒有幫助個案，反倒有反效果，讓患者認為醫師不了解他們的痛苦，因此只要稍有訓練的醫師，並不會說這類的外行話。

　　本書英文原名是《WHY ZEBRAS DON'T GET ULCERS》，作者在前言特別提到「簡化一些複雜的概念」，也就是關於人體各個器官運作的概念，我特別欣賞他以動物（斑馬、獅子、狒狒等）與人類來做類比，人類也是從東非野生大地逐步學習演化的動物，只是我們的大腦比大多數生物更靈光，因而能主宰世界。對於作者用「銀行帳戶存款」來比喻人體對醣類的運作，也讓我印象深刻，複雜的生理機制變得容易了解，所謂「真正的專家」是把複雜的問題簡單明瞭地讓不懂的人看懂，而不是「把簡單的事情說得複雜難懂」。

　　然而，身體運作實在不易三言兩語說清楚，壓力對荷爾蒙的作用，同時也影響身體各種功能，包括：大腦、心臟、腸胃系統、免疫功能，最終造成結構和功能性疾病，例如：心血管疾病、胃潰瘍、失眠、憂鬱症、失智症、加速老化，德國學者曾說：「大概很難找到一個疾病和壓力無關。」現代文明人受到壓力的影響，尤其不可以忽視。壓力無法避免，基本上要舒壓、減壓也是困難重重！

　　真正造成傷害的不是壓力的大小或壓力的來源，而是「怎麼看待壓力」，作者認為要在對的時候選對的策略，亦即具有「認知彈性」，換言之，想法決定了壓力對個體的傷害程度，而壓力管理的精髓是：「面臨強風時，讓我成為一片草；面對堅牆時，讓我成為一陣強風。」

　　發展彈性思考的智慧，才是管理壓力的最佳策略。多年來，我看過很多關於壓

力的著作，而本書描述壓力對個體生理和心理的影響是最詳盡而正確的，身為從事身心醫療三十年的資深醫師，我強烈建議大家仔細閱讀。

林耕新／耕心療癒診所院長

身為心理助人者，幾年來，我致力於陪伴大眾對付生活壓力，重拾心理健康；在此同時，我也不斷地與自己的壓力奮戰。沒錯！我承認，我正為龐大壓力帶來的諸多痛苦所困擾，包括：失眠、焦躁不安，以及難以預期的偏頭痛。

本來，我就常因隔天有重大任務，而前晚睡不安穩；有了孩子後，睡眠困擾更為嚴重。一開始，是壓力讓我睡不好，後來，失眠成了壓力源。每晚上床，剛闔眼的那一刻，腦袋便浮起了：「今晚我會不會又失眠了？」的念頭。

甚至，我很懷疑，我是否就此失去一夜好眠的能力。

幾年前，我拋下孩子與工作，和太太到國外度假幾天。這期間我每夜一覺到天明，重新體驗到那睡得飽足，又意猶未盡的舒暢感。這讓我知道，適度地與壓力源保持距離，對於調節身心壓力反應，是多麼重要。

問題是，社會上有好多人就身處在貧窮、犯罪、戰亂或資源匱乏等無法擺脫的長期壓力源之中，他們比其他人有更多的風險，因為壓力而導致身心疾病，甚至影響壽命。

因為長期從事青少年輔導工作，我更關注那些有嚴重情緒困擾、適應困難、學習困境的孩子，是如何受到成長過程中的「毒性壓力」影響，因而在身體、心理及社會等方面，都狀況百出。這些毒性壓力，常常發生在他們的原生家庭，更常與主要照顧者（通常是父母）如何對待他們的方式有關。

《壓力》是一本全方位剖析壓力成因與影響，及如何因應壓力的科普書籍，不只從事身心照護的助人工作者需要閱讀，任何人都可以從這本書中獲益。

別等著身體病痛來敲門時，才意識到慢性壓力的威脅。你有機會超前部屬，更優雅地與人生中各種難以預期的壓力共處，同時又保有健康及活力。

陳志恆／諮商心理師、暢銷作家

斑馬、獅子不會得到胃潰瘍，但產卵後的鮭魚、交配後的澳洲袋鼬卻有胃潰瘍？這些資訊實在是太有趣了！

作者透過他在東非國家保護區進行了一年半的實地研究（field research，又稱為田野調查），以及持續二十五年、每年夏季約四個月、每天八到十個小時，觀察同一群野生狒狒，這樣堅持不懈與實事求是的研究精神，讓他在分享壓力、壓力反應與海馬迴（掌管情緒與記憶）關係的過程中，多了許多有趣的新知。

我們看到這位榮獲麥克阿瑟獎學金（俗稱天才獎）的國際頂尖學者，一方面探討壓力、壓力反應（包括葡萄糖皮質素在人體的變化），以及心血管、糖代謝、性議題、生殖、免疫、記憶、老化等各種疾病的交互作用；同時，他也以科學研究分享壓力與各種心理運作的相關性，包括宣洩的出口、人際支持、失控、習得無助（或譯後天無力感）、神經傳導物質、性格、社會階層、信仰、認知彈性等。也許讀者在吸收了其中的某些資訊後，可以獲得如何面對人生壓力的洞見，進而改善自己的身心健康以及提升自己與社會他人的正向連結！

筆者從主流身心醫學與心理治療，轉向結合營養、潛意識醫療、自然醫學輔助療法的身心醫療超過二十年，見證許多壓力（包括隱性壓力源，例如心裡認為合理，但實際上超過身體負荷的人事物）所引起的糖尿病、高血壓、自體免疫疾病、失智、過早老化等身體問題，以及焦慮、憂鬱、恐慌等身心困擾，在有效移除或平衡壓力反應之後，症狀大幅度改善，甚至康復的案例。

第十八章陳述以「成功老化」的人為範本的「壓力管理技巧」，與我臨床上看到的成功案例不謀而合。前面的篇章，也許你可以根據自己的喜好與遇到的問題，跳躍式的閱讀。而第十八章，建議讀者要反覆咀嚼；透過作者嚴謹的科學故事，希望讓某些「以前早就知道的常識」轉變成「正確而可實踐的知識」，而為你與周遭的人帶來「超越過去能想得到的健康與幸福」：就嘗試一點點小改變吧！

楊紹民 / 光流聯合診所院長

【具名推薦】

王浩威 / 精神科醫師、作家
周慕姿 / 心曦心理諮商所創辦人、諮商心理師

目次 CONTENTS

前言／
身心交互作用會影響你的健康狀態

　　也許你是在書店閒逛時閱讀到這本書。如果是這樣，趁走道底端那個全神貫注看著史蒂芬·霍金（Stephen Hawking）的書的人不注意時，偷瞄他一下。

　　看仔細了。他可能沒有因為痲瘋病而少了手指，或者滿身天花的疤，或因為瘧疾而發抖。他可能看起來健康，也可能有著和大多數人相同的疾病，像是對猿猴來說算高的膽固醇、對同齡的狩獵採集者來說不夠靈敏的聽力，或是正在用煩寧（Valium）來舒緩緊張的習慣。

　　身處現今社會的我們，與過去的人類相比，所得到的疾病大有不同，但更重要的是，現今我們之所以會罹患不同的疾病，其實有非常不同的原因。一千年前，一名年輕的狩獵採集者不小心吃了充滿炭疽病毒的羚羊，結果很明顯，他幾天後會死去。現在，一名年輕的律師沒有多想地決定每頓晚餐都吃紅肉、炸物，再喝兩杯啤酒，這是他喜歡的飲食，而結果並不明確，也許半個世紀後，他會因心血管疾病而殘廢，或是和孫子女一起騎單車旅行。

　　至於會發生哪種結果，都要根據一些具體的基本因素而定，像是他的肝臟對膽固醇做了什麼、脂肪細胞裡的某種酵素有多少、血管壁是否有任何先天弱點。除此之外，還會根據一些令人意外的因素，像是他的性格、幾年下來所經歷並累積的情緒壓力、當他有壓力時是否有別人的肩膀可以靠著哭泣。

　　我們如何看待現今影響我們的那些疾病，已經進入醫學革命的範疇了，但卻可以認知到是身心的交互作用，也就是情緒和性格會對身體每個細胞的功能與健康造成巨大的影響。這是關於壓力如何使某些人更容易得到某些疾病、某些人應對壓力源的方式，以及重要的概念是，你無法在虛空而無一物的世界中了解疾病，只能在受到疾病所苦的人的環境中了解它。

　　這是本書的主題。我一開始試著釐清關於壓力的模糊概念，並盡可能以簡易的

方式教你各種荷爾蒙和大腦部位如何在壓力反應中被驅動。然後,我聚焦在壓力與某些疾病風險增加的關聯性,逐章地談論壓力對於循環系統、能量儲存、生長、生殖、免疫系統等的影響。接著,說明老化過程如何受到一生中經歷到多少壓力的影響。然後,我檢視壓力與憂鬱症這種最常見也最令人失能的精神疾病之間的關聯。在第三版的更新內容中,我新增了兩個章節:一章是壓力與睡眠的交互作用,另一章是壓力和成癮的關係。還有,舊版中已有的幾章內容中,我重寫了大約三分之一至一半的內容。

本書的一些訊息很令人討厭,也就是:**持續或重複的壓力,可能以永無止盡的方式破壞我們的身體**。然而,大多數人並沒有因為壓力相關的疾病而失能,我們在生理和心理上採取了應對方式,而且有些人獲得了驚人的成功效果。對於看到最後的讀者,最後一章檢視了已知的壓力管理,以及如何將它的一些原則應用在日常生活中,或許你可以對此感到樂觀。

我相信每個人都能從這些想法中獲益,並且對它們所根據的科學原理感到興奮。科學提供我們一些人生中最細膩、最激勵人心的謎題,它在我們的道德辯論場中投入了最挑釁的想法,偶爾也會改善我們的生活。我愛科學,但一想到有那麼多人害怕這個科目,或是覺得選擇科學,便表示你不能同時也選擇慈悲或藝術或讚歎大自然,就使我感到痛苦。其實,科學不是要解決神秘,而是重新創造及復甦它。

所以,我認為任何寫給非科學家的科學書籍,都應該試圖傳達這種興奮感,使那些平常死也不會接近這科目的人,都覺得它有趣並易懂。這是本書的一個特定目標,因此會簡化一些複雜的概念。

本書的許多部分是我不專精的,在寫這本書的過程中,我徵詢了許多專家學者,也獲得了一些忠告、澄清和事實確認。為此,我感謝他們每一位慷慨付出的時間和專長。我也特別感謝幾位朋友、同事和老師,他們從極為忙碌的時間表中抽出時間來讀幾章內容,如果他們沒有婉轉地指出錯誤和扭曲之處,那些地方就會留在本書中,我一想到這件事就會發抖。

還有一些人使這本書有所進展並組成最後樣貌上功不可沒。這些頁面的許多內容是在醫學進修教育的演講中發展出來的,那些是由皮質研究與發展機構(ICRD)贊助的演講,其主任威爾・高登(Will Gordon)給了我很多的自由和支持去探索這

個內容。布魯・高德曼（Bruce Goldman）則是第一個在我腦袋裡種下這本書的種子的人，而科克・簡森（Kirk Jensen）幫 W. H. 福立曼與公司（W. H. Freeman And Company）出版社招募我；兩位都在這本書的成型初期給予幫助。最後，我的秘書佩西・卡德納（Patsy Gardner）和麗莎・佩瑞拉（Lisa Pereira）一直幫我處理把這本書弄好的各種安排。我感謝你們每個人，並期待未來再與你們共事。

撰寫這本書的過程中，我大部分都寫得很愉快，我想這反應了我生命中最感恩的事情之一：我從科學得到的喜樂，多到讓它成為我的職業及嗜好。所以，我在此感謝那些教我做科學，甚至教我享受科學的導師們。

一群研究助理對於寫這本書是不可或缺的，他們總是在檔案資料庫的地下室遊蕩，打電話給全世界的陌生人問問題，把難懂的文獻提煉到能令人理解，而其工作也包括了找出歌劇閹伶（Castrati，編注：在童年時接受閹割手術的男性歌手）的資料、日裔美國人居留營的日常菜單、巫毒之死的原因，以及射擊隊的歷史，他們靠著驚人的能力、速度和幽默做到了全部的研究。我很確定，若沒有他們的幫忙，我就無法完成這本書，而且絕對確定這本書的寫作會變得較不有趣。

最後，你會明顯地看到，這本書引用了大量科學家的研究。大實驗室的研究通常由大團隊執行，而在這整本書中，我都基於簡潔而提到較不知名的人士的研究，大多是由一個人和一大群資淺的同事一起進行的。

在把書獻給配偶或重要友人的壓力生理學家之間有個傳統，這個不成文規定就是，你應該要在獻文中納入關於壓力的矯揉造作的東西。那麼，給梅姬（Madge），稀釋我壓力源的人；給阿圖洛（Arturo），我良性壓力的來源；給我的太太，在這些數不完的年頭忍受我由壓力引起的高血壓、潰瘍性結腸炎、失去性慾和錯置的攻擊性。我會在真正給太太的獻文中拋棄那種風格，因為我有更簡單的話可以說。

第 1 章

斑馬為何不會得胃潰瘍

凌晨兩點，你正躺在床上，明天有個極為重要的挑戰，可能是一個重要的會議、上臺報告，或是一場考試。你必須好好睡一晚，卻依然非常清醒，所以你試圖運用各種不同的放鬆策略，像是深呼吸、慢呼吸、想像平靜的山景，但你還是想著：除非你下一分鐘就睡著，否則你的事業就毀了。於是你躺在那裡，一秒比一秒更緊繃……

如果你習慣這麼做，大約到了凌晨兩點半，當你冒著冷汗時，一個全新且具破壞性的連鎖想法必然會闖入你的腦袋。突然，你在各種擔心中，開始思索起身體側邊已經有好一陣子的不明確疼痛、耗竭的感覺，或是頻繁的頭痛。這個體認使你驚覺：我病了，病得快要死了！喔！為什麼我沒有意識到這些症狀？為什麼我要否認它？為什麼我沒去看醫師？

我總是在凌晨兩點半出現一個「腦腫瘤」！上面這些想法很能夠製造驚恐，因為可以把每個想到的不明確症狀都歸因於腦腫瘤，並且合理化每個驚慌。就是如此，你或許也會躺在那裡想著自己有癌症，或有潰瘍，或你剛剛中風了。

即使我不認識你，也能很有自信地預測，你不會躺在那裡想：「我就知道，我有痲瘋病！」對嗎？如果大便狂瀉，你不可能執著地認為自己感染了嚴重的痢疾。畢竟我們很少人會躺在那裡，深信自己身體裡的腸子或肝臟裡充滿了寄生蟲。

當然不會。我們的夜晚不會滿是對猩紅熱、瘧疾或鼠疫的擔心，霍亂並不在我們的社區中蔓延，河盲症、黑水熱、象皮病則是第三世界的異國風情，也很少有女性讀者會死於生產，至於閱讀著這一頁的營養不良讀者，就更少了。

多謝醫學和公共衛生的革命性進步，常見的疾病已經改變了，而且我們不必

再夜不成眠地擔心感染性疾病，或是擔心營養不良或衛生問題造成的疾病。相較之下，想想美國在一九〇〇年的前幾大死因：肺炎、肺結核、流行性感冒（還有，如果你當時是年輕女性，並且有冒險傾向，生小孩也是其中之一）。你上次聽說一大群人死於流感，是什麼時候？那些流感在一九一八年殺死的人，比起最野蠻的衝突（也就是世界第一次大戰）還要多。

　　現今的疾病模式，對於我們的曾祖父母，或是對大部分的哺乳類來說，都是難以理解的。

　　簡單來說，我們得到的疾病和可能死亡的方式，跟大部分的祖先不一樣（或者跟現今住在地球上較弱勢地區的人類不同），以致在夜晚時總是充斥著對於其他種類疾病的擔心；我們現在活得夠好也夠久，足以讓身體慢慢壞掉。

　　現今糾纏我們的疾病，是慢慢累積的傷害，如心臟疾病、癌症、腦血管疾病。

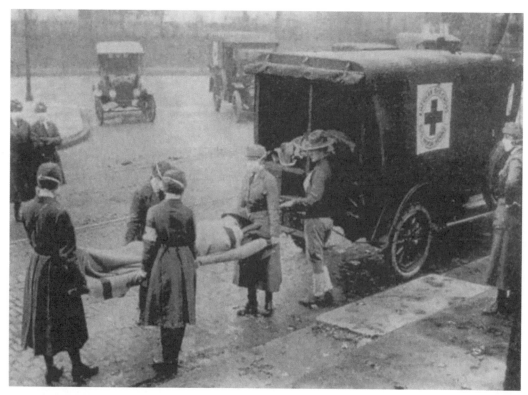

一九一八年流感大流行。

雖然這些疾病令人難受，但相較於在二十歲時因敗血症或登革熱而死亡，顯然是一大進步。隨著近期疾病模式的改變，我們也改變了對疾病過程的看法。

我們已經認知到生理與情緒有非常複雜的糾結，我們的性格、感覺和想法，正以無盡的方式反映並影響著我們的身體狀況。這個認知的其中一個有趣發展，是了解到嚴重的情緒障礙可能會對我們產生有害的影響，用常見的話來說就是：「**壓力會使我們生病。**」醫學上一個重要的改變，就是認知到許多慢性累積、具傷害性的疾病，可能是壓力所造成的，或是壓力會使之嚴重惡化。

就某些方面來說，這已經不是新聞了。數個世紀之前，敏感的醫師們直覺地意識到，每個人對疾病的反應有個別差異，兩個有相同疾病的人，各自的病程發展卻相當不同，並且以模糊又主觀的方式反應出個別的人格特質。或者，一位醫師可能感覺到，某些類型的人比較容易得到某類疾病。但自從二十世紀以來，這些模糊的臨床觀點加入了嚴謹的科學，使得研究身體如何回應壓力事件的「壓力生理學」，成了一門真正的學問。於是，現在有非常多生理、生化、分子方面的資訊，解釋了生活中各種無形的情況如何影響我們有形的身體。這些無形的事物，包括情緒痛苦、心理特質、社會地位，以及社會如何對待在那個位置的人，而它們可以影響健康問題，像是膽固醇會塞滿血管還是安全地從循環中被清除；或脂肪細胞是否不受胰島素控制，導致我們有糖尿病；或大腦裡的神經元是否能夠撐過心臟停止而導致缺氧的那五分鐘。

這本書是關於壓力、壓力相關的疾病，以及應對壓力機制的入門書。為什麼我們的身體能夠調適一些有壓力的緊急狀況，但有些壓力卻會使我們生病？為什麼有些人特別容易得到壓力相關的疾病，這又與性格有什麼關係？為何單純心理層面的問題就能使我們生病？壓力與我們多容易得到憂鬱症、多快速老化、記憶力好不好，有什麼關係？我們的社會階層，又與壓力相關疾病的模式有什麼關係？最後，我們如何可以更有效地應對周圍充滿壓力的世界？

壓力與身體的恆定性

最好的開始方式，或許是在腦袋裡列出一串我們會覺得有壓力的狀況清單。你

應該會立刻想出一些明顯的例子，如路況、截止日、家庭關係、擔憂金錢，但如果我說：「這是以人類為中心的思考方式，現在試著像斑馬那樣思考。」突然間，有些新的東西會跳上清單的前幾名，如身體嚴重受傷、狩獵者、飢餓。當我們需要被提醒換個角度去想時，正顯示了一件很重要的事：你我比斑馬更容易得到潰瘍。

對動物而言，比如斑馬，生活中第一類難受的事情，是緊急的身體危機。如果你是那隻斑馬，一隻獅子剛剛跳出來想撕裂你的肚子，你逃走了，接著花一個小時逃避還在糾纏你的獅子。或者，同樣很有壓力的，你是那隻獅子，非常飢餓，你最好用最快的速度衝過大草原抓住什麼來吃，否則你就無法活下去。這些是極度有壓力的事件，而且需要立即的生理適應才能存活，而身體的反應，會非常傑出地適應並處理這些緊急狀況。

一個有機體也可能被長期的身體挑戰所糾纏，這是第二類的難受。蝗蟲吃了作物，接下來六個月，你必須每天走上十幾公里去取得足夠的食物。乾旱、饑荒、寄

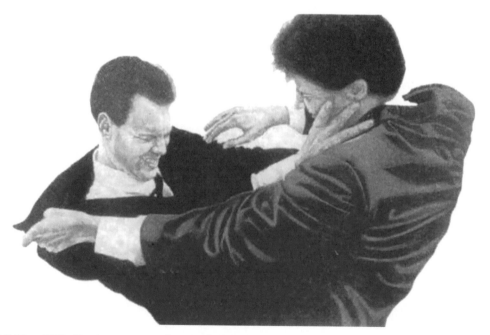

羅伯特‧朗溝（Robert Longo），紙上的無名作品，一九八一。（兩個雅痞為了餐廳最後一份雙倍拿鐵而打架？）

生蟲，那些不愉快的狀況不是常會有的經驗，卻是未西化的人類和大多數哺乳類生活的中心事件。而對於這些持續性的災難，身體的壓力反應還算可以應付。

這本書很重要的部分，**是第三類的難受，也就是心理與社會所造成的破壞**。無論我們和家人相處得有多差，或是因為停車位被搶了有多憤怒，我們很少會為了這種事情而拳腳相向。同樣的，我們不太可能需要去追蹤和親自打敗晚餐。本質上，人類活得夠好、夠久，也夠聰明，可以光在腦袋裡就產生各種壓力事件。有多少河馬會擔心社會安全金能撐多久，或是在第一次約會時該說什麼？透過動物王國的演進來看，持續性的心理壓力是近代的發明，幾乎僅限於人類和其他社會性的靈長類。

我們能夠光靠連結想法，就體驗強烈的情緒（激發我們的身體進入隨之而來的騷亂）。[1] 兩個人可以面對面坐著進行冠軍棋賽時，進行不比偶爾移動小木塊更耗體力的事情，卻非常消耗情緒，而且新陳代謝的需求可能接近運動員在競爭性比賽高峰時的狀況。[2] 或者，一個人只不過簽一張紙就感到興奮，因為他花了好幾個月密謀操弄，然後在剛剛簽字開除了一個厭惡的敵手，他的生理反應可能會驚人地像是大草原的狒狒，剛剛把競爭對手的肺打爆、把臉割爛。如果一個人為了某些情緒問題而使內臟糾結於焦慮、憤怒和緊張好幾個月，就非常可能導致生病。

這是這本書的重點：**如果你是逃命的斑馬，或是衝刺覓食的獅子，你的生理反應會很好地適應去處理這類短期生理緊急事件**。對地球上絕大多數的猛獸來說，壓力來自於短期的危機，然後要不是那個危機沒了，就是你自己沒了。**而當我們枯坐著擔心有壓力的事情時，也同樣開啟了相同的生理反應，只是當它們被持續性地激發時，就可能是個災難**。大量的證據顯示，壓力相關疾病大多來自於我們太常啟動那些應該用來回應急性身體緊急事件的生理系統，而且一打開它就是好幾個月，因為我們總是擔心著房貸、人際關係和工作。

我們的壓力和斑馬的壓力之間的差別，使我們開始深思一些定義。一開始，我必須提起一個在中學生物課上可能折磨過你的概念，也許你從那時起就希望不必再想到它，也就是「恆定性」，像是身體有需要氧氣的理想程度、理想的酸鹼度、理想的體溫等。這些不同的變項被維持在恆定的平衡裡，是一種所有的生理狀態都維持在最佳程度的情況，而大腦被認為已經進化到要維持情況恆定不變的狀態。

這讓我們產出一些簡單的初期工作定義，而它們對斑馬或獅子而言是足夠的。

此定義為：**壓力源是來自外在世界，而且把你的恆定性打破的東西；壓力反應則是你身體試圖重建恆定性的作為。**

但是，當我們考慮到經常讓自己以及人類擔心到生病的情況時，我們不能把壓力源僅解讀為「打破你恆定性的東西」。**壓力源也可以是「對於即將發生什麼事的預期」**。有時候我們夠聰明，可以看出接下來會發生什麼事，然後僅僅根據預期，就能開啟宛如事情真的發生一樣的強烈壓力反應。

某些層面的預期性壓力並不僅限於人類，無論你是在荒涼地鐵中被一群流氓包圍的人，還是與獅子面對面的斑馬，你的心臟都會狂跳，即使還沒有發生什麼身體傷害。但是，我們不是那種認知層面較簡單的物種，而是只要想著很久以後可能破壞我們恆定性的壓力源，就會開啟壓力反應。例如，非洲農人看著一大群蝗蟲降臨在他的作物上時，即使他已經吃了足夠的早餐，也沒有因為挨餓而恆定性失衡，但是他仍會經歷壓力反應。斑馬和獅子會看到下一分鐘的麻煩，並在預期中啟動壓力反應，但是牠們無法對遙遠的未來事件感到壓力。

有時候，人類會為了斑馬或獅子覺得完全沒道理的事情而感到壓力，如為了房貸、稅單、對大眾演講而焦慮，或是害怕求職面試要說什麼、無可避免的死亡等等，這些都不是哺乳類的通性。人類經驗裡充斥著心理性的壓力源，與飢餓、受傷、失血、極端氣溫的生理世界大為不同。

當我們因為害怕什麼會成真而啟動壓力反應時，就是在讓自己這個認知技巧允許我們提早啟動防禦，而這些預期性的防衛可以有相當的保護力，此時的壓力反應大多與「準備」有關。但是，當我們進入了生理性的混亂，並且沒道理地啟動壓力反應，或是為了無能為力的事情而啟動它，就是一種「焦慮」、「神經質」、「疑神疑鬼」或「不必要的敵意」。

因此，壓力反應不只能在生理或心理的攻擊中啟動，也能在預期心理中啟動。**生理系統不只能被各種身體災難所啟動，也能在光想著那些事情時就被啟動**，這種壓力反應的廣泛性是令人驚訝的。這種廣泛性最早在數十年前即受到壓力生理學的教父之一——漢斯‧塞利（Hans Selye）所重視。

開個玩笑：壓力生理學能成為一門學問，是因為漢斯‧塞利雖然非常有洞見，卻是個非常不會處理實驗室老鼠的科學家。

漢斯・塞利的老鼠實驗

一九三〇年代，塞利剛展開內分泌學的工作，那是一門研究體內荷爾蒙交流的學問。很自然地，身為一名年輕、沒名氣的助理教授，他必須積極找尋可以開啟研究事業的題材。走廊底端的一位生化學家，剛好從卵巢分離出一些萃取物，而同事們很好奇這些卵巢萃取物對身體會有什麼作用。於是，塞利從那位生化學家那邊取得了一些萃取物，決定研究它的作用。他試圖每天將萃取物注射到老鼠體內，但顯然他的手不夠巧。

塞利試著幫老鼠們打針，卻沒抓好老鼠或是被牠們溜掉，常常花上半個早上滿屋子追老鼠，或是被老鼠追，還有用掃帚把牠們從水槽後面打出來等狀況。這樣弄了幾個月後，塞利檢測這些老鼠時，有了驚人的發現：這些老鼠有胃潰瘍、非常腫大的腎上腺（兩大壓力荷爾蒙的來源），以及縮小的免疫組織。他很高興自己發現了那個神秘卵巢萃取物的功效了。

身為一位好科學家，他有控制組：每天只注射食鹽水的老鼠，而不是注射卵巢萃取物。這些老鼠也是每天都被打針、摔落、追來追去。結果，控制組的老鼠也有一樣的胃潰瘍、腫大的腎上腺，以及萎縮的免疫組織。

你或許會想，這位小科學家此刻可能會舉雙手投降，並且偷偷地去申請唸商學院，但塞利卻從自己的觀察中推論，既然控制組和實驗組發生了同樣的改變，那麼這些生理改變就不可能來自那個卵巢萃取物。而這兩組老鼠有什麼共同點呢？塞利推論，是他那恐怖的打針過程所造成的。他想，或許這些老鼠體內的改變，是因為對整體不愉快經驗所產生的某種不明確的身體反應。

為了測試這個想法，他在冬天把一些老鼠放到研究大樓的屋頂，把其他的老鼠放在鍋爐房、強迫運動，或經歷手術。他發現，在所有的案例中，胃潰瘍、腎上腺變大、免疫組織萎縮的狀況都增加了。

我們現在知道塞利觀察到了什麼，他發現了壓力反應疾病的冰山一角。塞利對於造成老鼠有反應的非特定不悅描述，借用了一個物理學的詞彙，宣布老鼠受到了「壓力」，他由此而成了傳奇（其實是塞利自己在造神）。

事實上，在一九二〇年代，這個詞彙就已經被生理學家懷特・坎農（Walter

Cannon）介紹到醫學界，當時的理解方式和現在差不多。塞利所做的，則是用兩個觀點來使這個概念更正式：

- 身體對於各種壓力源有驚人的相似反應（他稱之為「廣泛性適應症」，現在我們稱為「壓力反應」）。
- 如果壓力源持續太久，你就會生病。

恆定性再加碼：「身體調適」是更適合壓力的概念

恆定性的概念在近幾年已經被賓州大學的彼得・斯特林（Peter Sterling）和約瑟夫・艾爾（Joseph Eyer）的研究做了修改，然後被洛克斐勒大學的布魯斯・麥克尤恩（Bruce Mcewen）所擴展，[3] 產出了一個新架構。我一開始堅持要無視它，但現在屈服了，因為它傑出地把恆定性現代化，也更能夠解釋壓力（雖然我的領域中不是每個人都會擁抱這個架構，只說它是「舊瓶裝新酒」）。

恆定性原本的概念是根基於兩個想法。第一，身體的任何測量都有個單一的最佳程度、數值和量。但這不可能是真的，畢竟，你睡覺時的理想血壓應該和跳臺滑雪時不同。

基礎狀態的理想值，與承受壓力時不同，這是「身體調適」（allostasis）的中心思想（此領域用帶有禪味的口吻說，身體調適是關於「透過變化而維持恆常」。我不確定自己真的懂這是什麼意思，但當我在授課時丟出這句話時，學生總是會出現有意義且認同的點頭）。

恆定性的第二個想法是，你會透過某個局部的調節機制來達到理想值，然而，身體調適的觀點認知到，在任何時候都可能有不計其數的不同調節方式，每一種都有著各自的結果。因此，假設加州缺水，恆定性的解決辦法是，規定用小一點的馬桶水箱[4]，而身體調適的解決辦法是，除了用小一點的馬桶水箱外，還有說服人民節約用水、改從東南亞買米而非在缺水的地方耕作需要大量用水的作物。或者假設你的身體缺水，恆定性的解決辦法是，腎臟要負責解決這個問題，它要為了省水而緊縮起來，少製造尿液，而身體調適的解決辦法是，由大腦負責解決，它要告訴腎臟怎麼工作，傳送訊號到身體容易揮發水分的部位（皮膚、口腔、鼻子）去取水，

以及使你感到口渴。恆定性是去處理這個閥門或那個玩意，身體調適則是由大腦統整全身性的改變，通常也包括改變行為。

身體調適觀點的最後一個特徵，非常吻合對有壓力的人們的看法，即身體進行複雜的調節機制時，可不只是為了修正哪個特定出差錯的點。在預期某一點會出差錯時，也會產生身體調適的許多改變。我們不妨再重複前面所說的重點：**我們不是因為被獵捕者追逐而感到壓力，我們是因為對挑戰的預期而啟動了壓力反應，而那些挑戰完全是心理性和社會性的混亂**，但這對斑馬來說一點道理也沒有。後面我們會一再談到身體調適對於壓力相關疾病的看法。

你的身體如何適應急性壓力

在這個延伸的架構中，壓力源可以被定義為任何打亂身體調適平衡的東西，而壓力反應是你試圖回歸平衡的身體反應，像是某些荷爾蒙的釋放、某些荷爾蒙的抑制、神經系統特定部分的啟動等等。也就是說，無論面對什麼壓力源，包括受傷、挨餓、太熱、太冷或心理壓力，你都會打開相同的壓力反應。

這種廣泛性正是令人困惑之處，如果你接受過生理學的訓練，一開始會覺得這種情況毫無道理可言。在生理學中，我們通常學到的是：對身體的特定挑戰，會引發特定的反應與適應。若你溫熱身體，會導致流汗以及肌膚的血管擴張，冷卻身體時則相反，血管會收縮，身體會發抖。太熱或太冷似乎是非常特定的不同生理挑戰，而且身體對這兩種非常不同的狀況應該有極為不同的反應，這似乎很合邏輯。然而，無論你太熱或太冷，無論你是斑馬、獅子，還是在高中舞會上感到害怕的青少年，都能啟動壓力反應，這是哪門子的瘋狂身體系統？為什麼無論你在什麼處境，身體都會有這種通用的、固定的壓力反應？

如果你仔細想想這種壓力反應所帶來的適應，會發現這很合理。如果你是某種因為食物短缺而感到壓力的細菌，你會進入暫時停止活動的狀態，但如果你是飢餓的獅子，就必須追捕獵物；如果你是某種因為有人要吃你而感到壓力的植物，你會把毒素傳到葉子裡，但如果你是被獅子追捕的斑馬，就必須逃跑。對於我們這些脊椎動物而言，壓力反應的核心建立在你的肌肉瘋狂運作，因為此時肌肉需要隨即可

用的能量，而非把能量儲存在你的脂肪細胞內，等候下個春天的工程。**壓力反應的特徵之一，是快速地把能量從儲存部位提取出來運作，並且抑制進一步的儲存。**葡萄糖和最簡單形態的蛋白質與脂肪，會從你的脂肪細胞、肝臟和肌肉傾倒出來，替負責保護你項上人頭的肌肉添加柴火。

如果你的身體已經啟用了全部的葡萄糖，就必須盡快把它傳遞給重要的肌肉。心跳、血壓、呼吸速度都會因此而上升，以更快的速度傳送養分和氧氣。

另一個壓力反應的特色也同樣有邏輯。在緊急狀況中，身體會暫停長期性的、消耗性的工程，這相當合理。如果有龍捲風逼近房子，可不是粉刷車庫的好日子，應暫停長期性的工作，直到你知道有未來為止。因此，在壓力下，消化會受到抑制，是因為沒有足夠的時間能從緩慢的消化過程中獲得好處，所以就不必浪費能量在消化上了。當你試著避免成為誰的午餐時，就有比消化早餐更重要的事情得做。

同樣的道理也可應用在生長和生殖上，因為這兩者都很消耗你的身體，也對未來過於樂觀（尤其如果你是女性的話）。如果獅子緊追著你，而且只差兩步，那麼就改天再擔心排卵或製造精子吧。處在壓力中時，男女的成長和組織修復都會被限縮，性慾會下降；女性會減少排卵或完成孕期，而男性則會有勃起障礙及減少睪固酮分泌。

隨著這些改變，免疫力也會受到抑制。免疫系統負責抵抗感染和疾病，擅長發現一年後會殺了你的腫瘤細胞，或是在兩、三個星期內製造足夠的抗體來保護你，但是，此時它是必要的嗎？這裡的邏輯看起來是相同的：改天再找腫瘤，現在要善用精力（我們會在第八章看到，要是免疫系統為了節省能量而在壓力中被抑制，這會有一些大問題，但是目前先說到這裡就好）。

遇到嚴重的身體疼痛時，壓力反應的另一個特徵就相當清楚了。壓力持續夠久的話，我們對疼痛的感知會變得遲鈍。在作戰當中，士兵們瘋狂地衝向要塞，一位士兵中槍了，受傷嚴重，但他根本不在意。他會看到自己衣服上的血，並擔心身邊那位受傷的弟兄，或者不解自己的五臟六腑為何沒感覺。隨著戰事結束，有人會驚訝地指著這士兵的傷說：「那不是會痛得要命嗎？」並不是。這種壓力引起的痛覺缺失是很高的適應功能，也有許多相關紀錄。如果你是那隻斑馬，就算在灰沙中拖著內臟，依然必須逃跑，要是此時因為極度疼痛而進入休克，可不太聰明。

最後，在壓力之下，認知與感官會產生改變。例如，記憶的某些部分突然變好了，這對於正試著搞清楚如何脫離一個緊急事件的你，總是很有幫助。（這以前發生過嗎？有好的躲藏處嗎？）還有，你的感官會變得更敏銳。回想一下你看電視上的恐怖電影時，在最緊張的時候總會坐在椅子邊緣，而一點點的聲音，像是門的嘎吱聲音，就會讓你幾乎跳起來。較好的記憶、更敏銳的感官，都很有用，也有助於我們適應狀況。

整體來說，斑馬或獅子的壓力反應適應得極好。能量會動起來，並被傳送到有需要的組織；長期性的建築和修繕計畫被推遲到災難過後再做，於是痛覺變遲鈍了，認知功能變敏銳了。在二十世紀初，生物學家懷特·坎農替塞利的工作鋪了一條路，並且被普遍認為是這個領域的另一位教父。他投入於研究應對緊急狀況時壓力反應的適應層面，建構了廣為人知的「戰或逃」症候群（"Fight-Or-Flight" Syndrome，譯注：此詞專指生理系統中無法自行控制的反應，「戰或逃反應」則多指行為上、心理層面的反應），並用非常正面的看法來說明壓力反應。他的書《身體的智慧》對於身體應對各種壓力源的能力，充滿了愉悅的樂觀看法。

壓力反應本身可能造成傷害

可是，壓力事件有時候會使我們生病。為什麼？

塞利藉由他那些有胃潰瘍的老鼠，努力解決這個謎團，最後卻想出了完全錯誤的答案。普遍認為，這個錯誤答案害他的其他研究得不到諾貝爾獎。他發展出一套壓力反應如何運作的三階段觀點。在最開始的階段（警覺），壓力源被注意到，你的腦袋響起象徵性的警報，告訴你，你正在出血、太冷、血糖太低或什麼的。第二個階段（適應或抵抗）成功地運作壓力反應系統，以及再次回到身體調適的平衡。

第三個階段，塞利稱為「疲憊」，來自於持續的壓力，並產生壓力相關疾病。塞利相信這時候一個人會生病，是因為在壓力反應中所釋放的荷爾蒙耗盡了，就像軍隊用完了軍火，我們突然沒有了能對抗威脅性壓力源的防衛資源。

然而，我們會發現，即使面對最長久的壓力源，也很難看到必要荷爾蒙真的被耗盡的情況，亦即這軍隊不會耗盡子彈。這身體反而會花超多預算在軍事防禦上，

而忽略了教育、醫療和社會福利。所以，並非壓力反應耗完了，而是**它啟動到一定程度之後，壓力反應本身會比壓力源更有害，尤其當壓力完全是心理因素的時候。**這個概念至關重要，因為它凸顯了壓力相關疾病是怎麼產生的。

如果你想想在壓力中身體所產生的反應，就會發現「壓力反應本身可能造成傷害」的觀點是有道理的。那些反應通常是短視近利的、效率不佳的，並且因小失大，但在緊急狀況中，你的身體必須有效地做這些高代價的事。然而，如果你覺得每一天都是緊急事件，就會付出更大的代價。

如果你持續花費庫存能量，就不會有剩下的能量可以儲存。你會更快感到疲倦，得到糖尿病的風險也會提高。長期啟動你的心血管系統所造成的後果，也同樣有害：如果你狂奔逃離獅子而血壓上升到 180/100，這是有適應功能的；但如果你每次看到青春期孩子的雜亂臥室，血壓就標到 180/100，可能遲早會得到心血管疾病，因為你一直關閉長期的身體工程，就什麼都無法修復。基於稍後的章節會介紹的矛盾原因，你會更容易得到胃潰瘍；小孩子的成長可能被嚴重抑制到產生一種罕見但被承認的兒童內分泌疾病：壓力型侏儒症；而成人的骨骼和組織修復與重建，可能受到破壞。如果你一直處在壓力下，可能會發生各種生殖系統問題，女性的經期可能變得不規律，甚至完全停經；男性的精蟲數和睪固酮指數可能會下降；無論男女，性慾都會降低。

但那只是長期性或反覆性壓力所造成的問題之開端，一旦你的免疫功能被壓抑太久或太過度，你會更容易得到感染性的疾病，染病後也更沒有對抗疾病的能力。

最後，大腦那套在壓力中運作得更好的系統，可能被一種在壓力中釋放的荷爾蒙所傷害。我們之後會談到，大腦在老化過程中有多快失去腦細胞，以及老年的記憶喪失有多嚴重，都可能與這件事有關。

荷爾蒙的平衡翹翹板

這些聽起來都精透了！面對反覆出現的壓力源，我們或許能靠運氣重回身體調適，但是代價不小，努力重新建立平衡，遲早會磨耗我們。你可以這麼想：讓兩個小朋友坐翹翹板，他們可以輕易地達成平衡。這就像是沒有壓力事件時的身體調適

平衡，兩個小孩代表著低量的各種壓力荷爾蒙（我們之後會談到）。相對的，當相同的荷爾蒙因為壓力源而大量爆發，就可以視作是翹翹板上的兩隻超級大象，牠們非常努力的話，也可以達到平衡。但是，如果你一直試著平衡有兩隻大象而非兩個小朋友的翹翹板，各種問題就會出現了：

- 首先，兩隻大象的超大量精力被用在平衡翹翹板，而不是更有用的地方，像是鋤草或繳帳單。這就等於把長期工程所需要的能量，用在處理短期的緊急壓力上。

- 由於大象巨大、笨拙又不靈巧，所以用兩隻大象來做這件事，會造成破壞。牠們要進入遊樂區的時候會踩爛花朵；牠們一邊平衡翹翹板，一邊要吃零食，還把沒吃完的食物和垃圾散了一地；牠們害翹翹板更快壞掉等等。這就等於我們後面會談到的壓力相關疾病模式：要解決身體的一個大問題，很難不使別的狀況失衡（這是遍布全身系統的身體調適本質）。因此，或許你能夠用大象（那超級大量的各種壓力荷爾蒙）來解決壓力當中的某部分失衡，但這麼大量的荷爾蒙在此過程中可能會使別的部分大亂。長期這樣下來，會對身體產生磨耗，而這被稱為「身體調適負荷」（Allostatic Load）。

- 最後的一個小問題：當兩隻大象在翹翹板上達到平衡時，牠們就很難下來。其中一隻跳下來，另一隻就會重摔在地；要不然就需要極為細膩的安排，讓牠們小心翼翼地在同時間跳下來。這是在之後的章節會用到的另一個比喻：**有時候壓力相關疾病可能來自於太慢關閉壓力反應，或是關閉不同壓力反應的速度不一樣。**當壓力反應的荷爾蒙之一的釋放速度回到正常，而另一個荷爾蒙依然在瘋狂釋放，那就如同一隻大象突然被單獨留在翹翹板上，並重摔在地。[5]

壓力反應與疾病的個體差異性

前面幾頁應該足以使你開始接受這本書的兩個要點：

第一個要點是，**如果你打算跟正常的哺乳類一樣承受壓力，並應對急性的身體挑戰，卻無法適當地開啟壓力反應時，你的麻煩就大了。**要了解這一點，你只需要看看無法啟動壓力反應的人。

如在稍後幾章會說明的，在壓力當中，身體會分泌兩類重要的荷爾蒙。如果你

有愛迪生氏病（Addison's Disease），就無法分泌其中一種荷爾蒙；如果你有夏－崔症候群（Shy-Drager Syndrome），便無法分泌另一種荷爾蒙。有愛迪生氏病或夏－崔症候群的人，並不會比較容易得到癌症、糖尿病，或其他慢性傷害累積所造成的疾病。然而，不治療愛迪生氏病的人，在遇到重大壓力源時，像是車禍或者感染性疾病，就會發生「愛迪生型」危機，即血壓會降下來，無法維持循環運作，然後進入休克。而對於有夏－崔症候群的人而言，光是要站起來就很困難了，更別說要衝刺去抓斑馬當晚餐，因為光是站立就會導致他們的血壓嚴重下降、肌肉不自主地痙攣抽搐、頭暈及產生各種不適。

這兩種疾病告訴我們一件重要的事，就是在面對身體挑戰時，你需要壓力反應。愛迪生氏病和夏－崔症候群呈現了無法開啟壓力反應的嚴重性。在之後的章節，我會介紹一些壓力荷爾蒙分泌不足的較輕微疾病，包括慢性疲勞症候群、纖維肌症候群、類風濕性關節炎、憂鬱症的一種次類型、創傷後壓力症候群等。

這個要點很重要，尤其是對偶爾必須逃命的斑馬而言。但是第二個要點對於不悅地坐在塞車的車陣裡、擔心開銷、煩惱與同事的緊張互動的我們，更為相關。當我們談壓力相關疾病時，所想到的大部分都是壓力反應過度所造成的疾病，但**如果你一再開啟壓力反應，或者在壓力事件結束後無法關閉壓力反應，此壓力反應最後就可能變得有害。**

上一段有一些重要的條件，也是本書的中心思想之一。表面上它似乎在說壓力會使你感覺生病，持續性或反覆出現的壓力源會使你不適。不過，更精確來說，持續性或反覆出現的壓力源，有可能使你感到生病，或提高你身體不適的風險。即使是大型的、重複的或持續性的壓力源，也不會自動導致疾病。本書最後會說明為什麼即使壓力源相同，有些人卻會比別人更容易產生壓力相關疾病。

我還必須強調一個重點，宣稱「持續性或反覆出現的壓力源，有可能提高你不適的風險」，其實不太正確，雖然這有點像是在語意雞蛋裡挑骨頭。壓力從來不是使你身體出問題的原因，應該說**壓力提高了你得到某疾病的風險，而那個疾病使你的身體出問題；或者，如果你有某種疾病，壓力會使這個疾病勝過你的抵抗力。**

這個差別有幾點重要性。第一，在壓力源和生病之間多了一些步驟，就有更多個體差異要解釋，例如為什麼只有某些人最後真的生病。此外，藉由釐清壓力源和

疾病之間的過程，會更容易設計出介入這個過程的方法。最後，它解釋了為什麼許多醫療人員似乎對壓力的概念感到懷疑或覺得不可靠。臨床醫學在傳統上頗擅於說出這樣的話：「你覺得不舒服是因為你有某種病。」但是，醫學通常不擅於解釋你怎麼得到這個病的。因此，實際上醫師們通常會說：「你覺得不舒服，是因為你有某個疾病，不是因為什麼跟壓力有關的鬼話。」然而，這樣的說法忽略了壓力源造成疾病或使疾病惡化的角色。

本書各章主題

以這個架構為基礎，我們可以開始了解這個系統裡的各個步驟。第二章會介紹與壓力反應相關的荷爾蒙和腦部系統：在壓力當中，何者被啟動？何者被抑制？這會帶我們進入第三章至第十章。這幾章會探討身體受到影響的個別系統。在壓力中，那些荷爾蒙如何提高心血管的張力，以及慢性（長期持續性）壓力如何造成心臟病（第三章）？在壓力中，那些荷爾蒙和神經系統如何運作能量，以及過多的壓力如何讓你產生能量方面的疾病（第四章）？諸如此類。

第十一章探討壓力與睡眠的交互關係，特別是「壓力如何破壞睡眠，睡眠不足怎麼成為一種壓力源」的惡性循環。第十二章談論壓力在老化中的角色，以及近期令人不安的研究發現，持續接受某種會在壓力中釋放出來的荷爾蒙，可能會加速大腦老化。我們會看到，這些歷程往往比本章所呈現的簡單介紹更複雜，也更隱晦。

第十三章的主題是極重要的重點，用以了解我們對於壓力相關疾病的傾向：什麼心理壓力會造成壓力？這是後面幾章內容的前奏。第十四章檢視憂鬱症，這是一種影響許多人，而且往往與心理壓力密切相關的糟糕精神疾病。第十五章探討性格差異如何造成壓力相關疾病模式的個別差異，你會發現這世界充滿了焦慮疾病和 A 型性格，以及性格與壓力反應之間令人驚訝且出乎意料的關聯。

第十六章談到閱讀本書時隱隱貫穿其中的一個令人不解的問題，也就是有時候壓力會使人感覺良好，好到我們願意花錢去被恐怖電影或雲霄飛車製造壓力。因此，這一章會談論壓力什麼時候是好的，以及某些壓力源引起的愉悅感和成癮過程之間的交互關係。

　　第十七章的焦點超越了個體本身，去看你在社會中的位置，以及所生活的社會類型，與壓力相關疾病的模式有什麼關係。如果你不打算再讀下去，這裡有那一章的金句：**如果你想避免壓力相關疾病，千萬小心別讓自己生活在貧窮當中。**

　　我們因為新的和意外的眾多證據，得知身與心會被壓力害慘，於是在很多方面來說，一直到最後一章之前所說的都是壞消息，但最後一章則是要提供希望。即使有相同的外在壓力源，某些人的身體與心理，比其他人更擅長應對壓力，他們做對了什麼？我們可以向他們學到什麼？在這一章中，我們會檢視壓力管理的主要原則，以及一些已經被絕佳成功應用的驚喜領域。雖然中間的那幾章記錄著我們對於壓力相關疾病的許多弱點，但是最後一章會顯示，我們有很大的潛力可以保護自己不受那些弱點影響，而且非常確定的是，為時未晚！

注釋

1　神經學家安東尼奧‧達馬西奧（Antonio Damasio）細說了一個關於指揮家海伯特‧馮‧卡拉揚（Herbert Von Karajan）的極佳研究，發現這位大師聽著一首曲子時的心跳，就和他指揮那首曲子時的心跳一樣快速。

2　或許記者很清楚這個事實。想想一九〇〇年關於卡斯帕洛夫（Kasparov）對卡波夫（Karpov）的棋賽的描述：「卡斯帕洛夫持續用謀殺式的攻擊逼近。到了最後，卡波夫必須用相同卻更強烈的手段來對抗暴力威脅，於是這場比賽變成了一場混戰。」

3　麥克尤恩及其研究常常出現在這本書中，因為他是這個領域的巨人（也是很棒的人，而且多年以前是我的論文指導者）。

4　生理學家的確花很多時間思考馬桶內部的運作。

5　如果你覺得這個比喻很蠢，想像一下一群科學家關在壓力研討會上討論此事的樣子。我第一次聽到這個比喻是在一個會議中，然後馬上就有內鬨，吵著比喻該是大象在彈跳棒上、大象在單槓上、大象坐旋轉木馬、相撲選手坐翹翹板等等。

第 2 章

腺體、雞皮疙瘩與荷爾蒙

要了解壓力如何使我們感到不適，我們必須理解大腦運作的某種狀況。或許此領域的早期調查者所說的這段話，是最好的說明：

當她在他的雙臂中融化，感到又小又美好，她成為他極度的渴望，他全部的血管似乎都因為強烈而溫柔的渴望進入他的血液而發燙，渴望她、渴望她的柔軟、渴望在他懷裡的她那穿透性的美麗。溫柔地，在純柔的渴望中，他的雙手以不可思議的心醉神迷愛撫著她，輕柔地撫過她腰部的絲滑之坡，往下，往下至她柔軟、溫暖的臀間，越來越靠近她最敏感的地帶。她覺得他就像慾望之火，卻又溫柔，並且覺得自己融化在這團火焰中。她放開自己，感覺到他的陰莖以沉默神奇的力量和表達立起並靠著她，並讓自己靠近他。她臣服於猶如死亡的顫抖，對他完全敞開……

現在想想，如果勞倫斯（D. H. Lawrence）合你的胃口，你的身體可能會發生一些有趣的變化，例如，你剛才並沒有跑上一層樓的樓梯，但是你的心跳可能變快了；你房間內的溫度沒有改變，但是你可能有一、兩個汗腺啟動了。還有，雖然你身體某些較敏感的部位沒有被碰觸，但你突然對它們很有感覺。

壓力與自主神經系統

你的大腦告訴身體該做什麼的主要方式，是透過神經傳送訊號；這些神經由大

腦分支出去到脊椎，再由脊椎分支出去到身體末梢。這個自主控制的神經系統是有意識的。當你決定要動動一塊肌肉，它就會動，這是讓你可以握手、報稅或跳波爾卡舞的軀體神經系統。自主神經系統則分布到骨骼肌以外的器官，控制著身體其他有趣的事情，像是臉紅、雞皮疙瘩、高潮。

　　一般而言，比起腦部命令大腿肌肉要做什麼，我們對於腦部命令汗腺要做什麼，有更少的控制力（然而，這種自主神經系統的運作，並非完全脫離我們的控制，例如生理回饋，包括學習有意識地改變這種自動功能。如廁訓練是另一個我們獲得主控權的例子；俗氣點來說，我們在婚禮上忍住不要大聲打嗝，也是一樣的事）。神經放射到汗腺之類的位置時，所攜帶的訊息較不受意志控制且較自動，因此它叫做「自主神經系統」，並且與你對壓力的反應有完全的關係。這系統有一半會被壓力啟動反應，另一半則會被壓抑反應。

　　被壓力反應啟動的那一半自主神經系統叫做「交感神經系統」[1]。交感神經源自腦部，其訊號從你的脊椎放送出去，分送到體內每個內臟、每條血管和每個汗腺，甚至會傳送到你身上毛髮所連接的許多微小肌肉。如果你真的被什麼嚇到，並且啟動了這種傳送，你的毛髮會立起來，而當你身體被啟動的部位沒有毛髮時，那邊的肌肉就會起雞皮疙瘩。

　　遇到緊急狀況時，或者你認為很緊急時，交感神經系統會啟動，它有助於調節警戒、喚起、啟動、推動。歷代的醫學院一年級生都聽過一個蠢笑話，解釋了交感神經系統對四種 F 行為的調節：逃（Flight）、戰（Fight）、驚呆（Fright）和性（譯注：用 F 開頭的不雅詞取代了 Sex）。當生活變得刺激或令人警覺時，像是在壓力之下，這個原型系統會被打開，而系統的神經末梢會釋放出腎上腺素（Adrenaline）。當有人從門後跳出來嚇你，使你的胃部緊縮的原因，就是交感神經系統在釋放腎上腺素。交感神經末梢也會釋放另一個相似的物質，叫做「去甲腎上腺素」（Noradrenaline），是腎上腺的交感神經末端釋放出來的物質；去甲腎上腺素是由全身其他各處的交感神經末端所釋放的，它們都是在短短幾秒內就會促使各器官進入狀況的化學傳訊者。

　　自主神經系統的另一半則扮演相反的角色，副交感神經負責調節冷靜、靜態的活動，即四 F 以外的所有狀況。如果你是成長中的兒童，並且睡著了，你的副交感

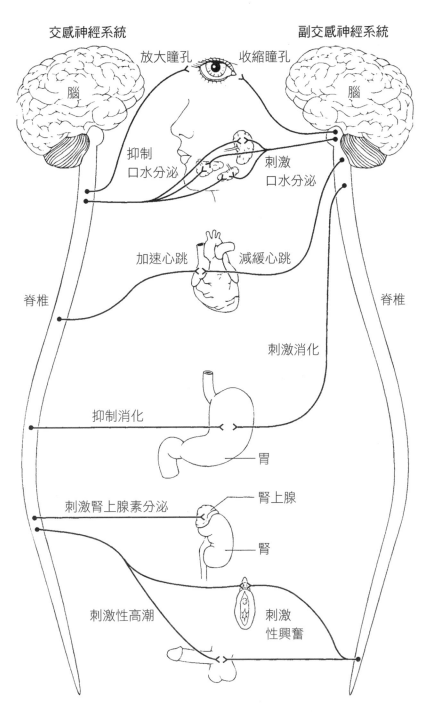

交感神經與副交感神經系統對多種器官和腺體的影響之概要

神經就被啟動了，它有助於成長、儲存能量和其他樂觀的過程。吃一頓大餐後，肚子飽脹地坐著、愉快地昏昏欲睡，這是副交感神經正在大發作。當你為了逃命而衝過大草原、喘著氣並試著控制慌張時，就是在調降副交感神經的部分。

自主神經系統就是這樣相對運作的：交感神經和副交感神經被啟動的時候，它們從腦部放射出去，一路到某個器官，帶來相反的結果。交感神經系統使心跳變快，而副交感神經系統使心跳變慢；交感神經系統把血液送到你的肌肉，副交感神經系統卻相反。因此，如果這兩套系統同時都非常活躍，那會是一場災難，有點像是同時把腳踩在油門和煞車上，有很多安全功能的存在是用來確保不會發生這種災難，如腦部用來啟動一個機制的部位，通常也會抑制另一個機制。

你的大腦：真正的主宰腺體

交感神經系統的神經路線，是腦部對壓力做出反應時，能夠推動活動的第一個方式，另一個方式則是透過分泌荷爾蒙。

如果一個神經元（神經系統的一個細胞）分泌一個化學傳訊者，它旅行了幾千英吋，並且使下一個細胞（通常是另一個神經元）做點什麼不一樣的事，這個傳訊者就被稱為「神經傳導物質」。因此，當心臟的交感神經末梢分泌了去甲腎上腺素，使心臟肌肉的運作產生變化，那麼去甲腎上腺素就是在扮演神經傳導物質的角色。如果一個神經元（或任何細胞）分泌一個滲透到血液裡並造成廣泛影響的傳訊者，這個傳訊者就是「荷爾蒙」。有很多種腺體會分泌荷爾蒙，有一些會被壓力啟動分泌，有一些則被壓力關閉分泌。

大腦和這些由腺體分泌的荷爾蒙有什麼關係呢？人們習慣性地認為「無關」。那個想法是，身體各處的腺體，包括胰臟、腎上腺、卵巢、睪丸及其他，會以某種神秘的方式「知道」它們自己在做什麼、有自己的想法，不需要其他器官下指令，便會「決定」什麼時候分泌傳訊者（荷爾蒙）。這個錯誤的想法，在二十世紀早期愚蠢地流行了一陣子。

科學家注意到男性的性慾會隨著年齡降低，並認為這是因為老化的男人睪丸會分泌較少的男性荷爾蒙：睪固酮（事實上，那時沒人知道睪固酮這種荷爾蒙，他們

只是稱之為睪丸內神秘的「男性成分」。而且事實上，睪固酮量不會隨著年齡大幅下降，而是漸漸下降，且每位男性的狀況都非常不同，即使睪固酮比正常值下降了十％，也不會對性行為有太多影響）。

再一個跳躍性思考：他們把老化歸因於失去性慾與低落的男性成分（有人可能會懷疑，為什麼沒有睪丸的女性也會老化，不過當時並沒有把女性納入這些想法中）。那麼，要怎樣逆轉老化呢？就給老化的男人一些睪丸萃取物吧。

很快地，有錢的老男人開始進入瑞士頂尖的療養中心，每天在屁股上施打來自狗、公雞、猴子的睪丸萃取物。你甚至可以到療養中心的牧場挑選你要的羊，就像在餐廳挑龍蝦一樣（而且不只一位男士帶著自己的得獎動物就診）。這很快又誕生了「回春療法」這種分支，稱為「臟器療法」，也就是移植一點點睪丸。因此，「猴子腺體」的狂熱誕生了。使用「腺體」這個詞，是因為記者不能使用「睪丸」這種粗俗字眼。業界領袖、政府領導人和至少一位教宗都做過了，而在世界第一次大戰大屠殺後的爛攤子中，因為年輕男性人口不足，所以有過多的老夫少妻婚姻，導致這種療法似乎很重要。

當然，這不會有效果的。睪丸萃取物裡沒有任何睪固酮，病人注射的是水基萃取物，但睪固酮不溶於水。被移植過去的極少量器官，幾乎立刻就死亡了，但疤痕組織被錯當成健康的移植物。即使它們沒有死，仍然不會起作用，因為若是老化的睪丸分泌較少的睪固酮，那不是因為睪丸在衰敗，而是因為另一個器官（敬請期待）不再告訴睪丸要分泌睪固酮。放入全新一組睪丸，也一樣沒用，因為缺乏刺激訊號。不過，沒關係，反正每個人都說超級有效，如果你花大錢每天去注射某種動物的睪丸，就更有可能覺得自己像頭年輕蠻牛，這是一大安慰劑效應。

隨著時間過去，科學家們終於搞懂了睪丸和其他各處的荷爾蒙分泌腺體並不是自主的，而是受到別的什麼所控制。他們把注意力轉到大腦下方的腦下垂體。我們知道，當腦下垂體受損或生病時，全身的荷爾蒙分泌都會混亂，而在那個世紀的早期，有些謹慎的研究顯示，只有腦下垂體先釋放荷爾蒙去推動一個末梢腺體運作的時候，那個腺體才會釋放荷爾蒙。腦下垂體擁有一大堆主導身體的荷爾蒙，所以腦下垂體才是真的知道整個策略並管理其他腺體的那一個。這個發現導致了那個教人難忘的陳腔濫調，也就是「腦下垂體是身體的主宰腺體」。

這個看法被廣泛傳播，特別是在《讀者文摘》裡刊出的「我是喬的」系列文章（「我是喬的胰臟」、「我是喬的脛骨」、「我是喬的卵巢」等），到了「我是喬的腦下垂體」的第三段，就出現了那個主宰腺體的玩意。然而，到了一九五○年代，科學家開始知道腦下垂體並不是主宰腺體。最簡單的證據就是，如果移除了腦下垂體，把它放到裝滿腦下垂體培養液的小碗，這個腺體的活動就變得不正常，它不再分泌平常會分泌的各種荷爾蒙。當然，你可能會說，把任何內臟拿下來丟到某種培養液裡，怎麼可能活得好好的。但是，很有趣的是，當這個被移植到外面的腦下垂體停止分泌某些荷爾蒙時，卻會瘋狂分泌其他荷爾蒙，所以這並不是因為腦下垂體受創並關機，它的反應會混亂，其實是因為它並沒有完整的荷爾蒙策略。正常來說，腦下垂體會遵循大腦的指令，而這時在小碗中並沒有大腦下指令。

這是很容易證明的事。破壞靠近腦下垂體的大腦區域，腦下垂體就會停止分泌某些荷爾蒙，而過度分泌另一些荷爾蒙。這就在告訴我們，大腦藉由刺激釋放某些荷爾蒙，以及抑制某些荷爾蒙，來控制某些腦下垂體荷爾蒙。問題在於，要搞清楚大腦是如何辦到的？

用邏輯來說，你會去找大腦放射到腦下垂體的神經（就像放射到心臟和別處的神經），以及大腦釋放出去下達指令的神經傳導物質，但沒有人能找到這些放射過程。一九四四年，生理學家吉福瑞‧哈里斯（Geoffrey Harris）提出，大腦也是一個荷爾蒙腺體，它釋放到腦下垂體的荷爾蒙會指示腦下垂體怎麼做。原則上，那不是一個瘋狂的想法！這個領域的教父之一，恩斯特‧沙瑞（Ernst Scharrer），在四分之一個世紀前就展示過，某些來自腦下垂體的荷爾蒙，其實是在大腦製造的。然而，很多科學家認為哈里斯的想法是在胡扯。你可以從腦下垂體得到荷爾蒙，就像卵巢、睪丸、胰臟那樣，但是說大腦會冒出荷爾蒙？簡直胡說八道！這不只在科學上似乎毫無道理，而且大腦做這種事，不知為何就是不夠詩意，顯得不得體。

尋找大腦荷爾蒙

羅傑‧吉耶曼（Roger Guillemin）和安德魯‧沙利（Andrew Schally）兩位科學家開始尋找大腦的荷爾蒙。這是超乎想像的困難任務，因為大腦透過一個只比句

點大一點的微小循環系統來與腦下垂體溝通。你無法在整體的血液循環中，找到那些假設的大腦「釋放性荷爾蒙」和「抑制性荷爾蒙」；就算真有那些荷爾蒙，等到它們進入大型的整體循環系統中，也被稀釋到無法被發現了。你必須在大腦底端那小小的組織裡面尋找，那裡含有從大腦連接到腦下垂體的血管。

這可不容易，但是那兩位科學家決定要做。這些荷爾蒙的抽象智力難題、它們可能的臨床應用，以及在這個科學彩虹盡頭的喝采，使他們充滿動力，再加上他們互相討厭，便激發了這場追尋。

一開始，在一九五〇年代晚期，吉耶曼和沙利合作尋找那些大腦荷爾蒙。或許在一個疲憊的晚上，在試管架前，其中一人貶損了另一人，但真正發生了什麼事，已經被模糊的歷史掩埋了。不管怎樣，他們最後就是產生了惡名昭彰的敵意。這份敵意關係被科學紀錄記載了下來，如同希臘人和特洛伊人的對立，甚至是可口可樂和百事可樂的對立。吉耶曼和沙利拆夥了，各自想要成為第一個分離出那個假設大腦荷爾蒙存在的人。

你要如何分離出一個可能不存在的荷爾蒙？或者，即使它存在，也只是極少量地存在於碰不到的微小循環系統中？吉耶曼和沙利都採用相同的策略，他們開始蒐集屠宰場的動物大腦，把靠近腦下垂體的大腦底部切下來。把一堆這樣的東西丟進攪拌機，再把攪爛的腦倒入試管中。試管裡裝滿了可以純化那些腦糊的化學物質，接著收集從另一端出來的一滴滴東西。然後把這些東西注射到老鼠身體中，看看老鼠的腦下垂體的荷爾蒙釋放模式是否改變。如果有改變，那麼從這些大腦取出的東西，可能就包含了某種他們想像的釋放性或抑制性荷爾蒙。接著試著純化那東西裡面的成分，搞懂它的化學結構，製作人工的版本，然後看看人工製作的版本是否可以調節腦下垂體的功能。

理論上很直白，但是他們花了數年的時間。

這個任務的問題之一是它的規模。一個腦最多只有一丁點那些荷爾蒙，所以科學家們後來一次要處理幾千顆腦，於是屠宰場大戰就開打了，他們蒐集一卡車又一卡車的豬腦或羊腦；化學家把一大鍋的腦倒入化學分離器，而其他人思考著底下滴出來的微量液體，接著一次又一次地把它放到化學分離器裡純化……但那可不是不用腦的生產線工作，他們必須發明新的化學種類，以全新的方式測試可能存在或不

存在的荷爾蒙對活體的影響。這是極困難的科學難題，又因為許多具影響力的人物相信這些荷爾蒙是虛構的、這兩個人在浪費時間和金錢，而變得更加困難。

　　吉耶曼和沙利開創了一種全新的企業型態方式來做科學。老套說法是：孤獨的科學家凌晨兩點坐在那裡試圖搞懂實驗結果的意義，但這裡有一整個團隊的化學家、生化學家、生理學家等，被協調來一起分離出那些傳說中的荷爾蒙。結果這個方式成功了，「只」花了十四年，第一個釋放性荷爾蒙的化學結構被發表了。[2]

　　再過兩年，一九七一年，沙利發現了另一個下視丘荷爾蒙的序列；兩週後，吉耶曼發表了這個荷爾蒙。吉耶曼的下一場勝利是在一九七二年，用下一個荷爾蒙超前沙利整整三年。此時已經過世的吉福瑞・哈里斯被證明是對的，每個人都很欣喜，並且吉耶曼和沙利在一九七六年獲得諾貝爾獎。他們之中比較儒雅又知道該說什麼的那位，宣稱自己的動機完全出自於科學，以及那股想要幫助人類的衝動；他提到了與自己共同得獎的那位研究者的互動，有多麼激發他且有建設性。另一個人沒那麼世故，但比較誠實，他說自己幾十年來的動力都來自於這場競爭，並且形容與另一位得獎者的關係，有如「多年的惡性攻擊和挾怨報復」。

　　替吉耶曼和沙利喊「耶」吧！原來大腦真的是主宰的腺體。現在認為，大腦底部的下視丘，含有大量的釋放性與抑制性荷爾蒙，會指揮腦下垂體，進而調節末梢腺體的分泌。在某些情況中，大腦透過釋放單一的釋放性荷爾蒙，引發腦下垂體荷爾蒙釋放甲荷爾蒙；有時候大腦是透過釋放單一種抑制性的荷爾蒙，使腦下垂體不釋放乙荷爾蒙；還有一些狀況是，某個腦下垂體荷爾蒙被大腦的釋放性與抑制性荷爾蒙一起聯手控制（雙重控制），但更麻煩的是，在有些狀況中（例如我研究的令人困惑的系統），有一大堆下視丘荷爾蒙一起調節腦下垂體，有些是釋放性的，有些是抑制性的。

與壓力反應有關的荷爾蒙

　　大腦身為主宰腺體，可以體驗或思考有壓力的情況，並且以荷爾蒙啟動壓力反應的組成。在壓力中，「下視丘—腦下垂體—神經末梢腺體」的某些連結被啟動了，有些則被抑制了。

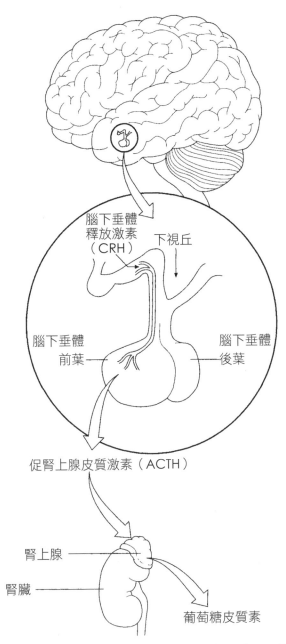

葡萄糖皮質素分泌控制之概要。大腦感應到或預期到一個壓力源，引發下視丘釋放「腦下垂體釋放激素」（CRH）及其他相關荷爾蒙。這些荷爾蒙進入連接下視丘和腦下垂體前葉的封閉循環系統，使得腦下垂體前葉釋放「促腎上腺皮質激素」（ACTH）。「促腎上腺皮質激素」進入整體循環中，並且引發腎上腺釋放葡萄糖皮質素。

如先前提到的，對壓力反應至關重要的兩種荷爾蒙，是腎上腺素和去甲腎上腺素，它們由交感神經系統所釋放。壓力反應中的另一種重要荷爾蒙是「葡萄糖皮質素」（Glucocorticoids）。

由於我愛上了這些荷爾蒙，所以在你看完這本書之後，會很驚訝自己對葡萄糖皮質素的知識有多豐富。

葡萄糖皮質素是類固醇荷爾蒙（類固醇是指五大類荷爾蒙的一般化學結構，這五大類荷爾蒙是：雄激素〔出名的「同化」激素，例如會害你被奧運除名的睪固酮〕、雌激素、黃體素、礦皮質素、葡萄糖皮質素），它們由腎上腺分泌，通常表現得很像腎上腺素。**腎上腺素在短短幾秒內就會運作；而葡萄糖皮質素會支撐腎上腺素運作幾分鐘或幾小時。**

腎上腺基本上很笨，所以必須由大腦的荷爾蒙控制葡萄糖皮質素的釋放。如果發生了有壓力的事情，或是你有感到壓力的想法，下視丘會分泌一大堆釋放性荷爾蒙到「下視丘－腦下垂體循環系統」，此系統會使一切運作。其中主要的釋放物叫做「腦下垂體釋放激素」（CRH），同時有各種較次要的成分與「腦下垂體釋放激素」發生協同作用。[3] 大約不到十五秒，「腦下垂體釋放激素」會引發腦下垂體釋放「促腎上腺皮質激素」（ACTH，也稱為促皮質素），接著促腎上腺皮質激素被釋放到血液裡後，抵達腎上腺，在短短幾分鐘內引發葡萄糖皮質素的釋出。葡萄糖皮質素和交感神經系統的分泌物（腎上腺素和去甲腎上腺素），一同造成身體在壓力當中的大部分反應。這些荷爾蒙就是壓力反應中的主力軍。

還有，在壓力中，你的胰臟會被激發釋出一種叫做「升糖素」（Glucagon）的荷爾蒙。葡萄糖皮質素、升糖素和交感神經系統，會使葡萄糖的循環濃度變高。我們之後會學到，這些荷爾蒙對於在壓力中推動能量非常重要。

其他的荷爾蒙也被啟動。腦下垂體會分泌泌乳素，泌乳素的影響之一，是扮演在壓力中壓抑生殖的角色。腦下垂體和大腦也會分泌一種像嗎啡般的內生物質，叫做「腦內啡」（Endorphins）和「腦啡」（Enkephalins），其功能之一是有助於鈍化痛覺。最後，腦下垂體也會分泌「抗利尿激素」（ADH），它在壓力反應的心血管狀況中有其扮演的角色。

就像有些腺體在壓力中會被啟動，有多種荷爾蒙系統在壓力中則會被抑制，

像是雌激素、黃體素、睪固酮等各種生殖荷爾蒙。與生長有關的荷爾蒙（像是生長荷爾蒙）也會被抑制，還有通常會讓身體儲存能量以供未來使用的一種胰臟荷爾蒙「胰島素」，其分泌也會受到抑制。

（你是否感覺快要被這些詞彙壓垮且被嚇到了，懷疑自己當初是不是應該選擇買狄巴克‧喬布拉〔Deepak Chopra〕的自我成長書籍呢？拜託，千萬不要夢想記住這些荷爾蒙的名字。重要的名字在之後會一直出現，你很快就會習慣，並且正確地把它們加入你的日常對話和給最喜歡的親戚的生日卡片中。相信我！）

壓力反應的複雜性

至此，我們對神經與荷爾蒙傳訊者的了解是，它們攜帶大腦發出的「壞事在發生」的消息。懷特‧坎農是第一個發現腎上腺素、去甲腎上腺素和交感神經系統的角色的人，創造了「戰或逃」反應這個詞，這個詞有助於理解壓力反應是在讓身體為突然爆發的能量需求做好準備，而塞利開拓了這個故事的葡萄糖皮質素部分。從那時候起，其他的荷爾蒙和神經系統也被正視了，在這本書初版發行後的十二年，許多次要的荷爾蒙也被發現了。不用說，還有更多的東西需要被發現。整體來說，這些分泌和啟動的改變造成了主要的壓力反應。

這本來就會有一些複雜性，例如之後幾章會反覆說到的，壓力反應是在為身體大量消耗能量做準備，也就是那權威的（或者說，聖典般的）「戰或逃」反應。加州大學洛杉磯分校的心理學家雪莉‧泰勒（Shelley Taylor）的研究，強迫人們思考這件事。她提出，戰或逃反應是男性應對壓力的方式，因為（大多是男性的）科學家長期以來偏向研究男性而非女性，被過度強調為一種現象。

泰勒的論點很有說服力，她認為女性的生理壓力反應可能相當不同，如同大多數的物種，女性的攻擊性通常比男性低，而且帶著依賴自己的孩子，也會使得「逃」不是一個選項。泰勒用凶巴巴的口吻，證明自己不比那些老派男來得差，她說，與其說戰或逃，其實女性的壓力反應是「照料和結盟」，即照顧自己的子女，以及尋求社交結盟。我們會在本書最後一章看到，壓力管理風格具有驚人的性別差異，當中有很多是傾向於社交結盟，而這支持了泰勒的觀點。

　　泰勒也強調一種造成「照料和結盟」壓力反應的荷爾蒙機制。雖然交感神經系統、葡萄糖皮質素及其他荷爾蒙，是在為身體大量的體力需求做準備，但「催產素」（Oxytocin）似乎與照料和結盟更為相關。腦下垂體荷爾蒙扮演的角色，使很多雌性哺乳類在孩子出生後能夠產生銘印、刺激乳汁分泌，並且刺激母性行為。還有，催產素對於雌性和雄性建立單一伴侶的連結也很關鍵（哺乳類中只有少數物種是單一伴侶制）。[4]

　　雌性在壓力中會分泌催產素這件事，支持了這個看法：壓力反應並不只是準備在大草原瘋狂衝刺，也可能包括想要接近社會的感覺。

　　一些對泰勒之研究的批判指出，有時候雌性的壓力反應也可以是戰或逃，而非結盟。例如，雌性絕對可以非常有攻擊性（通常是在保護子女時），也經常為了自己的性命或餐點（例如，獅子是由母獅狩獵）而奮力奔跑。還有，有時雄性的壓力反應也可以是結盟而非戰或逃，他們可能會和其他雄性建立同盟，或者，那些少數的單一伴侶物種（這些雄性通常會做不少育兒的工作）中，有些雄性也會有通常被認為是雌性所進行的照料與結盟行為。即使有這些批判，普遍仍接受這個看法：身體對壓力的反應並不僅僅是為攻擊或脫逃做準備，此外，壓力在生理與心理方面有重要的性別差異。

　　還有更多的複雜性。即使我們去思考經典的戰或逃壓力反應，也不是所有物種都用同樣的方式運作，例如，壓力會使老鼠的生長荷爾蒙分泌立即下降，卻會使人類的生長荷爾蒙分泌短暫上升（這個關於人類的謎團和意義，會在談生長的第六章提到）。

　　另一個複雜性是關於腎上腺素和葡萄糖皮質素運作的時間過程。前文提過，腎上腺素在短短幾秒內就能運作，而葡萄糖皮質素則要花上幾分鐘到幾小時在支撐前者的活動。就侵略部隊來說，這很棒，有時候防禦反應可能是從軍械庫拿槍出來發（腎上腺素短短幾秒內的運作），而有的防禦則可能是開始製造最新的坦克車（葡萄糖皮質素運作數小時）。但是在獅子追斑馬的狀況中，有多少動物在衝過大草原時真的跑上數小時呢？如果典型的大草原壓力源結束了，葡萄糖皮質素的運作還一直持續，那有什麼用呢？

　　葡萄糖皮質素的一些作用的確有助於調整壓力反應，**另一些作用則有助於從壓**

力反應中恢復過來，在第八章會談到這與一些自體免疫疾病可能有重要的關係。而且**葡萄糖皮質素還會讓你準備好應對下一個壓力源**，在第十三章會談到這對於了解預期性的心理狀態容易引發葡萄糖皮質素分泌，相當重要。

另一個複雜性是關於壓力反應啟動時的一致性。賽利的概念很重要的部分是，無論你太熱或太冷，或者你是那隻斑馬或獅子（或單純是因為反覆看到這種表達方式而感到有壓力的你），對每一個壓力源，都會啟動相同的模式去分泌葡萄糖皮質素、腎上腺素、生長荷爾蒙、雌激素之類的。

大部分時候是這樣沒錯，壓力反應的各個分支這樣交錯糾纏成為一整套，是始於大腦。大腦的通路能夠刺激下視丘釋放「腦下垂體釋放激素」，也能夠啟動交感神經系統，此外，由腎上腺分泌的腎上腺素和葡萄糖皮質素，互有加強作用。

然而，我們並非對所有的壓力源都會產生相同的壓力反應。交感神經系統和葡萄糖皮質素在對壓力源做出反應上具有一些作用，但這兩個分支的應對速度和程度，可能根據壓力源而大為不同，而且並不是所有壓力源都會啟動壓力反應所有的內分泌成員。**遇到不同的壓力源，荷爾蒙釋放的協作與模式通常會有不同，特定的壓力源有特定的荷爾蒙「印記」。**

這裡有一個葡萄糖皮質素和交感神經系統在壓力反應中的應對程度的例子。詹姆士·亨利（James Henry）最先研究了社會壓力源，例如處於低位階是否會造成老鼠的心臟疾病。他發現，社會位階較低而保持警覺並試著應對挑戰的老鼠，特別容易啟動交感神經系統；相對的，社會位階較低而放棄應對挑戰的老鼠，較容易啟動葡萄糖皮質素。

對於人類的研究，發現了人類可能也跟老鼠一樣有類似的差異。交感神經系統的喚起是焦慮和警覺的特色，而葡萄糖皮質素大量分泌則較屬於憂鬱的特色。還有，並非所有的壓力源都會引起腎上腺素和去甲腎上腺素兩者都分泌，也不會在交感神經系統的每個分支都分泌去甲腎上腺素。

在某些狀況中，壓力印記會偷溜進來。不同的兩種壓力源可能會在血液中產生完全相同的壓力荷爾蒙釋放狀況，但這兩種情況有什麼印記上的差別嗎？**身體各處的組織遇到某個壓力源時，可能會改變它們對某種壓力荷爾蒙的敏感度，但遇到另一個壓力源就不會。**

　　最後，如第十三章的主題，對於壓力源的心理背景不同，兩個完全相同的壓力源可能導致非常不同的壓力印記，因此同一種壓力源不必然會造成完全相同的壓力反應。這沒什麼好驚訝的，即使許多壓力源的狀況差不多，太熱或太冷、極度焦慮或憂鬱，這些情況的生理挑戰仍然非常不同。儘管如此，遇到非常不同的壓力源時，本章所概述的荷爾蒙變化仍然組成了神經與內分泌壓力反應的超級結構。這些荷爾蒙變化會相當可靠地發生。

　　我們現在可以來看看，這些反應整體來說如何在急性的緊急狀況中救我們一命，卻使我們長期不健康。

注釋

1　這個名字是怎麼來的呢？根據赫赫有名的壓力生理學家西摩‧列文（Seymour Levine）的說法，這與蓋倫（Galen）有關。蓋倫相信大腦負責理性思考，而內臟負責情緒。這一套連結兩者的神經通路，表示它讓你的腦可以同情你的內臟，或者你的內臟同情你的腦。自主神經系統的另一半叫做「副交感神經系統」。副，表示「在旁邊」，也就是與交感神經相比，副交感神經顯得較無趣。（譯注：「交感」的英文為「Sympathetic」，與「有同情心的」為同義詞。）

2　喘不過氣的運動迷會問：「誰贏了這場比賽？吉耶曼還是沙利？」答案根據你如何定義「第一個」而定。第一個被分離出來的荷爾蒙，是間接調節甲狀腺荷爾蒙釋放的那個（它控制腦下垂體如何調節甲狀腺）。沙利及其團隊是第一個送上要發表的論文，「大腦裡真的有調節甲狀腺荷爾蒙的荷爾蒙，它的化學結構是 X。」五個星期後，在幾乎平手的時刻，吉耶曼的團隊也呈交了相同結論的論文。問題是，幾個月前，吉耶曼及其團隊率先發表了一篇論文，說，「如果你合成 X 結構的化學物質，它會調節甲狀腺荷爾蒙的釋放，方式近似下視丘腦糊的方式；我們尚不知道是否下視丘也有 X 結構，但如果有，我們也不會驚訝。」所以吉耶曼是第一個說「這個結構的運作方式就像真正的狀況一樣」的人，而沙利是第一個說「這個結構是真的」的人。在幾十年後，我第一手發現，那些經歷了吉耶曼－沙利得獎之戰那幾年的人，依然對於「誰才是冠軍」有很激動的反應。

　　有人可能會想，那個瘋狂競爭的頭幾年，怎麼不做一點顯然有幫助的事，像是國家衛生研究院找他們談談：「與其我們把納稅人的錢分別給你們來分開研究，不如你們合作？」令人意外的是，這對於科學進步來說不必然是好事。這樣的競爭有重要的用意，因為獨立而重複的結果在科學上非常重要。幾年的追逐下來，一位科學家取得勝利並發表新荷爾蒙或腦部化學物質的結構。兩週後，另一個人出來說話，他的動機完全是想要證明第一個人是錯的。然而，他被迫說：「我討厭那個王八蛋，但我得承認他是對的，因為我們也得到相同的結構。」透過有敵意的競爭者的獨立確認，你就知道這些證據非常可靠。當大家一起合作時，事情會進展得比較快，但每個人最後都會有相同的想法，使他們更容易有未經檢驗的小錯誤，而這些小錯誤可能會變成大錯誤。

3　讀過這本書的上一版，並且記得上一版內容的人，可能會覺得奇怪，為什麼之前說的「腦下垂體釋放因子」（CRF）變成了「腦下垂體釋放激素」（CRH）。根據內分泌學的規定，假設性的荷爾蒙稱為「因子」，直到它的化學結構被確認了，才進一步稱為「荷爾蒙」（又譯「激素」）。「腦下垂體釋放因子」在一九八〇年中達到「荷爾蒙」的層級，而我一直到一九九八年的版本都還稱它為「因子」，是因為我個人可悲的懷舊心態，想抓住「腦下垂體釋放因子」被馴服以前我自己的年少輕狂。在處理許多痛苦的心理狀態後，我和現實妥協，並會持續使用「腦下垂體釋放激素」。

4　基於一些生理條件，這個物種清單可能不該包括人類，但那得另外寫一本書了。

第3章

中風、心臟病與巫毒之死

　　這是意料之外的緊急狀況之一：你走在街上，要去和朋友碰面吃晚餐。你感覺肚子餓，已經在想自己要吃什麼，但就在轉角處，喔，不，是獅子！就如我們現在知道的，你全身的活動會立即改變，以應對這個危機：你的消化道關機了，你的呼吸變得超級快。性荷爾蒙的分泌被抑制了，而腎上腺素、去甲腎上腺素、葡萄糖皮質素灌入你的血液中。如果你的腿要救你，必須發生的事情之一是，提高你的心血管輸出，以傳遞氧和能量到那些運動肌肉裡去。

心血管的壓力反應

　　只要你有交感神經系統和葡萄糖皮質素，並且不太拘泥細節，要啟動你的心血管系統是相對容易的。第一件事情是把你的心臟打到高檔，使它跳得更快，作法是降低副交感神經的運作，並啟動交感神經系統。葡萄糖皮質素也參了一腳，它會啟動腦幹內的神經元（它們會刺激喚起交感神經系統），並加強腎上腺素和去甲腎上腺素對心肌的影響。你也得加強心跳的力量，這需要對把血液送回心臟的血管施點把戲。你的交感神經系統會使這些血管收縮，變得更硬，進而使回流的血液更強力地在血管內奔流。血液更強力地回到你的心臟，衝撞你的心壁，使心壁比平常更擴張……然後那些心壁就像被撐開的橡皮圈，用更大的力道彈回來。於是你的心跳和血壓都上升了。

　　下一步是精明地把血液分送到那狂奔中的身體各處。動脈是放鬆的（擴張

的），使增加的血流和能量能傳送到肌肉，同時在身體比較不重要的部位，例如消化道和皮膚，血流則戲劇化地減少（血流到大腦的模式也改變了，這在第十章會談到）。人們首次注意到內臟的血流減少，是在一八三三年的延伸研究中，關於一位腹部受到槍傷後在傷處置入管子的美國原住民。他靜靜坐著的時候，內臟組織是鮮粉紅色，充滿著血液，但只要他變得焦慮或生氣，因為血流減少了，內臟黏膜就會變白（以下純屬猜測，或許他焦慮和生氣的瞬間可能與那些坐在周遭的白人有關，因為他們用他來做實驗，而非做點什麼有用的事，例如幫他縫合傷口）。

　　壓力反應的最後一個心血管把戲，與腎臟有關。就像肚子被撕開的斑馬，要是你失去了大量的血液，會需要那些血液把能量傳送到在運動中的肌肉，因此你的身體需要保存水分。如果血量因為脫水或出血而變少，無論你的心臟或血管怎麼做也沒有用，因為你傳送葡萄糖和氧到肌肉的能力會出問題。那麼，最可能失去水分的地方是哪裡呢？製造尿液之處，因為尿液中的水分來自於血液。因此，你的血流將停止前往腎臟，並且大腦會傳送訊號到腎臟：停止這個程序，重新把水分吸收到循環系統。抗利尿激素的名稱來自於它能夠阻礙利尿劑或阻礙尿液的製造，而它和各種調節水分平衡的相關荷爾蒙，一起完成了這件事。

　　本書的讀者在此刻應該都有一個問題：如果心血管壓力反應的特徵之一是替體內循環省水，而這是透過抑制腎臟的尿液製造來達成，那為什麼我們真的很害怕的時候會尿褲子呢？我恭喜你加入這個現代科學未解的問題之一。若要試著回答這個問題，我們會遇到更大的問題。我們為什麼有膀胱？如果你是倉鼠或狗，膀胱就很有用，因為這些物種會等到膀胱滿到快爆炸了，才衝到自己的地盤去劃下疆界，給鄰居臭臭的「勿入」標誌。[1] 對於製造氣味的物種來說，有膀胱是合邏輯的，但我想你不會做那種事吧。[2] 對人類來說，它是一個謎，只是一個無趣的儲存處。腎臟就不同了，它是可以重新吸收的雙向器官，這表示你可以透過一整套的荷爾蒙來調節這個過程，一整個下午都在把水分從循環系統中弄到腎臟去，然後弄一些回來。可是尿液一旦離開了腎臟，往下到膀胱，你就和它永別了，因為膀胱是單向的。遇到有壓力的緊急狀況時，膀胱在你衝刺草原時的身體內，就是沒用的重量負擔，於是答案就很明顯了：清空膀胱！[3]

　　現在一切都很棒，你的血量增加，它以更大的力氣和更快的速度在衝刺，傳

遞到所需之處，當你要逃離獅子時，就是要這樣。有趣的是，加州大學聖地牙哥分校的馬文‧布朗（Marvin Brown）和亞利桑那大學的勞蘿‧費雪（Laurel Fisher）展示了警戒時會發生不同的現象：當獅子經過時，瞪羚在草叢中壓低身子，徹底安靜。「看到獅子」顯然是一個壓力源，不過是較不強烈的；雖然必須盡可能保持靜止，但你也必須在生理上準備好一有警訊就要在草原上狂奔。在這樣的警戒中，心跳和血流會變慢，全身的（包括肌肉）血管阻力會增加。就如第二章提到的複雜性：壓力印記，你不會對每一種壓力源啟動相同的壓力反應。

最後，壓力源結束了，獅子去追另一個路人，你可以回歸晚餐計畫。壓力反應的各種荷爾蒙關閉，你的副交感神經系統透過迷走神經，開始把你的心跳調慢，並且你的身體開始冷靜下來。

慢性壓力與心血管疾病

在和獅子相遇時，你一切都做對了。但如果每次有人惹毛你，你的心臟、血管、腎臟就這樣運作，你的心臟疾病風險就會增加。關於壓力反應在心理壓力中的不良適應，最清楚的莫過於心血管系統了。你驚恐地奔跑穿越餐館區，改變了心血管功能，把更多血流送到大腿肌肉，在這種情況下，血流和新陳代謝需求合作無間。相對地，如果你坐著想下週即將到來的截止日，讓自己進入過度換氣的恐慌狀態時，也會改變心血管功能，把更多血流送到四肢的肌肉。這很瘋狂，而且最後有可能有害。

慢性心理壓力當中，由壓力引起的血壓升高，如何造成心血管疾病呢？心血管疾病是美國和已開發世界的頭號殺手。基本上，你的心臟是個又笨又簡單的機器幫浦，你的血管也只比軟性水管更有趣一點點。心血管的壓力反應，基本上就是在使心臟和血管更努力運作一陣子，如果你時常發生這種情況，它們就會像你在五金賣場買來的幫浦和軟性水管那樣耗損。

產生壓力相關疾病的第一步，就是發展出高血壓：慢性的血壓高升。[4] 這似乎很明顯：如果壓力使你的血壓升高，那麼慢性壓力就會慢性地使你血壓上升。任務完成，這下子你有高血壓了。

　　但更麻煩的是，這裡有個惡性循環出現。分散到你全身的小血管，要負責調節它周遭的血流，以確保該處有足夠的氧和養分。如果你的血壓慢性升高，也就是慢性增強血液流過那些小血管的力道，那些血管就得更辛苦地運作來調節血流。想想，用園藝水管來噴水有多容易控制，但要控制被消防栓噴出的水流灌滿的消防水帶，需要更花肌肉的力氣。這就和那些小血管所發生的狀況完全一樣，它們會在周遭築起更厚的肌肉層，以利控制增加的血流力道，但這些變厚的肌肉所造成的結果，是讓這些血管變得更硬，對血流力道的阻力更強，導致血壓更高，再導致血管阻力更強，再導致……

　　這樣一來你就得到慢性高血壓了，這對你的心臟非常不好。現在血流用更強的力道回到心臟，如前文所提，這會像大海嘯般對心肌壁造成更強的衝擊，一段時間後，心肌壁會因為具有更多肌肉而變厚。「左心室肥厚」這個詞，是指左心室這個有問題的心臟部位的質量變大。現在你的心臟變得不平衡了，有四分之一長得太大，這會增加心跳不規律的風險。還有其他壞消息：變厚的心室壁現在需要的血液，可能比冠狀動脈所能提供的量更多。排除年齡變項後，左心室肥厚是心臟病風險的最佳預測指標。

　　高血壓對你的血管也不好。這個循環系統的一個廣泛特色是，大血管（例如下行主動脈）會在許多不同的部位分支成更小的血管，然後又分支成更小的血管，越分越小，直到好幾千條微血管，這個越分越小的過程叫做「分叉」（這個在循環系統內一再出現的分叉極有效率，其證明是，你體內每一個細胞所在的位置，距離血管最遠不會超過五個細胞，然而這個循環系統只占用身體質量的三％）。此分支系統的特色之一是，分叉點特別經不起受傷，但血管壁的分叉點承受著最大的液壓撞擊，因此有一個簡單的規則是：當流過這個系統的液體的力道增強，亂流就會增加，那些血管壁前哨站就更容易受傷。

　　伴隨反覆壓力而導致的血壓持續地增高，會使得全身動脈分叉點開始受損，血管平滑的內壁開始破裂，或形成小小的坑洞傷害。一旦這個內壁受損後，你會有發炎反應，也就是調節發炎反應的免疫系統細胞聚集在受傷的位置，還有，充滿油脂養分的泡沫細胞（Foam Cells）也開始在那邊成形。此外，在壓力中，交感神經系統會使你的血液更黏稠，更明確地說，腎上腺素使得循環的血小板（一種促成凝塊

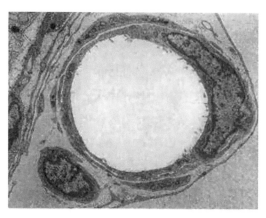 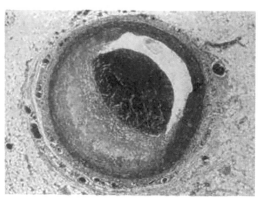

健康的血管（左），以及有動脈粥狀硬化斑塊的血管（右）。

的血液細胞）更可能會凝結在一起，而這些凝結的血小板可能會和聚集的免疫系統細胞黏在一起。我們在下一章會看到，在壓力中，你把能量推動到血液裡，其中包括了脂肪、葡萄糖和「壞」膽固醇，而它們也可能加入聚集，其他各種纖維狀黏糊糊的東西也會累積在那裡，於是你有了動脈粥狀硬化斑塊。

因此，壓力會提高血管受損和發炎的機率，也會提高循環汙垢（血小板、脂肪、膽固醇等等）黏在發炎傷處的可能性，於是促成硬化斑塊的形成。好幾年來，醫師們透過測量一個人血液中某種汙垢有多少，來試圖了解他得到心血管疾病的風險。這汙垢當然就是膽固醇，它造成人心惶惶，讓雞蛋產業得勸我們別為難他們充滿膽固醇的產品。

高膽固醇，尤其是「壞」膽固醇，必然會提高心血管疾病的風險。但是，膽固醇不是很好的預測項目；有許多人的壞膽固醇量很高卻沒有心血管疾病，而且心臟病發作的受害者中，只有大約一半的人的膽固醇量偏高。

在最近幾年，我們越來越明白，血管受傷、發炎的程度，比起循環的汙垢，更適合預測心血管問題。這說得通，如果血管沒有受傷之處可以讓汙垢黏上去，你可以每天吃一大堆的蛋，也不用擔心動脈粥狀硬化的問題；反過來說，如果有足夠的血管損傷，即使膽固醇指數是「健康」的，硬化斑塊也可能會形成。

你要如何測量發炎損傷的狀況呢？一個很好的指標是叫做「C 反應蛋白」（CRP）的東西，它是由肝臟製造的，一旦有受傷訊號的時候就會分泌。它會移動

到受損的血管,幫助擴大正在發展中的發炎訊號傳遞,而它的許多作用之一,是困住在發炎聚集處的壞膽固醇。

　　C反應蛋白是比膽固醇更好的心血管疾病預測項目,甚至在發病的好幾年前就能預測。於是,C反應蛋白突然變成醫學界的流行,並成為病人驗血的標準項目。

社會壓力與動脈粥狀硬化斑塊

　　因此,慢性壓力確實會造成高血壓和動脈粥狀硬化(那些硬化斑塊的累積),應用在我們的生活中最清楚的例子,是包曼格雷醫學院的生理學家傑·凱普蘭(Jay Kaplan)的研究。凱普蘭的研究建立在更早期的生理學家詹姆士·亨利的研究之上,詹姆士·亨利展示了光是社會壓力就能夠造成老鼠的高血壓和動脈粥狀硬化。凱普蘭和同事在靈長類身上發現相似的現象,使這個狀況更貼近我們人類。

　　把公猴放在一個社會團體中,過了幾天或幾個月,牠們會知道自己相較於其他公猴的社會地位。一個穩定的權力位階建立後,你最不想要的位置就是在底端,因為你不只會遭受到最多的生理壓力源,而且,如第十三章會談的心理壓力,你也會遭受到最多的心理壓力。

　　這些低位階的公猴顯現了很多慢性壓力反應的生理標記,常常會有動脈粥狀硬化斑塊,最後動脈都塞住了。我們已經知道動脈粥狀硬化來自於壓力反應中過度活躍的交感神經系統;如果凱普蘭給那些有風險的猴子吃防止交感神經活動的藥物(乙型阻斷劑),那些猴子就不會有硬化斑塊。

　　凱普蘭證明了另一群動物也有風險。假如你每個月把猴子移到新的團體並且維持著不穩定的權力系統,那麼所有的動物就一直處在緊張、不確定的階段,試著搞清楚自己在當中的位階。在這種情況中,通常是那些在權力位階轉換中,位階不穩定卻又試圖抓住高位的動物,會進行最多的戰鬥,並出現最多的壓力行為與荷爾蒙指數,於是牠們有很多的動脈粥狀硬化斑塊,有些猴子甚至心臟病發作(有一條或兩條的冠狀動脈突然阻塞)。

　　一般說來,承受最多社會壓力的猴子,產生硬化斑塊的風險最高,而凱普蘭發現到即使是採用低脂飲食也不見得能避免此事。這有道理,畢竟,如下一章會談到

的（參見第66頁），形成硬化斑塊的脂肪大多是來自於身體儲存的脂肪，而不是猴子在緊張的會議前吃的起司漢堡。但如果你結合了社會壓力和高脂飲食，就會產生加強效果，而且硬化斑塊的形成會嚴重到破表。

動脈粥狀硬化斑塊可能引發各種疾病

所以，壓力會提高動脈粥狀硬化的風險，而當動脈粥狀硬化斑塊的嚴重程度足以阻礙下半身的血流時，你就會發生跛行（Claudication），這是指每當你走路時，腿部和胸部會因為缺乏氧氣和葡萄糖而痛得要命，然後你可能得做繞道手術了。如果同樣的現象發生在前往心臟的動脈，你可能會得到冠狀心臟病、心肌缺血，以及各種恐怖的疾病。

這還沒完，一旦那些硬化斑塊在你的體內形成，持續的壓力會使你有其他的麻煩。壓力又增加，血壓又上升，隨著血液以猛烈的力道移動，又提高了硬化斑塊撕裂的機率。所以，如果你的硬化斑塊出現在夠大的血管內，那個硬化斑塊可能不足以製造任何問題，但如果硬化斑塊鬆裂了，成為血栓，這個移動的毛球可能會停在較小的血管內，使其完全阻塞。如果一條冠狀動脈塞住了，你就會有心肌缺血、心臟病發作（絕大部分的心臟病發作都是因為這種血栓路線造成的），如果血栓塞在腦部的血管，你就會有腦部梗塞（中風）。

還有更多的壞消息。如果慢性壓力已經把你的血管搞得一團糟，每一個新的壓力源都會基於額外的陰險原因而造成更大的傷害，這和心肌缺血有關，當負責把血液送到心臟的動脈阻塞到一定程度時，你的心臟會部分缺乏血流，因而缺乏氧和葡萄糖，[5] 就發生了心肌缺血。

假設現在發生一件急性壓力事件，而你的心血管系統狀態很好，當下你會興奮，交感神經系統會開始運作，心臟用一種強大、協調的方式加快速度，而且收縮力加強。因為心臟的肌肉更用力工作，會使用更多的能量和氧氣，而通往心臟的動脈也順便擴張，以傳送更多的養分和氧氣到那個肌肉去，一切都很好。

但如果你遇到急性壓力，而你的心臟已經在承受慢性的心肌缺血，你就有麻煩了。你的冠狀動脈不會因為交感神經系統而舒張，而是會收縮。這和本章一開始提

到的，減少輸送血液到不必要的身體部位之大血管的情況，是非常不同的，這些是傳送血液到心臟的小血管。正當你的心臟需要已經塞住的血管輸送更多的氧氣和葡萄糖，急性壓力卻使它們更加關閉，造成心臟缺乏養分，也就是心肌缺血，這和你需要的正好相反，結果你的胸部會痛到受不了，這就是心絞痛。

事實證明，僅需短暫的高血壓，就會引起血管收縮問題，因此動脈粥狀硬化造成的慢性心肌缺血，會害你在遇到任何生理壓力時就嚴重胸痛。壓力如何非常有效地惡化既有的問題，這正是完美的例子。

心臟醫學檢測技術

當心臟醫學的技術在一九七〇年代有所進步時，心臟科醫師很驚訝地發現，我們比原本猜測的更容易在這方面出問題。舊的技術會要求心肌缺血的人（男人比女人更容易有心臟疾病）接上超大臺的心電圖機，用巨大的 X 光機對著他的胸部，然後要他在跑步機上面跑到快要昏倒為止。可以想見，前往心臟的血流會減少，他的胸部會痛。

一些工程師發明了迷你的心電圖機，讓你出外辦事時可以綁在身上，動態心電圖就這樣被發明了。然後，每個人都被打擊到了，因為有心肌缺血風險的人並不會一直出現缺血危機，大部分的缺血狀況都是「沉默」發生的，沒有疼痛可當作警訊。還有，各式各樣的心理壓力可能會誘發缺血，像是公開演說、有壓力的面試、考試。根據舊的教條，如果你有心臟疾病，當承受生理壓力並且有胸痛的時候，最好要擔心，但現在看來，對於有風險的人，日常生活各種情況的心理壓力都會造成問題，而你可能根本不知道。**一旦心血管系統受損了，它似乎會對急性壓力極為敏感，無論是生理壓力或是心理壓力。**

最後再一點壞消息。我們一直在關注太常啟動心血管系統的壓力相關結果，但在每一次心理壓力源結束時關掉的情況又是如何呢？如前文提到的，你的心臟會因為副交感神經系統啟動迷走神經而慢下來。自主神經系統絕不會讓你把腳同時踩在油門和剎車上，因此，如果你總是開啟交感神經系統，等於持續關閉著副交感神經系統，這會使得即使你不覺得有壓力，也很難把身體系統慢下來。

　　要怎麼診斷你的迷走神經失職，竟然沒有在壓力結束時把心血管系統平靜下來呢？醫師可以讓這個人承受壓力，例如讓他跑跑步機，然後測量結束後的恢復速度。不過，其實有更低調卻更容易的方式可以發現問題，即每當你吸氣，就會微微啟動交感神經系統，稍微加速你的心跳，而當你呼氣，副交感神經系統會啟動，也啟動你的迷走神經來把身體慢下來（這就是為什麼很多冥想練習都是建立在延長呼氣之上）。因此，你吸氣時的心跳間隔會比呼氣的時候短。

　　但如果慢性壓力已經破壞了你的副交感神經系統啟動迷走神經的能力呢？當你呼氣的時候，心臟不會變慢，心跳間隔時間不會變長。在心臟科醫師用敏感的監測儀器測量心跳的時間間距時，要是變化很大（吸氣時心跳間距短，呼氣時則心跳間距長），表示你的副交感神經系統強力地對付交感神經系統，這是好事。要是變化很小，表示副交感神經系統沒辦法踩到剎車，那麼這個人不只太常開啟心血管壓力反應，而且還沒辦法關掉它。

突然心臟病發作死亡

　　前幾段說明了慢性壓力如何漸漸破壞心血管系統，之後一個個壓力源還會使這個系統更脆弱。但是，心臟疾病最為人所知也最驚人的特色，是心臟的災難有多常發生在有壓力源的時候。一個男人得知驚人的消息：他的太太過世了；他沒工作了；一直以為已經過世的孩子出現在家門口；中了樂透。這男人因為此消息的力道而倒吸一口氣、過度換氣、哭泣、怒罵、狂喜、大驚，接著他突然抓著自己的胸口，昏倒死去，因為他心臟病發作。不良的強烈情緒，像是憤怒，會在接下來的兩小時使得心臟病發作的風險加倍，例如在辛普森（O. J. Simpson）的官司中，檢察官之一比爾·哈吉曼（Bill Hodgman）大約在第二十次反對強尼·寇克蘭（Johnnie Cochran）的說法時，發生胸痛，接著昏倒（他活下來了）。這種因強烈情緒而產生的心臟風險，導致拉斯維加斯的賭場備妥了心臟去顫器，這也是為什麼紐約市的生活經驗會被認為是致命的心臟病發作的一大風險因子。[6]

　　這個現象有許多紀錄。在一項研究中，一位醫師收集了一百七十個人突然心臟病發作死亡的新聞剪報，並辨識出一些似乎與這種死亡有關的狀況：親近的人崩

潰、死亡或可能失去；急性的哀悼；失去地位或自尊；在忌日的悲痛；個人危險；受到傷害的威脅，或是從這種威脅復原；大勝利或極度開心。其他研究的結果也一樣。在一九九一年的波斯灣戰爭期間，以色列因為飛毛腿飛彈而死亡的人數，比起受到驚嚇的老人突然心臟病發作死亡的人數，還要更少。一九九四年洛杉磯地震時，也有心臟病發作案例暴增的類似現象。[7]

真正的原因顯然很難研究（因為你無法預測會發生什麼事，而且不能在事後訪談他們、問他們當時有什麼感覺），但是心臟科醫師一般認為，突然的心臟病發作死亡，就是急性壓力引起心室顫動，或更糟的心室纖維性顫動，[8] 外加心臟缺血的一種極端版本。你可以猜到，這和交感神經系統有關，而且比起健康的心臟組織，它更可能發生在已經受傷的心臟組織。沒有心臟疾病史的人，也可能在冠狀血管的血流增加時突然心臟病發作死亡；然而，在解剖後通常會發現，這些人都有一定程度的動脈粥狀硬化。不過，神秘的案例仍會發生在看似健康、三十幾歲的人身上，他們突然心臟病發作死亡，解剖後卻沒發現動脈粥狀硬化的證據。

透過動物研究（例如，讓老鼠承受十小時的壓力後，牠的心臟會在接下來幾天變得更容易顫動），「心臟顫動」似乎在突然心臟病發作死亡中是關鍵的事件。有病的心臟肌肉變得更容易被電刺激，於是更容易顫動。再加上，在重大的壓力下，對心臟的刺激輸入更為混亂，交感神經系統會傳送兩個對稱的神經放射給心臟；理論上，在極度的情緒喚起狀態中，這兩個輸入被啟動到一種不協調的程度，因此產生嚴重的顫動，揪著你的胸，使你昏倒。

太開心也會致死

心臟病突發致死的一長串原因中，有一個特別有意思：大勝利或極度開心。想像一位男子在中樂透的消息後死亡，或是俗話說的「至少他死得很開心」那樣在性行為中喪命（幾十年前的副總統就是這樣過世的，但是那事件中的醫學細節被更仔細檢視，因為他那時不是和太太在一起〔編註：作者所指應是死於一九七九年的納爾遜‧洛克菲勒〕）。

被開心給殺死，這個可能性聽起來很瘋狂，壓力相關疾病不是應該來自於壓力

嗎？愉悅的體驗怎麼會和突然的哀悼一樣殺死你呢？顯然是因為它們都有相似的特色。極度憤怒和極度開心，對於生殖方面的生理、生長，以及免疫系統，可能有不同的影響，但對於心血管系統，它們的影響差不多。

我們再次以壓力生理學的中心概念來解釋太熱或太冷、獵物或獵捕者相似的反應：我們身體的某些部位，包括心臟，並不在乎我們的身體調適往哪個方向失衡，而只在乎失衡的程度。

因此，在哀慟中痛哭失聲和搥牆，以及在狂喜中跳來跳去和大叫，對於已經生病的心臟所施加的要求是差不多大的。換句話說，無論你正暴怒到想殺人，或是正在高潮中開心極了，你的交感神經系統對冠狀動脈的影響可能是一樣的。完全相反的情緒可能有十分相似的生理基礎（諾貝爾文學獎作家暨大屠殺倖存者艾利·懷瑟〔Elie Wiesel〕常被引用的說法之一：「愛的相反不是恨；愛的相反是無感。」）。至於心血管系統，暴怒和狂喜、哀悼和勝利，對於身體調適平衡都是挑戰。

女性與心臟疾病

雖然男性的心臟病發作比率遠高於女性，心臟疾病仍然是美國女性死因第一名，每年有五十萬人（因乳癌致死的為每年四十萬人），而且數字還在上升，男性的數字則幾十年來都在下降。還有，心臟病發作的嚴重程度相同時，女性變得失能的機會是男性的兩倍。

為什麼會有這些變化呢？因心臟病發作而失能的比例提高，似乎是流行病學的倒鉤，女性開始有心臟病發作風險的時間，大約比男性晚十年，但仍然比男性更不容易心臟病發作。

因此，如果一位男性和一位女性都有相同程度的心臟病發作，就數字上來說，此時那位女性可能比那位男性大上十歲，所以她更不容易復原。

那麼女性的心臟疾病病例又為何會增加呢？可能有很多原因。病態肥胖的人數在美國瘋狂增加，尤其是女性，這會增加心臟疾病的風險。還有，雖然吸菸人口比例在美國下降，但女性吸菸人口減少的速度比男性慢。

壓力似乎也與這件事有關係，凱普蘭和凱羅·希芙利（Carol Shively）研究了

權力結構中的母猴，並且觀察到，即使採用低脂飲食，長期困在低位階的母猴得到動脈粥狀硬化的狀況，是高位階母猴的兩倍。相似的狀況也發生在人類中，女性的心血管疾病發生率上升的時候，也是女性離家工作的比例增加之時。

女性離家工作是否可能與女性的心血管疾病有關呢？一些嚴謹的研究發現，離家工作並不會提高女性的心血管疾病風險，除非她是做秘書工作，或是有個不好的老闆，自己想想吧。女性心血管疾病的另一個預測項目，是離家工作的女性家中有小孩；這正好說明了，女性離家工作會導致男性要承擔更多家務工作負擔，只是一種迷思。

那麼，壓力為什麼會使母靈長類、女性或其他雌性動物，有更高的心血管疾病風險呢？答案就是那些常見的嫌犯：交感神經系統過度喚起、葡萄糖皮質素分泌過多。但有另一個相關卻備受爭議的原因：雌激素。

在這本書的上一版出版時，雌激素是個無聊的消息，但幾十年來，人們已經知道雌激素可以對抗心血管疾病（還有中風、骨質疏鬆症，也可能包括阿茲海默症），這主要得感謝雌激素扮演抗氧化物的角色，它能除掉有害的氧自由基，這解釋了女性為什麼直到更年期雌激素下降前，不太會有嚴重的心血管疾病。這是廣為人知的事情，也是更年期後雌激素替代療法的論點之一。

雌激素在對抗心血管疾病上的重要性，並不只是來自於人口數據，還來自嚴謹的實驗研究。我們會在第七章說明（參見第124頁），壓力會導致雌激素下降，而凱普蘭的低位階母猴的雌激素低到跟卵巢被切除的猴子一樣，相對的，讓一隻母猴多年處在低位階，並給她雌激素治療，把她的雌激素提高到和高位階母猴一樣，動脈粥狀硬化的危機就消失了，但把高位階母猴的卵巢移除，牠就不再能夠避免動脈粥狀硬化了。這樣的研究結果看來很確定了。

在二○○二年，有一項研究成了里程碑，它是根據女性健康倡議（Women's Health Initiative）研究了數千名女性，目的是要評估用雌激素加上黃體素的更年期後替代療法八年後的效果。預期是，該研究將會證明這種療法是對抗心血管疾病、中風、骨質疏鬆的黃金標準。但研究五年後，誰接受荷爾蒙、誰接受安慰劑的秘密被洩漏了，監督這個巨大研究案的倫理委員會勒令它停止。原因是雌激素加黃體素的好處非常清楚，所以給一半的女性安慰劑，就是不合乎研究倫理嗎？不，而是因

為雌激素加黃體素明顯增加了心臟疾病和中風的風險（但仍然能預防骨質疏鬆），所以繼續下去才是違反研究倫理。

這是一個震撼彈，在各地都成了頭條新聞。類似的實驗在歐洲被停止了，藥廠股價大跌了，不盡其數的更年期前期女性不知道該怎麼處理雌激素替代療法。

多年的臨床數據和嚴謹的實驗室研究說一套，而這個大型且傑出的研究卻說另一套，為什麼會有這種矛盾呢？凱普蘭的研究是關於雌激素，而這個臨床實驗是雌激素加上黃體素，這是可能造成巨大差別的重要因素。科學家愛吹毛求疵到把其他人搞瘋的例子之一，就是認為荷爾蒙的劑量以及雌激素的類型（雌二醇，或雌三醇，或雌酮，以及人工合成荷爾蒙之於天然荷爾蒙），可能也會造成差異。

最後，這是很重要的一點，實驗室研究發現，雌激素的功能是預防動脈粥狀硬化的形成，而不是翻轉已經有的動脈粥狀硬化。這關係重大，因為西方飲食使得人們可能在三十幾歲就開始形成動脈粥狀硬化斑塊了，而不是等到更年期後的五十幾或六十幾歲。然而，雖然更年期後的雌激素可能無法預防心血管疾病，但較年輕的女性自己分泌的雌激素則可以，這似乎說得通。壓力會壓抑雌激素的量，可能因此造成心血管疾病。

巫毒之死

到了探討公立學校極少提起的話題的時候了。在各種非西方傳統文化中，巫毒之死（Voodoo Death）的紀錄滿滿皆是。有個人吃了禁忌的食物、侮辱頭子、和不該的人上床、做了不可接受的暴力行為，或者褻瀆神明，而憤怒的村民叫來巫師，巫師對罪人揮舞某種儀式作秀，做個巫毒娃娃，或是怎樣地詛咒那個人，很快地，那個被詛咒的人就暴斃了。

哈佛團隊的民族植物學家偉德·戴維斯（Wade Davis）和心臟科醫師瑞吉斯·迪希瓦（Regis Desilva）研究了這個現象。[9] 戴維斯和迪希瓦反對使用「巫毒之死」這種詞彙，因為它帶有西方社會貶低非西方社會的味道，像是草裙、骨頭穿過鼻子之類的。他們認為應該要叫做「心理生理性死亡」（又稱心因性死亡），但在很多情況下，這個詞也可能不妥當。

在一些狀況中，巫師可能會留意到已經病得厲害的人，藉由宣稱自己已經詛咒了他，等這個人死了，巫師就能居功，或者巫師可能只是對那些人下毒，然後就被認為詛咒的功力很厲害。在我覺得最有趣的混亂中（也就是困惑的來源），大家看著巫師對一個人下詛咒，然後這個社群說：「巫毒詛咒有效，這個人完蛋了，所以不用在他身上浪費好食物和水。」於是這個沒吃沒喝的人就被餓死了；又一個巫毒詛咒靈驗了，巫師的價碼又拉高了。

然而，心理生理性死亡的確會發生，而且是本世紀一些傑出的生理學家的興趣焦點。在懷特·坎農（提出戰或逃概念的人）和柯特·瑞特（Curt Richter，身心醫學的大前輩）的對抗中，對於心理生理性死亡的機制有不同的假設。坎農認為，那是因為交感神經系統過度活躍；在那種詭計中，那個人因為詛咒而變得非常緊張，導致交感神經系統發作，血管收縮到破裂，導致血壓低到致命。瑞特則認為，這是因為副交感神經系統太過活躍而致死，在這個驚人的過程中，這個人意識到詛咒的厲害，便在某種程度上放棄了，以致迷走神經變得非常活躍，把心跳減速到停下來，他稱這個死亡是「迷走風暴」造成的。

坎農和瑞特兩人都從未研究死於心理生理性死亡、巫毒之死或什麼的人，於是他們的理論都維持得毫無破綻，結果坎農可能是對的，因為心臟幾乎永遠不會在迷走風暴下停止。不過，戴維斯和迪希瓦倒是認為，這些案例只是突然心臟病發作死亡的戲劇化版本，是過度的交感神經運作導致心臟顫動。

這說明了為什麼心理生理性死亡可能會發生在已經有某種程度的心臟損傷的人身上，這很有意思。但是，在傳統社會中的心理生理性死亡的一個難解特色是，它也會發生在非常不可能有潛在心臟疾病的年輕人身上，這個謎團尚未得到解答，或許暗示著我們具有更多猜不到且沉默的心臟病風險，又或許證明了文化信仰的力量。就像戴維斯和迪希瓦說的，如果信念可以治癒疾病，信念也可以殺人。

簡談性格與心臟疾病

有兩個人都經歷了相同的社會壓力情況，但只有一人得到高血壓；有兩個人都經歷了十年的人生起伏，但只有一人得到心血管疾病。

　　這些個別差異可能來自於其中一人已經有心血管系統的損害，例如心冠血流減少；也可能是因為影響該系統機制的基因，像是血管的彈性、去甲腎上腺素受體的數量等；也可能是個人經驗的風險因子的數量差別造成的，像是這個人是否吸菸、吃充滿飽和脂肪的飲食（有趣的是，這種風險因子的個別差異之於心臟疾病的不同模式，僅能解釋不到一半）。

　　面對相同的壓力源，不分大小，這兩個人也可能因為性格而有不同的心血管疾病風險，我會在第十四章和第十五章談一些這方面的事，像是敵意（一種 A 型性格）和憂鬱症如何提高心血管疾病的風險，而壞消息是，性格的風險因子影響很大，但好消息是，這是有辦法處理的。

　　這些探討已經示範了接下來幾章主要的分析風格。面對短期的生理緊急狀況時，心血管的壓力反應至關重要，但在慢性壓力中，同樣的反應則是糟透了的消息，當這些不良的效應與許多代謝方面的壓力反應之不良後果交互作用時，特別有害。這是下一章的主題。

注釋

1　我的一位大膽的研究助理蜜雪兒‧波爾（Michelle Pearl），打電話給一些美國頂尖的泌尿學家，問他們為什麼會演化出膀胱。一位比較泌尿學家（以及本章提到的傑‧凱普蘭），反向地使用地域性的老鼠有膀胱可以製造氣味軌跡的研究，認為也許我們有膀胱是為了避免滴滴答答的尿液會留下氣味軌跡，而使掠食者找到我們。然而，同一位泌尿學家說，他的這個看法有個漏洞，就是魚也有膀胱，而牠們應該不用擔心氣味軌跡。一些泌尿學家認為，也許膀胱是腎臟和外界的緩衝，以降低腎臟感染的機率。然而，只為了要保護另一個器官不受感染就發展出一個器官，似乎很奇怪。

波爾認為，腎臟可能是為了男性的生殖系統而存在的，因為尿液的酸度對於精子並不健康（古代的女性會用半顆檸檬當成避孕隔膜），所以演化成尿液的儲存處可能有道理。被問到的泌尿學家，很多人都說「如果沒有膀胱，那會是很嚴重的社交風險」，卻沒先想到自己這樣的看法顯示出，脊椎動物在幾千萬年前就已經有膀胱，只是為了人類不會尿溼派對服裝。不過，大部分的泌尿學家說的是：「說真的，我從來沒想過這個問題。」「我不知道，我問了這邊每一個人，他們也都不知道。」「我被打敗了。」

最奇怪的是，很多動物並不擅運用自己的膀胱儲存功能。在我觀察狒狒尿尿的豐富經驗中，牠們顯然極少忍尿。這個領域顯然還有很多研究要做。

2　嗯，或許有些人類會這樣做。第二次世界大戰，同盟國用浮橋攻破德國的萊茵河時，喬治‧派頓（George Patton）將軍走上那座橋，在橋中間停下來，當相機閃個不停時，對著萊茵河尿

尿。「我等這一刻很久了。」他說。韓戰時，美國部隊延續了這個軍事、液體、氣味製造的組合，在鴨綠江旁排排站，於中國士兵的對面，尿在江裡。

3　我們應該要留意，雖然壓力可能使小孩更容易尿失禁，但是晚上尿床的小孩大多是心理正常的。這個討論來自於男性神秘的問題：為什麼當你後面有很多人在不耐煩地排隊、急著回座位看電影的時候，你感到壓力，會很難在小便斗尿尿？

4　如果在靜態血壓中的收縮壓（較高的數字，反應血液離開心臟的壓力）高於一百四十，或是舒張壓（較低的數字，反應血液回到心臟的壓力）高於九十，就視為血壓高。

5　心臟需要特殊的動脈來餵養它，乍聽之下似乎沒邏輯。當心臟的牆壁（心肌）需要血液中的能量和氧氣儲存量時，你可能會想像，可以從通過那個心室的各方血液吸收就好。但是，其實它已經進化成心肌是靠自主動脈取得養分。就像是在城市的水庫裡工作的人，每當他們口渴，可能會到水庫邊用水桶撈一些水來喝（不過，一般的解決辦法是在辦公室放飲水機，間接從外面的水庫得到飲水）。

6　加州大學聖地牙哥分校的尼可拉斯・克里斯登菲爾德（Nicholas Christenfeld）和同事在一九九九年發表的研究被廣泛引用的內容，證明這是真的（什麼，你以為會是紐約大學？）。作者們很傑出地排除各種混合的變項，他們發現在美國的其他都會區並不會這樣增加風險。這不是來自於自我選擇（例如，除了承受壓力、容易有心臟疾病的瘋子以外，誰會選擇住在紐約市？），它也無關社經地位、種族或移民身分，它也不是因為人們在大家比較容易心臟病發作的時候剛好在紐約市（例如，上班時間的通勤族），它不是因為紐約的醫師更傾向於把別的問題亂貼上心臟病發作的標籤。最可靠的原因，反而是壓力、興奮、恐懼，以及比其他地方更亂的睡／醒循環週期，那是在九一一攻擊事件之前的事。自然地，就像其他我認識的每一位土生土長的紐約客一樣，我覺得這個研究變態地討喜和正確。

7　有一次我收到來自佛蒙特州的驗屍主任的信，說明他的一件案件調查，判定是壓力引起心臟病發作：一位八十八歲的男子有心臟病史，心臟病發作死亡，倒在他很愛的拖拉車旁，他八十七歲的太太能夠從穀倉的角度看到他倒地，而她最近也心臟病發作死亡了（可是她沒有心臟病史，解剖後也沒發現什麼問題）。在她身邊，有一個多年用來呼喚先生吃飯的搖鈴。

8　不要被那些術語給嚇到。心室纖維性顫動是指心臟中稱為心室的那一半快速、混亂地收縮，卻沒有成功打血。

9　偉德・戴維斯是各地恐怖片影迷最愛的民族植物學家。他之前的研究解釋了海地的殭屍（人彷彿沒有自己意志的行屍走肉）可能是有藥理學原因的。戴維斯關於怎麼做殭屍的哈佛博士論文，先是被寫成《毒蛇與彩虹》這本書，然後被拍成劣質的同名恐怖片，讓自己的論文注定被不專心的一、兩個評委草草讀過，真是每個研究生的美夢成真。

第 4 章

壓力、新陳代謝與清算你的能量

獅子正在你後面追著，你在街道上狂奔，這個狀況乍看滿慘的，可是你的運氣夠好，你的心血管系統發揮作用，它現在傳送著氧和能量到運動中的肌肉去。但是，那是什麼能量呢？你在奔逃的時候，沒有時間吃糖果並獲得糖果的好處，也沒有時間消化已經在肚子裡的食物，你的身體必須從它的儲存處取得能量，像是脂肪、肝臟或現在沒運動的肌肉。要了解你怎麼在這種情況中使能量動起來，以及這種運作如何可能使你生病，我們需要先了解身體如何儲存能量。

把能量存在身體裡

消化的基本過程包含分解一塊塊的肉類和蔬菜，於是它們可以被轉變成一塊塊的人類。我們沒辦法使用它們的原樣，例如我們無法靠移植雞肉到我們的腿上，就使腿部肌肉更強壯，而是把複雜的食物成分分解成最簡單的樣子（分子）：胺基酸（蛋白質的基礎材料）、簡單的糖分葡萄糖（較複雜的糖分和澱粉〔碳水化合物〕的基礎材料），以及游離脂肪酸和甘油（脂肪的組成要素）。這是靠腸胃道內的酵素辦到的，這些酵素是能夠分解較複雜的分子的化學物質。如此產生的各種基礎材料，會被吸收到血液中，傳送到身體中需要的細胞，然後那些細胞就能夠使用這些基礎材料，建造出身體持續運作所需的蛋白質、脂肪和碳水化合物，而同等重要的是，這些簡單的基礎材料（尤其是脂肪酸和糖分）也能夠被身體燃燒，提供能量給那些建造工程，以及運作之後的新工程。

四大食物分類

一般：
漢堡、可樂、薯條、水果派

友伴：
各種餅乾、小菜、
「有趣的」起司、薄荷糖

後悔：
純優格、大豆、礦泉水、豆腐

傻子：
太空食物條、
裡面有水果沙拉的果凍派、
蝦蛄派

在感恩節這天，你吃了一頓大餐，血液中灌滿了胺基酸、脂肪酸和葡萄糖，但這些比你在餐後移動到沙發發呆所需的能量還要多很多。

你的身體會怎麼處理這些過多的能量呢？了解這件事情很重要，因為你之後逃命時的過程基本上就是它的相反。

要回答這個問題，我們得談談金融運作，像是存款帳戶、找一塊錢、股票和債券、利率的負攤還、從小豬撲滿中搖出銅板等，因為在身體中傳輸能量的過程，與

金錢的流動驚人地相似。這年頭極少有那種怪異的富人在口袋裡裝著現金到處走，或是將現金堆藏在床墊裡，那些過剩的財富是用比現金更複雜的形式儲藏在別處：基金、免稅的政府債券、瑞士銀行戶頭。同樣地，過剩的能量並非使用身體現金的形式（循環的胺基酸、葡萄糖、脂肪酸）來保存，而是用更複雜的形式。脂肪細胞內的酵素可以結合脂肪酸和甘油，形成三酸甘油酯（見下面的表格），它們在脂肪細胞內累積得夠多時，你就會變胖。同時，你的細胞可以把多種葡萄糖分子串接在一起，這些長鏈有時候有幾千個葡萄糖分子那麼長，叫做「肝糖」，而大部分的肝糖是在肌肉和肝臟內形成的。相同地，全身細胞內的酵素可以結合胺基酸的長鏈，把它們變成蛋白質。

你吃到嘴裡的東西	在你血液裡的東西	如果有剩餘，如何儲存	在有壓力的緊急事件中，它如何運作
蛋白質 ──────▶	胺基酸 ──────▶	蛋白質 ──────▶	胺基酸
澱粉、糖、碳水化合物 ──────▶	葡萄糖 ──────▶	肝糖 ──────▶	葡萄糖
脂肪 ──────▶	脂肪酸和甘油 ──────▶	三酸甘油酯 ──────▶	脂肪酸、甘油、酮體

在壓力事件中的能量運作

把你的食物分解成最單純的東西，再把它反過來變成複雜的儲存形態，這種盛大的策略正是你吃很多食物的時候身體該做的，這也正是遇到立即的生理緊急事件時，你身體不應該做的。那時，你會想要停止儲存能量，而更加啟動交感神經系統，降低副交感神經系統，讓胰島素分泌，那麼面對緊急狀況時的第一步完成了。

身體也會確保第二步是停止儲存能量。有壓力的緊急狀況開始時，你會分泌葡萄糖皮質素，它會阻止養分傳送到脂肪細胞內，對抗還在流動的胰島素的效果。

那麼你已經確保自己這時不再不理性地儲存新能量了，可是你還想要身體可以取得已經儲存的能量。你想要動用銀行戶頭、變現一些資產，把已經儲存的養分變成等同身體現金那般去撐過這場危機，所以你的身體會透過釋放葡萄糖皮質素、升

糖素、腎上腺素和去甲腎上腺素這些壓力荷爾蒙，翻轉能量儲存的步驟，它們會導致三酸甘油酯在脂肪細胞內分解，然後游離脂肪酸和甘油就傾倒入循環系統。這些荷爾蒙也會使全身細胞內的肝糖分解為葡萄糖，然後葡萄糖會灌入血液中；另外，這些荷爾蒙會造成非運動中的肌肉裡的蛋白質，轉化為個別的胺基酸。

現在，原本儲存的養分已經被轉化成較單純的形態，而你的身體會更進一步簡化它。胺基酸不是很好的能量來源，但葡萄糖是，所以你的身體把循環中的胺基酸運轉到肝臟，把胺基酸轉化為葡萄糖。肝臟也能產生新的葡萄糖，這過程稱為「糖質新生作用」。現在，這葡萄糖已經可以用於災難發生時所需的能量了。

這個過程的結果是，有大量的能量可以提供給腿部肌肉。你的活動力大爆發，可以把獅子拋在揚塵裡，到達餐廳時，也只稍微超過了五點四十五分的預期性胰島素分泌時間。

我描述的情況，基本上是在緊急狀況中把能量從脂肪那樣的儲存處導向肌肉的策略。但如果你是正在逃離獵食者的直立人類，自動地把手臂肌肉充滿能量，在適應方面就沒什麼道理了。不過，身體已經解決了這個問題，葡萄糖皮質素和其他的壓力反應荷爾蒙，會阻止肌肉及脂肪組織攝取能量。基於某種原因，在緊急狀況中運動的個別肌肉，能夠無視這種阻礙，並取得在循環系統中流動的所有養分，最終結果是，你會把脂肪和非運動的肌肉的能量，傳送到運動中的肌肉。

如果你在危機當中無法使能量動起來呢？這就是愛迪生氏病的狀況了：病人無法分泌足夠的葡萄糖皮質素；或是夏－崔症候群，腎上腺素和去甲腎上腺素不足，使身體在有能量需求時無法動起來，那麼獅子顯然更容易飽餐一頓。在比較沒那麼明顯的情況中，如果你住在西化的社會，並且常有某種不夠強力的壓力反應呢？你顯然也會在需要應付日常生活需求時，很難推動能量，這正是有慢性疲勞症候群的人的狀況，它的許多特色之一是血液中的葡萄糖皮質素太少。

我們為什麼會生病？

如果你正在逃離獅子，或者正在做爬一層樓梯（甚至是早上起床，這是我們的葡萄糖皮質素在一天中最高峰的時候）那般耗費體力的事情，你肯定想要有新陳代

謝方面的壓力反應。但是那種太常開啟壓力反應，而且一開啟就好幾個月，對我們來說更常見的狀況呢？這就類似老是到銀行提領存款是愚蠢的理財方式，我們會有新陳代謝的問題。

最基本來說，這很沒有效率。另一個金融比喻會有幫助，假設你有一些多餘的錢，決定把它放到高利率的定期存款帳戶一陣子，如果你同意一段時間不要動它（六個月、兩年），銀行就同意給你比正常更高的利率，但如果你提早領錢，就得付提早提款的罰金。假設你本來很開心地根據這些條件而存款，但隔天你有金錢上的不安，於是提款並繳罰金。再隔天，你又改變心意，把錢存回去，簽了新的同意書，可是那個下午你又變卦了，又提款，再繳一筆罰金。你很快就會把一半的錢都浪費在罰金上了。

同樣地，每次你把能量存起來又放回到循環中使用，就會損失一定程度的潛在能量。讓那些養分在血液中傳輸、運作那些把養分黏在一起的酵素（把它們黏成蛋白質、三酸甘油酯和肝糖）、運作其他把養分分解的酵素、讓肝臟能夠進行糖質新生作用等，都需要能量。實際上，如果你太常啟動壓力反應，就會受罰，因為最後你會花費很多能量，導致的第一個後果就是你會更容易累，也就是每天的疲倦。

第二個後果是，你的肌肉會消瘦，雖然情況不會太過嚴重。肌肉是滿滿的蛋白質，而如果你有慢性的壓力，總是會引發蛋白質分解，你的肌肉就沒有機會重建。每次身體啟動這種壓力反應，肌肉就萎縮一點點，不過要讓這種現象很嚴重的話，就需要非常嚴重的壓力。我們在之後幾章會看到，醫師有時候會給病人大量的合成葡萄糖皮質素，這時就會發生顯著的肌肉萎縮病變，類似臥床很久的人的狀況。

最後，一直運作新陳代謝方面的壓力反應的另一個問題，會在最後一章說明。你可不想要有一大堆的脂肪和葡萄糖持續在血液裡循環，要是那些東西黏在已經受損的血管上，加劇動脈粥狀硬化的機率就會提高。

膽固醇也有關係。我們已經很清楚，有「壞」膽固醇，也就是低密度脂蛋白（LDL）膽固醇，以及「好」膽固醇，也就是高密度脂蛋白（HDL）膽固醇。低密度脂蛋白膽固醇會造成動脈粥狀硬化斑塊，而高密度脂蛋白膽固醇會從那些硬化斑塊脫離出來，並移動到肝臟去分解。因為這種差別，血液中的總膽固醇指數並不是什麼有意義的數字。你會想要知道不同的膽固醇有多少，而低密度脂蛋白很高、高

密度脂蛋白很低，都是壞消息。我們在上一章看到，以 C 反應蛋白計量血管發炎的程度，是目前預測心血管疾病風險最好的方式。你不會想要有一大堆的低密度脂蛋白膽固醇飄來流去，卻沒有足夠的高密度脂蛋白膽固醇去反制它，但在壓力中，你的低密度脂蛋白膽固醇會增加，高密度脂蛋白膽固醇會減少。[1]

因此，如果你太常承受壓力，那麼壓力反應的新陳代謝特性，可能會增加你的心血管疾病風險，這與糖尿病特別有關係。

幼年型糖尿病

糖尿病有很多種，和本章相關的有兩種。第一種是幼年型糖尿病（又稱第一型糖尿病、胰島素依賴型糖尿病）。因為一些尚在了解中的原因，有些人的免疫系統判定胰臟中分泌胰島素的細胞是外來侵略物，並決定攻擊它們，這會摧毀那些細胞，使這個人很難分泌胰島素。基於同樣神秘的原因，這往往會發生在人生早期（所以名稱裡有「幼年」）；不過，再更神秘一點，近幾十年來，成人甚至中年人，被診斷出幼年型糖尿病的人數正在上升。

由於這個人無法分泌足夠的胰島素（如果有分泌的話），所以很難讓必要的細胞攝取葡萄糖（也間接影響到脂肪酸的攝取）。細胞挨餓了，這是大麻煩，會讓身體沒有足夠的能量，器官運作也不正常。還有，這時葡萄糖和脂肪酸全都在血液中循環，這些沒地方去的油膩無賴，很快就會造成動脈粥狀硬化的問題。當這些循環中的東西累積堵塞住腎臟裡的血管，會使腎臟衰竭，而同樣的情況也可能發生在眼睛，造成失明。身體其他部位的血管塞住，會造成那些組織的小中風，也經常造成慢性疼痛。循環系統中的葡萄糖很多的話，它會黏住蛋白質，像魔鬼氈那樣把不該黏在一起的蛋白質黏在一起，使得它們出問題。這些全都不是好事。

管理胰島素依賴型糖尿病最好的辦法是什麼呢？就是注射胰島素來處理這種依賴。如果你有糖尿病，絕不想要你的胰島素降得太低，因為細胞會缺乏能量，循環中的葡萄糖也會變得太多；但你也不能施打太多胰島素，基於複雜的原因，這會使大腦缺乏能量，可能讓你休克或昏迷，並且傷害神經元。糖尿病患者的新陳代謝控制得越好，併發症就越少，也活得越久，因此這類型糖尿病患者的一大功課，是把

一切維持好，不只在活動、疲倦等方面，也要把食物的攝取和胰島素的劑量維持在平衡狀態。在這方面，傑出的科技發展使得糖尿病患者能夠監控每分鐘的血糖值，並且根據血糖值細膩地改變胰島素的劑量。

慢性壓力如何影響這個過程呢？第一，壓力反應中的荷爾蒙會把更多的葡萄糖和脂肪酸送到血液中，而對於幼年型糖尿病患者來說，這會提高葡萄糖與脂肪酸在不對的地方累積阻塞的可能性，這是我們現在很熟悉的病理現象。

慢性壓力也會帶來另一個較隱晦的問題。發生有壓力的事情時，不會只是阻礙胰島素分泌，因為大腦不太信任只靠胰臟就可以停止分泌胰島素，所以有了第二步驟。如先前所說，在壓力中，葡萄糖皮質素會作用於全身的脂肪細胞，使它們對胰島素較不敏感，以防止系統內還有胰島素的情況。脂肪細胞會釋放一些最近才發現的荷爾蒙，這些荷爾蒙會使其他組織，像是肌肉和肝臟，停止對胰島素做出反應。所以，壓力會造成胰島素阻抗（如果人們因為攝取大量的合成葡萄糖皮質素〔用來控制各式各樣的疾病，稍後會介紹〕而進入了這種糖尿病狀況，就是罹患了「類固醇糖尿病」）。

為什麼壓力引起的胰島素阻抗，對於有幼年型糖尿病的人很不好呢？他們透過健康的飲食、對何時需要注射少量胰島素的身體信號有很好的敏感度等，讓一切都好好地平衡著。但是，加入了慢性壓力之後，胰島素的運作就突然不太對勁了，導致這些人覺得很不好受，直到他們搞清楚自己原來需要注射更多的胰島素，但這會導致細胞更阻抗胰島素，惡性循環下使得對胰島素的需求更高，等到壓力過去後，他們又不太清楚什麼時候該調降胰島素的劑量，因為身體不同部位重拾對於胰島素的敏感度的速度不同，原本完美平衡的系統現在完全混亂了。

壓力，包含心理性的壓力，可能使得幼年型糖尿病患者的新陳代謝控制大亂，這個現象的演示之一，是把糖尿病患者置於一個實驗性的壓力源（公開演說），並且監測他們的葡萄糖皮質素，在這種情況下會有最強烈的壓力反應的人，也可能是糖尿病控制得最差的人。還有，在相關研究中，對於實驗性的壓力源有最強烈的情緒反應的人，往往也是血糖值最高的人。

壓力也可能用別的方式偷偷溜進來。一些嚴謹的研究發現，在幼年型糖尿病發作的前三年中，相較於一般人，這些患者經歷了重大壓力的比例更高。這是否表示

壓力更可能使免疫系統攻擊胰臟呢？這有一點點的證據，我們在第八章談免疫的時候會說明，而更可能的解釋是，一旦免疫系統開始攻擊胰臟（也就是糖尿病開始的時候），症狀要過一段時間才會明顯，但透過先前說過的那些負面效應，壓力會加快這個過程，使病人更快注意到自己不舒服。

於是，頻繁的壓力和（或）強烈的壓力反應，可能會提高得到幼年型糖尿病的可能性、加速糖尿病的發展，一旦發生這種情況，會使這個造成短命的疾病 [2] 有嚴重的併發症。因此，對於這群人，成功的壓力管理就非常重要。

成人型糖尿病

成人型糖尿病（又稱第二型糖尿病、非胰島素依賴型糖尿病）的問題，不在於胰島素不足，而是細胞無法對胰島素做出反應，因此這個疾病的另一個名字是「胰島素阻抗型糖尿病」。很多人隨著年齡增加，體重也跟著增加，使這個問題更嚴重（然而，年齡增加但沒增加體重的人，得到這個病的風險就不會提高，這是在非西化的人口中的狀況，因此這個疾病並不是老化的正常現象，反而是缺乏活動和脂肪過剩的一種病，剛好是在某些社會中老化時會發生的狀況）。

當脂肪細胞儲存夠多的脂肪之後，基本上就「飽」了。當你成為青少年，脂肪細胞的數量就固定了，所以如果你體重增加，個別的脂肪細胞就會被撐大，當你再吃一頓大餐，胰島素就會爆發，試圖讓脂肪細胞儲存更多脂肪，但脂肪細胞拒絕儲存：「算你倒楣，我才不管你是不是胰島素，我們撐飽了。」於是脂肪細胞對於要使它們儲存脂肪的胰島素，越來越沒反應，也更不接受葡萄糖。[3] 撐飽了的脂肪細胞，甚至會釋放使其他細胞和肌肉也變得抗拒胰島素的荷爾蒙。

那些細胞現在會挨餓嗎？當然不會，它們已經儲存的充足脂肪，就是這個問題的源頭。然後，由於那些循環中的葡萄糖和脂肪酸在破壞血管，身體就有了麻煩，這是同樣的老問題。如果成人型糖尿病持續一段時間，會有另一個悲慘的發展，你的身體變得阻抗胰島素，而你的胰臟會以分泌更多的胰島素來應對，但你依然阻抗胰島素，然後胰臟就分泌更多胰島素，這樣一來一往，你的胰臟送出更大量的胰島素，試著要被接受，最後這會榨乾胰臟裡分泌胰島素的細胞，破壞了它們。你透過

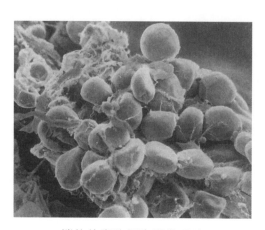

撐飽的脂肪細胞顯微照片

減重和運動，最終控制住成人型糖尿病，卻發現你現在有了幼年型糖尿病，就是因為胰臟壞掉了。

慢性壓力如何影響成人型糖尿病呢？再一次，經常把葡萄糖和脂肪酸推動到血液中，會使動脈粥狀硬化惡化。還有一個問題是，在壓力反應中，你的脂肪細胞被指使要減少對胰島素做回應。假設你六十幾歲、過重、快要有胰島素阻抗，再來一段時間的慢性壓力，而那些壓力荷爾蒙一再告訴你的細胞，胰島素阻抗是多棒的點子，當這種情況夠多的話，你就過了那個變成顯性糖尿病的門檻了。

這有什麼好留意的呢？因為全球正流行著成人型糖尿病，尤其是美國。在一九九〇年，六十五歲以上的美國人大約有十五％患有成人型糖尿病，那時被認為是一場健康災難。十年後，增加了三十三％，並且中年人也有。這個老化相關疾病突然也發生在更年輕的人身上，在最近十年中，三十幾歲人口的患病率成長了七十％。此外，兩千萬名美國人處於「糖尿病前期」的狀態，即將獲得正式的糖尿病診斷。比起幼年型糖尿病，兒童更容易得到成人型糖尿病，這很嚇人。還有，發展中國家的人剛開始接觸西化飲食，他們不只會得到糖尿病，糖尿病的發展速度還比西方人更快，這可能有文化和基因的雙重原因。這個曾經不存在的疾病，折磨著全球大約三億人，並且在近來每年殺死了二十萬名美國人。

即使我們以為每個人都把日子花在吃低脂、低澱粉、低膽固醇又沒味道的飲食，並且一邊上坡健走，一邊大聲朗讀阿金（Atkins）或狄恩·歐尼斯（Dean

Ornish）的飲食法著作，其實每一年我們都吃下更多的垃圾食物，並且更少運動，二十％的美國人現在是「臨床肥胖」（相較於一九九〇年的十二％），五十四％是「過重」（相較於一九九〇年的四十四％）。借用身體調適理論家約瑟夫・艾爾的話，富裕已經成了死亡的原因。[4]

新陳代謝症候群

　　醫學界根深柢固的傳統是切割分類，所以你身上的一堆毛病可能會要你找心臟科醫師看診，而另一堆不同的問題則使你去找專長於糖尿病的內科醫師，運氣好的話，他們可能偶爾會相互討論。但你的新陳代謝和心血管系統緊密相關，這在前兩章中應該是顯而易見的。「新陳代謝症候群」（又稱為 X 症候群），是體認到這個緊密關聯的新名詞。實際上它不算很新，它在一九八〇年代末期由史丹佛大學的吉羅德・瑞文（Gerald Reaven）正式提出，只不過是在近幾年來變得超級流行（流行到它甚至被用於一群在西非的觀光旅店垃圾堆中覓食甜點的野生狒狒身上）。

　　前兩章裡列出一份可能出差錯的事情的清單：血液中的胰島素變多、葡萄糖變多、收縮壓和舒張壓變高、胰島素阻抗、太多低密度脂蛋白膽固醇、太少高密度脂蛋白膽固醇、血液中太多脂肪或膽固醇。如果你被這些問題折磨，就有了新陳代謝症候群（正式的診斷需要這份清單中某些項目「一個以上」的狀況，以及其他項目有「兩個以上」）。[5]這種症候群之類的，是說如果你有那些症狀中的某一套組合，你很可能以後就會有其他的項目，畢竟它們密切相關。如果你的胰島素過多、高密度脂蛋白膽固醇過低以及腹部肥胖，那麼有很高的機會產生胰島素阻抗，而且可能很快就會變成病態肥胖，至於另一套組合的話，則能預測你會有高血壓。

　　這些組合不只可以互相預測，還可以用來預測重大疾病，像是心臟病或中風，還有死亡率。

　　由加州大學洛杉磯分校的泰瑞莎・西門（Teresa Seeman）所帶領的團隊，進行了令人佩服的研究，顯示這個特別細微的狀況。醫學通常是透過診斷分類來運作：葡萄糖指數大於某個數字，你就正式有了高血糖症，而血壓高過某個數字，你就有高血壓。但如果你的葡萄糖、血壓、高密度膽固醇等等都在正常範圍內，只是它們

全都很接近你該開始擔心的數字呢？換句話說，沒有測量到不正常的數值，卻有大量的數值是幾乎不正常的，技術上而言一切沒問題，但這顯然不太對勁。

泰瑞莎·西門的這項研究實驗了超過一千名對象，全都超過七十歲，當中無人符合疾病的正式診斷，也就是說，那些檢測結果在技術上都沒有出現不正常數值。現在來看看它們在新陳代謝症候群的評量項目上表現如何，再丟入其他測量項目，包括葡萄糖皮質素、腎上腺素、去甲腎上腺素的靜態指數。在數字上結合這些項目的發現後，整體的資訊就能顯著地預測誰會有心臟疾病、誰會認知功能下降或身體功能下降，還有死亡率，這種預測遠比用那些項目的套組來預測更準確。

這是身體調適概念的本質，透過身體內不同且相差很多的系統交互作用來維持平衡，而這也是身體調適「負荷」的耗損概念的本質，展現出即使沒有單一的數值可以正式診斷健康問題，但如果有夠多的項目都不太健康，你就有麻煩了。最後顯而易見的重點是，這正是壓力在做的事，它沒有單一的災難性影響，沒有孤槍俠，反而是這裡一點、那裡一點的踢一踢、戳一戳、找麻煩、讓這個糟一點、讓那個稍微差一點，因此這會使得屋頂在某個時候更可能塌下來。

注釋

1　所以，因為頻繁的壓力源而常常拉高低密度脂蛋白數值，是個壞消息。另外，不管是什麼壓力源，你的低密度脂蛋白大幅增加，也不是好事。研究發現，有心臟疾病者的子女，往往對壓力有異常大量的低密度脂蛋白反應，代表可能有不利的因子遺傳給他們。

2　糖尿病專家試圖要把患者的病情控制住，一大挑戰是幼年型糖尿病常發生在未成年人身上，這些未成人用「幼稚」的方式對自己的系統造成壓力。吃不對的東西、跳過正餐不吃、睡眠不足，在管理上超令人頭痛的。

3　仔細的讀者此時可能很困惑，如果胰島素控管著葡萄糖的吸收，為什麼它會影響脂肪細胞儲存脂肪呢？我曾經為了一場期末考而花上幾小時去理解這個超複雜的原因：把脂肪儲存成三酸甘油酯，需要吸收葡萄糖。

4　如果你是從懷特·坎農的體系學物理學的，這一切都沒道理：「我們的身體增加這一堆體重是怎樣？那『身體的智慧』那回事呢？」你可能會這麼問。彼得·斯特林指出，如果身體是根據古典的身體恆定性原則運作，採取低程度的局部反應控制，那麼成人型糖尿病根本不應該存在。成人型糖尿病就應該能透過一個簡單的調節組織而避免，也就是增加了某程度的體重後，脂肪細胞就會告訴大腦裡的食慾中心，停止感覺飢餓。但事實上偏偏不是這樣運作，我們增加越多體重，就

越容易餓。斯特林點出了身體調適的現象,要調節食慾牽涉到很多因素,而不是只關乎你儲存了多少脂肪;那些更高階的因素,包括各種社會因素,往往會勝過脂肪細胞企圖降低食慾的努力。第十六章會再談這個。

5　我這裡的敘述有點模糊,是因為就我所知,確切要選哪幾組才能診斷新陳代謝症候群,似乎沒有共識。

第 5 章

潰瘍、跑步與冰淇淋聖代

 食物的不足，絕對算是一種壓力源。如果你是人類，這一餐有足夠的食物和水，但不確定下一餐在哪裡，也是重大的壓力源，這是西化的世界之外的重要人生經驗之一。選擇不吃東西到了挨餓程度的厭食症，也是一種壓力源（並且有一種奇怪的內分泌特色，回顧第二章，當交感神經系統非預期地被抑制時，葡萄糖皮質素往往會升高）。這一切都不令人驚訝，壓力會改變飲食習慣也不令人驚訝，這有很多相關紀錄。然而，問題是，這是什麼樣的改變？

壓力與食物攝取量

從前一章，我們可以清楚知道食慾接下來會怎麼樣變化。如果你是正在逃命的斑馬，就不會去想午餐，那就是我們有壓力時會失去食慾的原因。除了我們當中有些人遇到壓力時，會不經思考地、機械化地什麼都吃；還有那些說自己不餓，或是壓力太大而吃不下的人，剛好在一天裡東吃一點、西吃一點，總共吃了三千大卡的食物；還有那些只吃得下加了發泡奶油和堅果的雙倍巧克力脆片冰淇淋聖代，其他真的什麼都吃不下的人。

正式的數字顯示，**壓力使得三分之二的人會食慾亢進（吃更多），而其他人會食慾減退**。[1] 很奇怪的是，當你讓實驗室的老鼠承受壓力，會得到相同困惑的狀況，有些老鼠的食慾亢進，有些食慾減退。所以科學上確定的結論是，壓力能夠改變食慾，但這沒告訴我們太多有用的東西，畢竟它沒說是增加還是減少。

不過，其實有辦法解釋為什麼有些人在壓力下的食慾會亢進，而有些人的食慾會減退。首先，我們把斑馬的例子延伸到斑馬倖存下來的時候。在壓力當中，食慾和能量儲存都被抑制，已經儲存的能量被拿出來用，因此壓力過後的期間是什麼邏輯呢？顯然是從先前的狀況復原，反轉那個過程，你會阻止能量被運用、把養分儲存在血液中，並且取得更多的養分，然後食慾就增加了。

這是透過一些分泌學完成的，一開始有點令人困惑，但其實真的很精緻。令人困惑之處在於，壓力反應的關鍵荷爾蒙之一會刺激食慾，而另一個荷爾蒙會抑制食慾。你可能還記得先前說到，「腦下垂體釋放激素」是由下視丘釋放的，並且透過刺激腦下垂體而釋放「促腎上腺皮質激素」，開啟了一連串的反應，使得腎上腺釋放葡萄糖皮質素達到高峰。

演化發展出了對身體化學傳訊者的有效運用，而腦下垂體釋放激素也不例外。大腦的某些部分也如此運用腦下垂體釋放激素，來調節壓力反應的其他特徵。腦下垂體釋放激素有助於打開交感神經系統，提高了在壓力中的警覺和喚起，也會抑制食慾（失敗的節食者可別跑去附近的藥局買一罐腦下垂體釋放激素，它或許能幫你減重，但你會感覺很糟，就像你總是處在產生焦慮的緊急狀況中：你的心跳很快、緊張不安、性慾變低、易怒。多做幾個仰臥起坐可能比較好）。

另一方面是葡萄糖皮質素，它不僅具有已經在壓力反應中說明的作用外，也會刺激食慾，這通常可以在老鼠身上看到：葡萄糖皮質素使得老鼠更願意走迷宮找食物，更願意按壓桿子取得一塊食物等。此荷爾蒙也會刺激人類的食慾（雖然，就我所知，還沒有人把人類自願者加上葡萄糖皮質素，然後計算他們在超市衝來衝去的狀況）。科學家們算是清楚葡萄糖皮質素在大腦的哪個位置刺激食慾，用到哪一種葡萄糖皮質素受器等。[2] 真正迷人的是，葡萄糖皮質素並不只是刺激食慾，而且特別會使食慾更偏向高澱粉、高糖分或充滿脂肪的食物，然後我們就會去拿奧利奧餅乾而不選芹菜條。

因此，我們有個問題了。腦下垂體釋放激素會抑制食慾，葡萄糖皮質素則相反，[3] 然而它們都是壓力中所釋放的荷爾蒙。其實，時間點很重要，當一個壓力事件發生時，在大約三秒鐘內腦下垂體釋放激素會大量分泌，促腎上腺皮質激素需要大約十五秒才會增加，而葡萄糖皮質素需要好幾分鐘後才會在血液中增加（根據物

種而定）。因此，腦下垂體釋放激素是腎上腺反應中最快的一波，葡萄糖皮質素是最慢的，這些荷爾蒙在時間順序上的差別，也可以在身體其他部位運作的速度中見到，我們在短短幾秒內就能感覺到腦下垂體釋放激素的效果，而葡萄糖皮質素則需要數小時才能展現它的作為。最後，當壓力事件結束了，腦下垂體釋放激素只需要短短幾秒就能從血液中清空，而葡萄糖皮質素需要好幾個小時才能清空。

因此，如果你血液中有大量的腦下垂體釋放激素，卻幾乎沒有葡萄糖皮質素，我們可以確定你正處於壓力事件一開始的幾分鐘。這是把食慾關閉的好時候，高腦下垂體釋放激素和低葡萄糖皮質素的結合，成就了這件事。

接下來，如果血液中有大量的腦下垂體釋放激素和葡萄糖皮質素，表示你可能處於持續的壓力當中，這也是抑制食慾的好時候。但如果要做到抑制食慾，腦下垂體釋放激素抑制食慾的效果，必須強過葡萄糖皮質素刺激食慾的效果，這就是它運作的方式。

最後，如果循環系統中有大量的葡萄糖皮質素，卻只有一點點腦下垂體釋放激素，你可能已經進入恢復期，這正是消化系統再度恢復運作的時候，你的身體開始補充在大草原奔逃時被消耗的能量庫存，食慾被刺激了。在第四章，我們看到了葡萄糖皮質素如何在壓力中幫助清空儲存著能量的銀行戶頭，但在這個狀況中，葡萄糖皮質素的功能並非壓力反應中的協調者，而是從壓力反應中恢復的工具。

當你去思考壓力的時間長度和恢復期的結合，事情就變得合理了。假設有個非常有壓力的事情發生了，開啟了最大量的腦下垂體釋放激素、促腎上腺皮質激素和葡萄糖皮質素分泌。然後壓力源在十分鐘後結束，結果總共可能會有十二分鐘的大量腦下垂體釋放激素（壓力存在的十分鐘，加上之後需要兩分鐘清空它），以及兩小時的大量葡萄糖皮質素（壓力存在時大約花八分鐘分泌，加上更長的時間來清空它）。所以，葡萄糖皮質素多、腦下垂體釋放激素少的時間，比腦下垂體釋放激素較多的時間還要更長，這個狀況會刺激食慾。

相對地，假設壓力源持續了好幾天，也就是有**好幾天**腦下垂體釋放激素和葡萄糖皮質素維持大量，比在系統恢復期僅**幾小時**的大量葡萄糖皮質素和低量腦下垂體釋放激素狀態持續更長的時間，這樣很可能會造成食慾抑制。

壓力所屬的類型是食慾會亢進或減退的關鍵。假設把在迷宮中發狂奔跑的老

鼠當作人類，他早上第一件事情就是睡過頭，徹底驚慌，但看來今天的交通不會太堵塞，或許上班不會遲到，於是他冷靜下來，但後來交通很糟，他又再驚慌一次。到了公司，看來老闆整天都不會進來，也不會注意到他遲到，於是他又放心了，但接著他發現老闆其實在公司，而且注意到他遲到了，他又徹底驚慌一次。就這樣過了一天，這個人會如何形容自己的人生呢？「我啊，壓力有夠大，超級大，每天二十四小時沒停過。」但那並不是真的完全沒停過的壓力，如果全身被火燒，那才像是每天從早到晚完全沒停過的壓力。前面那個人實際上經歷到的是「頻繁間歇型壓力源」，這種情況中的荷爾蒙分泌會如何呢？腦下垂體釋放激素的大量釋放，在一天中常常發作，但因為葡萄糖皮質素從循環系統中清空的速度緩慢，所以高升的葡萄糖皮質素幾乎沒停過。那麼，猜猜看，誰在上班時整天狂吃甜甜圈呢？

大部分的人在壓力中會食慾亢進的一大原因，是一整天遭遇間歇性的心理性壓力源。這種壓力源是一大因子。

另一個有助於預測在壓力中會食慾亢進或食慾減退的變項，是你的身體如何對特定的壓力源做反應。讓一群受試者經歷相同的實驗性壓力源（例如，騎一段時間的運動腳踏車、有時間壓力的數學題，或是公開演說），然後，不意外的，不是每個人都會分泌相同分量的葡萄糖皮質素。還有，在壓力結束時，每個人的葡萄糖皮質素回到基礎量的速度也不一樣。這些個別差異的原因可能是心理性的，例如這個實驗性壓力源對某個人而言可能超級痛苦，對另一個人來說卻沒什麼大不了；這些個別差異也可能來自於生理性的，例如某個人的肝臟可能比另一個人的肝臟更擅於分解葡萄糖皮質素。

加州大學舊金山分校的艾麗莎·伊博（Elissa Epel）指出，過度分泌葡萄糖皮質素的人，最可能會在壓力後發生食慾亢進，而且在壓力後有各種食物選擇時，他們也不會典型地渴望甜食，這是針對壓力所產生的特定反應。在壓力中分泌過多葡萄糖皮質素的人，在沒有壓力時所吃的東西，並不會比其他受試者多，而他們無壓力時的靜態葡萄糖皮質素的濃度，也不會比其他人高。

壓力造成的食慾亢進和食慾減退，還有什麼差別呢？某部分與你對吃東西的態度有關。很多人吃東西並不只是為了營養需求，也來自於情緒需求，這些人往往會過重，也會是壓力型飲食者。還有，有一份令人著迷的文獻與紀律飲食者相關。

在任何時候，大約有三分之二的人是「約束型」的飲食者，這些人主動試圖節食，他們會認同這類的言論：「在正常的一餐中，我有意識地試著節制自己攝取的食物量。」提醒你，這些人不見得會過重，而很多過重的人並不會節食，其他人當中則有許多人在節食。

約束型的飲食者會主動限制自己的食物攝取量，而研究一致發現，平常約束自己飲食的人，在壓力中比其他人更容易食慾亢進。

這是很有道理的。當事情有點壓力，像是企業流氓侵占了你的退休存款、信件裡有炭疽病、你發現自己有多痛恨自己的髮型時，大多數人會決定自己需要放鬆某個平常很認真的習慣，以作為一種應付機制、一種在難過時對自己好的方法。所以，如果你平常會為了自我成長而逼自己看很有水準的藝文節目、不看實境秀，這時你會去看通俗的實境秀；如果你平常節制的是食物攝取量，現在你會去吃布朗尼蛋糕。

所以壓力會刺激或抑制食慾是有個別差異的，這差異來自於壓力的類型與模式、葡萄糖皮質素系統對壓力多麼有反應，以及平常是否嚴格控制自己的飲食，同時也關乎在壓力過後多快把食物儲存起來，以及儲存在身體的何處。

蘋果和西洋梨體型

葡萄糖皮質素不只會提升食慾，而且它身為從壓力反應中恢復的額外工具，也會提高消化後的食物儲存量。你在草原狂奔逃命時運用了那些能量，就必須在恢復期補充你的能量庫存，葡萄糖皮質素為了做到這件事，引發脂肪細胞製造一種可以把循環中的養分分解成庫存狀態的酵素，讓它們可以好好地儲存到下個冬天。

葡萄糖皮質素不只會刺激脂肪細胞。在你的腹部、小腹那邊的脂肪細胞，被稱為「內臟」脂肪，要是把這些脂肪細胞灌滿脂肪，而不在身體別處加入太多脂肪，你就會有「蘋果」體型。

另外，你的屁股附近的脂肪細胞形成「臀部」脂肪，要是用脂肪把這些細胞填滿，你就有了「西洋梨」體型，下盤圓大。

正式量化這些不同類型的脂肪分布的方式，是測量你的腰圍（可知道腹部脂肪

的量）和臀圍（可測量臀部脂肪）。蘋果體型的腰圍比臀圍大，造成「腰臀比例」大於一；而西洋梨體型的臀圍比腰圍大，造成腰臀比例小於一。

當葡萄糖皮質素刺激脂肪分布時，這通常發生在腹部而造成蘋果體型肥胖，甚至猴子也會有這種狀況。這個模式會發生，是因為腹部脂肪細胞比臀部脂肪細胞對葡萄糖皮質素更敏感，而且腹部脂肪透過啟動那些儲存脂肪的酵素，有更多對葡萄糖皮質素反應的受器。還有，葡萄糖皮質素只會在有大量胰島素時如此運作。這又說得通了，如果你的血液中有大量葡萄糖皮質素和低量胰島素，代表什麼意義呢？如我們在第四章學到的，你正處於壓力當中。高葡萄糖皮質素和高胰島素呢？這是恢復期，把那些熱量打包，用來修復之前在草原狂奔時所消耗的能量。

葡萄糖皮質素所刺激的內臟脂肪分布，並不是好事，這是因為如果你必須打包一些脂肪，你肯定想要西洋梨體型，而不是蘋果體型。就如我們在新陳代謝那一章看到的，大量的脂肪足以用來預測新陳代謝症候群，但後來發現，腰臀比例大是比過重更好的麻煩預測資訊。

拿一些極度蘋果體型和西洋梨體型的人來說，若體重相同，有新陳代謝與心血管疾病風險的是蘋果體型的人，其可能的原因之一是，從腹部脂肪細胞釋放的脂肪，更容易到達肝臟，在肝臟被轉化為葡萄糖，害你血糖升高、胰島素阻抗（從臀部脂肪庫存所釋放的脂肪，比較會平均分布於全身）。

這些發現引導出一個簡單的預測法，對於相同的壓力，如果你傾向於比大部分的人分泌更多葡萄糖皮質素，不只會在壓力後有更強的食慾，也會變成蘋果體型，傾向於在腹部脂肪細胞儲存更多熱量。伊博在各年齡層的男女中研究這個主題，發現蘋果體型的人對新事物有持續性的葡萄糖皮質素反應，西洋梨體型者則沒有。

在壓力很大的時候，你渴望充滿澱粉的安慰食物，然後把它收在腹部。最後一個令人不舒服的資訊是，根據加州大學舊金山分校的瑪莉・達曼（Mary Dallman）一項很棒的研究，大量攝取那些安慰食物並且把腹部脂肪囤積起來，可以減壓。那些人比較能降低壓力反應的強度（葡萄糖皮質素的分泌，以及交感神經系統的活動）。奧利奧餅乾不只好吃，而且透過降低壓力反應，它們也能使你感覺良好。

看起來要達到病態肥胖好像有一大堆的管道，像是太多或太少這個或那個荷爾蒙、對這個或那個荷爾蒙太敏感或不夠敏感，[4] 另一個管道則是身為分泌太多葡萄

糖皮質素的人,無論是因為有太多壓力、太多自以為的壓力,或是無法關閉壓力反應。感謝達曼發現的奇怪新調節循環,看來腹部脂肪是一個試著降低過度活躍的壓力反應的管道。

大腸和排便

到目前為止,我們知道了壓力如何改變你攝取什麼、攝取的食物如何被儲存和運作。我們還有最後一件事要說,就是食物從嘴巴入口後,在循環系統中處理成消化過後的形態,這是腸胃道的範圍,包括你的食道、胃、小腸和大腸。

你吃了一頓大餐,包括大塊的火雞、某家祖母出名的馬鈴薯泥與肉醬、一點點蔬菜來假裝健康,還有另一隻雞腿、幾根玉米,以及一、兩塊甜派當作點心,如此令人生厭地重複,而你期待肚子神奇地把這些全都轉化成血液中過濾完的養分?這需要大量的能量,也需要肌肉工作。

你的胃不只是化學性地分解食物,還要機械性地運作。胃部會收縮,一邊的肌肉壁猛烈地收縮,大量的食物被拋到另一邊的肌肉壁,在一大鍋的酸和酵素中分解它們。你的小腸跳起蠕動的蛇舞(有方向性的收縮),收縮上端的肌肉壁,把食物擠到下面,剛好讓下一個拉開的肌肉收縮。之後,你的大腸也這麼做,你注定很快就得去廁所了。名為括約肌的環狀肌肉,位於每個器官的開口與關閉處,以確保東西在上一個消化階段還沒完成時,不會進入到下一個階段,這個過程的複雜度不亞於讓船隻在巴拿馬運河的閘門間穿梭。

在你的嘴巴、胃和小腸中,必須將水灌入這個系統,使所有東西都在溶液中,來確保地瓜派等食物不會變成乾燥的塞子。接著,來到你的大腸,它必須抽取水分,把水分回歸到血液中,這樣你才不會把那些水分都排泄出去,讓自己變成脫水的梅子。這一整個過程都需要能量,而我們都還沒有考慮到下巴會有多累的事。一般的哺乳類,包括我們,大約會花十%到二十%的能量在消化上。

再來說說我們很熟悉的大草原戲碼:如果你是正在被獅子追捕的斑馬,可不能浪費能量在胃壁的倫巴舞上,因為現在沒有時間從消化取得任何營養益處,而如果你是在追著餐點的獅子,可不會為了吃到飽大餐而猶豫。

在壓力中，消化運作很快地就會被關閉，我們都知道這是過程中的第一步。如果你很緊張，你會停止分泌口水，嘴巴會變乾；你的胃停止攪動、停止收縮，不再分泌酵素和消化用的胃酸；你的小腸停止蠕動，什麼也不吸收。你身體的其他部分也知道消化道已經關閉了，就像我們在前文看到的，流到胃的血液會減少，於是血液中的氧和葡萄糖可以被送到其他需要的地方。對於生理的平靜具有完美功能的副交感神經系統，通常會調節消化的運作，當壓力來時，副交感神經系統會關閉、交感神經系統會打開，就忘了消化，[5] 壓力結束後它再度開機，消化過程繼續。

一如往常，這對於斑馬或獅子來說都非常合理，但在人類的慢性壓力中，會導致疾病。

大腸的混亂

無論那場董事會或者考試造成多大的壓力，我們都不太可能會弄髒褲子，但我們都知道極度恐懼的人（例如面對恐怖戰鬥的士兵）可能會不自主地排便（這個反應的一致性高到許多州都要求犯人在被處決前須穿尿布）。

為什麼會發生這種現象的邏輯，就跟我們感到很害怕時，膀胱會失控的原因很像，如第三章所說明的。消化絕大部分是一種策略，要讓你的嘴、胃、膽道等等一起工作，讓食物在到達小腸之前被分解開來，然後小腸要負責從這堆東西吸收養分，把養分送到血液中。大部分人都看得出來，我們吃的東西不完全是養分，而且有一大部分會被小腸挑選過後捨棄，而這些被捨棄的東西，在大腸內被轉化為糞便，最後下臺一鞠躬。

又來了，你狂奔衝過大草原時，那些待在大腸裡的東西，它們的養分已經被吸收了，現在只是沒用的重量。你可以選擇要不要帶著大腸內這幾公斤的多餘包袱去衝刺逃命，所以清空吧！

我們已經很了解這部分的生理運作，這是由交感神經系統負責的，當它傳遞訊號到你的胃，停止胃部收縮，又傳訊號到小腸，停止小腸蠕動的時候，同時也在刺激大腸的肌肉運動。如果你把啟動交感神經系統的化學物質注射到老鼠的大腦，牠的小腸會突然停止收縮，大腸則瘋狂收縮。

那麼，現在來問個問題：為什麼你真的很害怕的時候，常常會拉肚子呢？當你要讓食物可以被分解成循環系統能吸收的狀態，就需要大量的水來讓食物處於溶液中消化。大腸的工作之一是把水分吸收回去，所以它必須這麼長，才能讓剩下的東西一點一點地通過大腸，理想上它們會從稀粥的狀態最後變成還算乾燥的糞便。當災難發生時，你奔跑逃命，大腸增加運作，結果所有東西都太快通過大腸，水分還來不及被適當吸收，最後當然拉肚子了，就是這麼簡單。

壓力與功能性腸胃疾病

大致上，有兩種類型的腸胃疾病。第一種會使你覺得很糟糕、不對勁，醫師會找出問題，這是「器官型」的腸胃疾病，例如你的胃壁裂了一個洞，也就是消化性潰瘍，算是這一種具體可見的問題，但我們稍後再談潰瘍。另外，你的腸胃道都是失控的發炎組織，也就是發炎性腸道疾病，同樣屬於一種具體可見的問題，第八章會稍微談到這個疾病。

假設你覺得很不舒服，好像身體不對勁，可是醫師找不出問題，恭喜你，你有了「功能性」腸胃疾病。這種毛病對壓力極為敏感，而這可不只是老愛談感受、情感纖細的心理學家在說而已，就連名叫《腸胃》的這種大口吃肉的猛漢風格的科學期刊，都發布了好幾篇關於壓力與功能性腸胃疾病的研究。

這裡要談的最常見功能性腸胃疾病是「大腸激躁症」（腸躁症），它的症狀包括了下腹痛（尤其是用餐後），但排便後就不痛；還有腹瀉或便秘、排出黏液、脹氣和腹部隆起。無論醫師怎麼檢查，都找不出問題，所以腸躁症是一種功能性疾病，而腸躁症是最常見的壓力敏感疾病之一。

就我個人來說，面臨每一件人生大事時，都會在前幾天發生令人印象深刻的跑廁所狀況，像是我的猶太成年禮、上大學、博士論文答辯、求婚、婚禮（終於，這裡有了這年頭的成功書籍必備的告解口吻，現在我只要能講出幾個和我一起吃利尿劑的好萊塢明星，這本書就會是暢銷書了）。

一些嚴謹的研究發現，重大的慢性壓力會提高腸躁症第一個症狀出現的風險，也會使已經有腸躁症的人更嚴重。這說得通，我們已經知道壓力會增加大腸的收

縮，讓人體排出沒用的重量，而腸躁症（也稱為「痙攣性結腸」）的大腸會太過容易收縮，這是讓人拉肚子的絕佳辦法（至於很多壓力引起的大腸收縮為何會造成便秘，至今仍不清楚。一個可能的解釋是，壓力引起的大腸收縮是有方向性的，也就是說，這種收縮會把大腸內的東西從小腸方向推往肛門方向，如果常常這樣，加速的結果就是腹瀉。然而，一個可能的狀況是，如果壓力維持的時間夠久，收縮會變得混亂，失去了方向性，就沒什麼東西會被推到肛門了）。

所以有腸躁症的人可能正在承受很大的壓力，但腸躁症也可能是腸胃對壓力太過敏感的一種病。實驗發現，當一個有腸躁症的人被置於控制的壓力中（把手放到冰水中一陣子、嘗試聽懂同時播放的兩段對話錄音、參加有壓力的面試等），有腸躁症的受試者比其他受試者更會增加大腸收縮。

另一個壓力和腸躁症的關聯是疼痛。我們在第九章會看到，壓力會鈍化皮膚和骨骼肌肉的疼痛感，卻會提高內臟（像是腸子）對疼痛的敏感度（稱為內臟痛），而這就是腸躁症患者的狀況，對皮膚疼痛較不敏感，對內臟痛較敏感。有更多的研究支持壓力與腸躁症的連結是，腸躁症患者睡覺時，大腸通常不會過度收縮。他們不會一直腸痙攣，只有在醒著、處在有壓力的可能中的時候，才會腸痙攣。

這個太容易收縮的腸道，有什麼生理機制呢？如先前知道的，交感神經系統負責在壓力中增加大腸收縮，因此可以預期的是，有腸躁症的人有過度活躍的交感神經系統（不過腸躁症患者的葡萄糖皮質素是否不正常，仍不清楚），而更麻煩的是，那個脹氣、腫大、過度敏感的肚子痛，可能更進一步刺激交感神經系統運作，形成惡性循環。

持續的壓力和腸躁症可能密切相關。有趣的是，人生早期的創傷壓力（例如虐待）大幅提高了成年腸躁症的風險，這意味著童年創傷可能留下一個未解的病根，使大腸長久地對壓力過度反應，在動物研究中即發現了這個狀況。

儘管有這些研究發現，把壓力和腸躁症連結在一起，這一點仍然備受人們的抗拒（導致這本書先前版本的讀者寄了一些表達不悅的信給我），原因之一是腸躁症和某些人格類型的關聯。在憂鬱症或焦慮症的案例中，這個連結很明確，但早期的連結似乎不太確定。這些研究傾向於聚焦在大量的心理分析胡扯（好，現在我得罪了那群人），說某些人的發展階段卡在肛門期，說那是退化到上廁所會得到大大讚

美的如廁訓練時期，然後拉肚子成了父母認同的一種象徵；或是醫師的認同等於父母的認同；或是有的沒的。我不知道他們怎麼說便秘，但我確定他們有提到。

現在很少有腸胃科醫師認真看待那種想法了，但在比較沒那麼科學的圈子裡，有些人依然抓著那些看法。受到腸躁症所苦的人，才剛發現自己原來還有如廁訓練的問題，不難理解他們為何不太想處理壓力問題。

壓力與腸躁症的相關性常被質疑的另一個原因是，有很多研究找不到相關性。怎麼會這樣呢？首先，腸躁症症狀的嚴重程度，以及一個人所經受的壓力嚴重程度，都常因時間而有起伏，得靠非常尖端的統計才能找出兩個如此高低起伏之模式的相關性（通常是用一種比大多數生化科學家所學的統計法更高等的技術，稱做時間序列分析〔Time-Series Analysis〕。當我太太必須為她的博士研究使用時間序列分析時，光是家裡有這個主題的教科書，就讓我很緊張）。

這種壓力和症狀的起伏變化特別難追蹤，因為大部分的研究都是回溯性的（研究已經有腸躁症的人，要他們指出過去的壓力源），而不是前瞻性的（追蹤沒有這個疾病的人，看看是否能用壓力預測他們會不會生這個病）。這類研究的問題是，當人們回憶超過三個月前的壓力和症狀的資訊時，非常不準確。我們在本書中會常常提到這一點。還有，像我們先前說過的，那些會導致腸躁症風險的壓力類型，可能在症狀出現之前的很多年就發生了，使得就算是前瞻性的研究也很難找到相關性。最後，「腸躁症」可能是好幾種疾病的大雜燴，有多種成因，而壓力可能只和其中幾個成因有關係，需要更多厲害的統計學來找出這一大堆裡有意義的次分類，而不是一堆資料中的雜訊。

我們稍後在本書中有機會看到壓力與某些疾病的可能關聯，以及相同的困惑，也就是在某些病人之中肯定有壓力與疾病的關聯，或是臨床觀察強烈支持著壓力與疾病的關聯性，而固執的實證研究卻無法證明這種現象。

我們會一再看到，問題出在那些號稱很實證的研究，所詢問的問題通常是粗糙而直接的，像是「對大部分的病人來說，是壓力造成這個疾病的嗎？」更細緻的問題是，壓力是否會使既有疾病惡化、症狀與壓力的模式是否會隨時間而有起伏，以及是否只有在某些較易受影響的人身上才有這種關聯。如果這樣問，壓力與疾病的相關性才會變得更確定。

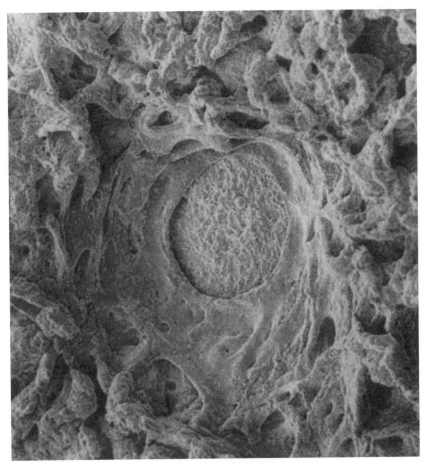

胃潰瘍的顯微照片

消化性潰瘍

　　最後我們來到了令壓力概念大肆發揚的醫學問題。潰瘍是在器官壁上的一個洞，在胃部或緊鄰胃部的器官所發生的潰瘍，被稱為「消化性潰瘍」，其中發生在胃部的是「胃潰瘍」，發生在胃部上方的是「食道潰瘍」，在胃和腸子交界處的是「十二指腸潰瘍」（這是最常見的消化性潰瘍）。

　　或許你還記得，消化性潰瘍是塞利在六十年以前讓老鼠處於不明確的不悅中，所發現的三大症狀之一。從那時候起，胃潰瘍漸漸成為一般大眾最知曉的壓力相關

疾病。在這個觀點中,當你長期有著不愉快的想法之後,胃壁就出現孔洞了。大部分的醫師都一致認為,當人遇到重大壓力危機時,像是大出血、嚴重感染、意外或手術造成的創傷、身體大範圍灼傷等,有一種潰瘍的次類型會出現得很快(有時只需要短短幾天),而在嚴重的情況中,這種「壓力型潰瘍」甚至會致命。

但是對於漸進發生的潰瘍,非常缺乏共識。以往人們(包括醫師)都會立即聯想到壓力,但是一個革命性的發現,使得人們對這種關於潰瘍的看法產生了戲劇性的改變。

這個革命性的發現是在一九八三年發現了幽門桿菌(Helicobacter Pylor)這種細菌。當時沒沒無聞的澳洲病理學家羅伯・華倫(Robert Warren)發現了這個沒沒無聞的微生物,而另一位更沒沒無聞的年輕同業貝瑞・馬歇爾(Barry Marshall)對它產生了興趣。馬歇爾記錄了有十二指腸潰瘍和胃發炎者的胃切片,一致地出現這種細菌。他推論,就是這種細菌造成了發炎和潰瘍,並在一場研討會上對(腸胃病學方面的)全世界發表了這個理論,然後幾乎全場都在笑他。潰瘍應該是飲食、基因、壓力所引起的,不是細菌啊,每個人都知道。還有,因為胃液裡的鹽酸導致胃的酸性極高,根本沒有細菌能夠存活在胃裡。好幾年來,人們都知道胃是一個無菌環境,如果那裡有細菌,只會是粗心的病理學家造成的汙染。

馬歇爾發現了那種細菌會造成老鼠的胃發炎和潰瘍,每個人都說:「這很棒,但是老鼠和人類不一樣。」於是,他用一種英雄式的、差不多足以拍成電影般的姿態,吞下一些幽門桿菌,害自己得到胃炎。但是,他們仍然忽略馬歇爾,直到後來,這領域中的一些人聽馬歇爾老是在會議中談該死的細菌,都聽煩了,終於決定做一些實驗來證明他是錯的,結果卻發現他完全是對的。

原來,幽門桿菌可以透過一種特別的抗酸結構,以及把自己包裹在一層有保護性的碳酸氫鹽中,來保護自己,於是可以活在胃部的酸性環境中。西方人口中,有八十五%到百分之百的潰瘍(還有胃癌),可能都與這個細菌有強烈的關係。發展中國家的人,幾乎百分之百都感染了幽門桿菌,它可能是人類最普遍的慢性細菌感染。這種細菌會感染胃黏膜的細胞,造成胃炎,而這胃炎不知怎麼地破壞了十二指腸細胞黏膜對抗胃酸的能力。碰!情況適合的時候,你的十二指腸壁就破洞了。

這當中的許多細節仍需要釐清,但是馬歇爾和華倫的最大勝利是:證明了抗細

菌藥物，像是抗生素，這是發明切片麵包以來，對付十二指腸潰瘍最好的東西，它們就像制酸劑或抗組織胺藥物（以前的主要療法）一樣有效解決了潰瘍，而且，最好的是，不像其他治療方式的後遺症，現在潰瘍不會再復發（除非又再次感染到幽門桿菌）。

這圈子裡的每個人在接受馬歇爾和華倫到處推銷的發現後，也帶著報復心接受了幽門桿菌。考量當代醫學喜歡採取很硬的實證性和簡化版的疾病模式，而不是軟弱的心理生理學那套，這就完全說得通了。中央疾病管制局寄教育簡章給全美國的醫師，建議他們對病人澄清「壓力造成消化性潰瘍」是過時的觀念。醫師們因為再也不用和潰瘍病人坐下長談，認真地眼神接觸、問他們的生活如何，而感到歡欣鼓舞。在研究者稱為「幽門桿菌感染」（Helicobacterization）的潰瘍壓力研究中，關於壓力是潰瘍的一部分成因的研究報告大幅減少了。既然我們找到了真正的科學解釋是這種有拉丁文專有名詞的細菌，就不用浪費心力在心理方面的問題上了。

問題是，單一細菌不會是一切的解答。首先，大約有十五％的十二指腸潰瘍患者並沒有感染到幽門桿菌，或是其他相關的細菌，更討厭的是，感染到這種細菌的人當中，只有大約十％的人會有潰瘍。這一定是幽門桿菌加上別的因素造成的！有時候，這個別的因素是生活型態的風險因子，例如：喝酒、吸菸、慣性不吃早餐、使用太多阿斯匹林之類的非類固醇消炎藥，也可能是基因傾向於分泌很多的胃酸，或是分泌過少可保護胃黏膜不受胃酸傷害的黏液。

可是，另一個因素還是壓力。有許多研究，甚至是在細菌因素變成主流之後的研究，都發現焦慮、憂鬱，或經歷著嚴重的生活壓力（坐牢、戰爭、天災）的人，更容易發生十二指腸潰瘍。對所有文獻的一項分析發現，三十％到六十五％的消化性潰瘍，都有心理社會因素（例如壓力）。問題是，壓力導致人們更會喝酒和吸菸，所以或許壓力會提高潰瘍風險的原因是，它增加了生活型態的風險因子。但是，並不只是這樣，在控制那些變項控制以後，光只是壓力，依然會使潰瘍風險提高二到三倍。

幽門桿菌與潰瘍有關係，但只有在它和其他狀況（包括壓力）交互作用的時候。如果你研究數以百萬計的潰瘍患者，就可以透過統計數字發現這個現象，然後再運用高階的數學分析把細菌量、生活型態風險因子和壓力算進去（有時可恰當

地稱為多變量分析）。你會看到，如果你只有那些因素之一的一點點（細菌量、壓力、生活型態風險），可是另外一個或兩個因素的程度嚴重，潰瘍就可能會發生。舉例來說，如果你讓實驗室老鼠處於心理性的壓力中，牠們會有潰瘍，但如果牠們住在無菌的環境，沒有幽門桿菌感染，就不會有潰瘍。

那麼，壓力又是如何使潰瘍形成的過程惡化呢？在塞利發現老鼠的潰瘍的六十年後，答案還是不太清楚，但有一些比較可被接受的解釋。

胃酸回彈

要了解這個機制，我們得先接受一個糟糕的現實，就是我們願意吃下一些怪異的東西，還期待胃去消化它。胃要能夠應付這種東西，只能靠強大的分解武器。收縮當然有幫助，但最主要的武器是黏膜細胞大量分泌到胃裡面的鹽酸（譯注：臺灣通稱為胃酸）。鹽酸的酸度非常高；這沒什麼不好，但它帶來一個明顯的問題：為什麼你的胃本身不會被這種消化酸給消化掉？如果你吃下別人的胃，你的胃會瓦解它，但你自己的胃壁怎麼都沒事呢？基本上，你的胃必須很努力地保護自己，它打造了很多層胃壁，並且用厚厚滑滑的黏液包覆在上面以隔離胃酸。還有，碳酸氫鈉被分泌到胃部來中和胃酸，這是很棒的解決辦法，讓你可以開心地消化。

然後出現了為期數個月的壓力，你的身體減少了胃酸分泌，使得消化常常被抑制。在這段期間，你的胃決定要偷工減料來給自己保留能量，它減少了一直以來的胃壁增厚，也減少分泌黏液和碳酸氫鈉。為何不呢？反正這段有壓力的時間也沒什麼胃酸。

壓力期結束了，你決定要吃一大塊巧克力蛋糕來慶祝這個時刻，這會刺激你的副交感神經系統，進而開始分泌胃酸，但你的防衛能力已經降低了，胃壁已經變薄，保護黏液也不像以前那麼厚，碳酸氫鈉太弱，而只要壓力和幽門桿菌感染的回彈重複循環兩次，你就得到潰瘍了。

假設你正處於壓力非常大的時候，擔心自己有潰瘍的風險，該怎麼解決呢？你可以確保自己接下來的人生分分秒秒都在壓力狀態中，就不會得到因為胃酸分泌而造成的潰瘍，但是你當然會因為其他數不完的原因而死亡。這個情境的弔詭之處

是，恢復期比壓力期更容易產生潰瘍，於是這可以預測，好幾次的短暫壓力，比單一個長期、持續性的壓力，更容易造成潰瘍，動物實驗即證明了這一點。

血流減少

如我們所知，在緊急狀況中，你會想要盡量把更多的血液送到運動中的肌肉。在回應壓力時，你的交感神經系統把血液從內臟分到更重要的地方去，就像第三章提到的那位胃部中槍的男子，每當生氣或焦慮的時候，因為血流減少，所以他的胃會變白。如果你的壓力是會使到胃部的血流嚴重減少的那種狀況（例如大出血），胃會因為缺氧而開始造成胃壁的輕微梗塞，也就是小中風，接著你會開始有死亡組織的病變，這是潰瘍的基石。這種狀況可能來自於至少兩個原因，第一，血流減少會使累積的胃酸更少被排掉，第二個原因則是另一個弔詭的生物學現象。

我們顯然都需要氧氣，如果缺氧就會變成難看的藍色，然而，當細胞的養分太多時，會產生一種奇怪又危險的複合物，叫做「氧自由基」。正常來說，另一組複合物（自由基清除劑，或清道夫）會處理這些壞傢伙，但有些證據指出，在慢性壓力的期間，前往胃部的血流減少（於是傳送的氧氣也減少），你的胃會停止製造那些保護你不受氧自由基傷害的清道夫。

這在壓力期沒什麼不好，反而是在危機中節省能量的聰明辦法（畢竟那些氧自由基也不太多）。可是，壓力結束時，充滿氧氣的血流回來了，氧自由基的量也正常了，但胃的防衛褲掉了下來。沒有足夠的清道夫，氧自由基會開始殺掉胃壁的細胞；加上原本因為細菌感染而有問題的細胞，你就有潰瘍了。

注意這種狀況和胃酸回彈機制有多相似：在兩種狀況中，傷害都不是發生在壓力期中，而是之後，也不是因為壓力使得侵犯（如胃酸分泌的量或是氧自由基的量）的情況更嚴重，而是因為在緊急壓力狀況中，胃對於抵禦這些侵犯更為小器。

免疫抑制

幽門桿菌會誘發你的免疫系統去對抗它。[6] 你很快會在煩死人的細節（第八

章，參見第 141 頁）中學到，慢性壓力會抑制免疫，而在這個情況中，較低的免疫力等於讓幽門桿菌快樂地繁殖。

前列腺素不足

在這種狀況中，就像身體系統中難免的損耗，你的胃時不時有微小的潰瘍。正常來說，你的身體可以透過分泌一種名叫「前列腺素」的化學物質來修補它，前列腺素會促進胃壁的血流，使癒合過程更好。然而，在壓力中，前列腺素的合成會受到葡萄糖皮質素的抑制，在這種情況下，壓力倒不是製造潰瘍的原因，而是害你的身體沒有盡早發現並修復潰瘍。目前尚不確定的是，在壓力中形成潰瘍有多少是這個原因（阿斯匹林也會抑制前列腺合成，所以阿斯匹林會使出血性潰瘍惡化）。

胃部收縮

不知道為什麼，壓力會使胃產生緩慢、有節奏的收縮（大約每分鐘一下）；也不知道為什麼，這似乎會提高潰瘍風險。一個想法是，在收縮時，通往胃部的血流被打亂，造成一陣陣的局部缺血，但這缺乏證據。另一個想法是，那些收縮會機械式地傷害胃壁，陪審團還在考慮這個機制。

潰瘍形成的機制大多有可靠的文獻記載，而在那些可信的機制中，大部分發生於至少一種壓力。同時間可能有超過一種機制，而且胃在壓力中比較會發生哪種機制、每種機制又如何與細菌感染交互作用，每個人的情況似乎也不一樣。關於壓力在形成潰瘍的角色上，肯定還有更多的機制會被發現，但目前這些應該就足以讓人受不了了。

蘇珊‧樂溫斯坦（Susan Levenstein）是這世上描述腸胃病學的人當中最聰慧的，她稱消化性潰瘍為「最現代的病理模式」。[7] 壓力並不會造成消化道潰瘍，但是它會產生那些生物壞蛋，來使潰瘍更容易發生，或者更劇烈，或者是使你更不能對抗那些壞蛋。這是疾病的有機因素（細菌、病毒、毒素、突變）和心理因素的經典交互作用。

注釋

1　關於在壓力下變得食慾亢進的人，是否也會特別產生對碳水化合物的飢渴，陪審團還在討論中。臨床知識和一些實驗室研究支持這個看法。然而，這有一個問題，就是高澱粉的食物通常比低澱粉的食物更容易吃，因此前者常被當作點心。所以，究竟人們是真的渴望碳水化合物，還是渴望簡單、不花大腦的食物，還不確定。

2　這個效應涉及了一種最近發現的荷爾蒙，叫做瘦素（Leptin）。非常飽的脂肪細胞會分泌很多瘦素，瘦素會在大腦內作用而降低食慾。前一陣子，這個現象導致創業老闆們抓狂，各個藥品公司都想著，給人們瘦素就會是完美的減肥藥。但因為某些原因，這未能成真。不管怎樣，葡萄糖皮質素都會使得大腦對於瘦素較不敏感，使飽足訊號變得較鈍，然後你就會吃更多。

3　壓力中釋放的 β - 腦內啡也會提高食慾，但現在我們先忽略它。

4　涉及的荷爾蒙顯然包括了我們已經談到的那些，像是胰島素、瘦素、腦下垂體釋放激素和葡萄糖皮質素，加上其他參加者，像是生長荷爾蒙、雌激素和睪固酮。但還有一堆全新的食慾相關荷爾蒙及神經傳導物質，它們的名字有夠討厭，所以我只能把它們放在註腳裡，像是神經胜肽Y、膽囊收縮素（CCK）、黑色素細胞刺激荷爾蒙（MSH）、油醯基乙醇醯胺（OEA）、脂聯素（Adiponectin）、下視丘泌素（Hypocretin）、刺鼠肽基因（Agouti）相關蛋白質、飢餓素（Ghrelin）。

5　壓力會關閉口水的分泌，這是交感神經系統所調節的抑制現象。如果你必須靠流口水討生活呢？像是如果你是雙簧管樂手，有一場大試奏會，卻因為緊張而沒有口水。因此，很多簧樂手會使用乙型交感神經阻斷劑之類的藥物，阻止交感神經系統運作，讓自己能夠產生口水，及時進行傑出的表演。

6　有些科學家甚至認為，雖然幽門桿菌會致病，但是它也有刺激免疫力的好處。

7　我得承認，這種作者並不多。她有一篇我最喜歡的文章是這樣起頭的：「我在醫學院時，對待病患的大王風格綜合了父權、獸醫、神父：審問、亂摸、自負的意見。」

第 6 章

生長、生產與荷爾蒙

我依然對「有機體會生長」一事感到驚訝，或許我並沒有自己宣稱地那麼相信生物學吧。吃下並消化一份餐點似乎非常真實，你把什麼東西大量地放到嘴裡，結果就會有各種具體的事情發生：你的下巴會累，你的胃會撐大，最後會有東西從末端出來。生長似乎也很具體：骨頭長得更長，小孩抱起來更重。

我的困難之處在於連結消化和生長。我知道它是怎麼運作的，也在大學裡教授這個，但它就是很不真實。某人吃了一座山那麼多的義大利麵、沙拉、大蒜麵包，還有兩塊蛋糕當甜點，而這些食物被轉化了，現在有一部分竟在試管的血液裡面？另外它會用某種方式被重建到骨頭裡？想想看，你年輕時吃了媽媽做的雞肉派，然後轉變成了你的大腿骨。哈！你看，你也不相信這種過程吧。也許我們還太原始，才無法了解材料的遷移。

我們如何生長

不過，生長的確是吃東西的結果，在小孩身上，它可不是不重要的小事——大腦越來越大，頭部形狀改變；細胞分裂、長得更大，並且合成新的蛋白質；隨著在骨頭末端的軟骨細胞移動到骨幹，並且和骨頭結合，長骨會長得更長；嬰兒肥會消失，取而代之的是肌肉；喉頭變厚，聲音變低沉；身體各個不太會長毛的地方會長毛、乳房會發育、睪丸變大……

從壓力對生長的影響來看，生長過程最重要的特色是「生長可不便宜」，因

為打造骨頭需要攝取鈣質，那些蛋白質的合成需要胺基酸，細胞壁需要脂肪酸來建造，而葡萄糖負責幫這個建設出資。胃口變好，養分透過腸子灌入身體，而各種荷爾蒙所做的一大部分，是推動那些都市擴張計畫所需要的能量和材料，其中生長荷爾蒙主宰了這個過程。

有時候生長荷爾蒙是直接作用在身體的細胞上，例如，生長荷爾蒙幫助分解脂肪庫存，把它們沖到循環系統中，讓它們可以被分配到成長中的細胞那裡。另外，有時生長荷爾蒙必須先引發另一類荷爾蒙的釋放，那種荷爾蒙叫做體介素（Somatomedins），是真正在做事的，像是促進細胞分裂。甲狀腺荷爾蒙扮演的角色，是促進生長荷爾蒙分泌、使骨頭對體介素更有反應，胰島素做的事情與此也很相似。到了青春期左右，生殖荷爾蒙也加入了，雌激素透過直接作用在骨頭上，以及增加生長荷爾蒙分泌，來促進骨骼生長，而睪固酮對骨骼做的事也差不多，並且還會促進肌肉生長。

當骨頭中的長骨末端相接並融合時，青少年就會停止生長；但是基於複雜的原因，透過睪固酮促進長骨末端的成長，會使生長更快停止，因此，對青春期的男孩施予睪固酮，他們會弔詭地長不到成人的體態。相反地，在青春期以前被去勢的男孩會長得很高，體型纖長，四肢特別長。歌劇史的愛好者會認得這種體型，因為閹伶的這種體型很有名。

神經質的家長：注意！

現在來看看壓力如何破壞正常的發展，我們會看到，這不只是破壞骨骼成長（你會長多高），還有早期人生的壓力如何使你這輩子都比較容易生病。

在我對此長篇大論以前，我要先警告各位父母，或是打算當父母的人，或是有父母的人。沒有什麼比養育子女更令人神經質的了，因為你始終擔心著自己的每個行為、想法或疏失會帶來什麼結果。

我有年幼的孩子，以下是我和太太所做過的無可挽回地傷害他們的大壞事：有一次我們為了什麼事情而超級想要安撫他們，於是讓他們吃通常禁止吃的、充滿糖分的早餐穀片；還有，我們在老大還只是懷孕後期的胎兒時，帶他去參加很吵的演

唱會，害他整場都在踢，無疑是痛苦的抗議；以及有一次，當我們在找具靈性和諧風格的影片來播放時，疏忽了平常的警覺心，讓電視播放了十秒鐘的暴力卡通。

你想要給最愛的人最完美的一切，所以有時候你會有點瘋癲，但我相信這個段落會使你覺得更瘋狂。

記得這邊的警告，最後我會再回來談它。

孕期壓力

童年是怎麼一回事呢？那是你對世界的本質做評估的時候，例如，「如果你放手，東西會往下掉，不會往上。」或者，「如果東西埋藏在另一個東西下面，它依然存在。」或是，理想上，「就算媽咪消失一下子，她還是會回來，因為媽咪總是會回來。」

這些評估往往會形塑你一輩子的世界觀，比如第十四章會介紹的（參見第 266 頁），如果你的雙親之一在你小時候過世，你這輩子得到憂鬱症的風險就會提高。我推測這是因為在還不成熟的階段就學到生命本質中深刻的一堂情感課：這是一個糟糕的事會發生的世界，而且你無法控制。

在發展過程中，從胎兒時期開始，你的身體也在學習世界的本質，並且隱喻性地決定如何回應外在的世界，而這個決定是一輩子的。如果發展過程裡有某些類型的壓力，這些「決定」中有一些會使孩子這輩子的某些疾病風險提高。

想想在饑荒中的孕婦，她的熱量不足，胎兒也攝取不到足夠的熱量。在懷孕末期，一般胎兒會「學習」到外面世界的食物充足程度，而饑荒會「教」胎兒，外面的食物不太多，最好要把這一點一滴都收藏起來，於是這胎兒的新陳代謝會永遠地改變，這種改變稱為新陳代謝「銘印」或「程式化」，他接下來會永遠特別擅於儲存所攝取的食物，把飲食中每一粒寶貴的鹽都留下來，因此發展出稱為「節儉」代謝的終生狀況。

這會有什麼後果呢？也就是第三章和第四章提到的，當人生中的每個條件都一樣時，甚至是在生命晚期，這個生物體更容易有高血壓、病態肥胖、成人型糖尿病及心血管疾病。

在老鼠、豬和羊身上，很明顯完全是這麼一回事，而人類也是如此。最戲劇化也最常被引用的例子，是第二次世界大戰末期的荷蘭冬季大饑荒。占領當地的納粹正腹背受敵，荷蘭正試圖幫助同盟國來解放他們，納粹就切斷了所有的糧食運送，以做為懲罰。荷蘭人因此挨餓了一整季，人們每天攝取不到一千大卡的熱量，被迫得吃鬱金香球莖，有一萬六千人死於飢餓。這些帶著影響一生的代謝程式的胎兒，從冬季的饑荒學到了食物充足與否的嚴重教訓，於是那個世代有了節儉代謝，並且半個世紀後更容易有代謝症候群。

新陳代謝的不同以及生理的不同方面，似乎在胎兒發展的不同時候有不同的設定。如果在大饑荒時，你是在懷孕初期的胎兒，那會把你設定成更容易得到心臟疾病、病態肥胖，以及不健康的膽固醇組合；然而，如果你是在懷孕中期或後期的胎兒，你會更容易得到糖尿病。

這個現象的重點似乎不只是你身為胎兒時營養不足，還有你在出生後有充足的食物，可以很快地從營養不足中復原，因此，你從童年早期開始不只很有效率地儲存養分，也能夠取得大量的養分。[1]

所以，懷孕時別讓胎兒餓著。但這個現象也適用於沒那麼戲劇化的情況，在正常出生體重範圍內，嬰兒的體重越低（根據身長而定），成年後有代謝症候群問題的風險就越高，即使你控制了成年體重，出生體重低仍然會使你有較高的糖尿病與高血壓風險。

這些是很大的影響。如果你比較出生時最重和最輕的人，會發現最輕者有糖尿病前期的風險大約是八倍高，而代謝症候群的風險大約十八倍高。無論男女，出生體重最低的二十五％的人，比起出生體重最高的二十五％的人，因為心血管疾病死亡的人數高出了五十％。

胎兒營養與終身的新陳代謝和心血管疾病風險的關係，最早是由英格蘭的南漢普敦醫院的流行病學家大衛・巴克（David Barker）所提出的，現在稱為「成年疾病的胎兒起源」（Fetal Origins Of Adult Disease, FOAD）。不過我們還沒有談完。

挨餓顯然是一種壓力源，這使我們想問，代謝程式化是因為熱量不足的營養後果而產生，還是因為熱量不足而產生的壓力才發生？換句話說，孕期中無關營養的壓力源，是否也會造成如「成年疾病的胎兒起源」那樣的結果呢？答案是，會。

　　回溯到數十年前，大量文獻顯示，用各種方式使懷孕的母鼠有壓力，會造成她的後代有終身性生理改變，而可以預知的是，改變內容之一是葡萄糖皮質素的分泌。再一次，想想胎兒的身體在「學習」外面的世界，這次是關於「外面的世界壓力有多大？」胎兒可以從葡萄糖皮質素透過胎兒的循環狀況，監測來自母親的壓力；大量的葡萄糖皮質素會「教」胎兒外面的世界真的壓力很大。結果呢？為充滿壓力的世界做準備吧：分泌過多的葡萄糖皮質素。

　　胎兒期有壓力的老鼠，在長大後會有過多的葡萄糖皮質素，根據研究，牠們的基礎濃度較高，壓力反應較大，並且（或者）更不容易從壓力反應中復原。這個終身的程式設定，似乎來自於大腦某部位的葡萄糖皮質素受器的永久性減少。大腦的這個部位是用來抑制「腦下垂體釋放激素」的釋放，以此關閉壓力反應，但較少的葡萄糖皮質素受器，代表對該荷爾蒙的訊號較不敏感，就更不容易控制接下來的葡萄糖皮質素分泌，結果就是一輩子都傾向於有較高的葡萄糖皮質素濃度。

　　造成後代這些永久性改變的原因，是不是承受壓力的孕婦所分泌的葡萄糖皮質素呢？看來是的。把高劑量的葡萄糖皮質素注射到雌性動物的身體，而不是對牠們製造壓力，在許多物種身上也會出現這種結果，包括非人類的靈長類。

　　較少數但頗可靠的文獻指出，孕期壓力會使胎兒在成年後分泌更多的葡萄糖皮質素。在這些研究中，出生體重低（根據身長比例而定）被當作胎兒的壓力替代標記；出生體重越低，二十歲到七十歲成人期的基礎葡萄糖皮質素濃度就越高。如果出生體重低，再加上早產，這個相關性就更加顯著。[2]

　　在備感壓力的胎兒期暴露於過多的葡萄糖皮質素，似乎造成了在一生當中會發生代謝症候群的風險。一個證據是，如果你讓老鼠、羊或非人類的靈長類胎兒，在胎兒末期接觸大量的合成葡萄糖皮質素（對母親注射），這胎兒在成年後就更可能有代謝症候群的症狀。

　　這是怎麼發生的呢？一個可能的過程是，孕期（胎兒期）接觸大量的葡萄糖皮質素，導致成年時的葡萄糖皮質素濃度較高，於是提高了代謝症候群的風險。就如前文曾提過的，成年期過多的葡萄糖皮質素會提高病態肥胖、胰島素抗阻型糖尿病和高血壓的風險，但即使有那些可能的關聯，成年期的葡萄糖皮質素分泌多，可能是連結孕期（胎兒期）壓力和成年期代謝症候群的唯一途徑。

　　現在，我們在這個情況中有了高血壓、糖尿病、心血管疾病、病態肥胖，以及過多的葡萄糖皮質素。再慘一點，生殖系統呢？大量文獻顯示，如果你讓懷孕的老鼠有壓力，會造成雄性老鼠胎兒「去男性化」，牠們成年後，性方面比較不活躍，性器官的發展也較差。我們在下一章會看到，壓力會使睪固酮分泌減少，而且對雄性胎兒也是如此。還有，葡萄糖皮質素和睪固酮有相似的化學結構（它們都是「類固醇」荷爾蒙），若胎兒有大量的葡萄糖皮質素，就會阻塞並阻礙睪固酮的受器，使得睪固酮無法發揮作用。

　　還有更多成年疾病的胎兒起源方面的問題，例如使懷孕的老鼠承受重大的壓力，牠的後代就會變得焦慮。你怎麼知道老鼠焦慮不焦慮？把牠放到一個新環境（也就是可怕的環境），牠得花多少時間去探索？或者利用老鼠是夜行性動物、不喜歡強光這一點，把飢餓的老鼠和一些食物放在有強光的籠子裡，這隻老鼠要花多久時間才會取食？老鼠是否願意學習新環境，或是與其他新老鼠互動？老鼠在新環境排泄的多寡？[3] 研究顯示在胎兒期受到壓力的老鼠，成年後遇到強光會呆住、無法學習新環境、會瘋狂排泄。

　　我們在第十五章會看到（參見第 282 頁），焦慮與大腦中名叫杏仁核的部位息息相關，而胎兒期壓力會把杏仁核設定成一輩子都很焦慮。杏仁核會有更多的葡萄糖皮質素受器（也就是對葡萄糖皮質素更敏感）、更多傳達焦慮的神經傳導物質，以及用來減少焦慮的那種大腦化學物質的受器會更少。[4] 人類的胎兒期壓力是否會造成成人焦慮呢？

　　我們很難對人類進行這項研究，因為要找到在孕期很焦慮的母親，或是在孩子成長過程很焦慮的母親，並不難，但難在找到只有其一而非其二的母親。所以這方面在人類身上的證據並不多。

　　最後，第十章會回顧過多的壓力如何對大腦造成不好的影響，尤其是對於發展中的大腦（參見第 191 頁）。在胎兒期承受壓力的老鼠，長大後大腦中學習和記憶的重點區域的神經元之間的連結會比較少，老年時也會有較多的記憶缺陷；而在胎兒期承受壓力的非人類靈長類，也會有記憶力問題，並且有較少的神經元。人類研究很難實踐的原因，與胎兒期壓力是否提高焦慮風險的研究困難相似。記得這個困難度，一些研究顯示，那樣的壓力會導致嬰兒的出生頭圍較小（這絕對符合整體來

說低體重的現象），然而，出生頭圍是否能夠預測這個孩子在三十年後將會得到多少學歷，仍不清楚。

關於成年疾病的胎兒起源故事的最後一部分，真的超迷人的，迷人到使我有幾分鐘停止像個擔心的家長那樣思考，反而只是對生物學感到驚訝。

假設你有個胎兒暴露於大量的壓力中，像是營養不良，於是設定了節儉代謝。成年後，她懷孕了，她攝取正常分量的食物，但因為她有這個節儉代謝（為了預防下次致命的饑荒再到來，而擅長把養分儲藏起來），她的身體會替自己過度抓住血液中的養分。換句話說，即使她攝取的食物量符合平均值，她的胎兒卻會得到比正常來說更少的養分，造成輕度的營養不良，因此設定了一個較輕微版本的節儉代謝，當這個胎兒後來也懷孕了⋯⋯

換句話說，這個成年疾病的胎兒起源的傾向，可能不必靠基因就會代代相傳。這不是因為共同的基因，而是共同的環境，也就是在胎兒期緊密分享的血液供給。

很奇妙，這正是經歷過荷蘭冬季大饑荒的人的狀況，他們的孫子女的出生體重多低於理想值，這在別的地方也有這個現象。隨機選一些老鼠，把牠們餵到懷孕時會變得病態肥胖，結果，牠們的後代即使吃正常的飲食，產生病態肥胖的風險仍會提高，牠們的再下一代也是。在人類身上也相似，孕期有胰島素阻抗型糖尿病的人，即使控制了體重變項，仍會提高孩子有相同疾病的風險。

等等！經歷饑荒表示血液中的養分較少，而有胰島素阻抗型糖尿病的人，血液中的養分會較多，但它們怎麼都會對胎兒造成相同的節儉代謝呢？要記得，有糖尿病的話，血液中的葡萄糖會增多，因為你無法儲存葡萄糖，請回想第四章內的一句話：撐飽了的脂肪細胞開始產生胰島素阻抗時，它們會釋放使其他細胞和肌肉也變得抗拒胰島素的荷爾蒙。那些荷爾蒙會進入胎兒的循環，如果母親因為儲存了過多能量而有胰島素阻抗，釋放了使正常體重的胎兒不擅於儲存能量的荷爾蒙，胎兒就會變得體重過低，並且產生節儉代謝來應對這個世界。

如果讓一個胎兒接觸大量的葡萄糖皮質素，他會容易有病態肥胖、高血壓、心血管疾病、胰島素阻抗型糖尿病，或者生殖系統問題，或者焦慮和腦部發展不良的風險都會提高，而這胎兒的下一代甚至也可能受到一樣的影響。現在，我們來談談另一種擔憂。

產後壓力

這一節開場最明顯的問題是：產後壓力是否也會對孩子的發展造成終身的不良影響？當然可能。幼鼠所能遭遇到的最大壓力是什麼呢？就是沒了媽媽（即使仍然得到足夠的營養）。埃默里大學的保羅·普洛斯基（Paul Plotsky）的研究發現，老鼠缺乏母親所造成的結果，和孕期（胎兒期）壓力的結果差不多：壓力中的葡萄糖皮質素會升高，壓力結束後的恢復會較差，也會更焦慮，杏仁核的改變跟遭受孕期（胎兒期）壓力的成年鼠一樣。

此外，牠在學習與記憶相關的大腦區域也會發展不良。把恆河猴的幼猴與母親分開，這小猴子長大後也會有過多的葡萄糖皮質素。

那麼比較不明顯的呢？假如老鼠媽媽在，但是無心照顧呢？麥基爾大學的麥可·米尼（Michael Meaney）研究了非常用心的媽媽和非常無心的媽媽的幼鼠的一生。怎樣算用心呢？梳理和舔舐。最少被媽媽梳理和舔舐的幼鼠，生下的下一代會像嬰兒期沒媽媽的老鼠一樣，有過多的葡萄糖皮質素，只是比較輕微一些。[5]

人類的童年壓力會對成年的疾病風險造成什麼影響呢？由於這種研究很難做，所以不意外，這方面的研究很少。之前提到的一些研究，發現雙親之一在孩子的童年時死亡，會提高孩子這一生得到憂鬱症的風險。還有另一個第五章提過的研究，發現早期創傷會提高成年時的腸躁症機率，而且類似的動物研究發現，早期壓力會造成大腸在壓力下的不正常收縮。

雖然這個主題的研究還不夠，但是童年壓力可能會對我們已經討論過的那些成人疾病打下基礎，例如，當你檢視被羅馬尼亞孤兒院收養超過一年的孩童，在孤兒院待得越久的孩子，靜態葡萄糖皮質素的指數就越高。[6] 相似地，受過虐待的孩童會有較高的葡萄糖皮質素，而且大腦中最進化的部位「前額葉」，會比較小也比較不活躍。

骨骼生長與壓力型侏儒症

壓力對於你會長多高（通常是指骨骼生長）的影響呢？當你只有十歲，晚上

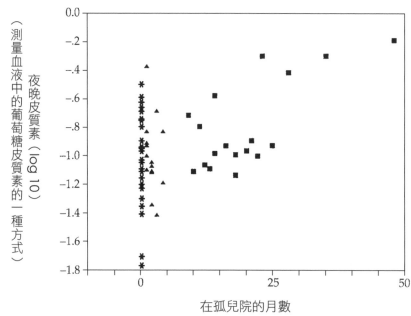

夜晚皮質素（log 10）
（測量血液中的葡萄糖皮質素的一種方式）

在孤兒院的月數

＊ 原生家庭撫養的孩童
▲ 在羅馬尼亞孤兒院待不滿四個月就被收養的孩童
■ 在羅馬尼亞孤兒院待超過八個月才被收養的孩童

肚子飽飽地躺在床上，骨骼生長對你而言就會是好事。然而，當你在逃離獅子的時候，骨骼生長就沒什麼道理了，如果這時候消化大餐沒任何好處，生長當然也沒有好處。

要了解壓力如何抑制骨骼生長，可以從極端的案例開始。例如，一位八歲孩童因為停止生長而被診治，但那些一般的問題都不存在：這孩子有足夠的食物、查不出疾病、沒有腸道寄生蟲在瓜分營養。

沒有人能夠找出這問題的器質性原因，可是他就是沒再長大。這種案例有很多是因為生活中的嚴重壓力，如情緒忽略，或心理虐待，此種症狀被稱為壓力型侏儒症，或心理社會型侏儒症、心因性侏儒症。[7]

低於平均身高的人，這時通常會想到一個問題，如果你很矮，但童年時不曾有任何明顯的慢性疾病，也能想起童年一段痛苦的日子，你是不是輕度的壓力型侏儒症的受害者呢？假設雙親之一的工作使你們必須常常搬家，童年時每一、兩年就

被連根拔起,被迫離開朋友,搬到陌生的學校去,這種狀況和心因性侏儒症有關係嗎?絕對沒有。那麼更嚴重的呢?惡毒的離婚呢?壓力型侏儒症?不太可能。

壓力型侏儒症非常少見。他們是被瘋子繼父不停地騷擾,並且在心理上恐怖脅迫的孩子;他們是警察和社工破門而入,發現長期被鎖在衣櫃裡、從門下塞食物進去餵食的孩子。那是嚴重異常的心理病造成的產物,他們出現在每一本內分泌學教科書,裸體地站在生長發育表前面;他們是落後合理身高好幾年、心智發展也落後好幾年、生長遲緩的小孩,身上有瘀青,帶著歪曲畏縮的姿勢、駝背、臉部表情下垂,並且如同所有的裸體一樣,眼睛必須被一條黑色長方形遮起來。每一個案例都有使你無法呼吸的故事,讓你懷疑人心到底可能多病態。

在教科書的那一頁,一定會有令人驚訝的第二張照片:同一位孩童被安置到不同的環境(或者,像一位兒童內分泌醫師的說法,經歷「父母切除術」)幾年後的樣子。他沒有瘀傷,或許還有一個隱約的微笑,同時長高很多。只要在小孩完全進入青春期以前(在長骨末端融合,停止生長之前)移除壓力源,某種程度的生長就

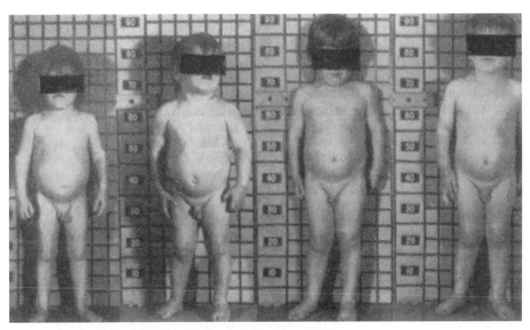

一名有壓力型侏儒症的孩童:住院期間的外貌改變(由左至右)。

有可能追上來（雖然矮身材和某種程度的性格發展遲滯與智能遲緩，通常會延續到成年）。

　　雖然壓力型侏儒症在臨床上極為少見，可是歷史上時不時就有案例。十三世紀一個可能的案例，肇因於著名的內分泌學家：西西里的腓特烈二世國王（Frederick II）的實驗。他的宮廷似乎著迷於對人類自然語言的哲學爭論，為了解決這個問題，腓特烈（顯然下注在希伯來文、希臘文或拉丁文上）想到了一個精密得驚人的實驗點子。他徵收了一堆嬰兒，每個嬰兒都在獨自的房間中被養大。每天會有人給這些嬰兒帶來食物、乾淨的毯子和衣服，全都是最好的，但那些人不會留下來跟嬰兒玩，也不會抱他們，因為他們很可能會被小孩聽到他們說話。這些小孩的撫養過程中沒有接觸到人類語言，這樣每個人就能知道人類的自然語言究竟是什麼。

　　當然，這些小孩不會突然有一天就衝出房門朗讀詩篇或唱歌劇。這些小孩什麼都沒做，而且最後無一倖存。對我們來說，這個教訓很明顯：最佳的成長和發展，並不只靠餵食正確的熱量和維持溫暖而已。腓特烈「白忙一場，因為沒有鼓掌、沒有認同與讚美的喜悅，小孩活不下去」，當代歷史家薩林培內（Salimbene）如是說。那些健康且餵養得好的小孩，死於非器質性生長遲滯，好像很有道理。[8]

　　另一個在半數的教科書內出現的研究，也說一樣的話，只是比較委婉。那個「實驗」的研究對象，是第二次世界大戰後在兩家不同的德國孤兒院的兒童。這兩家孤兒院都是由政府經營的，因此控制了重要的變項：兩家的兒童都有相同的飲食、相同頻率的醫師照顧等。在對兒童的照顧中，主要的差別是管理那兩家孤兒院的女人。科學家甚至進行了確認，對她們的描述簡直就像寓言故事的主角一般。

　　一家孤兒院的管理者是古小姐，就像溫暖慈愛的母親般，會跟小孩玩耍、會安慰小孩，並且花上一整天和他們唱歌與大笑。另一家是由肯定入錯行的史瓦茲小姐管理，她會履行專業上的義務，但盡可能不跟小孩接觸；她經常批評及苛責小孩，而且常常是在集合起來的同儕面前。這兩家孤兒院的生長率完全不同，史瓦茲小姐照顧的小孩，身高與體重生長速度比另一家孤兒院的小孩慢。然後，出現了一個連科學家都無法計畫得這麼好的延伸狀況，古小姐因為搬到有更多綠地的地方而離開了，接著基於一些官僚原因，史瓦茲小姐被調去那家孤兒院。史瓦茲小姐原本的孤兒院的生長率立刻提高了，而她調過去的那家孤兒院的生長率則下降了。

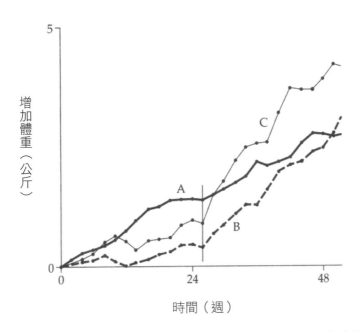

時間（週）

兩家德國孤兒院的生長率。研究的前二十六週內，古小姐管理的 A 孤兒院的生長率，比嚴厲的史瓦茲小姐的 B 孤兒院高出很多。在二十六週時（直線處），古小姐離開了 A 孤兒院，由史瓦茲小姐代替，那家孤兒院的生長率很快就慢了下來；在少了嚴厲的史瓦茲小姐的 B 孤兒院，生長率變快了，而且很快就超過了 A 孤兒院。一個引人入勝的額外資訊是，史瓦茲並非鐵石心腸，她有比較偏愛的一群孩子（C 曲線），她把那些孩子帶去 A 孤兒院。

　　最後，我想到了一個非常令人不安的例子。如果你一章接一章地閱讀生長內分泌學（我不推薦這麼做），會留意到偶爾奇怪地提到了彼得‧潘（Peter Pan），或許是引用那齣戲的臺詞，或是對小仙子的惡意言論。我注意這個現象很久了，終於在一本教科書的某一章找到了解釋。

　　那一章解釋了兒童生長的調節，以及嚴重的心理壓力能夠引發心因性侏儒症。它以一個在英國維多利亞時代的家庭為例子，一名十三歲的兒子是媽媽的最愛，卻在一場意外中喪命。喪子且絕望的母親，接下來幾年都待在床上哀悼，徹底忽視另一個六歲大的兒子。

　　於是，可怕的情況接踵而來，這男孩有一次進到她黑暗的房間；在妄想狀態中的媽媽，短暫地相信那是她已死的兒子來了：「大衛，是你嗎？真的是你嗎？」然後她搞清楚了：「喔，只不過是你。」弟弟就在「只不過是你」這樣的身分中長

大。當這位媽媽難得與這位弟弟互動時，卻反覆地表達相同的執著想法：她唯一感到安慰的是，大衛過世時還很完美，還是個小男孩，永遠不會被長大給毀掉，也不會和媽媽漸行漸遠。

這位被忽略的弟弟（嚴厲且有距離感的爸爸似乎在家裡可有可無）抓緊了這個想法，他要永遠當個小男孩，永遠不長大，這樣他至少會有一絲機會可以取悅媽媽，贏得她的愛。即使他在那個家境不錯的環境，並沒有可發現的疾病或營養不良，卻停止生長了。長大成人後，他的身高才大約一百五十二公分，而且結婚後也沒有行房。然後那一章告訴我們，那個男孩寫出了備受喜愛的經典童書《彼得‧潘》，而在作者詹姆斯‧馬修‧巴里（J. M. Barrie）的著作中，都是沒長大的小孩，很幸運地死於童年，變成鬼魂回去探訪他們的母親。

壓力型侏儒症背後的機制

在壓力型侏儒症的循環系統中，生長荷爾蒙的量極低。很少有研究可以像以下這個研究那麼清楚地呈現生長荷爾蒙對於心理狀態有多麼敏感。這個研究追蹤了一位患有壓力型侏儒症的孩童，這孩童來到醫院時，被分配到一位花很多時間與他相處的護士，後來他與這位護士變得非常親近。

下頁表格的列 A，是他剛入院時的生理狀況：極低的生長荷爾蒙，以及低生長率。列 B 是幾個月後的資料，那時他仍在住院：生長荷爾蒙增加了超過一倍（他沒有使用任何人工合成荷爾蒙），生長率增加超過兩倍。壓力型侏儒症不是食物不足造成的，那個男孩剛來到醫院時的食物攝取量，比住院三個月後再度成長時更多。列 C 記錄了那位護士休假三週時的狀況：即使這孩子攝取一樣的食物，生長荷爾蒙和生長率都掉下來了。這非常特別，有如螺帽和螺栓那麼具體的成長特徵，這孩子有多接近自己心愛的人，可以成功預測他把鈣放到骨骼的程度如何。我們腦袋裡的狀況，會影響身體的每一個細胞，沒有比這個研究更好的例證了。

這些孩子的生長荷爾蒙為什麼會變少呢？生長荷爾蒙是由腦下垂體分泌的，而它由大腦的下視丘（見第二章）調節，下視丘透過分泌刺激性荷爾蒙和抑制性荷爾蒙去控制生長荷爾蒙的釋放，而壓力型侏儒症似乎與釋放了太多抑制性荷爾蒙有

關。壓力引起的交感神經系統過度活躍，可能也有關係。還有，身體會對那分泌出來的一點點生長荷爾蒙比較沒反應，因此，就算施打人工合成生長荷爾蒙，也不見得能解決生長問題。某些壓力型侏儒症的小孩有較高的葡萄糖皮質素濃度，而此荷爾蒙使得生長荷爾蒙比較不會釋放出來，也使得身體對生長荷爾蒙比較沒反應。

有壓力型侏儒症的小孩也有腸胃問題，他們透過腸道吸收營養的能力不良，這可能是因為他們的交感神經系統較為活躍，如第五章所說，這會阻止多種消化酵素的釋放，停止腸胃壁的肌肉收縮，並且阻礙營養吸收。

這告訴了我們，有哪些壓力荷爾蒙會阻止成長。但是，在病態的情況下被養大，導致骨骼發育不良，又是怎麼一回事呢？杜克大學的辛西亞‧孔恩（Cynthia Kuhn）和薩爾‧尚伯格（Saul Schanberg）及其他研究，還有紐約州立大學精神醫學中心的麥朗‧侯佛（Myron Hofer），研究了與母親分開的老鼠寶寶。是媽媽的味道會刺激生長嗎？是母鼠的奶裡面的成分嗎？沒有媽媽，小老鼠會冷嗎？是鼠媽唱的老鼠搖籃曲嗎？你可以想見科學家用來測試這些可能性的各種方式：播放母鼠聲音的錄音、把母鼠的氣味打到籠子裡、看看有什麼可以取代真媽媽。

結果是觸碰，而且必須是主動性的觸碰。把老鼠寶寶跟媽媽分開，牠的生長荷爾蒙指數會掉下來，把鼠媽麻醉，讓老鼠寶寶接觸媽媽，生長荷爾蒙還是很低；而用適當的模式摸老鼠寶寶，模仿鼠媽的主動舔舐，其生長則會變得正常。在一些類似的研究中，其他的研究者發現，觸碰新生老鼠會使牠們長得更快也更大。

生長對於情緒狀態的敏感性之例證

情況	生長荷爾蒙	生長率	食物攝取量
A. 剛到醫院	5.9	0.5	1663
B. 一百天後	13.9	1.7	1514
C. 最喜歡的護士休假	6.9	0.6	1504
D. 該護士回來	15.0	1.5	1521

資料來源：森格爾（Saenger）與同事，一九七七年。生長荷爾蒙是以胰島素刺激後每毫升血液中每毫微克為單位；生長率是每二十天改變幾公分；食物攝取量是每日所攝取的熱量。

一個經典的研究發現，人類好像也是如此。邁阿密大學醫學院的蒂芬妮・菲爾德（Tiffany Field），以及尚伯格、孔恩等人，做了一個很簡單的實驗，靈感來自之前提到的那個老鼠研究，還有孤兒院與兒童病房可悲的死亡率歷史。他們研究新生兒病房裡的早產兒，發現早產兒雖然受到無微不至的呵護，並且維持在近乎無菌的環境，卻很少被觸碰，所以菲爾德和這個團隊進去觸碰他們：每天三次，每次撫摩他們的身體、動動他們的四肢十五分鐘，而效果太奇妙了！這些孩子的成長速度快了幾乎五十％，更加活躍和警覺，行為方面更快成熟，並且比沒有被觸碰的早產兒早了將近一個星期出院，幾個月後，他們的表現仍然比沒有被觸碰的嬰兒更好。

如果每個新生兒病房都這麼做，不只會有更多健康的嬰兒，而且每年可以省下大約十億美元。磁振造影儀器、人工器官、心律調節器等高科技醫療器材，不太可能像這麼簡單的介入方式，而達到這麼大的效果。

觸碰是嬰兒最重要的體驗之一。一想到壓力源，我們很自然地會認為是有機體**所能遇到**的各種不愉快的事物，但有時候壓力源可以是**沒有得到**某個重要的東西，而缺乏觸碰似乎是我們所能遭遇到的、最重大的發展性壓力源之一。

人類的壓力和生長荷爾蒙分泌

人類在壓力中的生長荷爾蒙分泌模式和鼠類不同，這其中的含意可能很引人入勝，但這個主題很難搞，不適合膽小的人。老鼠剛開始有壓力時，循環系統中的生長荷爾蒙幾乎立即就下降，如果這個壓力持續，生長荷爾蒙會持續低落。如我們所知，重大且持續的壓力源，也會使人類的生長荷爾蒙下降，奇怪的是，緊接在壓力發生後的那段時間，人類和某些物種的生長荷爾蒙卻會上升；換句話說，短期壓力其實會刺激這些物種的生長荷爾蒙分泌一段時間。

為什麼呢？如我們提過，生長荷爾蒙的影響有兩大類。第一種是刺激體介素去刺激骨骼生長和細胞分裂，這是這個故事中的生長部分。可是，生長荷爾蒙也會直接影響脂肪細胞，分解脂肪庫存，並且把它們沖到循環系統中，這是生長的能量。事實上，生長荷爾蒙不只負責新工程的工地，還負責這案子的資金。

關於分解脂肪庫存並把它沖到循環系統這回事，你應該很熟悉了：在逃離獅子

時，那正是葡萄糖皮質素、腎上腺素、去甲腎上腺素及升糖素所做的事。生長荷爾蒙的那些直接行動，近似在壓力下的能量運作，而體介素調節的生長荷爾蒙作用不是你在這時想要的。因此，在壓力中，如此分泌生長荷爾蒙是有適應性的，因為它會幫助推動能量；但如此分泌生長荷爾蒙也是不明智的，因為它會刺激具消耗性的長期工程，像是生長。

如先前說的，在壓力中，體介素的分泌會受到抑制，而身體對於體介素的敏感度也會受到抑制。這很完美，你在壓力中分泌生長荷爾蒙，並且依然得到它的能量推動效果，同時擋住它較直接的促進生長功效。再擴大先前的比喻，生長荷爾蒙剛剛從銀行領出現金，意在投注這個資金到接下來六個月的工程；可是，這筆現金卻用在解決身體立即的緊急狀況。

思考一下這個聰明的解決辦法：節省生長荷爾蒙，擋掉體介素。在壓力中（無論是老鼠那種立即性的壓力，或是人類那種過了一陣子的狀況），究竟為什麼生長荷爾蒙要下降呢？或許是因為系統並不完美，體介素的行動沒有在壓力中被完全關閉。因此，生長荷爾蒙的能量推動效果，可能還會繼續運用在生長上。也許各物種生長荷爾蒙下降的時間點，是這個荷爾蒙引發的特點之好處與壞處的妥協點。

使我印象深刻的是，人體得在壓力中多麼仔細和精打細算，來妥善協調荷爾蒙的活動，它必須完美地平衡成本與收益、知道停止分泌那個荷爾蒙的精確時間。如果身體在某方面算錯了，生長荷爾蒙的分泌被太早擋住，用來應付壓力的能量的推動力就會很少；如果出現另一種計算錯誤，生長荷爾蒙沒有及時停止分泌，壓力可能會增進生長。有一個常被引用的研究提到，第二種計算錯誤會發生在某些類型的壓力中。

一九六〇年代早期，達特茅斯學院的湯瑪士・藍道爾（Thomas Landauer），以及哈佛大學的約翰・懷丁（John Whiting），有條理地研究了世界上許多非西方社會的生命傳承儀式，想知道那些儀式的壓力是否與那些小孩長大後的身高有關。藍道爾和懷丁根據那些文化是否使小孩經歷有生理壓力的發展儀式、何時經歷，來對那些文化進行分類。有壓力的儀式包括鼻子、嘴唇或耳朵穿孔；割禮、接種、獻祭或灼燒；肢體的拉長或綑綁，或是對頭部塑型；泡熱水、火燒，或是強烈日光；泡冷水、埋雪中，或吹冷風；催吐、刺激不適和灌腸；用沙搓身體，或用貝殼或其

他尖銳物品刮身體。（你以為在十歲時彈鋼琴給祖母的朋友聽，就是很有壓力的生命傳承儀式？）

根據那個年代人類學的狹隘視角，藍道爾和懷丁只研究了男性。他們研究了世界上八十個文化，並且仔細控制資料可能會有的問題：他們收集的樣本來自於相同的基因庫，有無壓力型的儀式皆收集。例如，他們比較了西非的有壓力儀式的約路巴（Yoruba）部落和無壓力儀式的阿善提（Ashanti）部落，並且與美國原住民部落相比。他們試圖用這個方法控制基因對於體型（以及營養，畢竟相近的族群較可能有相似的飲食）的影響，來研究文化差異。

在壓力對生長的影響上，六歲到十五歲小孩得經歷有壓力的成年儀式文化中，生長是被抑制的（與沒有這些儀式的文化相較，差異大約是三‧五公分）。令人驚訝的是，在二到六歲間經歷這種儀式，對生長沒有影響，而最令人驚訝的是，兩歲以下就經歷這種儀式，會刺激生長，這些文化的成人比沒有這些儀式文化的人高出大約五公分。

有一些可能的錯誤或許可以解釋這個研究結果。其中一個解釋挺蠢的：也許較高的部落喜歡讓幼兒參加有壓力的儀式。另一個解釋似乎比較有道理：幼兒經歷這些有壓力的儀式後，也許有些會被殺死，而沒死的孩子就長得比較高大。藍道爾和懷丁注意到這個可能性，並沒有排除它。

還有，即使他們試圖比較相似的群體，除了有壓力的生命傳承儀式外，可能還有其他的差異，也許是飲食或是育兒方式。

不意外地，沒有人測量過蘇丹南部希魯克（Shilluk）或西非豪薩（Hausa）部落的小孩，在經歷某些恐怖儀式時的壓力荷爾蒙和體介素指數，所以沒有直接的內分泌證據，能證明這些壓力的確刺激了生長荷爾蒙的分泌而導致變高。即使有這些問題，也有大量的研究顯示壓力會抑制生長，但這個跨文化研究已經被許多生物人類學家詮釋為人類遇到某些類型的壓力源時，的確可能刺激生長的證據。

為人父母者真正該擔憂的事

所以，孕期（胎兒期）壓力和童年早期壓力，有多種方式可以造成長期的不良

後果，這可能很令人焦慮，光是寫這些就害我陷入為人父母的緊張風暴。讓我們來搞清楚什麼值得擔憂，什麼不需擔心。

首先，孕期（胎兒期）或童年接觸人工合成葡萄糖皮質素，是否可能造成終身的不良影響呢？由於葡萄糖皮質素（像是氫羥腎上腺皮質素）具有免疫抑制或消炎效果，所以醫師會大量地開這些處方，它們被用於有某些內分泌疾病或是可能早產的懷孕女性。有報告指出，女性在孕期大量使用這些藥物，其小孩的頭圍會比較小，童年會有情緒與行為問題，並且某些孩子的發展會比較緩慢。但這些影響是終身的嗎？沒有人知道。

目前，專家們強調，無論是孕期或產後，單一次的葡萄糖皮質素療程並沒有不良影響，不過如果大量使用則可能會有問題。但是，除非有嚴重的疾病，否則也不會使用大量的葡萄糖皮質素，所以最謹慎的建議是，臨床上盡少使用，但也要認知到另一方面，就是一開始導致必須使用這種治療的疾病，很可能比用藥更糟糕。

至於孕期和產後的壓力呢？每個小小的壓力是否會留下永遠的不良傷疤且代代相傳呢？很多時候，某些生理學相關性可能適用於極端的情況中，例如重大創傷、一整個冬季的饑荒等，但與日常生活的壓力較不相關。不過，即使是正常範圍內的出生體重，也能預測成年後的葡萄糖皮質素指數和代謝症候群風險，所以這些狀況看起來並不只是極端情形的現象。

下一個重要問題是：這個影響有多大？我們已經得知，在正常範圍內，胎兒壓力增加，能夠預測長遠以後的代謝症候群的風險也會增加。這句話或許是真的，也描述了兩種非常不同的情況之一，例如，可能是最低程度的胎兒壓力會導致一％的代謝症候群風險，壓力每增加一點，風險就增加一點，直到最大的胎兒壓力導致九十九％的風險；或者，最低程度的胎兒壓力可能導致一％的風險，壓力每增加一點，風險就增加一點，直到最大的胎兒壓力導致二％的風險。在這兩種狀況中，端點對於壓力的小小增幅很敏感，但是胎兒壓力提高疾病風險的力量，在第一種情況中更大。

我們在之後幾章會看到更多的細節，早期壓力和創傷似乎對於提高多年以後許多種精神疾病的罹病風險，有很大的影響力。關於成年疾病的胎兒起源文獻，某些批判者似乎認為這成立了「大自然真神奇」的超酷生物學，但不太需要擔心。然

而，某些成人疾病的風險因為出生體重的不同而有好幾倍的差別，在我看來是相當重大的影響。

下一個問題是：無論這些影響有多強大，它們有多麼無可避免呢？凌晨兩點鐘，瘋狂失眠的時候，你對著那腹絞痛的嬰兒失控吼叫，是不是就注定了他在二○六○年的時候會出現動脈阻塞呢？完全不是。如前面所說，壓力型侏儒症在換了環境後是可逆的，研究發現，孕期受到壓力的老鼠胎兒，其葡萄糖皮質素指數的終身改變，可以透過產後特定的母育方式來預防。預防醫學證明了不良的健康情況大部分是可以被扭轉的，事實上，這就是本書的前提。

康乃爾大學的人類學家梅雷迪思・斯莫（Merideth Small）寫了一本很棒、不神經質的書《我們的寶寶，我們自己》探討了全世界的各種兒童養育方式。在一個特定的文化中，小孩多常被父母抱或被不是父母的人抱？嬰兒有自己睡嗎？如果有，什麼時候開始呢？在一個特定的文化中，小孩要哭多久才會被抱起來哄呢？

在一個又一個的比較中，西方社會，尤其是美國，對於個體性、獨立及靠自己的重視，是這些跨文化比較中的極端。我們是父母都離家工作、單親家庭、托兒所和鑰匙兒童的這種世界。相較於恐怖的童年創傷，極少有證據顯示這樣的童年經驗會留下永久的生理傷疤。但是，不管採用哪種育兒方式，都會有它的後果。

斯莫建立了很深層的論點，一開始讀她的書時，你以為它會是各種處方的什錦盒，但最後，你會得到給孩子的完美綜合處方，混合了北美的夸夸嘉夸族（Kwakiutl）嬰兒飲食、南太平洋特羅布里恩（Trobriand）群島的睡眠方案、西非伊圖里俾格米人（Ituri Pygmy）嬰兒有氧運動計畫。但是，斯莫強調，並沒有完美的「天然」計畫。社會會把小孩養大成為其行為表現受這個社會所認可的成人，就像哈利・查平（Harry Chapin）在〈貓在搖籃裡〉所唱的，對戰後嬰兒潮世代的懊悔的歌頌：「我的兒子就像我一樣。」

成人的生長與生長荷爾蒙

我個人沒什麼在生長了，除了橫向發展以外，而根據教科書，大約再過六個土撥鼠節，我就會開始縮小。

　　然而，就像其他成人，我依然分泌生長荷爾蒙到循環系統裡（雖然沒有青春期時分泌得那麼頻繁），這對成人有什麼好處呢？

　　就像在《愛麗絲夢遊仙境》裡的紅皇后，成人的身體必須越來越努力運作，才能維持現狀。在年輕時的生長結束後，生長荷爾蒙幾乎都用在重建和裝修，撐住這座「大廈」下陷的地基，補東一個、西一個的裂縫。

　　這些修繕工作大多發生在骨頭。大部分的人可能都認為骨頭滿無聊和無感的，就是呆滯地待在那裡。事實上，骨頭是有動力的活動前哨站，充滿著血管，有小小的、充滿液體的管道，有各式各樣活躍地成長和分裂的細胞，就跟青春期一樣，總是有新的骨頭在形成，而老的骨頭會被狼吞虎嚥的酵素分解（這過程稱為「再吸收」）。新的鈣質從血液運送過來，舊的鈣質被沖走，而生長荷爾蒙、體介素、副甲狀腺荷爾蒙和維生素 D，戴著硬硬的工程安全帽，在各處監工。

　　何必這麼大費周章呢？這些忙活，有些是因為骨頭就像是身體的鈣質銀行那樣，總是在向其他器官收取鈣質貸款以及給予鈣質貸款。某方面是為了骨頭自己，讓它可以漸漸重建並根據需求而改變形狀，要不然牛仔的腿怎麼會因為騎馬時間太長而變成 O 形腿呢？

　　這個過程必須維持很好的平衡，如果骨頭扣住太多身體的鈣質，身體的其他部位就會停工；如果骨頭丟太多鈣質到血液中，骨頭就會變得脆弱，容易斷裂，並且循環中的過多鈣質會形成鈣化的腎結石。

　　可想而知，壓力荷爾蒙會使鈣質的傳輸大亂，誤導骨頭去分解而非生長，最大的罪魁禍首就是葡萄糖皮質素，它透過破壞骨末梢的骨前體細胞的分裂，來抑制新骨的生長。還有，葡萄糖皮質素會使送到骨頭的鈣質更少，因為它阻礙了腸道對飲食中的鈣質的吸收（通常由維生素 D 刺激吸收），又增加了腎臟必須排出的鈣，加速了骨頭的再吸收。

　　如果你分泌過多的葡萄糖皮質素，骨頭出問題的風險就會增加。有庫欣氏症（Cushing's Syndrome，因為腫瘤而分泌非常大量的葡萄糖皮質素）的人就有這種現象，還有為了控制某些疾病而採用高劑量葡萄糖皮質素治療的人也是，這些病人的骨密度顯著降低，有骨質疏鬆症（骨頭變軟、變脆弱）的高風險。[9]

　　任何會造成葡萄糖皮質素在血液中大幅增加的情況，對於老年人尤其是個問

題，因為老年人主要在經歷骨再吸收（青少年主要是骨生長，而年輕成人的骨生長和骨再吸收是平衡的），這對老年女性特別會造成問題，所以現在我們特別關注讓更年期後女性補充鈣質，來預防骨質疏鬆症。這是因為雌激素對於抑制骨再吸收很有幫助，而當更年期後雌激素減少，骨頭突然就開始分解了，[10] 而在這種情況中還使用大量的葡萄糖皮質素，便是你最不想要的事。

這些研究結果意味著慢性壓力可能提高骨質疏鬆和骨骼萎縮的風險。大部分的醫師可能會說，葡萄糖皮質素對骨頭的影響是「藥物性」的問題，而不是「生理性」的問題。這表示血液中有正常（生理性的）量的葡萄糖皮質素，即使是在應對正常的壓力事件，也不足以傷害骨頭；反而是因為腫瘤或是使用葡萄糖皮質素藥物，到達藥物程度的葡萄糖皮質素（遠多於身體正常產生的量），才會產生這種結果。然而，傑‧凱普蘭團隊的研究顯示了慢性社會壓力會造成母猴的骨質流失。

關於「愛」這個字的最後幾句話

在這些關於壓力與刺激不足如何破壞生長並提高各種疾病風險的研究中，有一個主題一再出現：人類或動物的嬰孩可以被妥善餵食、維持在適當的溫度、被戒慎緊張地看顧、受到最好的新生兒專家照料，卻依然無法茁壯。到底還缺了什麼？或許我們可以冒著失去科學信用和科學客觀的風險，提一提「愛」這個字，因為那是本章字裡行間中隱隱埋伏的現象。生理的妥善發展需要像是愛的東西；缺乏它，是我們所能經歷的最痛苦和最扭曲的壓力源之一。

那些正視愛在器官和組織生長與發展的世俗生理過程中的重要性之科學家、醫師和其他照護者，常常被忽略。

例如，在二十世紀初期，頂尖的育兒專家，哥倫比亞大學的路德‧霍爾特（Luther Holt），對於使用搖籃、在小孩哭時把他抱起來、太常抱小孩的「惡劣作法」，提出了會有不良後果的警告。那時所有的專家都相信，發展不只不需要情感，情感還是一個黏膩噁心的東西，會阻礙孩子成為正直獨立的公民。然而，年輕的有機體透過一組一九五〇年代開始的經典研究，告訴大家，那些學者為什麼是錯的。我認為，那些是令科學界最困擾難忘的研究之一。

　　威斯康辛大學的心理學家哈利・哈洛（Harry Harlow）是著名又具爭議性的科學家，他執行了這個研究。當時的心理學受到佛洛伊德學派和一個名為「行為學派」的極端派別所主導。行為學派認為，（動物或人類的）行為的運作是根據相當簡單的規則：一個有機體會比較常做某件事，是因為以前做這件事時得到了獎賞；一個有機體比較不常做某件事，是因為以前做這件事時得到了懲罰。在這個觀點中，像是飢餓、痛苦或性這樣基本的幾件事，是增強的基礎。看看行為，把有機體當作回應刺激的機器，並且根據獎賞和懲罰的觀念，發展出具預測性的數學公式。

　　哈利・哈洛用一個不太明顯的方式，回答了一個似乎很明顯的問題。嬰兒為什麼會依附他們的母親？因為母親提供食物。對行為學家而言，這很明顯，因為他們認為依附是食物正增強造成的。對佛洛伊德學派的人而言，這也很明顯，他們認為嬰兒缺乏「自我發展」，所以無法和母親的乳房以外的任何人或物建立關係。受到路德・霍爾特之流影響的醫師們，認為這很明顯也很好解釋，所以母親不需要去探視住院中的嬰孩，任何有奶瓶的人都能提供依附需求；不用擔心早產兒被隔離在滅菌的保溫箱裡，因為固定餵食就是足夠的人類接觸；孤兒院的兒童不需要被觸碰、擁抱、當作個體。愛和健康發展有什麼關係啊？

　　但哈利・哈洛覺得怪怪的。他養了沒有母親的恆河猴，給牠們兩種人造「代理」母親的選擇。一個假媽媽有木造的猴子頭和鐵絲網做成的身體，中間有一瓶奶，這個代理母親能給予營養；另一個假媽媽，沒有奶，身體被絨布包起來。行為學家和佛洛伊德學派人士會馬上抱著有奶的媽媽，但猴崽子卻選擇了絨布媽媽。研究結果顯示，孩子並不是因為媽媽平衡了牠們的營養攝取而愛媽媽，牠們愛媽媽，是因為通常媽媽會回愛牠們，或者至少是一個可以柔軟依偎的對象。「人不能僅靠奶過活，愛是一種不需要用奶瓶或湯匙餵食的情感。」哈洛如是寫道。

　　哈洛及其研究仍然極富爭議性，[11] 爭議之處來自於其實驗的本質，以及這些實驗的各種版本（例如，把猴子養在完全社交隔離的情境中，牠們看不到任何一個活動物）。這些是很殘忍的研究，也經常是反對動物實驗的人最常提出來的例子。還有，哈洛的科學著作展現了對那些受苦動物的冷酷無情，我記得自己還是學生的時候，曾被他著作中那野蠻的無所謂給激怒到流淚。

　　但同時這些研究也非常有用（雖然我覺得這種研究應該要少一點），它們告訴

我們，為什麼靈長類會愛對我們不好的人、為什麼惡待有時候會讓人愛得更深等這方面的科學；也告訴我們，為什麼童年受虐會提高你成年後也虐待他人的風險。哈洛的研究的其他部分告訴我們，反覆地把嬰兒從母親身邊分開，會使他們成年後更容易有憂鬱症。

　　諷刺的是，我們需要哈洛的開創性研究，來證明這個研究的不道德。但是，之前難道不明顯嗎？如果你刺我們，難道我們不會流血？如果你把我們從嬰兒時期就與他人隔離，難道我們不會受到傷害？少數的知情人士這麼認為。哈洛的研究重點不是要告訴我們，那些我們誤以為在當年很明顯的事情，像是如果幼猴受到隔離，會是很嚴重的壓力，然後牠會難過並長期受苦，而是要告訴我們一個完全沒人聽過的事實，那就是：如果你對人類嬰兒做同樣的事情，也會發生同樣的後果。

注釋

1　荷蘭的例子非常適合這裡，因為這個國家一從那個冬季復原，人們就能得到很多的食物。相對照下，第二次世界大戰的列寧格勒圍城戰中的人並沒有相同的狀況，在圍城戰結束後，他們依然缺乏食物。

2　對於七十歲人士的研究是在芬蘭。我們在這本書中會在幾個部分看到，像這樣的研究只能在斯堪地那維亞國家進行。那些國家有個習慣，就是把所有想像得到的事情都做了仔細到誇張的記錄，包括大量的人口數的出生體重。

3　真的沒有騙你。看過第五章後，這應該完全合理吧。在新環境感到焦慮？大腸的運動增加並排泄，然後在做老鼠焦慮之論文的研究生，數著籠子裡有多少顆老鼠屎，來做為焦慮非常有用的衡量資訊。

4　先透漏一些第十五章的資訊。透過杏仁核傳達焦慮的神經傳導物質，就是「腦下垂體釋放激素」（回想第五章，「腦下垂體釋放激素」不只是釋放「促腎上腺皮質激素」，還會傳遞壓力反應的其他方面）。還有，抑制焦慮的腦部化學物質的受器，叫做苯二氮受器。苯二氮是什麼呢？沒有人完全確定這個在大腦裡面結合受器的降焦慮苯二氮是什麼，但是我們都知道合成的苯二氮，像是煩寧和利眠寧這些藥，是可降低焦慮的鎮靜劑。

5　雖然這很明白地強調了，如果你是一隻老鼠小孩，好好梳理有多麼重要，但這在人類身上就沒這麼重要了。

6　如果你不熟悉那些地獄般的地方，羅馬尼亞孤兒院已經成了研究嬰兒與孩童的嚴重感官剝奪、智能剝奪、情感剝奪的對象。

7　一些臨床上的命名：「母愛剝奪症候群」、「剝奪症候群」及「非器質性生長遲滯」，通常用於嬰兒，並且一律用於失去母親的狀況。「壓力型侏儒症」、「心因性侏儒症」、「心理社會型侏儒症」通常用於三歲以上的孩童，但有些研究並不遵守這種二分法。十九世紀時，在孤兒院因為

生長遲滯而死亡的嬰兒，被說是因為「消瘦」（Marasmus），希臘文意味著「漸漸耗竭」。

8　這位國王真是個有潛力的科學家。有一次，腓特烈對消化有興趣，想知道吃完東西後休息的消化速度比較快，還是運動時比較快。他從監獄找來兩個男人，給他們吃完全一樣且奢華的大餐，然後要一個人吃完去睡覺，另一個去辛苦打獵。實驗完成了，兩個男人都回到宮廷，在他面前被開腸剖肚，用以檢查內臟狀況。結論是，睡覺的那位消化得比較好。

9　眾所皆知，約翰・甘迺迪（JFK）的背不好，他的公關總是把原因怪到甘迺迪在第二次世界大戰時遭遇的 PT-109 魚雷艇災難。但最近解密的醫療紀錄顯示，那可能是因為嚴重的骨質疏鬆症，來自於為了治療他的愛迪生氏病和結腸炎所使用的高劑量人工合成葡萄糖皮質素。

10　再重複第三章的一個重點：雖然雌激素是否能夠保護一個人免於心血管疾病，目前仍然備受爭議，但是它能抵抗骨質疏鬆症是很確定的。

11　普立茲獎得主黛博拉・布魯姆（Deborah Blum）寫了關於哈洛的傑出傳記：《愛在暴力公園》，柏修斯（Perseus）出版社，二〇〇二年。

第 7 章

性與生殖

　　腎臟、胰臟和心臟很重要，但我們真正想知道的是，當我們有壓力的時候，為什麼經期會不規律、更難勃起，並且失去性趣。原來，當我們不高興時，生殖機制出問題的方式多到驚人。

男性：睪固酮和無法勃起

　　我們一開始先談比較簡單的生殖系統，也就是男性的系統。男性的大腦會釋放「黃體激素釋放激素」（LHRH）這個荷爾蒙，它會刺激腦下垂體釋放「促黃體生成素」（LH）和「濾泡刺激素」（FSH），[1] 促黃體生成素會刺激睪丸釋放睪固酮，而由於男性沒有濾泡，因此濾泡刺激素是去刺激精子製造，這是標準基本的男性生殖系統。

　　當壓力開始的時候，整個系統都會受到抑制，「黃體激素釋放激素」的濃度下降，緊接著是「促黃體生成素」和「濾泡刺激素」也下降，然後睪丸就休息了，結果循環中的睪固酮濃度會下降。在遭遇生理壓力時，最能明顯看到這個現象，如果一位男性接受手術，從手術刀往他的皮膚劃下去的那一秒，整個生殖方面都會停擺，其他如受傷、疾病、飢餓等，全都會使睪固酮濃度下降。人類學家甚至證明了在人類社會中如果經常有大量活動方面的壓力（例如那些尼泊爾鄉下的村落），他們睪固酮濃度下降的程度明顯比久坐的波士頓人更嚴重。

　　但是，不明顯的心理壓力也一樣具有破壞性。把社交型的靈長類的權位降低，牠的睪固酮濃度也會下降，讓一個人或一隻猴子經歷有壓力的學習項目，也會發生

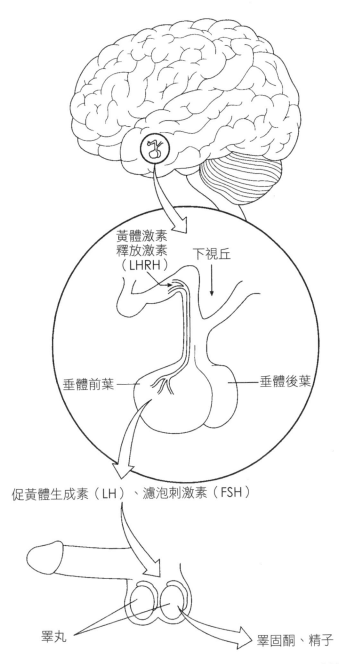

男性生殖內分泌的簡示。下視丘釋放「黃體激素釋放激素」到它和垂體前葉共享的私密循環系統。黃體激素釋放激素引發腦下垂體釋放「促黃體生成素」和「濾泡刺激素」，它們則影響睪丸分泌睪固酮和製造精子。

相同的現象。幾十年前有一項備受稱讚的研究，美國預官學校中那些經歷了大量身心壓力的受訓者，還得很沒面子地尿在紙杯裡，讓軍隊精神科醫師測量他們的荷爾蒙指數。看吧，睪固酮指數下降了，或許沒有低到像是天使小嬰孩的程度，但下次你看到一些在酒吧吹噓自己男性荷爾蒙濃度的士兵時，仍值得記起這件事。

為什麼壓力一發生，睪固酮濃度就會掉下來呢？有很多原因。首先是大腦，壓力發生時，腦內啡和腦啡（主要是前者）這兩種重要的荷爾蒙，會阻止「黃體激素釋放激素」從下視丘釋放。在第九章會說明腦內啡在阻止疼痛感受上的角色，以及它會在運動中釋放（解釋了慢跑者在跑了三十分鐘時會發生的「跑者的愉悅感」或「腦內啡的興奮」；參見第 178 頁）。如果男性在經歷跑者的愉悅感時釋放腦內啡，而這些複合物會抑制睪固酮釋放，那麼運動是否會抑制男性的生殖呢？有時候會。做極大量運動的男性，像是職業足球員和每週跑超過六十、八十公里的職業跑者，循環系統內會有較少的黃體激素釋放激素、促黃體生成素和睪固酮，以及較小的睪丸，精子的功能也較差。他們的血液中也會有較多的葡萄糖皮質素，即使沒有壓力時也是（對於鴉片類藥物成癮的男性，也有類似的生殖功能下降現象）。

先跳到女性的部分，生殖功能異常也會發生在女性運動員身上，部分的原因也是與腦內啡分泌有關。多達一半的競爭性女跑者的經期不規律，而且大量運動的女孩會比一般女孩更晚進入青春期，例如，有一份對十四歲女孩的研究發現，控制組中大約九十五％的女孩已經開始有月經，而只有二十％的體操員和四十％的跑者已經來經。

這給我們這個重視外貌的時代帶來了更大的議題。如果你完全不運動，顯然對你不好，因為運動有益健康，而且運動越多，對你的健康越好，但這不代表瘋狂的大量運動，就是對你的身體好到誇張，到了某個程度，過量就會傷害許多身體系統。生理學一律認為過猶不及，身體調適平衡有個最佳極大值，比方說，適量的運動通常會提高骨質密度，但是每週跑六十、八十公里的三十歲運動員，反而可能會骨骼脫鈣，骨質密度降低，得到壓力型骨斷裂和脊椎側彎的風險會更高，他們的骨骼看起來像是七十歲的人。

我們來完整思考一下運動這回事，請這樣想像：你與一群非洲草原的獵人或採集者坐在一起，對他們解釋我們的世界有那麼多的食物和空閒時間，所以有些人一

天只是為了開心而跑上四十公里，對此他們很可能會說：「你瘋了嗎？那太有壓力了。」因為整個人類歷史裡，如果你一天跑四十公里，你不是很認真地要吃別人，就是別人很認真地要吃你。

所以，我們有了第一步，在壓力發生時，「黃體激素釋放激素」的分泌會下降。但還有另一種在重大壓力時釋放的腦下垂體荷爾蒙「泌乳素」，會降低腦下垂體對黃體激素釋放激素的敏感度，真是禍不單行啊！大腦流出的荷爾蒙比較少，腦下垂體也不再對那個荷爾蒙做出那麼有效的反應。最後，葡萄糖皮質素阻礙了睪丸對「促黃體生成素」的反應，以免那個荷爾蒙在壓力中抵達了睪丸（認真的運動員的循環系統中，往往有高到誇張的葡萄糖皮質素濃度，必然對我們所談到的生殖問題有影響）。

睪固酮分泌減少只是男性在壓力中的生殖問題的一半，另一半則與神經系統及勃起有關。要能夠適當地勃起，在生理上極為複雜，幸好它是自動運作的，要是我們真的必須了解它，我們可能都不會出生了。要讓公靈長類勃起，得把大量的血流導向陰莖，使它充血，[2] 這是透過啟動副交感神經而達成，換句話說，這個男人必須平靜、不太動且放鬆。

如果你是男性，接下來會如何呢？你和某人正在享受很棒的時光，也許你的呼吸變快，心跳也加快，漸漸地，你身體的一些部位採取了交感神經的風格（記得第二章交感神經功能的四個 F 吧）。過一陣子，你身體大部分的地方都有交感神經式的吶喊，而同時你英雄式地抓住那唯一一個副交感神經運作的前哨站，盡量持久。最後，當你受不了了，副交感神經在陰莖關掉，交感神經發作，你就射精了（這是在兩個系統中超級複雜的編舞；沒有監督下請勿嘗試）。這個新的理解產生了性治療師所建議的技巧：如果你快要射精了，但還不想射精，就深呼吸。短暫地擴展胸肌，會引發副交感神經發作，延後副交感神經和交感神經交班的時間。

那麼，在壓力下會有什麼改變呢？其一是，先前足夠的壓力會破壞並阻塞你的血管，嚴重的血管疾病可能會嚴重阻礙血流。但如果你在當下立即感到壓力呢？顯然，如果你很緊張或焦慮，就不會平靜。首先，如果你很緊張或焦慮，副交感神經的活動會變得困難，你會有勃起的困難，就成了不舉。如果你已經勃起了，也會有麻煩。你正在進行中，副交感神經運作到你的陰莖，有著很棒的時光，突然地，

你擔心起美元相較於歐元的力道，碰！你比預期更快地從副交感神經切換到交感神經，就早洩了。

在壓力中，不舉和早洩極為常見，再加上勃起功能障礙本身就是重大的壓力源，會使男人陷入恐懼而展開惡性焦慮循環。一些研究發現，抱怨生殖功能問題的求醫男性，過半數都是「心因性」的不舉，而非器質性的不舉（沒有疾病，只是壓力太大）。你要如何知道是器質性還是心因性的不舉呢？由於人類男性的一件怪事，讓人很容易就能做出診斷，就是只要他們入睡並進入快速動眼期（REM）的做夢睡眠，就會勃起。我諮詢了地球上的陰莖專家們，沒有人知道為什麼會這樣，但事情就是這樣。[3] 當一名男子向醫師抱怨自己已經六個月沒辦法勃起了，他是壓力大嗎？還是他有什麼神經疾病呢？只要簡單地使用連接電壓傳導器的陰莖套，讓他在睡前帶上它，隔天可能就有答案了，如果他在快速動眼睡眠期有勃起，他的問題可能就是心因性的。[4]

因此，壓力可以很輕易地破壞勃起。一般來說，勃起的問題比睪固酮分泌的問題更有破壞性，因為要影響性事方面的表現，睪固酮和精子幾乎要完全停止製造才行，然而，只要一點點睪固酮和一點點精子，就能讓大部分的男性應付過去。但沒有勃起的話，就什麼都別談了。[5]

有許多物種的勃起狀況對壓力特別敏感，但有些壓力並不會抑制雄性的生殖系統。假設你是一隻很大的公麋鹿，而且這是交配季節，你把時間都花在昂首闊步、生長鹿角、鼻子噴氣、與另一個傢伙為了地域糾紛而頭撞頭打架、忘了好好吃、沒有好好睡、受傷、擔心下一場對於母麋鹿的競爭。[6] 壓力好大！如果公麋鹿必須競爭交配機會的壓力這麼大，那麼當機會來時，不是會性功能失常，反而不好嗎？這可不是好的達爾文策略。

或者以另一個物種來說，性是瘋狂需要代謝功能的活動，其中涉及了數小時甚至數天的交配，犧牲了休息或填飽肚子（例如，獅子就是這一種）。需要大量的能量，加上很少的飲食或睡眠，就等於壓力。如果交配的壓力會導致勃起障礙，那將會是一個缺點。

因此，交配季的競爭壓力，或是交配本身的壓力，對於很多物種來說，不但不會抑制生殖系統，反而還會刺激它。在符合這種狀況的某些物種身上，看起來像是

壓力的壓力，並不會造成壓力荷爾蒙的釋放；另一些物種則會釋放壓力荷爾蒙，但是生殖系統對它並不敏感。

還有一種物種，無論是不是交配季，都打破了壓力對勃起的影響的規則，我們來談一下鬣狗。

我們的朋友——鬣狗

斑點鬣狗是非常不受歡迎、備受誤解的動物。我會知道這件事，是因為好幾年來我在東非工作，與加州大學柏克萊分校的鬣狗生物學家羅倫斯・法蘭克（Laurence Frank）共享一個營地，因為沒有讓人分心的電視、廣播或電話，我們把時間都用來讚美鬣狗。牠們是很奇妙的動物，卻因為媒體而惹上壞名聲。

我們都知道這種情節。那是大草原的黎明時分，《野生動物王國》（Wild Kingdom）的節目主持人馬林・柏金斯（Marlin Perkins）在那裡拍攝獅子吃某種屍體。我們很開心，想要看清楚那些血和內臟，卻突然在視野的邊緣看到牠們，那鬼鬼祟祟、髒兮兮、不值得信任的鬣狗，盯著要突擊偷走食物。食腐動物！我們被引導去瞧不起牠們（真是令人驚訝的偏見，想想我們當中有幾個嗜肉者會用犬齒制伏大餐）。

直到五角大廈購買了新一系列的紅外線夜視鏡，並且決定把舊貨扔給許多動物學家，研究者才突然能夠在晚上看見鬣狗（這很重要，因為鬣狗大多在白天睡覺），明白牠們是很棒的獵人。你知道是怎麼回事嗎？獅子不是很成功的獵人，因為牠們又大又慢，又容易被看見。獅子大多時候都盯著鬣狗、占鬣狗的便宜，難怪在草原黎明時分，外圍的鬣狗看起來很不滿，還長了眼袋，牠們整晚熬夜打獵，結果現在誰在吃早餐？

對這些動物有點同情心後，再讓我說明牠們真正的奇怪之處吧。母鬣狗是社會強勢者，這在哺乳類中很少見，牠們的肌肉更發達，更有攻擊性，而且血液中有比公鬣狗更多的雄性荷爾蒙（一種近似睪固酮的荷爾蒙，叫做雄烷二酮〔Androstenedione〕）。要憑鬣狗的外生殖器來判斷性別，也幾乎不可能。

超過兩千年以前，亞里斯多德基於最有學識的人也不懂的原因，解剖了鬣狗

的屍體，寫在他的論文《動物志》裡面。當時的鬣狗專家認為鬣狗是雌雄同體，同時具備兩種性別的構造，但其實鬣狗是婦科醫師所說的假性雌雄同體（看起來像是雌雄同體而已），母鬣狗的假陰囊其實是密集的脂肪細胞；母鬣狗並不是真的有陰莖，而是有較大且可以勃起的陰蒂。我要補充，牠可以用這個陰蒂進行性行為，也可以用它生產，這很瘋狂！

羅倫斯・法蘭克是全世界的鬣狗生殖器專家之一，他會去抓一隻鬣狗，把牠麻醉後拖到營地去，我們很興奮地去看，然後大約過了二十分鐘的檢視，他大概可以知道這隻是什麼性別（是的，鬣狗能夠分辨彼此的性別，很可能是根據氣味）。

關於鬣狗，最有趣的或許是一個還算可信的理論，解釋了為什麼牠們演化成這樣，但這個理論非常複雜。我們的重點是，鬣狗不只是性器官演化成獨特的樣子，還演化出獨特的方式來使用這些器官進行社交溝通，而壓力就在這裡發揮作用。

對於大部分的社會性哺乳類，雄性會在競爭情境中勃起，做為強勢的訊號，如果你要對另一個雄性展現強勢，你會勃起，然後在牠面前搖晃，來展現你是個硬漢，社會型的靈長類常常這麼做。然而，鬣狗的勃起是社會低位階的訊號，當一隻公鬣狗受到一隻恐怖的母鬣狗的威脅，公鬣狗會勃起，「看，我只是一隻可憐沒用的公鬣狗；別打我，我要走了。」低位階的母鬣狗也一樣，如果一隻低位階的母鬣狗快要受到一隻高位階母鬣狗的教訓，牠會有明顯的陰蒂勃起，「看，我就像是那些公獵犬；不要攻擊我；你知道你比我強勢，何必呢？」如果你是一隻鬣狗，在壓力下就會勃起，那公鬣狗的自主連線肯定是完全相反的，才能使壓力造成勃起。這還未經證實，可是柏克萊的科學家或許正在揮霍著可以被投入石油開發設備公司的稅金，來研究這一點。

因此，關於壓力會造成勃起功能的問題，鬣狗是一個例外，這顯示了注意動物學怪事的重要性，有助於我們了解自己常規的生理機能的脈絡，以及給予你和鬣狗交往前的友善提醒。

女性：延長的月經週期與月經不調

我們現在來談談女性的生殖系統。它大致上和男性的差不多，大腦釋放「黃體

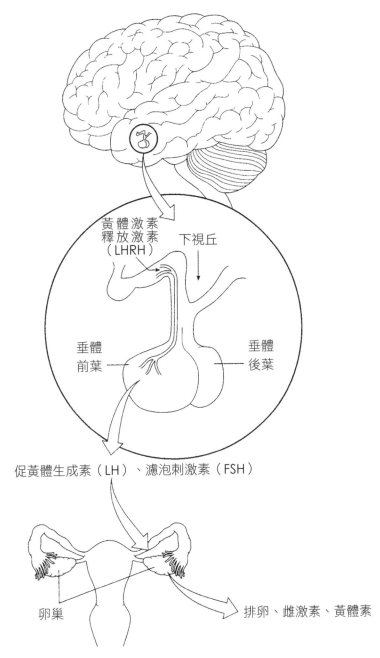

女性生殖內分泌的簡示。下視丘釋放「黃體激素釋放激素」到它和垂體前葉共享的私密循環系統。黃體激素釋放激素引發腦下垂體釋放「促黃體生成素」和「濾泡刺激素」，然後造成排卵以及卵巢釋放荷爾蒙。

激素釋放激素」，腦下垂體釋放「促黃體生成素」和「濾泡刺激素」，濾泡刺激素會刺激卵巢，使卵巢釋放卵子；促黃體生成素會刺激卵巢去合成雌激素。在月經週期的前半段時期，也就是濾泡期，黃體激素釋放激素、促黃體生成素、濾泡刺激素及雌激素的量會漸漸增加，到達最高峰的時候會排卵，然後進入週期的後半段，也就是黃體期。卵巢的黃體所製造的黃體素，此時成了最主要的荷爾蒙，它會刺激子宮壁成熟，讓排卵後受精卵可以著床並發展成胚胎。因為荷爾蒙的釋放在整個月經週期中有很精巧的規律高低變化，所以女性的下視丘調節這些荷爾蒙釋放的部分，通常比男性的結構更複雜。

　　壓力干擾女性生殖的第一個方式，關乎這個系統的一個驚人面向，即女性即使不是鬣狗，血液中也有少量的男性荷爾蒙，這並非來自於卵巢（鬣狗的雄性荷爾蒙來自卵巢），而是來自於腎上腺，這種「腎上腺男性荷爾蒙」的量在男性身上大約占五％，但這就足以製造麻煩。[7] 女性的脂肪細胞中的一種酵素，通常會把那些男性荷爾蒙轉化為雌激素，以這種方式來消除它。問題是解決了，但如果你因為今年農作收成不好而挨餓呢？體重會降低，脂肪庫存變少，突然間，沒有足夠的脂肪可以把那些男性荷爾蒙轉化成雌激素了，因此產生的雌激素變少了。更重要的是，男性荷爾蒙的濃度升高，抑制了生殖系統中的許多步驟（請注意，這只是飢餓抑制生殖的許多機制之一）。

　　如果你自願挨餓，生殖狀況也差不多會這樣被抑制，厭食症的特徵之一，就是讓自己挨餓的年輕女性（通常）的生殖會出問題。生殖停止不只是因為體重下降，畢竟當這些女性再增重回來時，她們的月經週期也不見得會恢復，除非原本的心理壓力已經解決了，但是體重下降依然扮演了重要的開始角色。體能活動極度活躍的女性，會因為失去體脂肪而使男性荷爾蒙濃度增加，這是生殖系統出問題的機制之一。如前面所說，這些狀況已經有很好的記載：身為非常認真的舞者或跑者的年輕女孩，青春期可能會推遲數年；過度大量運動的女人，月經週期可能不規律或完全停經。整體來說，這是有邏輯的機制，因為人類的一次孕期大約會花掉五萬大卡，哺乳期間每天大約花掉一千大卡，兩者都需要足量的脂肪庫存。

　　壓力除了使脂肪細胞縮小以外，也可以用其他方式抑制生殖，而許多相同的機制也發生在男性身上。腦內啡和腦啡會抑制「黃體激素釋放激素」的分泌（前面說

過，女性運動員和男性運動員都會發生）；泌乳素和葡萄糖皮質素也會影響卵巢，使卵巢對「促黃體生成素」比較沒有反應。總結下來，就是分泌較少的促黃體生成素、濾泡刺激素和雌激素，使得排卵的可能性降低，結果濾泡期會拉長，使得整個月經週期變長且較不規律。極端的狀況下，整個卵巢機制不只是延遲，而是停止運作，這種狀況叫做「無卵性無月經症」。

壓力還可能引起其他的生殖問題。黃體素的量往往會被抑制，破壞了子宮壁的成熟，而在壓力下釋放的泌乳素，也會干擾黃體素的活動，於是加強了這種效果。如此一來，即使在濾泡期還有足夠的荷爾蒙運作可以造成排卵，而且卵受精了，也不太能夠正常著床。

在持續的壓力下缺乏雌激素所造成的結果，不只是生殖的層面，比方說，即使有第三章談到的爭議：「雌激素是否能保護一個人免於心血管疾病之害」，它顯然可以預防骨質疏鬆症，而且壓力引起的雌激素下降，對於骨頭強度有不良影響。

在壓力下會抑制生殖系統的所有荷爾蒙當中，泌乳素可能是最有趣的，它極為強大和多樣貌。如果你不想要排卵，就該在血液中有大量的泌乳素。它不只扮演了在壓力與運動中壓抑生殖的重要角色，也是哺乳期間能夠有效避孕的主要原因。

喔，你正得意地為了這個有 Y 染色體的作者的無知而搖頭嗎？那是舊迷信；哺乳不能有效避孕。事實正好相反，哺乳的效果非常棒，它可能比任何其他避孕方式都更有效，只是你必須做對而已。

哺乳會造成泌乳素分泌。有一個反射迴圈從乳頭直達下視丘，無論什麼原因，不分男女，如果乳頭受到刺激，下視丘都會傳遞訊號給腦下垂體，要腦下垂體釋放泌乳素。如我們現在所知，足量的泌乳素會造成生殖停止。

把哺乳當作避孕方式的問題，出在西方社會怎麼做。在哺乳的那六個月期間，西方社會的母親大概平均一天哺乳六次，每次三十到六十分鐘。每次哺乳的時候，血液中的泌乳素在幾秒內就會增加，哺乳結束時，泌乳素很快地回到哺乳前的量，這很可能造成泌乳素分泌量高低起伏的現象。

但世界上大多數的女人並不是這樣哺乳的，最好的例子是幾年前對於非洲南部喀拉哈里沙漠的狩獵採集型布希人（Bushmen，就是電影《上帝也瘋狂》裡呈現的人）的研究。布希人的男性和女性很常性交，沒有人避孕，但女人大約每四年會有

一個小孩。一開始這看起來很容易解釋,西方科學家看著這個模式說:「他們是狩獵採集人,因此壽命一定很短,而且命苦;他們一定都在挨餓。」營養不良會造成停止排卵。

然而,當人類學家更仔細研究時,他們發現布希人根本就沒有受苦。如果你要當一個非西化的人,就該選擇當狩獵採集人,而不要當游牧人或農人。布希人一天只狩獵和採集三小時左右,剩下的時間大多花在坐著啃那些脂肪,科學家稱他們為原始版的富足社會。於是,「四年才生一個小孩是因為營養不良」的這個想法被否定了。

這很長的懷孕間距可能來自於他們的哺乳模式,這是由馬文・康納(Marvin

喀拉哈里布希人母親與在背巾裡的小孩。

Konner)和凱羅・沃斯曼(Carol Worthman)兩位科學家發現的。[8] 一位狩獵採集女性生下小孩後,大約每十五分鐘就哺乳孩子一次,每次大約一、兩分鐘,從早到晚,為期三年。(這好像不是很棒的點子,是吧?)幼兒被放在靠著母親臀部的背巾裡,這樣可以方便常常哺乳。幼兒晚上會睡在媽媽旁邊,不吵醒媽媽地常常喝奶(康納和沃斯曼無疑利用了紅外線夜視鏡和碼錶,凌晨兩點在寫字板上鬼畫符)。等這孩子能走路時,在外面玩耍的他,大約每個小時就會跑進來喝一分鐘的奶。

當你這樣哺乳,內分泌的情況就非常不同了。在第一次哺乳時,泌乳素增加,

接下來頻繁的幾千次哺乳，以及哺乳的時機，使得泌乳素在好幾年內都維持高量，雌激素和黃體素被抑制，所以你不會排卵。

這個模式有個迷人的含意。想想狩獵採集女性的人生故事，她大約十三或十四歲的時候進入青春期（比我們的社會晚），然後很快就懷孕了，她哺乳三年，幫孩子戒奶，有幾次的月經週期後，又再度懷孕，然後重複這個模式直到更年期。想想看：她的一生當中，可能只有二十幾次月經，對照之下，現代西方女性一生中通常經歷數百次月經，這有很大的差別。

這種在人類歷史上幾乎都發生狩獵採集時期的模式，也能在非人類的靈長類中看到。某些困擾著現代西方女性的婦科疾病，或許和這個重大的生理機制被啟動數百次有關，而它本來可能只是被演化來使用二十次而已。相關例子之一或許是子宮內膜異位（子宮內膜變厚，並且脫落在骨盆和下腹壁那些它不該待的地方）；子宮內膜異位較常發生在懷孕次數較少，或是較晚懷孕的女性身上。[9]

女性：破壞性慾

前面說明壓力如何破壞女性生殖系統的硬體細節，如子宮壁、卵子、卵巢荷爾蒙等，但這又會如何影響性行為呢？就像壓力對於勃起沒有幫助，或是對男性想處理自己的勃起沒幫助，壓力也會破壞女性的性慾，這是因任何狀況而壓力大的女性的普遍經驗，實驗室的動物遭遇壓力時也是一樣。

要記錄女性壓力大時會失去性慾，是相當容易的事，只要給研究對象問卷，希望他們誠實回答就好。但是，要如何研究實驗室動物的性慾呢？例如，當一隻母鼠望著隔壁籠子裡有著清澈眼睛和可愛門牙的公鼠，我們要如何推論母鼠春心蕩漾呢？這答案出乎意料地簡單：母鼠有多常按下桿子去找公鼠，這是科學計量老鼠慾望的量化方式（或者，使用這領域的術語：「性追求」〔Proceptivity〕）。[10] 一個相似的研究設計也可以用來測量靈長類的性追求行為。根據各種因素的作用，像是生殖週期的一個時間點、最近何時性交、一年當中的什麼時候或是心血來潮（被討論的雄性是誰呢？），雌性動物的性追求和性接受的行為會起起伏伏（這兩項通常在排卵時間左右會到達高峰）。大致上來說，壓力會抑制性追求和性接受的行為。

壓力的影響可能來自於它對各種性荷爾蒙分泌的壓抑，當母鼠的卵巢被移除，性追求和性接受都會消失，因為卵巢被切除後會缺乏雌激素；要是替切除卵巢的母鼠注射雌激素，這些性相關行為就會再出現。還有，排卵期的雌激素高峰，解釋了性相關行為為什麼幾乎只在那段時間發生。靈長類也有類似的模式，但不像老鼠那麼戲劇化，靈長類的卵巢被切除後，也會有性相關行為減少的現象，但沒有那麼嚴重。對於人類，雌激素在性中有一席之地，但不是很重大的地位，因為社會和人際因素更為重要。

雌激素在大腦和末梢組織發揮這些作用。性器官和身體其他部位含有大量雌激素受器，會受到荷爾蒙影響而對觸覺刺激更加敏感。在大腦內，雌激素的受器位於對性相關行為有影響的區域，基於神經內分泌學還不夠了解的機制，當雌激素充滿大腦的那些位置時，會出現色情的想法。

令人驚訝的是，腎上腺男性荷爾蒙也會影響性追求和性接受的行為，證據是，把腎上腺切除，性慾會降低，而施用人工合成腎上腺素會恢復性慾，這似乎在靈長類和人類身上比在老鼠身上更為成立。雖然這個主題還沒有受到很深入的研究，但是有些研究報告指出，壓力會抑制血液中的腎上腺男性荷爾蒙的量。還有，壓力肯定會抑制雌激素分泌，如第三章所說，傑‧凱普蘭已經發現猴子處在社會低位階的壓力之抑制雌激素的效果，如同把卵巢切除。根據這些研究發現，我們可以很輕易看到壓力如何破壞女性的性相關行為。

壓力與高科技生殖技術的成功

在心理困擾方面，沒幾個醫學疾病比得上不孕症，這包括了與另一半建立關係的壓力、對日常生活及工作專注的破壞、與家人和朋友的疏離，還有憂鬱症的比率。[11] 因此，以最近的高科技發展來打敗不孕症，是美好的醫學進步。

現在有一個人工生殖的勇敢新世界：人工授精、試管嬰兒、胚胎著床前篩檢。試管嬰兒的作法是讓精子與卵子在培養皿中受精，然後把受精卵置入到女性體內著床。胚胎著床前篩檢是用於一位伴侶有嚴重的基因疾病時，在卵子受精後，對受精卵進行 DNA 分析，然後只用無遺傳疾病的受精卵去著床。還有捐卵、捐精。

如果問題是出在精子無法自己穿透卵子，可以把單一精蟲注射到卵子內。

有些不孕症只要透過簡單的程序就能解決，可是有一些不孕症需要很厲害的創新科技。然而，那種科技有兩個問題。第一個問題是，對於接受那種科技治療的人，這是壓力大到驚人的體驗，還有它貴得要命，而且保險通常不給付，尤其是嘗試新穎的實驗性科技時。有多少年輕伴侶能夠負擔得起每個求子週期得花一萬到一萬五美元呢？再來，大部分的試管嬰兒診所都位於大型醫學中心附近，也就是說，很多病人必須在陌生城市的小旅館住上幾個星期，遠離家人和朋友。至於某些基因檢測科技，全世界只有幾個地方有，所以在各種壓力中，又增加了一項長長等候名單的壓力源。

可是那些壓力引起的因素，還比不上真正的療程所造成的壓力，持續好幾個星期，每天痛苦地打針，注射各種人工合成荷爾蒙和荷爾蒙抑制劑，這會對情緒和心智狀態造成相當戲劇化的影響。每天抽血、每天照超音波，根據當天是好消息或壞消息而總是有大好大壞的情緒：有多少濾泡、它們多大、荷爾蒙指數多少？來個手術，然後等等看究竟是否必須再重來一次。

第二個問題是，這通常沒用。我們很難知道人類自然受孕的成功率如何，但要知道高科技治療的成功率也很難，因為診所常會在宣傳文宣中作假：「我們不喜歡公布成功率，因為我們只接最困難、最有挑戰性的案子，所以數字一定會比其他只收簡單案子的弱診所來得差。」所以他們說很難推測不孕伴侶在高科技不孕症治療中的成功率，而一個令人難受到不行的試管嬰兒療程週期，成功率相當低。

本章前面說的一切，意味著第一個問題，也就是試管嬰兒療程的壓力，影響了第二個問題，就是低成功率。一些研究者特地研究了，在試管嬰兒療程中有較大壓力的女性，是不是比較不容易成功，而答案是大聲的「或許」。大部分的研究都顯示，女性的壓力越大（根據葡萄糖皮質素的量、對於實驗性壓力源的心血管反應程度，或是自己在問卷上的回答），試管嬰兒就越不容易成功。

為什麼這麼不確定呢？有一個原因是，有些研究是在那些女性已經進行很久的療程之後才去研究的，那時她們對於自己的療程進行得好不好，已經知道很多；在這些狀況中，知道即將出現的治療失敗一事可能會造成壓力反應升高，而不是反過來的因果關係。即使是在才剛開始治療就測量壓力程度的研究中，先前有過多少療

程週期也必須得到控制。換句話說，壓力大的女性可能的確比較不容易治療成功，但是這兩個特質可能都源自於她已經經歷了八場失敗的治療、現在一團糟，所以是特別不適合的人選。

也就是說，我們還需要更多的研究，如果相關性為真，希望結果會比醫師說的風涼話更有建設性，那類的風涼話包括：「試著壓力別那麼大，因為研究顯示壓力會使試管嬰兒的成功率較低。」如果這方面的進展真的能消滅一開始引起這複雜問題的壓力，也就是不孕，那可真不錯。

流產、心因性流產、早產

人類壓力和自然流產之間的關聯，使得希波克拉底（Hippocrates）提醒懷孕女性要避免不必要的情緒混亂。從那時起，我們對於懷孕的生物學就帶著一些最華麗浪漫的詮釋。英國皇后安妮·博林（Anne Boleyn）把自己的流產歸因於看見珍·賽摩（Jane Seymour）坐在亨利國王腿上；或是《米德爾馬契》（*Middlemarch*）裡的蘿莎蒙·文西（Rosamond Vincy）被馬驚嚇到而失去孩子。一九九〇年的電影《地獄來的房客》（*Pacific Heights*，這電影把雷根—布希時代拉到極端的邏輯，鼓勵我們支持那些被壞心眼房客所恐嚇的可憐房東），梅蘭妮·葛力菲（Melanie Griffith）飾演的屋主因為陰險狡猾的租客的精神騷擾而流產了。至於在比較不文學而比較無聊的日常生活世界裡，高要求、低控制感的工作壓力，都提高了女性流產的風險。

壓力也可以使其他動物流產，例如，當懷孕的野生動物，或在圍欄裡的懷孕動物，因為什麼原因（像是獸醫檢查）而被捕捉時，或是因為被運送而有壓力時，就可能會流產。

對野生動物社會階級的研究，發現了一種經常由壓力引發的流產。在很多社會性的物種中，並不是所有的雄性都有同等的生殖數量，有時候，一個團體只有一個雄性（通常稱為「一雄多雌」）負責所有的交配；有時候是有好幾個雄性，但只有一個或少數的強勢雄性在生殖。[12] 假設這個多雌的雄性被入侵的雄性殺了或趕走，或是一隻新的雄性進入了多雄性的團體，然後爬上高位階，通常新任的強勢雄性

會試圖提高自己的生殖勝算，犧牲掉之前的雄性。那麼，這個新傢伙會怎麼做呢？某些物種的雄性會有系統地試圖殺掉團體內的嬰兒（這種模式稱為競爭型殺嬰，許多物種都有這個現象，包括獅子和某些猴子），因此降低了前一位雄性的生殖成功率。還有，在殺嬰後，雌性停止哺乳，所以很快就會再排卵，可以交配，對於新的強勢雄性有很方便的好處。這很黑暗，也明確地展現了現代大部分的進化學者所知道的事情。

這與節目主持人馬林・柏金斯告訴我們的相反，動物極少會做「為了物種好」的事，牠們通常會為了自己的基因傳承、為了自己的近親，而做某些事，諸如野馬和狒狒等物種，雄性基於相同的邏輯，也會有系統地騷擾每個懷孕的雌性來使牠們流產。

老鼠的這種模式特別隱晦。一群母鼠和單一隻公鼠同住，如果入侵者把那隻公鼠趕出去並進住，在幾天之內，本來已經受孕的母鼠的受精卵會無法著床。值得注意的是，這種懷孕中止並不需要公鼠造成身體上的騷擾，而是公鼠的陌生新氣味破壞了母鼠的泌乳素上升，造成懷孕失敗。證據之一是，研究者可以僅使用新公鼠的氣味就引發這種現象（稱為布魯斯—帕克斯效應〔Bruce-Parkes Effect〕）。只因為來了一隻新公鼠就終止懷孕，有什麼適應優勢呢？如果母鼠完成孕期，幼鼠很快就會被那隻新公鼠殺掉。所以，演化在糟糕的情況中做出的最好決定，雕塑了這種反應，至少可以把花在沒用的孕期的熱量節省下來，因此終止懷孕，然後過幾天就開始排卵。[13]

即使有布魯斯—帕克斯效應，動物其實很少有壓力引起的流產，尤其是人類。我們常常在事後認為一件壞事（像是流產）發生之前有顯著壓力，而且傾向於把流產歸咎於大約一天前發生的壓力事件。

事實上，大部分的流產是在排除死胎，而且胎兒通常在排出前就已經死亡一陣子了。如果是由什麼壓力所造成的，那這個壓力比較可能是在流產的好幾天或甚至好幾個星期前就發生了，而不是流產前不久發生的。

然而，要是壓力真的引發了流產，這裡有一個相當合理的解釋，在血液到達胎兒的傳送過程中，對於母親的血流非常敏感，任何減少子宮血流的事都足以破壞對胎兒的血液供給。還有，胎兒的心跳和母親的心跳密切相關，而許多會刺激或減慢

母親心跳的心理刺激，大約會在一分鐘後對於胎兒造成相似的心跳改變，在人類和靈長類的許多研究中都顯示了這一點。

　　壓力會反覆啟動強大的交感神經系統反應，造成腎上腺素和去甲腎上腺素的分泌增加，於是就有麻煩了。對於大量不同物種的研究發現，這兩種荷爾蒙會降低血流到子宮的速度，而且在某些案例中是非常戲劇化的。讓動物接觸某種心理性壓力（例如，讓懷孕的羊接觸很大聲的噪音，或是陌生人進入懷孕的恆河猴所住的房間），血流也會類似這樣變慢，送達給胎兒的氧變少（即缺氧），這肯定不是好事，這種孕期（胎兒期）壓力讓我們回到第六章所說的各種生長問題，這個領域一般認為，這種缺氧發生好幾次的話會造成窒息。

　　所以，嚴重的壓力會提高流產的可能性。還有，如果一個人是在懷孕末期，壓力會提高早產的風險，而這可能是因為葡萄糖皮質素升高造成的，而且不是好事，畢竟我們已經在上一章學到了低出生體重的新陳代謝印記的後果。

壓力對女性的生殖多有害？

　　我們已經知道，有一大堆驚人的機制可以破壞壓力大的女性的生殖狀況，像是脂肪耗竭；腦內啡、泌乳素和葡萄糖皮質素的分泌，對大腦、腦下垂體、卵巢的作用；缺乏黃體素；過多的泌乳素對子宮造成作用。還有，對於受精卵著床的阻礙，以及傳送到胎兒的血流的改變，產生了各種情況，使得孕期較不容易足月。這些各種不同的相關機制，使得最輕微的壓力源似乎也能夠完全關閉生殖系統，然而，令人驚訝的是，並非如此，整體來說這些機制並不那麼有效。

　　要了解這點的方式之一，是看看慢性低壓力對於生殖的影響。想想有著很多疾病背景（像是季節性瘧疾）的未西化傳統農耕者，如肯亞的農民，身上常常有寄生蟲，再加上季節性的營養不良。在家庭節育計畫流行以前，一位肯亞女性平均會生八個小孩，相較於北美的哈特派（Hutterites）信徒（不使用機械的農民，生活型態和阿米希人〔Amish〕相似），他們沒有肯亞農民的那些慢性壓力，也不避孕，而生殖率幾乎一模一樣：每位女性平均生九個小孩（我們很難把這兩群人做仔細的數據比較。例如，哈特派信徒較晚結婚，於是降低了生殖率，而肯亞農耕者傳統上不

是如此。反過來說,肯亞農耕者通常哺乳至少一年,降低了生殖率,而哈特派信徒哺乳的時間短多了。然而,重點是,即使他們的生活型態這麼不同,生殖率卻幾乎相當)。

遭遇極大壓力時的生殖狀況呢?有一份研究總是讓想討論它的人遇上問題:你要怎麼引用一個科學發現,卻不歸功做這份研究的惡魔呢?那是納粹醫師對第三帝國集中營裡的女人的研究(現在的慣例是不提起那些醫師的名字,而且一定要提到他們的罪行)。一份對特萊西恩斯塔特(Theresienstadt)集中營女人們的研究發現,那些在生育期的女人有五十四%停經了,這不太令人驚訝,飢餓、當奴工、難以言喻的心理恐怖,都會破壞生殖系統。這裡的重點是,那些停經的女人大多是在進入集中營的第一個月停經,這時飢餓和勞動還沒有把脂肪量壓低到有影響力的程度。許多研究者根據這個研究,認為心理壓力足以對生殖系統造成嚴重的破壞。

對我來說,令人驚訝之處卻是相反的。即使挨餓、勞動到耗竭,以及每天都可能是自己的最後一天的日常恐懼,這些女人中卻只有五十四%停經,而將近一半的女人的生殖系統仍然在運作(雖然一部分的人可能沒有排卵)。我打賭,儘管集中營男人們的處境那麼恐怖,仍然有很多人的生殖系統毫髮無傷。在那種情境中,他們的生殖生理仍然可以正常運作,使我覺得很驚人。

生殖象徵了行為與生理事件的浩瀚階級制度,這些事件在細微之處非常不同,有些步驟很基本而巨大,像是卵子的噴發、血液分流到陰莖,有些步驟則像是喚起你心的詩句般那麼細膩,或像是一個人的一縷香氣喚起你的腰間肉。並不是所有步驟都對壓力同等敏感,某些人的生殖系統的基本機制可以驚人地抗壓,就像大屠殺所證明的。生殖是最強的生理反射之一,就像鮭魚逆流而上去產卵,或是許多物種的雄性冒著生命和肢體的危險去接觸雌性,或是帶著類固醇亢奮的樣子的青少年。可是講到性的細膩技巧花招,壓力就能在細微之處造成大亂,這對於挨餓的難民或是乾旱中的牛羚或許沒什麼差別,可是在這個在乎多次高潮、持久性和性慾高漲的文化中,對我們就很重要。雖然我們可以輕易嘲笑這些執著,可是性事的那些細節、時尚雜誌,以及使我們沉迷慾望的生活其他各種項目,對我們很重要,它們提供了我們最大的,也是最脆弱又易逝的愉快。

注釋

1 「黃體激素釋放激素」（LHRH）也稱為「性腺刺激素釋放激素」（Gnrh）。

2 奇怪的是，達文西是第一個展示（怎麼展示？！）勃起來自於到陰莖的血流增加的人。他也寫道：「陰莖不服從主人的指令……它肯定有自己的想法。」結合他的說法和科學觀察，就很接近大家聽過的玩笑話和幾乎是事實的「男人的血流無法同時流向陰莖和大腦」。

3 然而，有些很棒的猜測：「在夢中引發性主題」（當然接下來的問題是，這有什麼好處）。「這樣身體可以為真實情境準備而練習勃起。」「就因為所以啊。」

4 我聽說了這個科技的進一步發展。使用這種好像要在晚上電刑你的酷酷電套，本身就是一種壓力，所以不如這麼做：用一串郵票（我不知道確切要幾張）。把郵票繞住陰莖，把最後一張沾濕黏到另一張，形成一個郵票環。隔天檢查，如果郵票環被扯鬆到一側或破了，這個人就是在晚上有快速動眼期勃起。太棒了，幾塊錢就得到實驗室結果。

5 有個重點是，無法勃起不等於沒有性慾。美國喜劇演員格魯喬 ‧ 馬克思（"Groucho" Marx）老年時的一個故事展現了這一點，他家的一位訪客在欣賞他事業中得到的眾多獎項和紀念品。馬克思向他們揮手道別，說：「我願意拿它們交換一次好勃起。」壓力當然可能基於尚未被了解的機制而抑制性慾，這與勃起問題是不同的。

6 其實我根本不知道麋鹿在交配季是否會長角，或者卡通角色布溫可（Bullwinkle）頭上的那些東西能不能稱作角，不過你知道我的意思，反正就是那些猛男的表現。

7 信息要點：腎上腺的男性荷爾蒙通常不是睪固酮，而是雄烷二酮。

8 康納曾是我在大學的指導老師，他是對我的人生有最大的才智影響的人，他的研究和想法貫穿了這本書。

9 引人注意的是，科學界已經發現同樣的現象也會發生在動物園的動物身上。牠們因為被關著，所以比野生動物更少生產。

10 快速地上個基礎課，了解如何像專業人士那樣描述動物的性：「吸引力」表示受研究動物對象有多麼引起另一隻動物的興趣。這可以採用操作型定義：另一隻動物願意壓桿子多少次去找受研究動物。「性接受」是受研究動物多麼願意回應另一隻動物的追求。在老鼠身上，這可從脊柱前凸反射來確定，那是母鼠接受的姿態，牠會拱起背，讓公鼠更容易疊上去。母靈長類有各式各樣幫助公靈長類交疊的接受反射，根據物種有所不同。「性追求」指的是受研究動物多麼積極地追求另一隻動物。

11 在不孕症支持團體中最常被討論的兩大主題：一，當你不再參加產前派對、因為甥侄輩開始學走路而不再參與假日家庭活動、因為老朋友懷孕了而不再見她時，該如何處理對友誼和家庭關係的傷害；二，當性變成了一個醫學程序，尤其還不成功時，對於與另一半的關係的影響。

12 不過有一位很具威嚴的（女性）靈長類學員適切地把這種單一雄性稱為「男妓」。

13 母鼠可不服輸。牠們發展出許多自己的策略來搶救生殖成功率，對付那些好鬥的公鼠。策略之一是用假發情來騙新公鼠以為自己是這孩子的爸爸。大部分的公鼠和公靈長類都不懂產科，所以這招通常有效。達陣！

第 8 章

免疫、壓力與疾病

　　學術殿堂裡充斥著一群新的科學家物種：心理神經免疫學家。他們討生活的方式是研究這個離奇的事情：你腦袋裡的東西對免疫系統功能的影響。它們以前被認為是分開的兩個世界，你的免疫系統殺細菌、製造抗體、攻擊腫瘤，而你的大腦使你做兔子跳、發明輪子、有最喜歡的電視節目，然而，免疫和神經系統分開的這種教條，已經被丟在一旁了。

　　自主神經系統把神經送到形成或儲存免疫系統細胞的組織中，而這組織最後又進入循環系統，而且免疫系統的組織對大腦控制的腦下垂體所釋放的有趣荷爾蒙很敏感（也就是它有這些荷爾蒙的受器），結果就是，大腦有很大的可能性會控制免疫系統。

　　要證明大腦對免疫系統的影響，可追溯到至少一個世紀以前的第一個發現：如果你在對玫瑰嚴重過敏的人面前晃一朵假玫瑰（那個人不知道是假的），他會有過敏反應。關於大腦影響免疫系統的例子，這裡有個迷人且較近期的：讓一些專業演員分別演憂鬱負面或振奮愉快的場景一天，之後演憂鬱負面場景的演員的免疫反應降低，而演振奮愉快場景的演員的免疫反應則升高（這種研究是在哪裡做的呢？當然是在洛杉磯，是加州大學洛杉磯分校）。

　　但是，最確定大腦與免疫系統連結的研究，使用了稱為「制約免疫抑制」的範例。給一隻動物服用抑制免疫系統的藥物，並且給予帕夫洛夫（Pavlov）式的「制約刺激」實驗，例如，有人工調味的飲料，讓那隻動物把該飲料和那個抑制免疫系統的藥物做連結，幾天後，只給制約刺激，那隻動物的免疫功能也會下降。一九八二年的一個實驗報告，採用了這種範例的變化版，由這個領域的兩位先鋒

執行：羅徹斯特大學的傑出科學家羅伯特・艾德（Robert Ader）和尼可拉斯・寇恩（Nicholas Cohen）。這兩位研究者實驗了一種由於免疫系統過度活躍而自行產生疾病的老鼠。正常來說，研究者會使用免疫抑制藥物來治療這些老鼠，控制那種疾病，但艾德和寇恩示範了制約技術，結果制約刺激可以取代真正的藥物，並且有效地改變了老鼠的免疫狀況、延長牠們的壽命。

　　這樣的研究使科學家們相信，神經系統和免疫系統具有強烈的連結。如果看到一朵假玫瑰，或是嚐到人工調味飲料，就能夠改變免疫功能，那麼壓力也可以做到這件事，就不令人意外了。

　　我在本章的前半部談的是壓力對免疫的影響，以及它在有壓力的緊急狀況中如何有幫助，在後半部，我會談到持續承受的壓力是否會因為慢性抑制免疫而破壞人體對抗感染性疾病的能力，這是很吸引人的問題，必須帶著大量的謹慎與警告來回答。雖然有越來越多的證據顯示，壓力引起的免疫抑制可能會提高一些疾病的風險和嚴重度，但相關性還是有些薄弱，而且它的重要性常常被誇大了。

　　要評估這個令人困惑卻又重要的領域的研究結果，我們需要從免疫系統如何運作開始談起。

免疫系統基礎課

　　免疫系統的主要工作是為身體抵抗感染源，像是病毒、細菌、黴菌和寄生蟲，而這個過程嚇人地複雜，免疫系統必須知道體內正常細胞和侵略細胞的差別，這在免疫學上的術語是：區別「自體」和「外來」。免疫系統能夠記得身體內每個細胞的樣子，而任何沒有你獨特的細胞標記的細胞（例如細菌）便會受到攻擊；還有，當你的免疫系統遇到了新的侵入者時，它甚至可以形成免疫記憶，記得那個感染源的樣子，為下次的入侵做準備，你用輕度的感染源打疫苗，來為免疫系統準備對抗真正的攻擊，就是利用這個過程。

　　這種免疫防衛來自於一大堆複雜的循環細胞，名為淋巴細胞和單核細胞（兩者合稱白血球細胞）。

　　淋巴細胞有兩種：T 細胞和 B 細胞，它們都來自於骨髓，但是 T 細胞會移動

到胸腺成熟，而 B 細胞在骨髓內成熟；B 細胞原則上負責製造抗體，但是 T 細胞有好幾種（助手型 T 細胞、抑制型 T 細胞、細胞毒性殺手細胞等）。

T 細胞和 B 細胞攻擊感染源的方式非常不同，T 細胞採取「細胞介導免疫」（見 138 頁圖示），當一個感染源入侵身體，一種名為巨噬細胞的單核細胞會發現它，同時會把這個外來物交給助手型 T 細胞。用比喻來說，現在警報響了，T 細胞為了回應這個入侵而開始增生，這個警報系統最後會啟動並增生細胞毒性殺手細胞，一如其名，細胞毒性殺手細胞會攻擊和毀滅感染源，然而愛滋病毒會打敗免疫系統裡的 T 細胞。

另一方面，B 細胞造成「抗體介導免疫」（見 139 頁圖示），一旦巨噬細胞和助手型 T 細胞開始合作，助手型 T 細胞會刺激 B 細胞增生，而 B 細胞的主要任務是分辨和產生抗體，抗體是大型的蛋白質，會辨識出入侵的感染源，並且結合到感染源的某些特徵上（通常是一種特殊的表面蛋白質）。這種特定性很重要，因為所形成的抗體有相當獨特的形狀，可以完美地符合入侵者的特殊特徵，就像鑰匙和鎖孔那樣，抗體透過這樣的結合，會使感染源無法活動，並且把它當作攻擊目標。

這個免疫系統還有轉折，例如，如果肝臟的不同部位必須協調某個活動，它們彼此相鄰有好處，但免疫系統遍布整個循環系統，為了要響起遠方系統的免疫警報，就發展出了在不同類型的細胞中溝通的血液化學傳訊者，名為「細胞激素」（Cytokines）。例如，當巨噬細胞一開始發現感染源時，會釋放名為「介白素 -1」（Interleukin-1）的傳訊者，引發助手型 T 細胞釋放另一種會刺激 T 細胞生長的介白素 -2（至少有六種其他的介白素各自有特定的角色）。在抗體那邊，T 細胞也會分泌 B 細胞生長因子，而其他類別的傳訊者，像是干擾素，也會啟動許多類別的淋巴細胞。

免疫系統通常能夠區別自體和外來的細胞（雖然那種會造成血吸蟲病的狡猾熱帶寄生蟲已經發展到可以偽裝成你自己細胞的特徵，來侵略你的免疫系統），所以你的免疫系統會很開心地花時間把自體細胞和外來細胞區分開來：紅球細胞，是我們的一部分；病毒，不好，攻擊它；肌肉細胞，好人⋯⋯

但如果免疫系統的分類工作出錯了呢？一個明顯的差錯可能是免疫系統沒發現一個感染入侵者，這顯然是壞消息。另一個錯誤是，免疫系統錯把非危險入侵者當

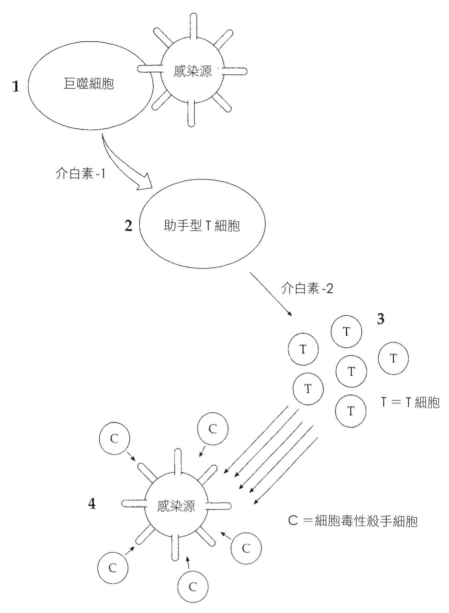

細胞介導免疫的流程

1. 一種名叫巨噬細胞的單核細胞發現了感染源。2. 這刺激了巨噬細胞把它帶給助手型 T 細胞（一種白血球細胞），並且釋放介白素 -1；介白素 -1 刺激助手型 T 細胞的活動。3. 助手型 T 細胞釋放介白素 -2，介白素 -2 引發 T 細胞增生。4. 最後造成另一種白血球細胞「細胞毒性殺手細胞」增生並殺死感染源。

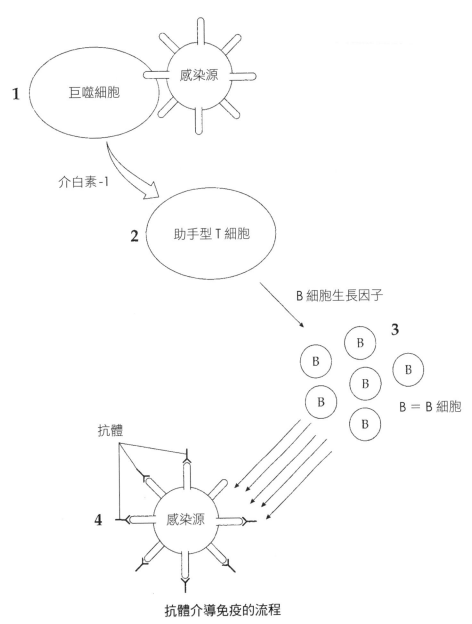

抗體介導免疫的流程

1. 一種名叫巨噬細胞的單核細胞發現了感染源。2. 這刺激了巨噬細胞把它帶給助手型 T 細胞（一種白血球細胞），並且釋放介白素 -1；介白素 -1 刺激助手型 T 細胞的活動。3. 然後助手型 T 細胞分泌 B 細胞生長因子，引發 B 細胞（另一種白血球細胞）的分化和增生。4.B 細胞製造並釋放特定的抗體，此抗體會和感染源的表面蛋白質結合，一大群名為「補體」的循環蛋白質會鎖定感染源並破壞它。

作是危險入侵者,而這種情況之一,是你周遭世界中某種無害的合成物引發了警報反應,它可能是你平常吃的東西,像是花生或甲殼類海鮮,或空氣中無害的某種東西,像是花粉。但是,你的免疫系統錯把它當成是外來物,而且還是危險的東西,於是採取反應,這就是過敏。

免疫系統過度反應的第二個版本是,你身體的一個正常部分被錯當成感染源,而且被免疫系統攻擊。當免疫系統錯誤攻擊身體的正常部分,就可能會造成多種可怕的「自體免疫」疾病,如多發性硬化症是你的某些神經系統遭受攻擊;幼年型糖尿病是會分泌胰島素的胰臟細胞受到攻擊。但我們稍後會看到,壓力對於自體免疫疾病有某些令人困惑的影響。

免疫系統的概論至此,我們都聚焦在叫做「後天性免疫」的東西。假設你第一次接觸到了某種新的危險病原,名為 X 病原,而後天性免疫有三個對應特色:第一,藉由專門辨識這種病原的抗體和細胞介導免疫,你得到專攻 X 病原的能力,這對你很有好處,子彈可以瞄向 X 病原;第二,當你第一次接觸到 X 病原,需要花一些時間來建立這個免疫力,因為要找出哪一種抗體最適合,並且複製一大堆這種抗體;第三,這個特定的防衛準備好了,現在你要針對 X 病原長期抗戰,反覆接觸 X 病原會加強這種防衛。這種後天性免疫是相當酷的發明,而且只有脊椎動物才有,但我們還有一種更古老的免疫系統類型,與其他昆蟲之類的較遠物種相同,名為「先天性免疫」,亦即你不需要透過與其他抗體不同的特定抗體,去取得針對 X 病原的對抗方式,像是針對 X 病原的抗體不同於針對 Y 病原的抗體,而是當有某種病原進入到你的系統的那一刻,這個非特定的免疫反應就會啟動發作。

這種廣泛型的免疫反應通常發生在病原首次出現的地方,像是皮膚,或是口腔或鼻子的濕潤黏膜組織。首先,你的唾液含有一種廣泛攻擊各種微生物的抗體,它不是針

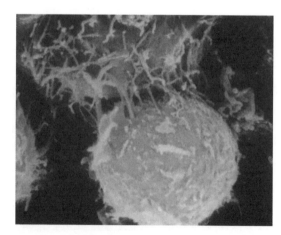

自然殺手細胞攻擊腫瘤細胞的顯微照片。

對特定入侵者所產生的；這些抗體被分泌出來，包覆在黏膜組織表面，就像抗菌塗層一樣。還有，在感染部位，微血管會鬆開，讓先天免疫反應的細胞從循環系統中出來，進入到感染部位，而這些細胞是巨噬細胞、嗜中性白血球和自然殺手細胞，它們會攻擊微生物。微血管的放鬆也會讓含有可對抗入侵之微生物的蛋白質液體，從循環系統流入，其中的蛋白質會對抗微生物，但該液體也會使那個區域腫起來，造成浮腫，這就是你的先天性免疫行動所造成的發炎。[1]

這給了我們對免疫功能的廣泛概觀，現在來看看壓力對免疫有什麼影響，當然，這比大家原本想得更複雜。

壓力如何抑制免疫功能？

從塞利發現壓力引起的免疫抑制以來，已經過了數十年，當時，他發現承受不明確不悅經驗的老鼠的免疫組織（如胸腺）會萎縮。目前，科學家們已經知道免疫系統的更多細節，以及一段時期的壓力會破壞多種免疫功能。

壓力會抑制新的淋巴細胞形成，並抑制它們被釋放到循環系統中，同時縮短已經在循環系統中的淋巴細胞的存在時間。

應對感染源的時候，壓力會抑制新抗體的製造，並且釋放相關的傳訊者去破壞淋巴細胞之間的溝通。於是，壓力會抑制先天免疫反應，抑制發炎，而且各種壓力源都會這樣，無論生理的、心理的，在靈長類、老鼠、鳥，甚至是魚身上都是如此。當然，還有人類也是。

免疫抑制作用的發生，可以透過葡萄糖皮質素的量或作用來清楚記錄，如葡萄糖皮質素可以造成胸腺萎縮。大約在一九六〇年代時，人們還無法直接測量血液中葡萄糖皮質素的量，但可以利用這個可靠的作用，根據動物的胸腺縮小了多少，來間接得知葡萄糖皮質素的狀況，胸腺越小，循環系統中的葡萄糖皮質素越多。葡萄糖皮質素停止了胸腺中新淋巴細胞的形成，而胸腺組織大部分是由這種要被釋放到血液中的新細胞所組成，其原因是葡萄糖皮質素抑制了介白素和干擾素之類的傳訊者的釋放，使得循環的淋巴細胞對感染警報較沒有反應。還有，葡萄糖皮質素會造成淋巴細胞被拔出循環系統，塞回免疫組織的倉庫裡。這些葡萄糖皮質素的影響大

多對 T 細胞不利，而不是 B 細胞，這表示細胞介導免疫比抗體介導免疫受到的破壞更大。

最令人印象深刻的是，葡萄糖皮質素真的可以殺死淋巴細胞，這與醫學中最熱門的主題之一有關，那就是「細胞計畫性死亡」的領域 [2]——細胞有時候被計畫要自殺。例如，如果一個細胞開始癌化，有一個自殺途徑會啟動，以便在這個細胞失控以前殺死它，有幾種癌症就是細胞計畫性死亡失敗的結果，而葡萄糖皮質素能透過多種機制，引發淋巴細胞內的這些自殺途徑。

交感神經系統荷爾蒙「β 腦內啡」，以及大腦內的「腦下垂體釋放激素」，也在壓力中扮演了抑制免疫的角色，但這個機制不如葡萄糖皮質素造成的免疫抑制那麼被了解。

在壓力與抑制免疫的關係中，那些荷爾蒙在傳統上被認為不如葡萄糖皮質素重要。然而，一些研究顯示，在沒有葡萄糖皮質素分泌的情況下，壓力也能抑制免疫，這強烈暗示了那些荷爾蒙的作用。

免疫為何在壓力中被抑制？

搞懂葡萄糖皮質素和其他壓力荷爾蒙究竟如何抑制免疫，尤其是殺死淋巴細胞，是現在的細胞與分子生物學非常熱門的主題。但是，儘管對尖端科技感到興奮，去思考「為什麼你要在壓力下抑制免疫」，也是很合理的。我在第一章解釋了這一點，但現在進一步解釋了壓力引起的免疫抑制過程之後，我先前的解釋顯然就沒道理了。

我之前說，在壓力下，身體合理地關閉長期工程，來把能量分配給緊急的需求，而這種抑制包括了免疫系統；免疫系統擅長發現在六個月後會殺死你的腫瘤，或是製造在一個星期後可以幫助你的抗體，但是這在接下來幾分鐘的緊急情況中並不重要。然而，只有在壓力使免疫系統照原樣凍結的情況下，這種解釋才有意義，也就是在緊急情況結束之前，不會消耗更多的免疫支出。

但是事情並非如此，壓力反而會積極消耗能量來拆掉既有的免疫系統，因此此系統的組織會萎縮，細胞被毀滅。「停止消耗」這個單一說法並不能解釋這個現

象，因為你實際上是在付出能量來破壞免疫系統，如此先前說的「長期對上短期」的理論就沒用了。

為什麼演化要做這種顯然很蠢的事，害得我們在壓力下破壞免疫系統呢？也許沒有好理由。這反應其實沒有你想的那麼瘋狂，身體的每一件事不一定會有演化適應的解釋，也許壓力引起的免疫抑制，單純是其他演化適應的副產品，搭上了這班順風車。

但可能不是這樣。受到感染時，免疫系統會釋放化學傳訊者介白素 -1，在各種活動中也包括了刺激下視丘釋放「腦下垂體釋放激素」。在第二章談到，腦下垂體釋放激素會刺激腦下垂體釋放「促腎上腺皮質激素」，促腎上腺皮質激素會使腎上腺釋放葡萄糖皮質素，然後抑制免疫系統。換句話說，在某些情況下，免疫系統要身體分泌這些最終會抑制免疫系統的荷爾蒙。免疫系統基於某種原因，有時候會鼓勵這種免疫抑制的發生，這可能不是意外。[3]

這些年來，有很多不同的想法試圖解釋為什麼免疫系統在壓力下會合作去主動破壞免疫，有些想法似乎頗有說服力，直到大家對免疫有更多的了解並排除了那些說法。

其他的想法相當古怪，而我在這本書的第一版裡很高興地替其中幾種說話，但是最近十年，有一個答案的出現使這個領域大逆轉。

令人驚訝的免疫機制

在壓力開始的頭幾分鐘（應該說是最多前三十分鐘），你不會壓抑免疫，而是提高很多方面的免疫（下頁圖的 A 階段），這在各種免疫都有這個現象，但是先天性免疫特別明顯。這有道理，因為啟動接下來幾週會製造很棒的抗體的那部分免疫系統，或許有幫助，但立即啟動現在就能幫你的那部分免疫系統，更有道理。更多免疫細胞被推促到循環系統中，並且更多炎症細胞進入受傷的神經系統裡的受傷位置。還有，循環中的淋巴細胞更擅於釋放和回應那些免疫傳訊者，也有更多的先天性免疫系統一般抗體被釋放到你的唾液中。並非只有受到感染後才會有這樣的免疫增加，諸如身體壓力、心理壓力等，似乎都會造成初期的免疫啟動，更令人驚訝

的是，那些免疫抑制壞蛋，也就是葡萄糖皮質素（和交感神經系統一起），似乎在這方面扮演了重要的角色。

於是，在各種壓力開始的時候，你的免疫防衛會增強，而現在，我們準備好面對壓力持續下去時總是會發生的雙面刃了。過了一個小時，持續的葡萄糖皮質素和交感神經系統啟動，開始製造相反的效果，也就是抑制免疫。如果壓力在這時候結束，免疫抑制能帶來什麼呢？把免疫功能帶回到一開始的基礎點（B 階段）。只有發生了長期的重大壓力，或是大量的葡萄糖皮質素，免疫系統不只會回到基礎點，而且會掉到真正屬於免疫抑制的程度（C 階段）。當你處於長期重大壓力時，免疫系統中所能測量的大部分東西，數值會掉到基礎點的四十％到七十％以下。

在壓力開始時暫時把你的免疫系統衝高，這個看法有點道理（至少跟為什麼要抑制免疫的某些扭曲理論一樣有道理）。但就像「只要往上，必然會再掉下來」的說法，以及本書常常提到的主題，如果你有過久的壓力，回到基礎點的適應性下降可能會變得過度，你就有麻煩了。

為什麼大家花了那麼久才搞懂這件事呢？可能有兩個原因。第一，因為測量免疫系統狀況的許多技術，直到最近才有足夠的敏感度，能測到很小且快速的差異，也就是在 A 階段需要被發現的狀況，那在壓力剛開始時快速的免疫刺激小跳動。因此，數十年來，人們自以為在研究免疫對壓力的反應，但其實他們是在研究免疫

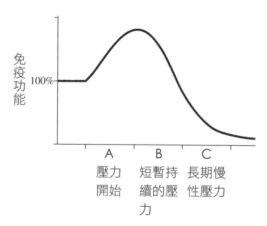

原來壓力只會短暫刺激免疫系統。

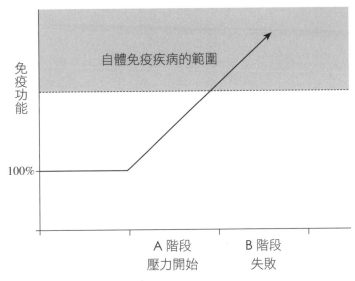

在壓力中無法抑制免疫功能時，如何使你容易產生自體免疫疾病。

反應的恢復期。第二個原因是，這領域的大部分科學家研究的是重大長期壓力，或是對研究對象長期施打大量的葡萄糖皮質素，這造成了實驗進行中一定會有的偏誤。如果什麼都沒發生，就換一個研究領域；如果有什麼發生了，而且被複製的次數多到足以讓你有信心，你才可以開始思考更精細的細節。所以在早年，人們只研究進入 C 階段的壓力種類或葡萄糖皮質素模式，直到後來才有機會接觸那揭發 B 階段的、較不明顯的情況。

此領域的重新定向，彰顯了達特茅斯大學的艾倫·蒙克（Allan Munck）的勝利。他是此領域的教父之一，預測了一九八〇年代中期的大部分新發現，也預測了後來出現的問題的答案。為什麼你要把免疫功能拉回到壓力前的程度呢？（圖中的 B 階段）為什麼不讓它維持在先前三十分鐘所達到的較高、較好功能的狀態，並且一直享用免疫系統啟動的好處呢？這樣比喻吧，為什麼不讓保衛你的軍隊永遠維持在最高戒備呢？原因之一是，這個代價太高了，更重要的是，一個總是維持最高警戒的系統，有時候更可能會過度反應，不小心就會開火殺死自己人，這就是長期慢性啟動者的免疫系統可能發生的事，免疫系統開始錯把你的某些部分當作入侵者，然後你就有了自體免疫疾病。

這樣的推論使得蒙克預測，如果你沒有 B 階段，沒有把啟動的免疫系統帶回基礎點，就更可能得到自體免疫疾病。這個想法至少已經被三個狀況所確認，首先，人工地把老鼠的葡萄糖皮質素固定在低的基礎範圍內，然後給牠們壓力，這會使那些老鼠進入 A 階段（主要透過腎上腺素調節），但是葡萄糖皮質素沒有高到足以成功完成 B 階段，於是這些老鼠現在更可能得到自體免疫疾病。第二，通常因為腫瘤的關係，醫師有時候必須移除病人兩個腎上腺（葡萄糖皮質素的來源）的其中一個，之後，循環中的葡萄糖皮質素會立刻減半一段時間，直到還在的腎上腺足夠壯大，能一個抵兩個用。那些人在葡萄糖皮質素低量的期間，比一般人更容易有某種自體免疫或發炎性的疾病發作，遭遇壓力時，沒有足夠的葡萄糖皮質素可以讓他們成功完成 B 階段。最後，如果你看看那些發展出自體免疫疾病的老鼠（或是雞），牠們都有葡萄糖皮質素系統的問題，以至於葡萄糖皮質素的量低於正常值，或是有對於葡萄糖皮質素較不敏感的免疫與炎症細胞，對於有類風溼性關節炎等自體免疫疾病的人類也是這樣。

因此，壓力反應的初期，免疫系統被啟動，而不是抑制；而壓力反應所做的大事之一，是確保免疫啟動不會演變成自體免疫。

於是這迫使此領域採取一些修正主義，不過要再補充一點，一旦壓力持續時間長到足以抑制免疫，以往某些方面被認為是免疫抑制，其實是比較低調版本的免疫提升。

這會出現在兩種現象中。給一個人大量的葡萄糖皮質素，或是好幾個小時的巨大壓力，此荷爾蒙會不分青紅皂白地亂殺淋巴細胞。如果是短時間稍微提高葡萄糖皮質素的量（像是 B 階段的一開始），此荷爾蒙只會殺死淋巴細胞特定的次類型，像是老的、功能不好的，在那個階段，葡萄糖皮質素在幫助形塑免疫反應，解決對這個立即性緊急狀況不理想的淋巴細胞，可以被視為一種間接的免疫提升。

第二個細微之處則是重新詮釋人們自古以來（或者至少在賽利的精華時期）所知道的事情。我們已經說過，葡萄糖皮質素不只會殺死淋巴細胞，也會把某些已存在的淋巴細胞從循環中除去。俄亥俄州大學的佛哈斯‧達巴（Firdhaus Dhabhar）有個疑問：那些免疫細胞從循環中被拔除後，去了哪裡？此領域的假設一直都認為那些細胞全都去了免疫儲存組織（像是胸腺）裡，因為它們被解除行動，對你沒用

了。但是，佛哈斯‧達巴的研究發現，它們並非全都被混成一團，反而是葡萄糖皮質素和腎上腺素把很多淋巴細胞分送到特定的感染處，像是皮膚。那些免疫細胞並沒有被解散，而是被轉移到前線去，結果是這些傷口會好得更快。

因此，剛開始有壓力時，葡萄糖皮質素和其他壓力反應荷爾蒙會在瞬間啟動免疫系統，增強免疫反應，使免疫反應更厲害，把免疫細胞重新分配到感染的戰場，但因為這個系統過度運作的話會有成為自體免疫問題的危險，所以葡萄糖皮質素維持一段時間以後，會開始做相反的效果，把免疫系統帶回到基礎點，而在重大且持續的病態壓力狀況中，免疫會被抑制到基礎點以下。

這些新發現有助於解釋這個領域中好像一直很矛盾的東西，它與自體免疫疾病有關。

關於自體免疫的兩個事實如下：

1. 自體免疫疾病包含了免疫系統的過度啟動（把身體的健康組成當作某種入侵者），這種疾病最歷史悠久的治療方式是讓病人「使用類固醇」，也就是給他們非常大量的葡萄糖皮質素。這個邏輯很明顯：誇張地壓抑免疫系統，免疫系統就無法再攻擊你的胰臟或神經系統，或是過度激動去攻擊其他錯誤目標（而且這個方式的一個明顯副作用，是你的免疫系統也不太能幫你有效對抗真正的病源）。因此，使用大量的這些壓力荷爾蒙，可以減少自體免疫疾病的傷害。還有，在實驗室老鼠身上，持續重大的壓力會減輕自體免疫疾病的症狀。

2. 同時，壓力似乎可以使自體免疫疾病惡化。假如壓力不是造成這類疾病惡化最可靠的因子，至少也是其中之一，這件事常被病人當作閒聊的話題，而且通常被那些知道壓力荷爾蒙會減輕而非惡化自體免疫問題的醫師們忽略。但是，一些客觀的研究也支持壓力對免疫疾病有不良影響的觀點，像是多發性硬化症、類風溼關節炎、葛瑞夫茲病、潰瘍性結腸炎、發炎性腸道疾病和氣喘。這類的研究報告還不多，而且其缺點是依賴病人報告的回溯性資料，而非前瞻性資料，然而，他們的研究發現相當一致，有一類病人的自體免疫疾病初次發作，以及不良症狀的間歇性發作，與壓力相關。還有，現在已經有很多文獻顯示壓力會使動物的自體免疫惡化。

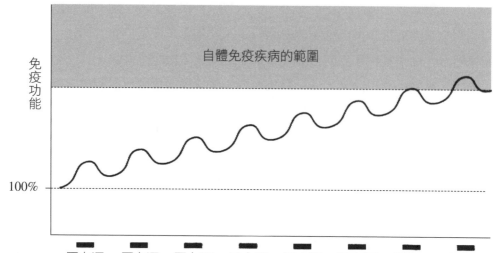

反覆的壓力如何提高自體免疫疾病的風險

所以，葡萄糖皮質素和壓力究竟是惡化或減輕自體免疫症狀呢？上方的圖表給予了在早年並不清楚的答案。

我們已經知道有兩種情況會提高自體免疫疾病的風險。第一，多次的突發壓力（也就是很多的 A 階段和 B 階段）似乎會提高自體免疫疾病風險，而基於某個原因，反覆的高低起伏會把免疫系統漸漸拉高，把它導向自體免疫問題。第二，雖然常常有 A 階段和緊接著的 B 階段似乎不太好，但是有 A 階段卻沒有 B 階段，也會增加自體免疫風險。

如果你沒有妥當的 B 階段，會使免疫系統一直拉高到產生自體免疫問題（參見第 145 頁的圖）。

我們現在可以想見，如果你有重大且持續的壓力，或者使用大量的葡萄糖皮質素，你的系統會進入 C 階段：戲劇化的免疫抑制，減輕自體免疫症狀。有一個發現支持這個說法：急性壓力使老鼠更可能有多發性硬化症，慢性壓力則會抑制此免疫疾病的症狀。

免疫系統顯然沒有進化到能夠應付去協調多次反覆的各種開關，最後不協調的狀況就發生了，增加這個系統自體免疫問題的風險。

慢性壓力與疾病風險

這本書反覆出現的主題，是你那日常的哺乳類壓力的某種生理反應，如果太長或太頻繁，如何給你帶來麻煩。重大壓力可抑制免疫到基礎點以下的能力，肯定看來像是這方面的問題。壓力引發的免疫抑制發生時，有多大的傷害呢？愛滋病毒告訴我們，如果你對免疫系統的抑制夠強，一個三十歲的人會受到癌症和肺炎折磨，而這是醫師以往在五十年的職業生涯中才會在一位老年病人身上看到的。但是，慢性壓力是否能夠抑制免疫系統而讓你得到原本不會得的病呢？如果你有什麼疾病，你現在是不是更難對抗它呢？

各方的證據顯示，壓力可能會破壞我們的免疫系統，並且提高疾病的風險。雖然有這些驚人的發現，可是究竟多少慢性壓力才會使你更容易罹患那些正常來說免疫系統會打贏的疾病，目前尚不清楚。要了解這些研究的干擾因子，讓我們試著拆解它們所發現的組合成分。

這些研究都顯示了增加或減少壓力的什麼，與某種疾病或死亡率的關聯，很多心理神經免疫學家的作法是根據這個假定，而其關聯是透過以下步驟而建立的：

1. 被研究的個體受到壓力，
2. 壓力導致他們有壓力反應（釋放葡萄糖皮質素、腎上腺素等等）。
3. 這些個體的壓力反應的時間長度和強度，大到足以抑制免疫功能，
4. 提高了這些個體得到某些感染性疾病的機會，並且破壞他們得病後對抗這個疾病的能力。

假設你發現在壓力狀況中更容易發生某個免疫相關疾病，就得問兩個重要的問題。第一，你能證明那些有壓力且患病的人有發生步驟一到四嗎？第二，從壓力開始到得病，有沒有其他解釋呢？

讓我們從逐一分析那四個步驟開始，來看看多難證明這些步驟都有發生。

步驟一，「被研究的個體受到壓力」。在非人類的動物研究中，一般的共識是，在足夠的壓力下，你會有步驟二到四，但要推論到人類身上時，問題出在用

於動物研究的實驗性壓力源,通常比人類所經歷的壓力更糟糕,而且,對於什麼是真正的壓力,人類之間有很大的差異(在本書最後一章會討論這個個別差異的主題)。因此,如果你試圖研究壓力對人們免疫系統的影響,得先搞定「某些事情對於特定的人究竟是不是壓力」的這個問題,才表示第一步驟在壓力/免疫相關疾病的研究中可能可以成立,而且那些壓力事件必須是大部分的人都會認為很糟糕的事,像是親愛的人過世、離婚、造成經濟威脅的失業,如果外在現實是大部分的人都不認為屬於壓力事件,你就不能自動認為你有步驟一。

步驟一還有另一個問題:人類是否真的遭遇自稱的壓力,常常不夠清楚。對於報告自己生活中發生過的事,我們往往非常不精確。一個想像實驗是:找一百位幸運者,給他們服用會害他們肚子痛好幾天的藥,然後讓他們去找私下參與這個實驗的醫師。這位醫師告訴他們,他們有胃潰瘍,同時很清白似地問:「最近你是不是特別有壓力呢?」可能有九十個受試者會講出什麼事情,或是推測造成這個潰瘍的壓力事件。

在回溯性研究中,生病的人非常可能認為有壓力事件發生。當你在人類研究中大量依賴回溯性研究,很可能會得到壓力與疾病的錯誤強烈關聯,而麻煩在於,這領域大部分的研究都是回溯性的(在消化疾病那一章也出現的問題)。費力且冗長的前瞻性研究,直到近期才變得較常見:挑一群健康的人並追蹤十年,以客觀的外人身分記錄他們何時遭受壓力及何時生病。

我們來到下一個步驟:從壓力到壓力反應(步驟一到步驟二)。再一次,如果你給一個有機體極大的壓力,它很肯定會有強烈的壓力反應,但對於較不明顯的壓力,我們會有較不明顯的壓力反應。

步驟二到步驟三也是一樣。在動物實驗研究中,大量的葡萄糖皮質素會使免疫系統掉到谷底,而如果一個人類有引起大量葡萄糖皮質素分泌的腫瘤(庫欣氏症),或是一個人服用高劑量的人工合成葡萄糖皮質素來控制某種疾病,也會有相同的現象。但是,我們已經知道,在對許多較典型的壓力源的反應中,葡萄糖皮質素中度增加,會刺激免疫系統,而非抑制它。還有,在少數幾種癌症中,葡萄糖皮質素增加會有保護作用。我們在上一章看到,非常大量的葡萄糖皮質素會抑制女性的雌激素和男性的睪固酮,而這些荷爾蒙會刺激某些癌症(最明顯的是「對雌激素

敏感」的某些乳癌，和對「男性荷爾蒙敏感」的攝護腺癌）。在這些情況中，壓力大等於葡萄糖皮質素多，等於雌激素或睪固酮較少，等於腫瘤生長較慢。

從步驟三到步驟四，免疫概況的改變，會對疾病模式有多少影響呢？奇怪的是，免疫學家並不確定。如果你的免疫系統被嚴重抑制，你更可能會生病，這無庸置疑。服用高劑量葡萄糖皮質素藥物的人，會有嚴重的免疫低下，更容易得到各種感染性疾病，就像有庫欣氏症的人，或是愛滋病患者。

然而，免疫中更微妙的變化暗示著什麼，並不是那麼清楚。少數免疫學家會說：「某種免疫功能的測量值下降一點點，疾病風險就會上升一點點。」他們的保留態度來自於免疫能力和疾病之間的關係可能不是線性的。換句話說，當你的免

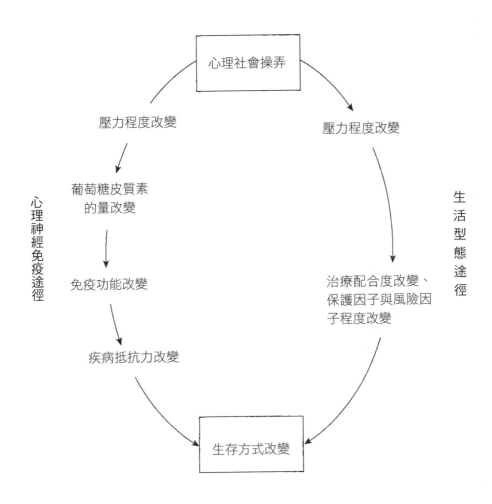

疫抑制過了某個門檻，你的處境就宛如在逆流而上，但在那之前，免疫的起伏可能不太重要。免疫系統複雜到即使能夠測量壓力反應中免疫系統的一個小小改變，也可能對於解釋整個系統毫無意義，因此，人類小小的免疫起伏和疾病模式之間的關係，變得相對薄弱。

難以把實驗室裡的發現擴展到真實世界中，可能有另一個原因。在實驗室裡，或許你在研究第一、第二、第三步驟對第四步驟的疾病後果的影響。但要操弄老鼠的壓力程度、葡萄糖皮質素或免疫狀況，然後等著看老鼠接下來一生中是否比控制組的老鼠更容易生病，對大部分的科學家來說很不方便，因為這麼做的進程很慢，開銷又大。科學家們通常會研究引發的疾病，也就是對已經得到某種病毒的老鼠操弄第一、第二或第三步驟，然後看看會發生什麼事。這麼做的話，你會得到與第四步驟對付人工引起的嚴重疾病相關的第一到第三步驟的資訊。但這種作法顯然錯過了一個明顯的重點，就是我們並不會因為某位科學家故意害我們生病而生病，而是一輩子待在充滿致癌物、偶爾的流行病、某人在房裡打噴嚏的世界。研究動物自然而然地生病，而非被刻意致病的實驗，相對很少。

要提醒的事還有很多。讓我們想想壓力和免疫功能不良相關疾病之間的關係，這會讓我們評估這些關聯有多少是從步驟一進展到步驟四的作用，也就是「心理神經免疫途徑」，它連結了壓力和疾病。在每個案例中，我們會思考有沒有別種順序，這大致上稱為「生活型態途徑」，它繞過了第一到第四步驟，而連結了壓力和免疫相關疾病。

測試壓力與疾病的連結

社交支持與社交孤立

資料顯示：一個人的社交關係越少，壽命就越短，而且各種感染性疾病的影響就越糟。在醫學上具有保護作用的人際關係，包括了婚姻、與親朋好友接觸、參加教會或其他團體，在各種不同的情況中，這都是很一致的模式。還有，這些通論的研究發現是基於某些非常仔細的前瞻性研究，並且在不同的性別和種族、在美國和

歐洲的都會區及鄉下地方，都有相同的發現。最重要的是，這個因素影響很大，社交關係對壽命的影響，似乎至少和吸菸、高血壓、病態肥胖、運動程度一樣大。在控制了年齡、性別、健康狀況等變數時，對於相同的疾病，社交連結最少的人比社交連結最多的人，死亡機率大約是兩倍半。

這很令人興奮。這種關聯有什麼可能的解釋呢？也許它是透過心理神經免疫途徑的步驟一到步驟四這麼運作：社交孤立的人會因為缺乏社交出口和支持而壓力較大（步驟一），導致慢性啟動壓力反應（步驟二），致使免疫抑制（步驟三），最後就是更多的感染性疾病（步驟四）。

讓我們來看看有什麼證據支持各個步驟。第一，一個人社交孤立，不代表他就會因此有壓力，有很多隱士會很開心地錯過另一個扭扭樂派對。把社交孤立當作壓力源，是一個主觀的判斷，但在許多相關研究中，符合社交孤立條件的被研究者把自己評為孤獨，這當然是負面的情緒，那我們可以給步驟一打勾。接下來是步驟二，這些人是否有慢性過度活躍的壓力反應呢？同意或反對這一點的證據很少。

那步驟三呢？社交孤立是否與降低免疫功能有關呢？這方面有很多證據：一份研究發現，越孤獨、越社交孤立的人，對於疫苗會有較少的抗體反應；另一份關於愛滋病患者的研究發現，淋巴細胞的一個關鍵類型會快速下降；另一份研究發現，罹患乳癌的女性有較少的自然殺手細胞活動。

然後到了步驟四，你是否能夠證明免疫抑制的程度在疾病的發生中扮演了一個角色呢？這方面的事證相對薄弱。有些研究證明了社交孤立和步驟三；其他證明了社交孤立和步驟四；但很少有研究同時證明兩者，並且明確證明了步驟三的程度和步驟四的發生有關係。

不過，還是有不錯的證據顯示這個途徑是有關係的。那麼生活型態途徑怎麼樣呢？如果問題是出在社交孤立的人沒有某個特殊的人來提醒他們每天吃藥呢？我們已經知道，孤立的人比較不會配合服藥的方式。如果他們更可能吃再加熱的速食，而非有營養的東西呢？或更可能放縱於一些愚蠢的冒險行為，像是吸菸，因為沒有人試著勸他們停止？有許多生活型態模式可能繞過那些步驟，連結了社交孤立和感染性疾病。或者，如果這個因果關係反過來呢？如果那個關聯性是因為生病的人較不可能維持穩定的社交關係呢？

許多研究控制了那些生活型態風險因子，像是吸菸、飲食或用藥的配合度，並發現社交孤立和健康不良的關係仍然存在。還有很重要的是，你也能在非人類的靈長類身上發現一樣的現象，而牠們的健康和大麥克漢堡、酒、香菸沒有關係。感染了獼猴免疫缺乏病毒（猴類版本的愛滋病毒）且社交越孤立的猴子，葡萄糖皮質素的量越高、對抗病毒的抗體越少、體內的病毒量越多、死亡率越高，換句話說，就是從步驟一到步驟四。

大致上，我認為社交孤立的確能透過壓力對免疫的影響而影響了健康，但這個看法並非毫無破綻。

喪失重要親人

喪失重要親人是社交孤立的極端版本，而大量的文獻顯示，雖然喪失重要親人經常與憂鬱一起出現，但兩者大不相同。普遍相信遺存者（哀悼著的伴侶、悲戚的父母，甚至是失去主人的寵物）會因哀傷而憔悴早死。有一些研究發現，喪失重要親人的確會提高死亡風險，但這個因果關係不算強烈，而且這可能是因為只有某種次類型的哀悼者會有這種風險；他們除了喪親之痛，還有額外的生理或心理風險因子。在一個嚴謹的前瞻性研究中，追蹤了所有在黎巴嫩戰爭中喪生的以色列軍人的父母十年，整體而言，失去孩子並沒有影響這些父母的死亡率，但已經喪偶者的死亡率顯著較高。換句話說，這個壓力源會與死亡率提高有關係，在於這群父母具有額外的最低社交支持風險因子。

所以我們又回到了社交孤立的主題。關於心理神經免疫途徑的發生，有不錯的證據，但是，再提一次，也有很多可能的生活型態途徑，像是哀悼的人在吃、睡、運動方面比較不健康。有時這種綜合的情況更加微妙。人們傾向與道德和基因相近於自己的人結婚，這種「內婚」（homogamy）的趨勢，本質上使婚姻伴侶具有相同環境風險因子的機率，往往高於隨機機率（也會有較高的機率有共同的疾病相關基因，使得生活型態途徑的這部分不是真的與生活型態有關），這使得他們更可能在差不多的時間生病。不過，即使有這些綜合的情況，心理神經免疫途徑的步驟一到步驟四，仍可能與缺乏社交支持且承受喪親之痛者的較高死亡率有關。

普通感冒

每個人都知道壓力會增加你感冒的機會，只要回想期末考時精疲力竭和睡眠不足的時候，肯定都有咳嗽和流鼻水的情況。看看大學健康中心的紀錄，你會發現一樣的現象：學生們大多在考試期間會感冒得很嚴重。大多數人在接下來十幾年也會持續相同的模式：蠟燭兩頭燒個幾天，突然就開始喉嚨痛了。

心理神經免疫途徑的步驟一到步驟四似乎頗為可信。有些研究是關於大多數人都會認為很有壓力的沉重外在事件，像是造成財務災難的失業（步驟一），而少數注意到了壓力反應的程度（步驟二）。此外，有相關的免疫數據改變的紀錄，例如，在壓力會提高感冒風險的研究中，發現那些人的口水和鼻道中帶有的可對抗感冒的抗體較少（步驟三和四）。但是，我們必須考慮生活型態途徑某些可能的綜合因素，也許壓力對記憶的破壞性影響使我們忘記要扣上外套，或者當我們因為社交孤立而有壓力時，會更願意跟打噴嚏卻不遮臉的人來往。

好吧，或許那些例子並不是你必須擔心的綜合因素，但壓力會改變生活型態，而不同的生活型態會造成對感冒病毒不同程度的接觸。

有一系列的好研究控制了這個可能性。其中一個是，一些開心配合的自願者，被安置在某些重大生活型態綜合因子受到控制的環境，然後填寫關於自己的壓力程度的問卷。接著，受試者的鼻子內被噴入同樣劑量的鼻病毒，也就是造成普通感冒的那種病毒。請留意，每個人都遭受相同劑量的病原。結果呢？接觸病毒後，壓力較大的人得到感冒的可能性大約是其他人的三倍，社交方面的持續壓力超過一個月的話，會造成最大的風險。[4] 還有，實驗室老鼠和非人類的靈長類也有相同的情況，為牠們噴上鼻病毒，結果會感冒的就是壓力大、社會位階較低的那些動物。

整體來說，我們似乎可以相信，壓力有某一部分是順著心理神經免疫途徑，使得感冒更容易發生。

愛滋病

既然愛滋病（AIDS）是一種嚴重的免疫抑制疾病，而重大壓力會抑制免疫系

統，那麼壓力是否可能使「人類免疫缺乏病毒」（HIV）陽性的人，更容易發展成愛滋病呢？如果已經得了愛滋病，壓力是否會使病程惡化呢？

自從愛滋病開始蔓延，這些問題就被丟出來了。從這本書的上一版開始，三合一抗病毒療法已能將愛滋病從致命的疾病變成通常可管理的慢性病，使得這些問題更加重要。[5]

有一些很好的間接證據認為壓力會影響愛滋病的病程。假設你在培養皿培養人類淋巴細胞，並且讓它們接觸人類免疫缺乏病毒，如果你也讓這些細胞接觸葡萄糖皮質素，它們會更容易受到病毒的感染。還有，去甲腎上腺素也會使病毒更容易入侵淋巴細胞，一旦入侵了，病毒會複製得更多。先前談到的一份關於非人類靈長類的研究也支持這一點，發現步驟一到步驟四也可能適用於人類免疫缺乏病毒。請注意，那些猴子受到獼猴免疫缺乏病毒（SIV）感染，而研究者發現，社交孤立程度較高的猴子（步驟一），有較高的葡萄糖皮質素（步驟二）、較少對抗病毒的抗體（步驟三），以及較高的死亡率（步驟四）。那麼人類呢？

首先，如果體內有相同的人類免疫缺乏病毒量，一般來說有以下這些狀況的人的健康惡化狀況較快，死亡率較高：一，習慣以否認來面對事情；二，缺乏社交支持；三，性格不愛社交；四，壓力源較多，尤其是失去所愛。這些不算是巨大的影響，但是這方面的研究結果似乎仍然相當一致，於是似乎符合步驟一。

這些人是否也有過度活躍的壓力反應（步驟二）呢？葡萄糖皮質素的濃度並不能很好地預測人類免疫缺乏病毒的病程。然而，性格不愛社交、有較高風險的人，交感神經系統的活動較強，而此過度活躍的程度比性格更能夠預測健康惡化，於是就成立了步驟二。

那麼，壓力很大、不愛社交的性格、否認，或缺乏社交支持，是否不只能預測較高的死亡率（步驟四），也能預測免疫功能較快惡化（步驟三）呢？這好像也是成立的。

所以，愛滋病的病程似乎依循心理神經免疫途徑。那生活型態途徑呢？治療人類免疫缺乏病毒的藥物療法是極為複雜的，於是我們可以相信，壓力較大的人可能比較不會使用抗病毒藥物或正確用藥。我認為，生活型態壓力因子在這些研究中並沒有被妥當控制。如果關聯性是相反的呢？如果病情惡化較快，會使你更不想要社

交、社交關係變少呢？這似乎相當可信，但是性格做為一個重要的控制項，已經被發現可以預測好幾個月後的免疫狀況。

總歸來說，心理神經免疫可以造成壓力與愛滋病惡化的連結。但我們需要更多的研究來檢視壓力對病人治療配合度的影響，相對於他們的治療效果如何。

潛伏病毒

談完鼻病毒和愛滋病毒後，還有最後一類病毒，它們在一開始感染你之後，會進入潛伏期。「潛伏」的意思是，那個病毒躲到你的細胞裡面後，進入休眠一陣子，在你的細胞 DNA（去氧核糖核酸）附近虎視眈眈，但還沒開始複製，而未來某個時候，某東西引發了沉睡中的病毒，把它從潛伏中啟動，經過幾輪的複製之後，現在有更多的病毒再次躲進細胞並進入潛伏。經典的例子是皰疹病毒，它在感染你的神經元後，可以潛伏數年，甚至幾十年，才會發作。

這是病毒計畫出來的聰明手段，先感染一些細胞、複製，在這過程中把細胞爆開，製造那種引發免疫系統各種警報的亂七八糟的東西，然後當那些被啟動的免疫細胞要猛攻的時候，病毒又躲到另一群細胞裡，而當免疫細胞在清理時，病毒又進入潛伏狀態。

病毒所做的第二聰明的事是什麼呢？它們不隨便再活化，而是會等到宿主的免疫系統不好的時候，趕快複製幾輪，而免疫系統通常在什麼時候最不好呢？數不完的紀錄顯示，各種物種的潛伏病毒，像皰疹之類，會在有生理或心理壓力的時候發作；其他會潛伏的病毒也一樣，像是第四型人類皰疹病毒（通常稱 EB 病毒），以及會造成水痘和皮蛇的帶狀皰疹病毒。

讓我們對這些高度進化的病毒致敬。

現在有一個關鍵的問題，畢竟潛伏的皰疹病毒只是沒受教育的 DNA、待在你的神經元裡的一團東西，怎麼知道你免疫抑制呢？一個可能性是，皰疹病毒總是企圖脫離潛伏，如果你的免疫系統正常，它就放棄；第二個可能性是，皰疹病毒有辦法測量免疫系統好不好。

令人驚奇的是，過去幾年間，答案出現了。皰疹病毒並不是測量你的免疫系

統，而是測量別的東西，來提供它為了達到目的所需的資訊：它測量你的葡萄糖皮質素。

皰疹病毒 DNA 有一種帶狀物，對於上升的葡萄糖皮質素信號很敏感，當葡萄糖皮質素的量上升時，那個 DNA 的感應器會啟動那些與離開潛伏期有關的基因。第四型人類皰疹病毒和帶狀皰疹病毒，也有這種對葡萄糖皮質素敏感的帶狀物。

現在來談更邪惡的智慧。一旦皰疹病毒感染了你的神經系統，你知道它還會做什麼嗎？它會使你的下視丘釋放「腦下垂體釋放激素」，接著腦下垂體釋放激素會釋放「促腎上腺皮質激素」，然後促腎上腺皮質激素會使葡萄糖皮質素增加。難以置信，對嗎？你甚至不需要有壓力，皰疹病毒感染你，接著透過它增加的葡萄糖皮質素，把你推到第二步驟，再帶到第三步驟，使病毒脫離潛伏。還有，變多的葡萄糖皮質素會使你的免疫系統更不擅於對抗活躍的皰疹病毒，這導致了步驟四，唇皰疹發作。我們還以為自己的大腦袋和對生的拇指有多聰明。

我們已經看過了心理神經免疫學最喜歡的幾個主題，也知道了壓力會提高某些免疫相關疾病的發生率、嚴重性，這些都是此領域最受爭議的主題之前奏，其本質是這本書最重要的部分之一，卻與一般大眾糟糕的常識相違背。

壓力和癌症

壓力與罹患癌症有什麼關係呢？

認為壓力可能提高罹癌風險的第一個證據，來自於動物研究。目前有相當可信的動物實驗文獻發現，壓力會影響某些癌症的病程，例如，光是把老鼠關在某一種籠子裡，就能影響患有某些腫瘤的老鼠：越吵、壓力越大，牠的腫瘤就長得越快。其他研究發現，如果讓老鼠接受能夠逃離的電擊，牠們會以正常速度排斥移植的腫瘤；如果不讓牠們逃走，並且施以相同數量的電極，老鼠會失去排斥腫瘤的能力。把老鼠的籠子放在旋轉的平臺上（通常是唱片機）來對老鼠製造壓力，旋轉的次數和腫瘤生長的次數有密切的關係；用葡萄糖皮質素取代旋轉的壓力，腫瘤依然會加速生長。這些是此領域的一些頂尖科學家所進行的非常嚴謹的研究之結果。

壓力是否在這些動物身上透過心理神經免疫途徑作用呢？看來至少部分是如

此。那些研究中，這些壓力源增加了葡萄糖皮質素濃度，而葡萄糖皮質素則透過免疫和非免疫的領域，直接影響腫瘤生物學。第一個途徑是，免疫系統含有一類預防腫瘤擴散的特定細胞（最著名的是自然殺手細胞），而在那些研究中，壓力會抑制自然殺手細胞循環的數量。第二個途徑可能不是免疫方面的。一旦腫瘤開始生長，它會需要大量的能量，而腫瘤做的第一件事，是把訊號傳送到最近的血管，使其生出一群毛細血管連接到腫瘤，這樣的血管新生使得血液和養分可以傳送到飢餓的腫瘤，因此在壓力下產生的高濃度葡萄糖皮質素，幫助了血管新生。最後一個途徑可能與葡萄糖的傳送有關。腫瘤細胞非常擅於從血液中吸收葡萄糖，回想飛奔逃離獅子的斑馬，其能量停止儲存，以提高循環中的葡萄糖的濃度來給肌肉使用。但是，我的實驗室在幾年前提出報告，當受壓力老鼠的循環中葡萄糖濃度變高，有至少一種的實驗腫瘤會比肌肉更先逮到葡萄糖。你的能量倉庫原本是要給肌肉使用的，現在卻被清空，並且不小心被轉手給貪婪的腫瘤。

於是我們在動物身上發現了一些壓力與癌症的關聯，以及解釋這些現象的心理神經免疫機制，但這對人類適用嗎？這些動物研究和人類的關係極為有限，有兩大原因。首先，這是關於刻意製造的腫瘤的研究，腫瘤細胞被注射或移植到那些動物身體裡，所以我們在這些動物身上看到的不是壓力造成的癌症，而是在看壓力對刻意製造的癌症的病程之影響。就我所知，沒有一個動物研究發現了壓力會提高腫瘤自然而然產生的機會。更進一步說，那些研究大部分都依賴病毒引起的腫瘤，在那樣的案例中，壓力主導了細胞複製的機制，並且使細胞分裂而失控地生長，但人類的癌症大多來自於基因因子或環境致癌物，不是病毒，而這還不是實驗室動物研究的主題。因此，這裡有一個來自動物研究的警語：**壓力可以使數種癌症加速生長，但那些癌症種類是被刻意製造的，與人類的關係很有限。**

因此，我們把注意力轉回到人類身上，第一個最簡單的問題是：具有重大壓力的個人經歷，是否與之後的罹癌機會較高有關？

一些研究的發現似乎是如此，但它們都有一樣的問題，也就是屬於回溯性研究，而被診斷出癌症的人，比腳趾腫起來的人更可能記得壓力事件。但如果你做一個回溯性研究是依賴可確認的壓力史，像是家人死亡、失業或離婚呢？有兩份研究報告指出這種重大壓力與五到十年後發生大腸癌的關聯。

　　有一些研究，尤其是研究乳癌患者，使用「準前瞻性」設計，在女性接受乳房硬塊切片時，評估她們的壓力史，再比較被診斷出乳癌及沒有被診斷出的人。其中一些研究發現了壓力與癌症的關聯，而且應該是很可靠的，畢竟如果那些女性還不知道自己有沒有癌症，就不可能有回溯性偏誤。那麼這有什麼問題呢？由於思考家族病史，或自己是否接觸風險因子，人們顯然有較高的機率可以猜出自己是不是有癌症，因此，這種準前瞻性研究也是準回溯性研究，而且是最不可靠的那種。

　　如果你依賴稀有的前瞻性研究，也不會看到壓力與癌症關聯的絕佳證據。例如我們在第十四章會談到的憂鬱症，憂鬱症與壓力和過量的葡萄糖皮質素分泌密切相關；有一份研究西部電力公司電廠兩千名男性的著名研究發現，憂鬱症與兩倍的癌症風險有關，甚至是憂鬱症痊癒數十年後也一樣。但是，對那些資料的嚴謹檢查顯示，憂鬱症與癌症的關聯只適用於一個次分類，該次分類中的男性因為工作上不得不接觸嚴重致癌物而非常憂鬱。

　　後來對其他群體的前瞻性研究，不是沒有發現憂鬱症與癌症的關聯，就是關聯性小到沒有生物學上的意義；還有，那些研究沒有排除其他的生活型態途徑，就是憂鬱的人更會吸菸、喝酒，那是兩種提高癌症風險的方式。研究喪親之痛壓力源的嚴謹前瞻性研究，也有相似的發現：它與後來發生癌症沒有關聯。

　　所以我們轉到一份不同的文獻。我們在第十一章會看到睡眠不足和睡眠模式變動（像是上晚班）是重大的壓力源（參見第 212 頁）。在尋找壓力和癌症風險提高的關聯性時，發現長期（這些研究說的是幾十年）上晚班的女性有較高的乳癌風險，然而，最可能的解釋和壓力無關，而是早班晚班的交替，嚴重減少了一種叫做褪黑激素的光感應荷爾蒙，缺少這種荷爾蒙會大幅增加罹患數種癌症的機率，包括乳癌。

　　還有一些研究透過間接方式證明了可能存在的關聯。如先前說的，接受器官移植的人有排斥新器官的風險，而預防排斥的策略之一是讓他們使用葡萄糖皮質素來抑制免疫系統，使免疫系統不會排斥，而這些人當中的一小群人有幾種皮膚癌的發生率較高（比較不嚴重，不是黑色素瘤那種）。還有，如果一個人的免疫系統因為愛滋病而被大大抑制，有幾種癌症的發生率會提高。那麼這些發現是否強化了癌症與壓力的關聯呢？不，因為：一，壓力不會抑制免疫系統到那種程度；二，即使免

疫系統被抑制到那種程度，也只有一小部分的器官移植者或愛滋病患會得到癌症；以及三，只有一小類的癌症變得比較普遍。

除了那兩份關於大腸癌的研究報告以外，就沒有什麼可以支持壓力會增加癌症風險的看法了（而且請注意，這個結論包括了大量的乳癌研究，也就是最常被大家認為與壓力相關的癌症）。但是，有沒有哪一類人在應對壓力時有一種特別（且不好）的風格，使他們更容易得癌症呢？我們已經在第五章知道，有某些性格類型特別容易得到功能性腸胃道疾病。有沒有一種容易得癌症的性格呢？是否能用壓力應對不良的脈絡來解釋它呢？

有些科學家認為是如此。此領域大部分的研究都是關於乳癌，部分原因是它的盛行率和嚴重性，然而，其他癌症也有相同的模式。我們得知，容易得癌症的性格是壓抑型的性格：把情緒收斂在裡面，尤其是憤怒，這是內向、尊重、有強烈討好慾望（也就是配合和聽話）的人的情況。這個觀點認為，把那些情緒收斂著，會提高癌症的風險。

這些研究大多是回溯性或準前瞻性研究，而我們已經知道這類研究的問題了。然而，有前瞻性研究發現兩者的確有些關聯，雖然這個關聯性很小。

我們是不是進入了心理神經免疫途徑的步驟一到步驟四呢？我認為還沒有人研究出這種結果。我們在第十五章會看到，壓抑型的性格與葡萄糖皮質素高漲有關（參見第 289 頁），所以差不多是在步驟二。但是就我所知，還沒有人證明有發生步驟三（某種免疫抑制），更別說是與癌症有關的程度了；還有，沒有一份好的前瞻性研究排除了生活型態途徑（像是吸菸、喝酒，或是乳癌案例中的較多脂肪攝取量），所以陪審團還沒有結論。

於是，整體來說，除了針對特定一種癌症的那兩份研究以外，並沒有研究支持壓力會提高人類罹患癌症機率的說法。

壓力與癌症復發

如果你的癌症已經治癒了呢？壓力是否會增加它復發的風險呢？針對這個主題的少量研究不認為有關聯，很少數認為有，但有同樣數量的研究認為沒有。

壓力與癌症病程

現在來談談最複雜也最受爭議的問題。壓力或許與你會不會得癌症完全無關，但是一旦你有了癌症，壓力是否會使腫瘤長得更快，使你更可能因為這個疾病而死亡呢？減少壓力是否可以使腫瘤長得較慢，延長存活時間呢？

我們在前面看到，壓力會使動物的腫瘤加速生長，但那些被製造出來的腫瘤及其生物學，與人類的關係相當有限，所以我們得看看對人類的研究，而這個主題的研究結果亂七八糟。

我們先來看看不同的應對風格是否能預測癌症不同的結果。如果比較以「戰鬥性」（就是樂觀且直言）回應癌症的人，與陷入憂鬱、否認及壓抑的癌症患者，在控制癌症嚴重程度變因的情況下，前者會活得比較久。

這樣的發現引發了其他研究，醫師們試圖介入、減少病人壓力、灌輸病人更多戰鬥性，來影響他們的癌症結果，最具代表性的是一九七〇年代末期史丹佛大學的大衛・斯皮格爾（David Spiegel）精神科醫師所做的研究。一些剛被診斷出轉移性乳癌的女性，被隨機分配到接受標準醫療照護的那一組，或另一組在標準醫療照護以外，還加上提供強力支持的心理治療團體，與其他乳癌患者一起參加。

斯皮格爾在這個著名的研究中強調，他一開始以為心理治療團體會降低病人的心理壓力，完全沒想到那也會影響癌症的生物學；雖然他心存懷疑，卻發現心理治療團體平均延長了病人十八個月的壽命，這是巨大的影響。

這成了頭版新聞。但從那時起就有一個大問題：心理社會介入是否真的有用，並不明確，從斯皮格爾的研究開始，大約有十二個其他研究，對於心理治療團體是否具有保護效果，正反雙方平手。

二〇〇一年發表於名聲卓越的《新英格蘭醫學期刊》（New England Journal of Medicine）的一份研究，或許是最仔細複製斯皮格爾的研究的，結果卻是對於存活時間沒有影響。

為什麼斯皮格爾的發現那麼難複製呢？斯皮格爾和其他人提供了可信的解釋：這與幾年來「癌症文化」的巨大改變有關，幾十年前，「得到癌症」一事帶有一種奇怪的羞恥性，醫師不想告訴病人這個令人尷尬且失去希望的診斷；病人也會隱瞞

這個疾病。一個例子是，在一份一九六一年的調查中，竟然有九十％的美國醫師說他們通常不會告訴病人癌症診斷；在接下來二十年，這數字掉到三％。

還有，這些年來，醫師們開始認為病人的心理健康對於對抗癌症非常重要，並且認為這個醫學療程是醫師與病人的合作關係。斯皮格爾說，當他在一九七〇年代開始做研究時，最大的挑戰就是要找到願意浪費時間在心理治療團體這種無關的事情的「實驗組」病人。

對照之下，到了一九九〇年代的那些研究，最大的挑戰是要說服「控制組」的受試者別去心理治療團體，在這種觀念下，很難在控制組中發現「提供減壓的心理社會介入，會延長癌症病患的壽命」，因為每個病人（包括控制組）已經認知到癌症治療中減壓的需求，並且到處尋求心理社會支持，即使不是正規的「每週兩次心理治療團體」。

假設這個解釋是對的，而且我覺得它很可信，因此，我們接受「減壓的心理社會介入，會延長癌症患者的壽命」這個前提，並透過心理神經免疫途徑的步驟，來看看為什麼心理治療團體有如此的效果。心理社會介入是否被病人認為能夠減壓（步驟一）呢？雖然有很驚人的個別例外，但是那些研究整體上發現的確如此。

那些心理社會介入是否與降低壓力反應有關（步驟二）呢？少數的研究發現，心理社會介入可以降低葡萄糖皮質素的量。反過來問，過度活躍的壓力反應是否能預測癌症患者較短的壽命呢？不。有一份研究仔細追蹤了斯皮格爾的轉移性乳癌患者，發現在診斷時有大量葡萄糖皮質素的狀況，並不能預測較短的存活時間。[6]

雖然心理社會介入可以降低葡萄糖皮質素的量，但是葡萄糖皮質素增加是否能預測較短的存活時間，這方面的證據很少。可是，有較多心理社會支持的癌症病人，是否有較好的免疫功能（步驟三）呢？似乎是如此，自述壓力較大的乳癌病人，其自然殺手細胞比較不活躍，而自述有較多社交支持或有參加某種心理治療團體的女性，則有較活躍的自然殺手細胞。那些免疫變化是否與存活時間的變化有關（步驟四）呢？可能沒有，畢竟在這些研究中，一個人的自然殺手細胞活躍程度，並不能預測生存時間。

所以在心理神經免疫途徑上就沒有什麼證據了。那生活型態途徑呢？我們有很多的原因會認為生活型態途徑在壓力與癌症病程的關聯之間扮演了關鍵的角色，但

是因為某個微妙的原因，我們很難證明這件事。在癌症治療中最大的麻煩之一，是大約有四分之一的癌症患者並不遵照醫囑服藥，或者會缺席化療，因為那些治療讓人覺得糟透了。

但如果參加心理治療團體，被其他跟你一樣覺得糟的人包圍呢？「你可以再做一輪化療，我知道你做得到。……我做化療的時候也覺得糟透了，可是你也做得到。」或是「你今天吃東西了嗎？我知道，我也沒胃口，但是我們今天團體結束後就去找東西吃吧。」或者「你今天吃藥了嗎？」配合度就變好了，而任何提高配合度的介入方式，都會提高治療的成功率。由於癌症患者通常不喜歡承認自己沒有完全配合療程，所以不容易精確得知心理社會療法的任何保護作用，是否真的透過這個途徑發揮功能。[7]

我們現在手上有的是極為有趣卻不明朗的事情。有大量壓力的個人經歷，與更高的癌症發生率或復發率，似乎完全無關，而某種性格類型與稍微高的癌症風險似乎有關，但還沒有研究發現這當中的壓力生理學，也沒有排除生活型態的綜合因子。再來，降低壓力的心理社會介入是否對癌症結果有幫助，研究發現大約是兩邊平手。最後，如果考慮心理社會介入有效的案例，心理神經免疫途徑不太能解釋這個效力，我們可以合理地認為，與生活型態和配合度有關的另一種途徑很重要。

有了這些研究發現後要做什麼呢？沒錯，當然是做更多的研究，很多很多。

最後補充：醫學史的怪談

心智能影響免疫系統、情緒痛苦能改變對某些疾病的抵抗力，這種想法很引人入勝，可以說心理神經免疫學對此施了強大的力道。不過，我有時候會對於有那麼多心理免疫神經學家跑出來而感到驚奇，他們甚至開始分成次專科，有些人研究只有人類才有的問題，有些人則研究動物，有些人分析大量母群體的流行病學模式，有些人研究單一細胞。在科學研討會的休息時間，你還會看到心理神經免疫兒科醫師組成一隊，心理神經免疫老年學家一隊，兩隊對打排球賽。老實說，我年紀大到足以記得沒有心理神經免疫學家的時代，現在我就像隻白堊紀的恐龍，眼睜睜看著新的哺乳類越來越多。

　　以前甚至有個時期，「壓力導致免疫組織縮小」並不是常識，結果醫學研究者完成了一些有影響力的研究，並錯誤解讀那些研究發現，間接導致數千人的死亡。

　　十九世紀時，科學家和醫師開始關心一種新的兒科疾病。某些時候，父母會把完全健康的嬰孩放到嬰兒床上，妥善地用毯子包好，然後去安穩地睡一晚，隔天早上卻發現孩子死了。那時，「嬰兒床之死」或嬰兒猝死症，開始被認知到了。這種事發生時，一開始必須探索過失或父母虐待這種令人不安的可能性，但是這可能性通常會被排除，於是就留下了健康嬰兒在睡覺時死於不明原因的謎團。

　　科學家們如今對於嬰兒猝死症有更多的了解。若是嬰兒在胎兒晚期時，大腦曾因故缺乏足夠的氧氣，造成腦幹控制呼吸的某些神經元變得特別脆弱，他似乎較容易發生嬰兒猝死症，可是在十九世紀時，沒有人知道到底發生了什麼事。

　　一些病理學家在一八○○年代開始了一段有邏輯的研究，他們仔細地解剖了猝死的嬰孩，與正常嬰孩的解剖做比較，細微而嚴重的錯誤發生在這裡：「正常嬰孩的解剖」。被解剖的是誰？誰在教學醫院被實習生練習？誰的屍體會落到在基礎解剖學課程中被一年級醫學生解剖？通常是窮人。

　　在十九世紀，背部強壯且喜歡夜晚活動的人，可能選擇「盜屍事業」：盜墓、偷屍體，他們會把屍體賣給醫學院的解剖學家做研究和教學。窮人的屍體沒有放進棺材裡，而且淺淺地埋在亂葬崗，被大量地盜取，相較之下，有錢人的屍體是裝在三層棺材內埋葬。

　　隨著盜屍的恐慌蔓延，有錢人發展了適應辦法。一八一八年昂貴的「專利棺材」專門行銷成防盜屍的功能，而且上流社會的墓園提供了停屍間的服務，也就是好好守護屍體被文雅地腐化到解剖者不會有興趣的程度，然後安全下葬。

　　那時甚至還出現了「搞柏克」這個詞，來自於威廉‧柏克（William Burke）這個盜屍者，他帶頭用善心餐把乞丐騙來，然後把他們勒死，再快速賣給解剖學家（諷刺的結尾是：柏克和同夥被處決後，被交給解剖學家。解剖學家在解剖時，特別注意他們的頭顱，試圖找出他們令人髮指的罪刑是否有頭顱方面的原因）。

　　這些都對生物醫學的領域很有幫助，但也有一些缺點。窮人對於醫科盜屍（我杜撰的新詞）比較會用暴動表現憤怒，發狂的群眾把逮到的盜屍者吊死，攻擊解剖學家的住家，燒掉醫院。因為政府擔心隨意獵取窮人屍體所造成的混亂，決定對盜

屍進行監管。在十九世紀早期，多個歐洲政府開始提供適當的屍體給解剖學家，使騙殺者和盜屍者沒了生意，並且維持窮人的秩序，這全都只靠一條簡單的法律：若有人在救濟院或貧民醫院過世而無人認屍的話，屍體會被送給解剖學家。

於是醫師們透過研究窮人的身體和組織，學到正常人體是什麼樣子，然而，窮人的身體被貧窮環境中的壓力給改變了，在所謂「正常」的六個月大屍體解剖母群體中，那些嬰孩通常死於慢性腹瀉疾病、營養不良或肺結核，也就是持續的、壓力大的疾病，所以他們的胸腺萎縮了。

回到比較嬰兒猝死症和「正常」嬰兒屍體的病理學家。根據定義來說，如果小孩被認為是死於猝死症，就表示他們沒有其他問題，沒有壓力，沒有縮小的胸腺。那些研究者展開研究並發現驚人的事情：嬰兒猝死症的小孩的胸腺，比「正常」嬰屍的要大很多。

他們就是在這邊把事情搞反了，他們不知道壓力會使胸腺萎縮，所以認為在「正常」解剖的母群體的胸腺是正常的，因此結論是，有些小孩有大得不正常的胸腺，這種大胸腺壓迫了氣管，在某夜使小孩窒息，於是成了嬰兒猝死症，很快地，這種想像的疾病有了一個很炫的名字，叫做「胸腺淋巴體質」。

這個對嬰兒猝死症假想的生物學解釋，人性化地取代了當時一般的解釋：認為父母不是罪犯就是無能。當時一些最前衛的醫師替這個「大胸腺」故事背書（包括魯道夫‧魏修〔Rudolph Virchow〕，他是第十七章裡的英雄）。麻煩的是，醫師們根據這種胡說，開始提出預防嬰兒猝死症的建議，也就是處理掉大胸腺，也許透過手術，但這有點棘手，接著很快就出現了這個治療選擇：照放射線來縮小胸腺。估計在接下來幾十年，此療法造成了數萬個甲狀腺癌的病例，因為甲狀腺靠近胸腺。當我講授這個主題時，常遇到有人說他們的父母因此接受過喉部放射線治療，甚至到了一九五〇年代那麼晚期都還有。

從胸腺淋巴體質的歷史，可以得到什麼建議呢？我會嘗試某些大建議，雖然人們並不生而平等，也絕對活得不平等，但我們應該至少平等解剖；或是再更自大一點的事，例如對於因為經濟不平等而得到較小胸腺的嬰孩，該做點什麼。

好吧，我把目標放在科學上比較能管理的事情。即使我們非常努力地進行了不起的醫學研究，例如人類基因排序，我們仍需要聰明人去研究某些很蠢的簡單問

題，像是「正常的胸腺是多大？」因為這些問題通常沒有那麼簡單。也許我們學到的另一課是，綜合因素可能來自想不到的地方，有一群又一群非常聰明的公共衛生研究者透過這個概念來討生活。或許我們學到最重要的一課是，做科學的時候（或者，在這麼愛論斷的社會中，可能不管做什麼都要這樣），在宣布某件事是常態之前，要非常謹慎和確定，因為你一宣布，就會使得客觀看待所謂的常態的例外，變得超級困難。

注釋

1　如先前提到的，先天免疫反應包括了蛋白質進入受傷部位。對抗微生物的那些蛋白質中，有一個是我們在第三章已經看過的「C- 反應蛋白」。你還記得黏糊糊的膽固醇只會在已經受傷的血管內造成動脈粥狀硬化斑塊。因此，評估你血管的受傷與發炎程度，可以預測你的動脈粥狀硬化風險。我們已經知道，C- 反應蛋白是判斷血管發炎狀況的最可靠指標。

2　這領域的另一個流行語是「細胞凋亡」（Apoptosis），來自於拉丁文裡像是「凋落」的東西（計畫性死亡的例子之一是秋天樹葉凋落）。細胞凋亡是否等於計畫性死亡，或者是計畫性死亡的一個次類型（我個人認為是這個），還有要不要發第二個 P 的音（我有發這個音，這種發音被認為有一種街頭男子的粗獷平民感），仍然被受爭議。

3　我的科學小註腳：我是發現介白素會刺激「腦下垂體釋放激素」釋放的團隊的一員。或者說，至少我以為我是。那是一九八〇年代中期，那個想法有些道理，而我所在的實驗室在我的提倡下決定研究。我們像瘋子一樣工作，在凌晨兩點，我得到了科學家們最渴望的狂喜：我看著一臺機器印出來的東西，然後發覺「啊！我是對的！它是這麼運作的：介白素 -1 釋放腦下垂體釋放激素」。我們把這個發現寫下來，被頂尖的期刊科學接受了，每個人都很興奮，我還打電話通知我父母等。然後研究被發表了，但旁邊就是一個瑞士團隊一模一樣的研究，在同一週送到了那個期刊，所以我就成了發現這個模糊現象的人之一（回到第二章的一個主題，如果你是成熟、有自信的個體〔很不幸地，我極少如此〕，你會在這種事情中得到快樂：兩間實驗室，各自在世界不同的地方獨立研究，得到了相同的全新發現，所以這是真的。科學又蹣跚地往前進了一點點）。

4　這些研究來自於英格蘭索爾茲伯里（Salisbury）著名的醫學研究會之普通感冒單位，他們招募自願者來進行常有的兩週實驗，研究得到普通感冒和從中恢復的各種面向。這顯然相當特別：所有的開銷都有給付，還提供小額的薪水；在寧靜的索爾茲伯里鄉村有很多休閒活動；每天替研究人員把鼻子內的東西噴到試管中；填問卷；還有被安慰劑或感冒病毒噴鼻子。那裡平均三人中即有一人會感冒。人們搶著要當自願者；有些伴侶在那裡相遇、結婚、回來度蜜月；有關係的人會想辦法回來，當作一年一度的有薪假期（然而，這個感冒單位並不全是充滿田園風情的鼻涕天堂。例如，偶爾會有一群受試者被用來證明又濕又冷地穿著濕襪子站上幾小時，不會造成感冒）。很不幸地，由於預算限制，那個單位關閉了。這個失落的仙境至少在一個學術書籍中被提及，還有一些文章，像是「我如何毀掉我的暑假」這類的標題。

5　假設你有愛滋病，你有足夠的錢，或是你的國家有足夠的錢，可以負擔這些藥物。

6　有別於葡萄糖皮質素的絕對值，那些葡萄糖皮質素濃度缺乏二十四小時規律的病人，會有較短的存活時間。考量這個段落有多長，讀著像是這領域的嚴謹論文一樣的東西，我想我該提到自己是這個研究的共同作者。對於為什麼葡萄糖皮質素不依照日規律起伏可以預測壞結果，我們仍然完全一頭霧水。一個可能性是，葡萄糖皮質素缺乏日規律一事與此並無關聯，只是障眼法，關鍵是其他荷爾蒙的日規律有問題，像是褪黑激素。這是目前正在研究的東西。

7　斯皮格爾在著作中寫到這整個關於配合度的問題。他著名的研究沒完沒了地被錯誤解讀成明確支持保護性的心理神經免疫途徑。他拒絕接受這個浪潮的前座，使我極為敬佩他。

第 9 章
壓力和疼痛

在約瑟夫・海勒（Joseph Heller）關於第二次世界大戰的經典小說《第二十二條軍規》裡，這位反英雄尤薩利安（Yossarian）「不太可靠」地與某人爭論關於上帝的本質。

不太可靠，是因為他們都是無神論者，我們會推測這讓兩人對這個話題具有共識。然而，尤薩利安不僅不相信上帝的存在，還對於那整個概念相當生氣，可是對方認為尤薩利安所不相信的上帝，其實是好的、溫暖的、有愛的，所以尤薩利安激烈的攻擊使對方感到被冒犯。

「對於一個認為必須在祂自己的神聖創造系統裡，加入痰和蛀牙的至高無上存在體，你能對祂有多少崇敬？當祂剝奪了老人對自己排泄的控制時，祂那不正常、邪惡、下流的腦袋裡究竟在想些什麼？祂到底為什麼要創造疼痛？」

「疼痛？」切斯科普夫（Scheisskopf）少尉的妻子勝利地打擊這個字。「疼痛是有用的症狀，疼痛是我們身體危險的警訊。」

「那是誰創造了危險？」尤薩利安堅持。他挖苦地笑著，「喔，祂給我們疼痛時，對我們還真是仁愛啊！祂幹嘛不用門鈴，或是用祂天界唱詩班的其中一人，來通知我們？或是讓每個人的額頭中央有個紅藍霓虹燈管。任何不差的點唱機製造商都可以做到，祂為什麼不行？」

「帶著額頭中央的紅色霓虹燈管走來走去，看起來肯定會很蠢。」

「在痛苦中扭來扭去，或是用嗎啡變蠢，現在看起來肯定很美，對吧？」

很不幸地，我們額頭中央沒有霓虹燈；缺少這種無害的提醒，我們可能真的需要疼痛感知。疼痛可以讓人痛得要命，可是它能告訴我們坐得離火太近了，或是我們不該再吃那個剛害我們食物中毒的新奇東西，它有效地勸退我們別用受傷的腳走路，告訴我們最好在它復原前不要活動。在西化的生活中，它通常是提醒我們及早看醫師的好訊號。

先天無法感覺疼痛的人（一種名為「疼痛說示不能」〔Pain Asymbolia〕的狀況）會處於困境中。當他們太大力往下踩時，因為無法感覺疼痛，所以腳可能會潰爛、膝關節可能會受損、長骨可能會裂開；他們可能連燒傷自己了都不知道；在某些案例中，他們甚至不知道自己掉了一根腳趾。

疼痛的有用之處，是推動我們調整自己的行為，來減少造成疼痛的傷害，因為那個傷害一定會傷害我們的組織。

然而，當疼痛告訴我們的是一個我們毫無辦法應對的嚴重問題，疼痛就沒有用處，而且會耗弱我們。我們已經發展出一套生理系統可以告訴我們「胃空了」，這是我們應該讚美的事，然而，我們同時必須悲嘆發展中的生理系統能用無情的疼痛來折磨癌末病人。

在我們額頭上有燈以前，疼痛是必定要繼續的，這也是自然生理的大問題。令人驚訝的是，疼痛訊號多麼有可塑性，它的強度多快就能被同時發生的感官、感覺和想法給改變，而這種調節的一個例子，是在某些壓力狀況中的痛感鈍化，也是本章的主題。

痛覺感知的基本知識

痛感來自於遍布全身的受器，有一些在身體深處，會告訴我們肌肉痛、充滿液體的發腫關節或器官受損，甚至像是膀胱脹大這麼普通的事。其他受器在我們的皮膚，告訴我們割傷了、燙傷了、擦傷了、被戳了或被壓迫了。[1] 這些皮膚受器常常對局部組織受損做出反應，用水果刀割自己時，你會切開許多微小的細胞，然後它們裡面的東西會流出來；這個傷處的細胞湯裡，通常會有各種化學傳訊者，它們會引發痛覺受器運作。組織受傷也會引發免疫系統的細胞流入，以包裹並丟棄那些被

切開的細胞；傷處會腫起來，就是因為這種我們稱為發炎的滲透活動，而那些炎症細胞會釋放出使痛覺受器更敏感的化學物質。

有些痛覺受器只傳送疼痛的訊號（例如對割傷做反應的那種）；有些則傳遞疼痛及日常感官感覺的訊號。這兩種要怎麼分別呢？根據強度，例如，透過我背上的各種觸感受器，我太太幫我伸展和揉揉我的背，我會非常舒服。然而，所有的好東西顯然都有限度；如果她用粗砂紙猛搓我的背，我絕對不會覺得享受。當溫暖的陽光刺激我們的溫度受器時，我們可能會很舒服，但是被滾燙的水刺激時就不會了。有時候疼痛就是日常感官感受過度的情況。

無論是哪種疼痛及啟動了哪種受器，這些受器都會送出神經放射（Nervous Projections）到脊髓，這會啟動脊髓反射，脊髓的神經元快速地控制你的肌肉（所以你會把手指從火焰那邊縮回來），關於疼痛刺激的訊息也會被送到大腦（之後會深談這部分）。

痛感的感覺調節

疼痛系統很驚人的一面是，其他因子可以多麼迅速地調節它，例如，疼痛訊號的強度可以根據當時傳到脊髓的其他感覺訊息而定，這就是為什麼痠痛的肌肉被按摩時感覺很棒，而某些尖銳、短暫的感官刺激，可以抑制慢性、一陣陣的疼痛。

這背後的生理學，是我所知道的神經系統連結最精緻的部分之一，這是在數十年前由生理學家派翠克・華爾（Patrick Wall）和羅納德・梅爾扎克（Ronald Melzack）所搞懂的迴路。原來神經放射（從你的周邊傳送疼痛訊息到脊髓的纖維）並不完全一樣，它們其實有不同的類別，最相關的二分法或許是分成傳送急性、突然刺痛的纖維，以及傳送緩慢、模糊、持續、陣陣疼痛的纖維。這兩種都會放射到脊髓神經元並啟動它，但方式不同（見第 172 頁圖表的 A 部分）。

脊髓裡的兩種神經元會受到疼痛訊息的影響（見圖示的 B 部分），第一個 X 和 A 部分所呈現的神經元一樣，傳送疼痛訊息到大腦，第二個神經元 Y，是局部的，名為「中間神經元」。當 Y 受到刺激，它會抑制 X 的活動。

當這些都連結起來，如果你感覺到刺痛的刺激，這訊息會被傳送到快的纖維，

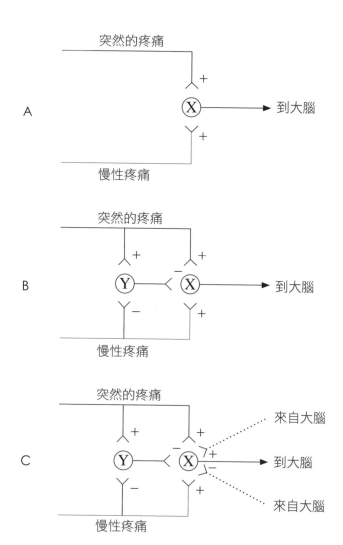

疼痛訊息如何傳到大腦，以及大腦如何調節的華爾－梅爾扎克模式。A：脊髓中的一個神經元 X，被疼痛纖維刺激，傳送疼痛已經發生的訊號到大腦。這種疼痛纖維傳送突然或慢性的疼痛的訊息。**B**：這個系統如何運作的更實際版本：為何突然和慢性疼痛訊息被區分。突然的疼痛會刺激 X 神經元，使疼痛訊號被傳送到大腦。突然的疼痛的纖維也會刺激稍後會抑制 X 神經元的中間神經元 Y。因此，X 神經元傳送疼痛訊號到大腦的時間很短。相對的，慢性疼痛的纖維會刺激 X 神經元，並抑制中間神經元 Y。因此，Y 不會抑制 X，X 持續傳送疼痛訊號到大腦，造成緩慢、擴散的疼痛。**C**：刺激性和抑制性的纖維都來自大腦，並傳送訊息給 X 神經元，調節它對疼痛訊息的敏感度。因此，大腦可以使 X 神經元對疼痛更敏感或更不敏感。

這會刺激 X 和 Y 兩種神經元，然後 X 會傳送疼痛訊號到脊髓，接著，Y 很快就會行動並關閉 X。因此，大腦感應到短暫的刺痛，像是踩到大頭針那樣的感覺。

相對地，感覺到鈍鈍的、一陣一陣的疼痛時，這個訊息會傳送到較慢的纖維，這纖維會和 X 神經元及 Y 神經元溝通，但是使用的方式與快速纖維不同。X 神經元也是受到刺激，並且讓大腦知道發生了會痛的事，可是這個慢速纖維會抑制 Y 神經元。Y 神經元不動聲色，X 神經元繼續發作，於是你的大腦就感覺到持續的、一陣陣的疼痛，就像是你燙傷後還會感覺到好幾個小時或好幾天的那種痛。疼痛生理學家大衛‧悠曼斯（David Yeomans）對快速與慢速纖維的功能的詮釋，完美地適合這本書：快速纖維是要讓你盡快採取行動（離開刺人的痛）；慢速纖維是要讓你慢下來、別動，你才能復原。

這兩種纖維可以互動，而且我們常常刻意逼它們互動。假設你有某種持續的陣痛，像是肌肉痠痛、昆蟲叮咬、很痛的水泡，你如何使這種陣痛停止呢？短暫地刺激快速纖維，這會增加一下子的疼痛，但刺激 Y 中間神經元後，就會把這系統關閉一陣子。這正是我們在那種情況中常做的，舒服到痛的按摩會抑制肌肉隱約的疼痛一陣子；昆蟲叮咬的痛感和癢讓人難以忍受，我們常常猛抓那裡來讓它比較不痛，或者我們會捏自己。在這些例子中，緩慢的慢性疼痛途徑都被關閉幾分鐘。

這個模式有一些重要的臨床意義。其一是它使科學家能夠為嚴重慢性疼痛症候群的人（例如背部有神經被壓迫的病人）設計治療方式，透過把設備綁在病人臀部，將微量的電極導入快速疼痛的途徑，可以讓病人透過電那個途徑來關閉慢性疼痛，這在許多案例中都非常有效。

久到不正常的痛

如果有人一直戳你，每一次你都會覺得痛，類似這樣，如果你受了會發炎好幾天的傷，可能也會有好幾天的疼痛。可是有時候痛覺受器和脊椎之間的疼痛途徑出差錯了，於是你在那個討厭的刺激停止後，或是受傷已經痊癒後，還是一直覺得痛，或是你對於根本不會痛的刺激覺得痛，那麼你現在有麻煩了，這是「觸摸痛」，就是對正常的刺激感到疼痛。

　　某些類型的觸摸痛會出現在痛覺受器本身，請回想一下，當組織受傷時，炎症細胞如何滲透到傷處，並且釋放使局部痛覺受器更敏感、更容易被刺激的化學物質。現在，這些炎症細胞不管往哪裡倒那些化學物質，當中有些還可能跑到傷處之外的受器，使得這些受器更敏感，於是傷處周圍的健康組織就突然開始痛了。

　　當疼痛途徑中的神經元受傷時，也可能發生觸摸痛。如果靠近痛覺受器的神經末梢被切斷，那些炎症細胞會釋放促進生長的因子，促進神經再生，有時這種再生被搞得一團糟，使得神經末梢重新連線成一團名叫「神經瘤」的東西，而它往往會過度興奮，把疼痛訊號傳送到完全健康的組織。如果傳送疼痛訊息的神經放射，在靠近脊椎的地方被切斷了，就會導致這一系列的發炎事件，進而使脊髓過度興奮，這時輕微的觸碰就會令人痛到受不了。

　　在第 172 頁的華爾－梅爾扎克途徑模式，說明了另一個觸摸痛的狀況，這在兩種糖尿病的嚴重案例中可以見到。我們在第四章看到，血液中的葡萄糖增加，會提高動脈粥狀硬化的風險、阻塞血管，於是通過那些血管的能量不足，可能會傷害依賴那種能量的神經。整體而言，受損的是快速纖維，它們比好照顧的慢速纖維需要更多的能量來運作，因此，這個人會失去在此途徑中停止中間神經元 Y 的能力，對別人來說很短暫的疼痛，對有糖尿病的人來說會是持續陣陣的疼痛。

無大腦就不會痛

　　我們從散布全身的痛覺受器開始，到接收受器放射訊號的脊髓，然後被疼痛啟動的一大堆脊髓神經元，會把訊號放送到大腦。事情就從這裡開始有趣了。

　　想一想與疼痛有關的三個狀況。第一個，一位軍人正處於某個可怕的戰鬥之中，到處都有人被屠殺，而他受傷了，雖不致命，但嚴重到需要撤退。第二個，試想一個重度肝癌的人，使用實驗性藥物，短短幾天內，她的內臟痛得要命，這是藥物殺死腫瘤細胞的徵兆。或者第三個，有個人在粗地毯上熱烈性交，把屁股磨破皮。他們有什麼共同點呢？他們都不會覺得那麼痛，因為「對我來說戰爭停了」、「藥物在發揮作用」、「什麼地毯？」大腦對疼痛的詮釋極為主觀。

　　一九八〇年代的一份研究，提供了這種主觀性的驚人例子。一位科學家研究

了一家醫院十年份的紀錄，以得知剛做過膽囊手術的病人索取了多少止痛藥，他發現，看得到窗外的樹的病人，所索取的止痛藥，明顯比只能看白牆的病人少。其他關於慢性疼痛病人的研究顯示，操弄心理變因，像是對事件的控制感，也會戲劇性地改變索取止痛藥的量（最後一章會進一步談這個重要發現；參見第343頁）。

這是因為大腦並非沒有意識而只會計算有多痛的疼痛計量器。大腦的某些部分當然會使你做某些客觀的評估（「哇，這水實在太燙了，不能給寶寶洗澡」），但有一些因子可以調節這些疼痛計量器接收多少疼痛，例如，催產素這種有關哺乳類生產和母性行為的荷爾蒙，會使這些途徑中的疼痛反應更遲鈍。但是，大腦對疼痛的反應大多是產生情緒反應，並且對疼痛給予有脈絡的詮釋，這就是為什麼大腿被槍射中了，在疼痛中喘氣，也會使你吸進愉悅的勝利：我在這場戰爭中存活了，我要回家了！

關於大腦情緒性地對疼痛進行詮釋和反應，有三件重要的事：

第一，情緒性或詮釋性的程度，可以跟從脊椎傳到大腦中的客觀疼痛訊號量分開。換句話說，你覺得有多痛，還有這個痛多難受，可以是分開的兩件事，這是戰爭、癌症、磨屁股的情境中存在的情況。有一份精緻的研究更明確地顯示這件事：自願者在接受不會感到疼痛的催眠暗示前後，把手浸入熱水中，同時用腦部攝影呈現大腦的哪些部位會變得活躍，此時腦皮層處理感覺的部分（在此例是疼痛計量器）在兩種情況中的啟動狀況都一樣，也就是有差不多數量的熱敏感痛覺受器，被引發至差不多的程度；但是，只有在催眠前，大腦的情緒部位被啟動得比較多。也就是說，這兩種時候的疼痛程度都一樣，但是人們的反應不一樣。

第二點是大腦中比較有情緒反應的部位，不只能改變你對脊髓傳來疼痛訊息的反應，也能改變脊髓對疼痛訊息的反應。而第三點就是壓力的重大影響。

壓力引起的痛覺缺失

第一章聊到在戰鬥中高度激發的人沒有注意到自己嚴重受傷，這對士兵或斑馬而言，當然很有用，因為他們無論如何都要繼續運作。第一個記錄這種壓力引起的痛覺缺失的人，是麻醉科醫師亨利·畢闕（Henry Beecher），他在第二次世界大戰

期間擔任前線醫護兵時，研究這些受傷的士兵，把他們與平民做比較。他發現，遭受嚴重程度相近的傷勢時，大約有八十％的平民會要求使用嗎啡，可是只有三分之一的士兵會要嗎啡。

我們沒很少會經歷戰鬥中的壓力所引起的痛覺缺失，比較可能在運動比賽中遇到，那時如果我們夠興奮也夠投入，就很容易忽略了受傷。至於比較日常生活的情況，運動健身的那群人會體驗到壓力引起的痛覺缺失，第一次伸展時肯定很令人難受，你尋找著每一個可能的藉口來停止練習，然後在大約半小時的自我折磨後，疼痛突然不見了，你甚至開始覺得莫名的愉悅。這整個冒險似乎像是你所能想像最愉快的自我進步，而且你打算每天都這樣運動，直到你一百歲為止（當然，發了一堆誓後，你隔天再重複這個痛苦的過程時，就忘光了）。[2]

傳統上，很多固執務實的研究室科學家遇到像是壓力引起痛覺缺失這種事的時候，會認為它是「身心症」的領域，把它當作「心靈勝於物質」的模糊東西那樣不當一回事，然而，這種痛覺缺失是真實的生物現象。

我會這麼說的證據之一，是其他動物也有壓力引起的痛覺缺失，並不只是情緒投入於本國軍隊的勝利或公司壘球隊打贏的人類。這可以在動物的「熱板試驗」看到，把老鼠放上熱板，然後打開熱度，仔細測量這隻老鼠要多久才會開始覺得不舒服、第一次抬起自己的腳（那時會把老鼠移開熱板）。若對有壓力的老鼠（像是被迫在一缸水裡游泳、接觸貓的氣味等），做同樣的事，這隻老鼠會花比較久的時間才注意到板子的熱度，這便是壓力引起的痛覺缺失。

這種痛覺缺失是真實現象的最佳證據，是已經被發現的相關神經化學。這故事始於一九七〇年代，當時每個有野心的先進神經化學家都對這主題有興趣，因為它與多種被大量娛樂使用的鴉片類藥物有關——海洛因、嗎啡、鴉片，全都有相似的化學結構。

在一九七〇年代早期，有三組神經化學家幾乎是同時證明了，這些鴉片類藥物會與大腦的特定鴉片受器結合，這些受器通常位於大腦處理痛感的地方，而這解答了鴉片類藥物如何阻礙疼痛的問題，它們啟動了那些使 X 神經元比較不敏感的下行途徑，如第 172 頁的圖示。

這很棒，可是某個令人困惑的事情來了。為什麼大腦要有接收罌粟提煉合成物

那一類的受器呢？我們開始想，一定是身體內製造的某種化學物質和鴉片類物質有相似的結構，是神經傳導物質？荷爾蒙？大腦裡必定有自然產生的內生嗎啡。

神經化學家在這時瘋狂地尋找內生嗎啡，很快就找到了化學結構與鴉片類藥物很類似的內生複合物，這種複合物有三種不同類別：腦啡、強啡肽，還有最出名的腦內啡（「天然嗎啡」的簡短版）。一如預期，鴉片受器被發現會與這些內生鴉片類複合物結合，還有，那些鴉片類物質被合成並釋放到大腦調節痛感的部位，然後它們會使傳遞疼痛訊號到脊髓的一些神經元較不興奮（「鴉片」指的是身體不會製造的止痛劑，像是海洛因或嗎啡；「鴉片類物質」指的是身體自己製造的那些）。當時尚未有人發現鴉片類物質，而這個領域是從研究鴉片開始，所以那時發現的受器被稱為「鴉片受器」，但它們真正的任務顯然是要結合鴉片類物質）。

第七章介紹了腦內啡和腦啡也會調節性荷爾蒙的釋放，而一個額外的有趣發現是鴉片類物質的行動：這些複合物的釋放，解釋了針灸如何發揮作用。直到一九七〇年代，很多西方科學家已經聽說過這個現象，但大多不把它當作一回事，只歸類為人類學怪事，諸如神秘的中國藥草師把針刺到人身上、海地巫師用巫毒詛咒殺人、猶太母親用秘密食譜雞湯治好所有的疾病等。然後，大約是鴉片研究大爆發的時候，尼克森總統到中國冒險，然後從那裡開始出現針灸的真實性記載。此外，科學家注意到中國的獸醫用針灸對動物進行手術，於是否定了針灸止痛只是文化習慣造成的安慰劑效果的說法（世界上沒有牛會因為牠非常投入這個社會的文化習慣，就配合無麻醉的手術）。然後發生了一件驚人大事：著名的西方記者，《紐約時報》的詹姆士・瑞斯頓（James Reston）在中國得了盲腸炎，接受手術，並且使用針灸來解痛。他沒事。嘿，這玩意兒一定是真的，連白人都有效。

針灸會刺激大量的內生鴉片類物質釋放，但沒有人真的了解原因，最好的說明是名為減法實驗的東西：用阻礙鴉片受器的藥物（通常是一種叫做納洛酮〔Naloxone〕的藥物）去阻礙內生鴉片類物質的活動，當這個受器被阻礙時，針灸就無法有效鈍化痛感。

內生鴉片類物質也可以用來解釋安慰劑，當一個人只因為相信自己接受了醫療行為，無論是不是真的，他的健康就好轉，或是他自認為健康好轉，就是安慰劑效應。研究中的病人會使用測試的新藥，或是在不知情的情況下拿到糖錠，使用糖

錠的人也好轉了。但安慰劑效應仍然有爭議，幾年前在《新英格蘭醫學期刊》中一個非常公開的研究，調查了各個醫學領域的安慰劑效應，研究者檢視了一百一十四個不同的研究，做出的結論是，整體來說使用安慰劑並沒有顯著影響。那個研究把我惹得很憤怒，因為研究者把所有領域都納進去，而有些領域會發生安慰劑效應才瘋狂，例如，那研究告訴我們，相信你自己接受了有效的醫學治療，但實際上你沒有，而這對於癲癇、高膽固醇、不孕症、細菌感染、阿茲海默症、貧血或思覺失調症，沒有任何好處。

因此，安慰劑效應被當成垃圾丟棄了，但其實它對處理疼痛明顯有效。

這非常有道理，畢竟我們已經知道大腦如何處理疼痛。這種安慰劑效應的例子之一是，如果病人看見止痛藥點滴在滴，止痛效果就會比看不到點滴在滴的人更好；知道減痛的程序正在進行中，會增加它的效果。幾年前，我看到一個非常好的例子。當時，我那兩歲女兒的耳朵遭到感染，她難受到沒辦法哄，顯然痛到不行，我帶她去看小兒科醫師時，她一邊大哭大鬧，一邊接受耳朵檢查。沒錯，醫師說兩個耳朵都有嚴重的感染，然後他離開去拿抗生素針劑，這時我們發現女兒看起來很平靜。「醫師弄好我的耳朵，我已經覺得好多了。」她這麼宣布。把某種東西塞在她耳朵裡，對她產生了安慰劑效應。

不意外地，安慰劑效應藉由釋放內生鴉片類物質發揮效果，其證據之一是，使用納洛酮阻斷鴉片受器，就不會出現安慰劑效應。

以上是「壓力也會導致身體釋放鴉片類物質」這個發現的前奏，這個發現首次在一九七七年由羅傑・吉耶曼提出，他因為第二章所說的那個發現而得到諾貝爾獎，也證明了壓力會引發一種腦內啡從腦下垂體釋放出來，叫做 β - 腦內啡。

其他的就是過去式了。我們都聽過著名的「跑者的愉悅感」，這大約在半小時後發作，會讓人產生容光煥發、非理性的愉悅感，只因為疼痛不見了。運動時，β - 腦內啡從腦下垂體傾倒出來，在大約三十分鐘後會在血液中累積到造成痛覺缺失的量。其他的鴉片類物質，尤其是腦啡，也會被推動，大多發生在大腦和脊椎，它們啟動源自大腦的下行通路，去關閉脊椎的 X 神經元，並且直接作用於脊髓，達到相同的目的；還有，它們也會作用於皮膚和內臟的痛覺受器，使其比較不敏感。其他各種壓力源也會產生相同的效果，手術、低血糖、寒冷、檢查、腰椎穿刺、生

產，全都會，[3] 某些壓力源也會透過「非鴉片調節」的途徑造成痛覺缺失。但沒有人確定這是怎麼發生的，或者壓力源是否有鴉片調節的系統性模式。

所以，壓力會阻礙痛感，使你即使受傷了也能飛奔逃離獅子，或是至少可以在跟老闆開很有壓力的會議時，不停諂媚地笑，笑到臉部肌肉痠痛。這解釋了一切，除非剛好是那種會使疼痛惡化的壓力情境。

為什麼牙醫診所的背景音樂使人疼痛？

由壓力引起的痛覺缺失，對於被開腸破肚的斑馬或許很棒，但如果你是那種一看到護理師把針頭蓋子打開要抽血，手臂就會隱隱作痛的人呢？這就是壓力引起的痛覺過敏。

即使這個現象不像壓力引起的痛覺喪失被研究得那麼多，還是有很好的記載。我們現在對它的了解完全有道理，壓力引起的痛覺過敏，並不是真的有更多的痛感，也和痛覺受器或脊髓無關，它反而是與對情緒更強烈的情緒反應有關，讓你把同樣的感覺詮釋得更不舒服，所以壓力引起的痛覺過敏是你腦袋想出來的。另一方面，壓力引發的痛覺缺失也一樣，只不過是你腦袋的不同部位。那些由壓力引發痛覺過敏的人，大腦的疼痛計量器對疼痛的反應是正常的，所以那是大腦裡較情緒化的部位過度反應，而那個部位是我們焦慮和恐懼的核心。

這可以透過大腦影像研究來呈現，顯示大腦裡的疼痛迴路哪部分在痛覺過敏時會過度反應。還有，抗焦慮藥物，像是煩寧和利眠寧，會阻斷壓力引起的痛覺過敏，那些被測量出神經質指數和焦慮指數高的人，更可能會在壓力大時有痛覺過敏。很奇妙的，被繁殖成高焦慮特質的老鼠，也是一樣。

現在我們到了使科學看起來有點跛腳的交叉路口，就像是「壓力可以增加食慾，也能降低食慾」，也有「壓力可以鈍化痛感，但有時候相反」，要如何把這些相反的壓力研究結果結合起來呢？根據研究文獻，我認為痛覺缺失比較是來自於重大的身體傷害情境。你的半個身體被燙傷了，你的腳踝扭傷了，而你試著把所愛的人救離火場，這就是壓力引起的痛覺缺失勝出的時候。你發現肩膀長了一個會有點痛的怪東西，驚慌之下認為自己有致命的黑色素瘤，然後接你電話的是毫無同情心

的電話錄音，說你的醫師去渡三天的週末假期，這就是壓力引起的痛覺過敏勝出的時候，你現在認為那個怪東西非常痛，於是那三個晚上始終睡不著。

這帶出了一個必須步步為營的主題，讓我小心到在這本書的上一版中勇敢地對它隻字不提，那就是「纖維肌症候群」。患上這個神秘症候群的人，對疼痛的容忍度大幅降低，全身有多處痛點，常被嚴重疼痛害得無法行動，但沒有人能找出問題在哪裡，沒有神經病變，沒有關節炎，沒有發炎，而主流醫學數十年來把纖維肌症候群當成身心症（就是「滾出我的診間，去看心理醫師」）。纖維肌症候群又較容易攻擊焦慮或神經質性格的人，對這種情況更是扯後腿。

醫學結論通常是：什麼問題都沒有。但這可能不正確，首先，患者調節疼痛情緒評估和脈絡評估的那部分大腦，不正常地過度活躍，而這與導致壓力引起的痛覺過敏的那部分大腦是相同的區域。還有，他們的腦脊髓液內有一種神經傳導物質過多，那種神經傳導物質會調節疼痛（被稱為 P 物質）。

此外，如第二章提到的，有纖維肌症候群患者的葡萄糖皮質素濃度低於正常值。也許這些人是承受高壓力的人，並且有某種葡萄糖皮質素分泌的缺陷；因為這種缺陷，他們會有壓力引起的痛覺過敏，而非痛覺缺失。[4] 我不知道，而且就我所知，沒人知道，但有越來越多的證據顯示，這些病例真的有生物性的成分。

好，我終於在這主題上打破沉默了！

疼痛和慢性壓力

有慢性壓力的時候，痛感怎麼了呢？答案似乎是，在有壓力引起的痛覺過敏的情況下，疼痛持續發生，甚至可能惡化。那麼由壓力引起的痛覺缺失呢？在這種類似獅子咬傷的急性情境中，痛覺缺失有助於適應。根據前面幾章所建立的結構來看，這是好消息。那壞消息呢？鴉片類物質過度釋放，如何使我們在慢性心理壓力中生病呢？慢性壓力是否會使你成為內生鴉片類物質成癮者呢？它會不會釋放太多，多到你連有用的疼痛都感覺不到了呢？在慢性壓力中，有什麼壞處呢？

答案很令人困惑，因為它和本書中所談的各種生理系統都不一樣。漢斯・塞利首次注意到慢性壓力會造成疾病時，以為疾病源自有機體的壓力反應用完了，多種

荷爾蒙和神經傳導物質耗盡，使那個有機體無法防衛壓力的攻擊，但我們在前面幾章看到了，現代的解釋是，壓力反應沒有不足，一個人會生病，反而是因為壓力反應本身後來受損了。

鴉片類物質卻是這個規則的例外。壓力引起的痛覺缺失不會永遠持續下去，而最好的證據則把這一點歸因於鴉片類物質耗盡，但你並不是永遠停業，只是要花一點時間補貨。

因此，就我所知，沒有壓力相關疾病來自於持續性壓力下釋放過多的鴉片類物質，根據本書的觀點，以及我們對慢性心理壓力的傾向，這是好消息，可以少擔心一個壓力相關疾病。從痛感的觀點以及真實生理壓力的領域來說，鴉片類物質遲早會耗盡，這代表壓力引起的痛覺缺失的舒緩效果只是短期的，對於因為癌症末期而痛苦的老年女性、在戰鬥中嚴重受傷的士兵、被撕碎卻還沒死的斑馬來說，這後果很明顯——疼痛很快就會回來。

注釋

1　很棒的趣聞：對熱有反應的痛覺受器，含有辣椒素的受器。什麼是辣椒素？在紅辣椒裡的一種複合物。這就是為什麼辣的食物嚐起來會熱。那些相同的神經元還有其他什麼受器呢？對於辣根、山葵、芥末裡的重要成分有反應的那種。

2　有一個我覺得很引人入勝的近期研究：讓一群有男有女的賽馬騎師去賽馬，你會發現他們已經發展出壓力引起的痛覺缺失（測量標準是他們在賽馬後能夠把手泡在冰水的時間，比賽馬前還要久）。那些女人的主要變因是運動，就算是騎腳踏車，也會隨著時間而產生痛覺缺失。相較之下，男人的主要變因是競爭，就算是打競爭性電玩遊戲也會產生痛覺缺失。

3　任何生過小孩或近距離觀察過生產的人（像我在上一版後就經歷了兩次），應該都很清楚，一旦開始陣痛，那些鴉片類物質一點用都沒有。

4　然而，再把這個猜測弄得更複雜：葡萄糖皮質素和壓力引起的痛覺缺失沒有什麼關係。

第 10 章
壓力與記憶

我現在已經很老了，這輩子看過很多事，但到了現在，我已經忘記很多看過的事了。不過，我告訴你，有一天就像昨日一樣，我永遠不會忘記。

那時，我大約二十四歲或二十五歲，是個春天的寒冷早晨，灰灰的天空、灰灰的融雪、灰灰的人們。我又在找工作了，而且運氣不太好。我的昨天晚餐和今天早餐都只喝寄宿房的咖啡，而我的胃在抱怨那咖啡很糟，我覺得非常餓，我猜自己看起來也是這個樣子，就像某些從垃圾桶撿東西吃的半飢餓動物，而且我去面試也不會給人留下好印象，尤其是我穿著的破爛夾克，這是我典當後剩下的最後一件。

這時，有一個人從轉角衝出來，興奮大喊，雙手在空中揮舞，而我正走得沉重緩慢，迷失在自己的思緒裡。我還來不及看清楚這個人，他已經在我面前大叫，胡言亂語地喊著某種叫做「經典」的東西。我不懂他在說什麼，然後他又跑走了。「搞什麼鬼，神經病！」我這麼想。

可是在下一個轉角，我看到更多人跑來跑去地喊叫，其中有一男一女跑向我，他們抓著我的手臂，叫著：「我們贏了！我們贏了！我們奪回來了！」他們相當興奮，不過至少比第一個傢伙清楚多了，我終於搞懂他們在說什麼。我真不敢相信！我試著說話，可是我的喉嚨哽住了，所以我抱了他們，就像他們是我的兄弟姊妹似的。我們三人跑到街上，街上也有一大群人，人們從辦公大樓出來，把車停下跳出來，每個人都在尖叫、哭著、笑著，人們大喊：「我們贏了！我們贏了！」有人告訴我，一位孕婦要生產了，另一個人說有位老人昏倒了。我們看到一群海軍，其中

一人站出來親吻這個女人，這個陌生人讓她往後傾，而某人拍了他們親吻的照片，聽說這張照片後來變得非常出名。

這是很久以前的事了，最先告訴我發生什麼事的那對男女，可能已經不在人世，可是我還可以看到他們的臉，記得他們穿什麼，那個男人的鬍後水氣味，以及把那些人們從樓上窗戶撒出來的碎彩紙吹得到處都是的微風是什麼感覺，一切依舊清晰。心智真是有趣的東西，反正就像我說的，這是我會永遠記得的一天：他們讓經典可口可樂重返市場的日子。

我們都有類似的經驗，你的初吻、婚禮、戰爭結束那一刻；不好的回憶也一樣，那兩個傢伙搶劫你的十五秒、車子失控而差點撞上對向卡車那次……要記起改變人生的事件發生前二十四小時內的每件小事，令人難以置信，可是那些全都刻印在你的腦海裡，激動、興奮、重要場合，包括有壓力的，都被順利建檔。壓力可以提高記憶力。

同時我們也有相反的經驗。你正在考期末考，又緊張又疲憊，就是記不得平常能輕鬆記起的東西；你處於某種嚇人的社交情境中，在關鍵時刻記不得剛剛才見過的人的名字。

值得記住的一天！

　　我未來的老婆第一次「帶我回家」見她的家人時，我緊張得要命，而在玩晚餐後一場文字競爭遊戲時，我未來的丈母娘和我這一隊就快贏了，我卻在關鍵時刻害我們輸了，因為我完全想不起「燉鍋」這個字。

　　有些記憶問題的狀況與嚴重的創傷有關，像是對經歷過難以言喻的戰鬥災難的退伍軍人、童年性虐待的倖存者而言，事件的細節迷失在失憶的迷霧中。壓力能夠破壞記憶。

　　這種分裂現在應該看起來很熟悉。壓力在某個情境中有助於某種功能，在另一個情境中卻對那個功能有害，然後想一想時間過程，比較在草原奔逃三十秒和受到煩惱折磨數十年的差別，輕度到中度的短期壓力，可以提升認知功能，而重大或長期的壓力會破壞認知功能。要了解壓力如何影響記憶，我們需要知道記憶是如何形成（鞏固）的、如何被提取、可能如何失敗。

記憶如何運作的入門課

　　首先，記憶並不是一大塊的，而是有各種不同的類別，有一個特別重要的分類區分為短期記憶和長期記憶。短期記憶是，你查個電話號碼，深怕會忘記便衝到房間另一頭去輸入電話號碼，然後就永遠忘記了；短期記憶等於是你的大腦花三十秒在玩多球拋接雜耍。相對地，長期記憶像是記得你昨天晚餐吃了什麼、美國總統的名字、你有多少孫子女、你的大學是讀哪一所。

　　神經心理學家開始理解到長期記憶有個專門的次分類，其中的遠程記憶會記得你的童年，包括村莊的名字、母語、祖母烘焙料理的味道，而且它們似乎被建檔儲存在大腦某個不同於較近期的長期記憶的位置。大部分長期記憶受損的失智症患者，通常比較能維持住遠程記憶。

　　記憶的另一個重要分類是「外顯記憶」（也稱為陳述性記憶）和「內隱記憶」（包括了一個被稱為「程序記憶」的重要次分類）。外顯記憶是你意識到且知道的事實和事件，包括我是哺乳類、今天星期一、我的牙醫有濃眉等這類的事情。相對的，內隱程序記憶是關於技巧和習慣，甚至不需要刻意去想就知道怎麼做，像是切換汽車排檔、騎腳踏車、跳狐步舞。

　　記憶可以在外顯記憶和內隱記憶之間轉移。例如，你正在學習一首鋼琴曲的困難新段落，每當那個延長音要到時，你必須刻意記得該怎麼做：在顫音之後把手肘收進來，把大拇指放下來。而有一天你在彈奏時，發現自己順利流暢地彈過那一段，根本不需要去想，這是你用了內隱記憶而非外顯記憶，就像你的雙手比大腦記得更清楚一樣。

　　如果你硬要某種內隱記憶變成外顯記憶，記憶可能會被大幅破壞，以下這個例子可能終於讓你覺得讀這本書不是在浪費時間：在運動比賽中，如何利用神經生理學使你在競爭中有利？你和一個痛擊你的人對打網球，等你的對手耍了奇妙的反手拍之後，你溫暖地對他微笑，並說：「你真是很棒的網球手。我是認真的，你好棒！看看你剛才那一擊，你是怎麼做到的？你那樣反手拍的時候，你的大拇指是這樣還是那樣？其他手指呢？你的屁股呢？你是不是縮起左半邊的屁股，把重量都放在右邊腳趾頭上？還是相反？」如果你做得對，你的敵人兼受害者下次要這樣打的時候，會不該想而想著這件事，他那一擊便不會像以前那麼好。瑜伽大師波拉（Berra）曾說：「你不能一邊想一邊打。」想像用外顯記憶的方式下樓梯（相信你從兩歲起就沒這麼做過了）：好，一邊彎左膝蓋，把腳趾的重量往前，一邊稍稍抬起右邊屁股，然後你就下樓了。

　　就像有不同類型的記憶，記憶的儲存和提取在大腦中也有不同的區域，一個重要的區域是大腦皮質，這是大面積且彎彎繞繞的大腦表層，另一個是在某部分大腦皮質下面的區域，叫做海馬迴（Hippocampus，如果你被迫研究神經解剖學太久而沒去看真正的海馬，在此告訴你，海馬迴看起來有點像海馬。其實，它看起來更像蛋糕捲，但是誰知道蛋糕捲的拉丁文？）。這兩個都是對於記憶很重要的區域，例如，阿茲海默症就是海馬迴和大腦皮質先受損。如果你想要用電腦來做最簡單的比喻，就把大腦皮質當成你的硬碟，也就是記憶處存之處；你的海馬迴是鍵盤，用來輸入和取得大腦皮質內的記憶的工具。

　　大腦還有其他區域與不同類型的記憶有關，是調節身體活動的結構。這些部位，像是小腦，與記憶有什麼關係呢？它們似乎與內隱程序記憶有關，你不經思考而進行反射性、運動性的行為所需要的，可以說在你行動以前身體就記得怎麼做。

　　外顯記憶和內隱記憶的區別，以及這種區別的神經解剖學基礎，因為神經科

學中一個引人入勝又悲劇的人物而首次真正被了解。這個在文獻中只使用名字縮寫「H.M.」的人，失去了大部分的海馬迴，可能是有史以來最有名的神經科病人。H.M. 在一九五〇年代還是個青少年，患有以海馬迴為主的嚴重癲癇，並且對當時的藥物治療沒有反應。在無計可施之下，一位有名的神經外科醫師切除了 H.M. 大部分的海馬迴，以及許多周邊組織。

H.M. 的抽搐情況大幅改善了，而後遺症是他完全無法把新的短期記憶轉化成長期記憶，他的腦袋徹底在時間中凍結了。[1] 從那時起就有關於 H.M. 的無數研究，並且漸漸發現，即使他有這種嚴重的失憶，還是可以學會做某些事情，給他某個機械化的拼圖日日熟練，他可以用跟一般人相同的速度拼好，可是每一次他都說自己不曾看過這個拼圖。由於他能夠使用程序記憶，表示海馬迴和外顯記憶受損了，但大腦的其他部分還很正常。

這讓我們進入到放大檢視大腦如何處理記憶，以及壓力如何影響這個過程。大腦皮質和海馬迴的神經元群發生了什麼事呢？研究大腦皮質的許多人長期相信，各個大腦皮質神經元會有它知道的單一任務，這是哈佛的大衛·胡伯（David Hubel）和托斯坦·懷索（Torstein Wiesel）的驚人重要研究所促使的。他們研究了大腦皮質較簡單的前哨之一，該區域處理視覺資訊，而他們發現，視覺大腦皮質層的第一部分裡的各神經元，只對視網膜上的單一光點做反應，那些對一系列相連光點做出反應的神經元，會把對它們的放射匯倒到下一層的一個神經元。那這個神經元對什麼做反應呢？一條直線。這一系列的神經元，又將每個神經元對特定的光線移動的回應，放射到下一層。

這使大家認為還有第四層，各個神經元對特定的線組有反應，以及第五層、第六層，到了數不清第幾層，會有個神經元只對單一東西有反應，像是祖母特定角度的臉（還有另一個神經元認得她的臉在不同角度的樣子，然後還有另一個……）人們尋找叫做「祖母」神經元的東西，那個在大腦皮質層層之內的，「知道」單一東西的神經元，也就是感官刺激的複雜整合點。一段時間後，大家都清楚大腦皮質裡的這種神經元其實很少，因為你根本不可能有足夠的神經元能那樣一個個都視野狹小和過度專精。

記憶和資訊不是被儲存在單一的神經元裡，而是被儲存在大量的神經元的興奮

模式中，用比較流行的話來說，是神經「網絡」。神經網絡如何運作呢？想一想下方圖示的超級簡化神經網。

　　神經元的第一層（神經元一、二和三）是胡伯和懷索的典型神經元類型，說各個神經元的工作就是「知道」單一的事。神經元一知道如何認出高更的畫，神經元二認出梵谷的畫，神經元三認出莫內的畫（因此這些假設性的神經元就比大腦裡的真正神經元更「祖母」，專精在單一任務上，而這有助於展現神經網絡是怎麼回事）。那三個神經元放射，傳送資訊到這個網絡的第二層，包含了神經元 A 到 E。留意這個放射模式：一告訴 A、B 和 C；二告訴 B、C 和 D；三告訴 C、D 和 E。

　　神經元 A 有什麼「知識」呢？它只得到神經元一傳送過去的梵谷畫作資訊，是另一個祖母型的神經元。神經元 E 只得到神經元三傳遞的資訊，只知道莫內。可是神經元 C 呢？它知道什麼？它知道「印象派」，也就是這三個畫作的共同特

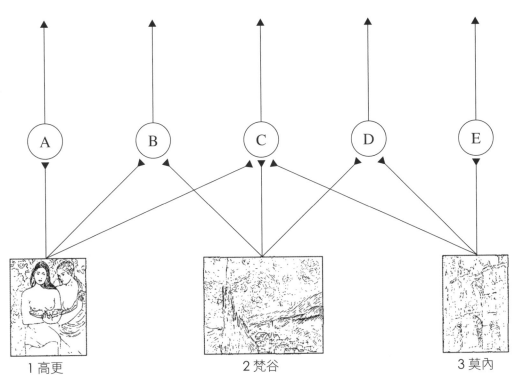

關於一個「知道」印象派畫作的神經元的高度假設神經網絡。

色，這個神經元說：「我說不出這個畫家是誰，也說不出這幅畫，但我知道是印象派的。」它的知識不是來自於單一資訊輸入，而是整合進來的資訊後出現的。神經元 B 和 D 也是印象派神經元，但是不像神經元 C 那麼厲害，因為它們能利用的例子較少。大腦皮質中大部分的神經元處理記憶的方式，像是神經元 B 到 D，不像 A 和 E。

每當我們試著取出在那裡的記憶，就是在利用這種聚合式的網絡。繼續談藝術史主題，假設你正試著記得一位畫家的名字，那個傢伙，叫什麼？他是那個有鬍子的矮傢伙（啟動你的「矮傢伙」神經網絡，以及你的「有鬍子的傢伙」的神經網絡）；他畫了一大堆巴黎舞者；他不是竇加（Degas）（又有兩個網絡加入了）；我的高中藝術賞析老師很愛這傢伙；如果我能記得他的名字，我打賭我可以記得他的……哇，記得那次我在博物館，他的畫作前面有個很可愛的人，我試著要和她說話……喔，跟那傢伙名字有關的很蠢的雙關語，和鐵軌太鬆有關的，是什麼呢？這些網絡啟動夠多的話，最後你會跌跌撞撞進入這些網絡交會點的那個事實：土魯斯－羅特列克（Toulouse-Lautrec），也就是神經元 C。

這大概就是神經網絡的運作方式。神經科學家已經認為學習和儲存記憶兩者，與「強化」網絡的某些分支而不強化其他分支有關。這種強化如何發生呢？要回答這個問題，我們轉到最後一層的放大，想想在兩個神經元的交纏分支之間的小間隔「突觸」（Synapses）。當一個神經元聽到某個很酷的八卦，並且想要傳出去，當一波電流興奮掃過它，這會引發化學傳訊者（神經傳導物質）的釋放，神經傳導物質飄過突觸，刺激下一個神經元。人體內有幾十個，甚至好幾百個不同類型的神經傳導物質，而海馬迴與大腦皮質的突觸過度地利用最刺激的神經傳導物質「麩胺酸」（Glutamate）。

「麩胺酸類」的突觸除了超級刺激以外，有兩種對記憶很關鍵的特性。第一個是這種突觸運作的方式不是線性的，這是什麼意思呢？在一般突觸的運作過程中，一點點的神經傳導物質從第一個神經元出來，使第二個神經元有點興奮；如果再多一點點神經傳導物質被釋放，就會再多一點點興奮，依此類推。在麩胺酸類的突觸中，某些麩胺酸被釋放了，第二個神經卻沒有任何反應，而較大量的麩胺酸被釋放，第二個神經也沒有反應，直到超過一定門檻的麩胺酸濃度，第二個神經元才會

突然大發作,有一大波的興奮。學習就是這樣。一位教授無聊單調地講授你聽不懂的東西,你左耳進、右耳出;教授再重複,你也再一次沒聽進去;最後,重複到第一百次的時候,你腦袋的燈泡亮了:「啊哈!」你懂了。用過度簡化的方式來說,當你終於懂了,表示已經到達了使麩胺酸興奮的那個非線性的門檻。

第二個特性更重要。在對的狀況下,當一個突觸有了由濃度足夠的麩胺酸所驅動的「啊哈」時,它會變得持續容易興奮,以至於下次它只需要較少的刺激性訊號就能達到啊哈狀態。那個突觸學到了一些事,也就是它被「增益」或增強了,而最驚奇的是,這種突觸的增強可以持續很長一段時間。許多神經科學家終於搞懂「長期增益/增強」的歷程是怎麼進行的。

有越來越多的證據顯示,新記憶的形成有時可能也來自於神經元之間新連結的形成(在既有的神經元連結增益之餘),或者甚至更激進的是新神經元本身的形成。之後會討論後者這個有爭議的看法,而關於你的大腦如何記得週年紀念日、運動比賽數據、某人眼睛的顏色,以及怎麼跳華爾滋,你目前知道這些就夠了。我們現在知道壓力對這個歷程的影響了。

在壓力下改善你的記憶力

第一點當然就是輕度到中度的短期壓力會提升記憶力,這說得通,因為這是可稱為「激勵」的最佳壓力,會讓人警醒且專注,在實驗室動物以及人類身上都發現了這種效果。

加州大學爾灣分校的賴瑞・卡希爾(Larry Cahill)和詹姆士・麥高(James Mcgaugh),進行了此領域的一項特別精緻的研究。對一群控制組受試者讀一個無聊的故事:一個男孩和母親走過他們的城鎮,經過這家店、那家店,過馬路,進入男孩父親工作的醫院,參觀了 X 光室……等。同時,對實驗組的受試者讀了不一樣的故事,故事的核心有充滿情緒的內容:一個男孩和母親走過他們的城鎮,經過這家店、那家店,過馬路……男孩被車子撞了!他被緊急送到醫院,並被送到 X 光室……幾個星期後測試他們,實驗組比控制組更記得這個故事,但只記得中間刺激的部分,這符合「閃光燈記憶」的情況,也就是人們清晰地記得某些高度激動的

事件，像是他們目擊的一個犯罪行為。那個具情緒成分的記憶被加強了（雖然精確度不必然很好），而中性細節的記憶則沒有被加強。

這份研究也暗示了這種對記憶的影響是怎麼運作的，聽到一個有壓力的故事，一個壓力反應就會開始。我們現在已經很清楚，這包括了交感神經系統啟動，把大量的腎上腺素與去甲腎上腺素倒入血液中。交感神經刺激看似很重要，因為當卡希爾和麥高給受試者一種阻斷交感神經啟動的藥物（乙型阻斷劑心律錠，用來降血壓的相同藥物），實驗組對於故事中段的記憶沒有比控制組好。很重要的是，這並不單純是心律錠破壞了記憶形成，而是破壞了壓力加強型的記憶形成（換句話說，實驗組受試者對於故事中無聊部分的表現和控制組一樣，只是沒有了情緒性中段記憶的加強）。

交感神經系統藉由間接喚起海馬迴進入較警覺的啟動狀態，幫助記憶的整合鞏固，來做到這件事，這與大腦的一個區域有關，它是用來了解第十五章中的焦慮的重點，名為「杏仁核」。交感神經系統有第二條途徑去提升認知。若要用麩胺酸開亮海馬迴燈泡的那堆爆炸性的、非線性的、長期的增益，需要大量的能量，而交感神經系統透過推動葡萄糖到血液中，並且加強血液打到大腦的力道，來幫助滿足那些能量需求。

這些改變相當有助於適應。當壓力源發生時，那是把記憶提取（「我上次是怎麼擺脫這種混亂的？」）和記憶形成（「如果我撐過這件事，最好記得我做錯了什麼，這樣才不會重蹈覆轍。」）做到最好的時候。壓力準確地使更多葡萄糖傳送到大腦，使得神經元有更多的能量可用，於是記憶的形成和提取會更好。

要記得為了經典可口可樂而欣喜若狂地呼喊的群眾的臉，是一個消耗性的歷程，而在壓力中交感神經的喚起，間接地為它補充燃料。此外，葡萄糖皮質素濃度的輕微升高（你在中度短期壓力中會看到的那種）也對記憶有幫助，這發生在海馬迴，那些輕微升高的葡萄糖皮質素濃度能幫助長期增強。

最後，有些模糊的機制會使中度短期的壓力造成你的感覺受器更加敏感。你的味蕾、嗅覺受器、耳朵裡的耳蝸細胞，在中度的壓力下都只需要較少的刺激就能興奮，並且把資訊傳達到大腦，而在特殊的情況中，你可以聽到在幾百公尺以外的汽水罐開罐聲。

焦慮：一些伏筆

我們剛剛學到了，中度和短暫的壓力如何加強海馬迴領域的明確記憶。原來壓力可以加強另一種記憶，它與情緒性的記憶有關，但與海馬迴以及海馬迴的無聊具體事實卻是不同的世界。這種另類的記憶，以及壓力對它的影響，與之前提過的一個大腦區域有關，就是杏仁核。杏仁核在壓力下的反應，對於了解第十五章中的壓力和創傷後壓力症候群至關重要。

當壓力持續太久

記得「狂奔過大草原」和「擔心房貸」的分別，我們現在可以來看看，當壓力源太大或持續太久，記憶的形成和提取如何出錯。學習和記憶領域的研究者稱之為「倒 U 型」關係，即從無壓力到中度、短暫的壓力，屬於激勵的範疇，記憶會變好，而當你進入到嚴重的壓力，記憶會變差。

許多關於老鼠與各種壓力源（受約束、驚嚇、接觸貓的氣味）的實驗室研究，都已經證明了這種記憶變差的情況，對老鼠施予大量的葡萄糖皮質素，也呈現一樣的結果。但這或許沒告訴我們任何有意思的事，大量的壓力或葡萄糖皮質素，或許只是在製造整體都很混亂的大腦，此時那些老鼠或許在肌肉協調或感官資訊反應或什麼的測試表現很差。但嚴謹控制的研究發現，大腦功能的其他方面，像是內隱記憶，並沒有問題。或許不是學習和記憶有問題，而是像老鼠忙著注意貓的氣味，或是被那氣味弄得煩燥，以至於牠沒有多餘的心神去解決面前的難題。在外顯記憶問題的部分，提取先前的記憶似乎比形成新記憶更容易受到壓力的影響，已經有研究報告指出，在非人類的靈長類身上也有類似的現象。

人類的情況也差不多。有庫欣氏症的人發展出一種腫瘤，會造成大量的葡萄糖皮質素分泌，如果你了解有「庫欣氏症狀」的患者接下來會有什麼問題，就會了解這本書的大半內容了，像是高血壓、糖尿病、免疫抑制、生殖系統問題等事情。幾十年來已知的是，這類病人會有記憶問題，尤其是外顯記憶問題，被稱為「庫欣式癡呆」。在第八章看到，人工合成葡萄糖皮質素常用於控制人的自體免疫或發炎疾

病，而在長期治療下，也會出現外顯記憶問題，但也許這是因為疾病，而非用來治療疾病的葡萄糖皮質素。不過，偉恩州立大學的潘蜜拉‧齊南（Pamela Keenan）研究了那些有發炎性疾病的人，比較了服用類固醇類消炎成分（就是葡萄糖皮質素）和非類固醇消炎藥的人，發現記憶問題來自葡萄糖皮質素治療，而非疾病。

最清楚的證據就是，只要使用幾天的高劑量人工合成葡萄糖皮質素，就會破壞健康志願者的外顯記憶。詮釋這些研究的問題之一，是這些人工合成荷爾蒙和天然物質的運作方式有點不同，而且施予的劑量會比身體正常產生的循環葡萄糖皮質素的量更多，即使在壓力下，人體也不會產出那麼多。但很重要的是，**壓力本身，或是人體在壓力中自然產生的葡萄糖皮質素，也會破壞記憶**，如同在非人類的研究中，內隱記憶沒有問題，而是回想，也就是提取先前的資訊，會變得比整合固化新記憶更脆弱。

也有研究（雖然較少）發現，壓力會破壞一種叫做「執行功能」的東西。它和記憶有點不同，與其說它是儲存和提取事實的認知領域，它比較是怎麼使用這些事實，像是你是否策略性地組織它們、它們如何引導你的判斷和決定，這是叫做「前額葉皮質」的大腦部位的領域。在第十六章，當我們談壓力對做決定和衝動控制有什麼影響時，會詳細地討論它。

壓力對海馬迴的傷害

持續的壓力如何破壞那種依賴海馬迴的記憶呢？實驗室動物顯示了一套影響的階層：

第一，海馬迴的神經元的運作會變差。 即使沒有葡萄糖皮質素（像是腎上腺被割除的老鼠），壓力仍能破壞海馬迴的長期增強，這似乎是因為交感神經系統的極度激發造成的。雖然如此，此領域大部分的研究聚焦在葡萄糖皮質素，當葡萄糖皮質素的濃度從輕度或中度的壓力範圍，變成嚴重壓力下通常會有的範圍，葡萄糖皮質素就不再強化長期增強（兩個神經元之間的連結變得更興奮而「記住」的過程）。還有，高葡萄糖皮質素濃度會提高「長期憂鬱」的情況，這可能是遺忘過程底下的機制，也是海馬迴式茅塞頓開的相反。

　　為什麼增加一點點葡萄糖皮質素（中度的壓力）是一種結果（提高神經元之間的溝通增強），增加很多葡萄糖皮質素卻是相反的結果呢？在一九八〇年代中期，荷蘭烏特勒支大學的朗・笛・克羅伊特（Ron De Kloet）發現了簡練明確的答案，原來海馬迴有兩種不同的葡萄糖皮質素受器。嚴格來說，葡萄糖皮質素與其中一種受器（因此被稱為「高親和力」受器）的結合，比與另一種結合好上十倍，因此，如果葡萄糖皮質素濃度只上升一點點，此荷爾蒙在海馬迴內的大部分作用會被高親和力受器調節；相對地，當你在面對重大壓力時，此荷爾蒙會啟動大量的「低親和力」受器。邏輯上，啟動高親和力受器會提升長期增強，而啟動低親和力受器會相反，這是上述「倒 U」特性的基礎。

　　在先前的部分，我提到名為「杏仁核」的大腦區域，它在與焦慮相關的情緒記憶中扮演重要的角色。但是，杏仁核在這裡也有相關，在重大壓力下，杏仁核被高

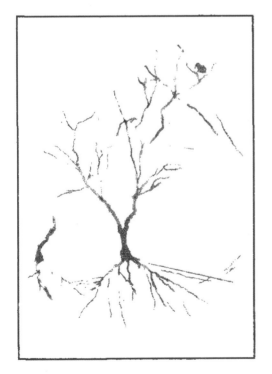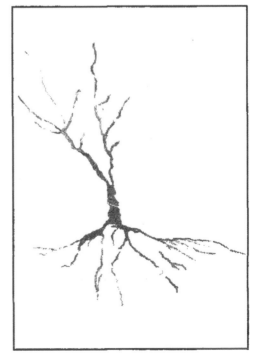

一隻老鼠的海馬迴的神經元。左圖，健康的神經元；右圖，受到持續性的壓力而萎縮的神經元放射。

度啟動，並且傳送有巨大影響力的神經元放射到海馬迴，這種通路的啟動似乎是壓力破壞海馬迴功能的先決條件。在實驗中，破壞老鼠的杏仁核，或切斷杏仁核與海馬迴的連結，即使仍有大量的葡萄糖皮質素，壓力也不會再破壞由海馬迴調節的那種記憶。這解釋了一個回溯到壓力「印記」主題的研究發現，也展示了某些活動可以在沒有心理痛苦的狀況下，對身體調適造成挑戰，例如，性會提高公鼠的葡萄糖皮質素濃度，但不啟動杏仁核，也不破壞海馬迴功能。

第二，神經網絡斷聯。 如果你回去看「印象派神經元」的圖示（見第 187頁），你會看到有符號表示一個神經元如何對另一個神經元說話，如何「放射」給它。幾個段落之後提到的，那些放射正如字面所述：來自神經元的多分支長纜線，與其他神經元的多分支纜線形成突觸。這些纜線（名為軸突〔Axons〕和樹突〔Dendrites〕）顯然是在神經元溝通和神經元網絡的中心。布魯斯・麥克尤恩已經證明，在持續幾週的壓力或接受過多的葡萄糖皮質素，老鼠的那些纜線會開始枯萎、萎縮，也有點縮回，而靈長類的大腦也會發生一樣的狀況。當這種情況發生時，突觸的連結被拉開，神經網絡的複雜程度減少，幸運的是，在壓力期結束時，神經元似乎能拍拍自己身上的灰，並且再次長回那些連結。

這種神經元突起（Processes，指軸突和樹突）的暫時萎縮，或許解釋了慢性壓力中記憶問題的一個特色。在嚴重中風或阿茲海默症末期破壞了海馬迴內一大片的神經元後，記憶就深深地受損，記憶可能完全喪失，這些人永遠記不起另一半的名字這類重要的事。但在一段慢性壓力期間，透過縮回那些神經元樹的一些複雜分支來「弱化」神經網絡後，我對「土魯斯－羅特列克」的名字的記憶依然存在。你只是必須越來越努力採取聯想提示，來把它提取出來，因為特定的神經網絡越來越不能有效地做自己的工作。記憶沒有喪失，只是更難取得。

第三，新神經元的誕生受到抑制。 如果你在過去一千年內任何時候學過神經生理學入門，一個反覆填鴨給你的事，就是「成人的大腦不會製造新神經元」，但在最近十年當中，這個說法已經被證明是大錯特錯的了，[2] 結果，「成人神經生成」現在是神經科學中最熱門的話題。

這種神經生成的兩個特徵，與這一章息息相關，首先，海馬迴是這些新神經元在大腦內生成的唯二區域之一。[3] 第二個特徵是，神經生成的速率可以被管理。學

習、豐富的環境、運動或雌激素,都能提高神經生成的速率,而目前所知的最強抑制物,你猜到了,就是壓力和葡萄糖皮質素,在老鼠身上,任一種只需三個小時左右就會產生作用。

兩個關鍵問題出現了。第一,當壓力停止時,神經生成是否會恢復?如果會,速度有多快?

這問題本身有更大的問題,就是:成人神經生成有什麼好處?這非常具有爭議性,是對手們會在科學研討會講臺上搏鬥的議題。一邊極端的研究認為,在對的情況下,成人海馬迴裡有大量的神經生成,這些新神經元會建立與其他神經元的連結,而且這些新連結正是某些學習類型所需要的。另一邊的極端則質疑全部的發現。所以陪審團還沒有定論。

第四,海馬迴的神經元瀕臨絕種。如前所述,在壓力發生的幾秒鐘內,大腦的葡萄糖運送增加了。如果壓力持續呢?大約在壓力持續三十分鐘後,葡萄糖運送不再增強,並且回到正常值;如果壓力持續更久,葡萄糖對大腦的運送甚至會被抑制,尤其是在海馬迴。此運送被抑制了大約二十五%,原因是葡萄糖皮質素。[4]

健康快樂的神經元減少葡萄糖攝取到這個程度,沒什麼大不了,只會使這個神經元有一點點反胃和頭暈,但如果那個神經元不健康快樂,而且處於神經危機當中呢?它就會比平常更可能死亡。

葡萄糖皮質素會使海馬迴的神經元撐過各種攻擊的能力變得較差,以老鼠為例,若讓牠有大癲癇發作,發作時的葡萄糖皮質素越多,就會有越多的海馬迴神經元死亡。在心臟驟停(切斷了往大腦的氧氣和葡萄糖的輸送)、中風(使大腦的一條血管關閉)、腦震盪,或服用產生氧自由基的藥物時,情況也是如此。令人不安的是,相當於被阿茲海默症破壞的老鼠神經元(使神經元接觸一種與阿茲海默症相關的毒素「β 澱粉樣蛋白」〔Beta-Amyloid〕)也有一樣的情況,而在老鼠的海馬迴中,相當於愛滋病相關的失智(使神經元接觸愛滋病毒的一種損壞性成分「Gp120」所引發)也是一樣。[5]

我的實驗室和其他人已經發現,葡萄糖皮質素或壓力造成的葡萄糖儲存抑制所造成的相對輕微能量問題,會使神經元更難控制在神經刺激中數不盡的差錯,而這些神經疾病最終全都是神經元的能量危機:切斷葡萄糖到神經元的運送(低血

糖），或切斷葡萄糖和氧氣（缺氧缺血性），或使神經元瘋狂工作（癲癇發作）且能量儲存驟降。神經傳導物質和離子有害地高漲，衝到錯誤的地方，氧自由基生成，如果再加上葡萄糖皮質素，神經元就更無法清理這團亂。由於中風或癲癇發作，這是此神經元一生中最糟糕的一天，而且它在這個危機中只能使用比平常帳戶裡少二十五％的能量。

最後，現在有證據顯示，持續接觸壓力或葡萄糖皮質素，真的可以殺死海馬迴的神經元。對於這件事的第一個提示，來自於一九六〇年代晚期，兩位研究者發現，如果天竺鼠接觸藥理程度的葡萄糖皮質素（也就是大於身體自行產生的量），大腦就會受損。很奇怪地，損害主要都是在海馬迴。當時大約是布魯斯·麥克尤恩首度發表海馬迴充滿葡萄糖皮質素受器的時候，而且沒有人真的在乎海馬迴是大腦中葡萄糖皮質素作用的中心。

一九八〇年代早期開始，多位研究者，包括我自己，發現「葡萄糖皮質素神經毒性」並不只是藥物結果，也與老鼠的正常大腦老化有關。整體來說，研究發現大量的葡萄糖皮質素（壓力中會出現的範圍）或大量的壓力本身，會加速老化中的海馬迴的退化。

反過來說，葡萄糖皮質素的減少（移除老鼠的腎上腺）會延緩海馬迴老化。現在應該可以預期，老鼠一生中經歷的葡萄糖皮質素的程度，不只會決定老年時海馬迴退化多少，還會決定失去多少記憶。

葡萄糖皮質素和壓力怎麼殺死你的腦細胞呢？當然，壓力荷爾蒙可以使你生各種病，但神經毒性是不是有點沒品呢？研究這個現象十二年後，我們仍然不確定。

對人類海馬迴的損害為何？

我們從本章前面知道，過量的壓力和（或）葡萄糖皮質素，可以破壞海馬迴的功能，但有沒有任何證據顯示，這其中包括了我們一直在討論的對海馬迴的那種明顯傷害呢？也就是，它能否切斷神經網絡，惡化其他神經刺激造成的神經元死亡，或明顯殺死神經元呢？

目前有六種關於人類的研究發現可能引起一些擔心：

1. **庫欣氏症**：如前面所說，庫欣氏症是任何腫瘤製造有巨大傷害性的過量葡萄糖皮質素，後果包括了海馬迴依賴型的記憶不良。密西根大學的莫妮卡‧史達克曼（Monica Starkman）對庫欣氏症患者使用大腦影像技術，看看大腦的大小，以及大腦各部位的大小，並指出這些人的海馬迴選擇性地縮小。還有，葡萄糖皮質素過量的情況越嚴重，海馬迴就越小，記憶問題也越嚴重。

2. **創傷後壓力症候群**：在第十五章會更深入的討論，這個焦慮性疾患可能來自各式各樣的創傷性壓力源。埃默里大學的道格拉斯‧布里那（Douglas Bremner）打前鋒的研究，被其他人複製，發現了因反覆的創傷（不是單一創傷）而有創傷後壓力症候群的人，像是在戰鬥中暴露於嚴重且重複的大屠殺的軍人、在兒童期反覆受到虐待的人，他們都會有較小的海馬迴。再說一次，似乎只有海馬迴會變小，而且這些研究中至少有一個發現，也就是：創傷史越嚴重，海馬迴越容易變小。

3. **憂鬱症**：這在第十四章會詳述，憂鬱症和持續性的壓力完全糾纏在一起（參見第 256 頁），這個連結包含了大約一半的憂鬱症患者有升高的葡萄糖皮質素。華盛頓大學的伊斐特‧雪琳（Yvette Sheline）等人已經發現，持續的憂鬱症與較小的海馬迴有關，憂鬱症病史持續越久，海馬迴就越小。還有，與葡萄糖皮質素增多有關的憂鬱症次類型的患者，才會有較小的海馬迴。

4. **重複的時差疲倦**：第十一章會談到一份引人入勝的研究，是關於長期在跨洲際班機上切換時差的空服員（參見第 209 頁）。在職涯中被允許恢復大時差疲倦的平均時間越短，海馬迴越小，也有越多的記憶問題。

5. **正常老化**：麥吉爾大學的索妮雅‧路皮恩（Sonia Lupien）的研究，檢視了健康的老年人，看看他們的靜態葡萄糖皮質素指數是多少、海馬迴的大小，以及海馬迴依賴型的記憶的品質，接著幾年後再次測試他們。我們在第十二章會談到老化，人類越老的時候，靜態葡萄糖皮質素會越多，雖然這方面有很多的變數。他們發現，從研究開始起，那幾年內葡萄糖皮質素增加的人，海馬迴縮小得較嚴重，記憶惡化也較嚴重。

6. **葡萄糖皮質素與神經刺激的交互作用**：有幾份研究報告是針對嚴重性中風，病患到達急診室時的葡萄糖皮質素越多，最後的神經損害就越嚴重。

所以，這些研究整體來說顯示了葡萄糖皮質素會損害人類的海馬迴。嗯，先等一下，有一些問題和複雜性：

首先，有一些研究認為，創傷後壓力症候群會有比正常值更少的葡萄糖皮質素，因此不可能是這種荷爾蒙過量而損傷了海馬迴。然而，葡萄糖皮質素較少的創傷後壓力症候群患者，似乎對葡萄糖皮質素過度敏感，所以這種荷爾蒙仍可能是罪魁禍首。

下一個問題是，創傷後壓力症候群患者的海馬迴變小，是創傷本身造成的，還是創傷後造成的，情況並不清楚。雖然有這些不確定性，但至少有一份優秀的研究打亂了這兩個想法，該研究認為，這些人在有創傷後壓力症候群之前，海馬迴就已經比較小，所以使他遇到創傷時更容易產生創傷後壓力症候群。

最後，我們應該要記得，老化研究發現的關係只是相關性，換句話說，老化時葡萄糖皮質素變多，可能造成海馬迴萎縮。但至少有一個好原因可以讓我們反過來想，漸進的海馬迴萎縮會造成葡萄糖皮質素變多（這是因為海馬迴也會幫助抑制葡萄糖皮質素釋放，而萎縮的海馬迴沒辦法做好這個工作）。

換句話說，沒有人確定這是怎麼回事。最大的問題之一，是缺乏人死後的這種大腦研究，而這種研究可以告訴我們，究竟海馬迴較小是因為少了好幾百萬的海馬迴神經元，還是因為神經元連接其他神經元的纜線較少且較短，或者兩者皆是。若結果是因為有較少的神經元，你甚至可能知道那是因為它們的死亡量比平常更多，或者是因為新生的比較少，又或者兩者皆是。

事實上，即使沒有死後研究，關於海馬迴縮小的來源，仍有少數的提示。當那個製造庫欣氏症的腫瘤被移除、葡萄糖皮質素回到正常值後，患者的海馬迴會慢慢地回到正常大小。如先前提過的，當葡萄糖皮質素使連接神經元的纜線萎縮，那不是永久性的過程，只要停止過量的葡萄糖皮質素，這些突起就能夠慢慢重新生長。因此，最好的猜測是，庫欣氏症中的海馬迴變小是基於突起的萎縮。相對地，在創傷後壓力症候群和憂鬱症中的海馬迴縮小，似乎比較是永久性的，因為前者在創傷過後數十年依然有較小的海馬迴；至於後者，憂鬱症受到藥物控制後的幾年到幾十年也是。在這些情況中，海馬迴變小不可能是因為神經元突起的萎縮，因為萎縮情況是可以翻轉的。

　　除此之外，目前沒有人知道為什麼海馬迴在這些疾病和情況中會變小，這是所有科學家會反射性地說「需要更多研究」的情況，但是實情也是如此。就現在來說，我認為有不錯但還不夠確定的證據顯示，**壓力和（或）持續接觸葡萄糖皮質素，會造成結構性及功能性的海馬迴改變**，那種改變是你不想要自己的海馬迴發生的，而且可能是長期持續的。

　　這些研究的某些惱人含意是什麼呢？第一個是，在某人中風後，神經學家會將人工合成葡萄糖皮質素（像是皮質醇、地塞米松或普賴松）用在他身上。我們在第二章對於腺體和荷爾蒙的介紹得知，葡萄糖皮質素是典型的消炎成分，被用於減輕水腫，也就是中風後經常發生的受損大腦腫大。

　　葡萄糖皮質素對於阻擋大腦腫瘤之類發生後的水腫具有奇效，但是對中風後的水腫沒什麼幫助，更糟的是，有越來越多的證據顯示，那些著名的消炎成分可能真的會促進發炎，使受傷大腦的發炎惡化。然而，有非常多的神經科醫師仍然開這種藥物，不管這領域最頂尖的人警告了幾十年，也不管研究發現葡萄糖皮質素往往會使神經結果更糟，所以這些近期的研究發現讓這種警告的音量更大：**葡萄糖皮質素的臨床使用，對於涉及不穩定的海馬迴的神經疾病，往往是壞消息**（然而，相關警告是，高劑量的葡萄糖皮質素偶爾可以幫助減少脊髓損傷後的傷害，其原因與壓力及本書無關）。

　　與此有關的是，醫師可能使用人工合成葡萄糖皮質素來治療神經系統以外的問題，而在此過程中可能傷害海馬迴。一個特別使我不安的情況是，這些荷爾蒙會加劇 Gp120 傷害神經元的能力，以及它和愛滋病相關失智的關連性（記得嗎？Gp120 蛋白質在愛滋病毒內，似乎對於損害神經元並造成失智，扮演了重要的角色）。如果接下來有很多的研究，發現葡萄糖皮質素會使人類免疫缺乏病毒感染者的認知結果惡化，那會很令人擔心，不只是因為愛滋病患者有很大的壓力，也因為愛滋病患者時常接受極高劑量的人工合成葡萄糖皮質素治療，以對抗這個疾病的其他面向。

　　同樣的邏輯延伸到臨床醫學在其他領域對葡萄糖皮質素的使用。在美國，每年大約開出一千六百萬份葡萄糖皮質素的處方，這些使用大多是無害的，諸如碰到常春藤，用一點皮質醇藥膏；膝蓋腫，打一針皮質醇；或許甚至用吸入型類固醇治療

氣喘（這可能不是令人擔心的葡萄糖皮質素進入大腦的途徑）。但仍有好幾萬人使用高劑量葡萄糖皮質素，來抑制自體免疫疾病（像是紅斑性狼瘡、多發性硬化症或類風濕關節炎）中的不當免疫反應，像先前說的，這些人持續接觸葡萄糖皮質素，與海馬迴依賴型的記憶問題有關。所以，你該避免使用葡萄糖皮質素治療自體免疫疾病，以避免之後加速海馬迴老化的可能性嗎？肯定不是這樣的，因為那些通常是極具毀滅性的疾病，而且葡萄糖皮質素通常是非常有效的療法。記憶問題是無情又無可避免的特定潛在副作用。

這些發現的一個令人不安的含意是，如果葡萄糖皮質素會傷害人類的海馬迴（使神經元更難倖存於刺激之下），即使你的神經科醫師不使用人工合成葡萄糖皮質素治療你，你仍然會有麻煩。因為你的身體在許多神經危機中會分泌大量這種東西，所以在神經刺激後抵達急診室的人，血液中有極大量的葡萄糖皮質素。我們從老鼠身上學到的是，那時大量出現葡萄糖皮質素，會加重傷害；若是在老鼠中風或癲癇發作後移除牠的腎上腺，或用藥物暫時停掉腎上腺的葡萄糖皮質素分泌，結果會有較少的海馬迴損害。

換句話說，我們認為中風或癲癇發作後正常程度的大腦損害，其實是被身體當時瘋狂的壓力反應所惡化而造成的。

想想這有多麼怪異且難以適應，獅子追你，你分泌葡萄糖皮質素，把能量分送到大腿肌肉，這是個好手段，但你去相親時，分泌葡萄糖皮質素來把能量分送到大腿肌肉，可能毫不相關；癲癇大發作，分泌葡萄糖皮質素來把能量分送到大腿肌肉，那麼大腦的損傷會更嚴重。透過這個例子，你可以明顯知道壓力反應不一定是你想要給身體的。

這種不良適應的反應是如何發展出來的呢？最可能的解釋是，身體只是沒有發展出在神經壓力下不分泌葡萄糖皮質素的傾向。所有的哺乳類、鳥、魚等，由壓力引發的葡萄糖皮質素分泌情況都差不多，而且，純粹是在過去大約半個世紀以來，其中有一個物種的西化版本有比較大的機會在中風後存活下來。基本上，還沒有什麼演化方面的壓力得使身體對重大神經受傷的反應更有邏輯。

五、六十年來，我們認為潰瘍、血壓及性生活方面，對壓力是敏感的，而大部分的人都認知到壓力如何破壞我們的學習和記憶。這一章提到了，壓力在神經系

統內的影響,可能會擴展到甚至傷害神經元的可能性,而在第十二章會繼續這個主題,談壓力如何加速大腦的老化。

出名的「神經科學家」伍迪‧艾倫(Woody Allen)曾說:「我的大腦是我第二最愛的器官。」我猜大部分的人會把大腦的排名排得更高。

注釋

1　沾點名氣:我曾見過 H.M.(他當然不會記得我),而且很令人驚訝。你可以一整天站在那裡對他自我介紹。

2　事實上,一九六〇年代,幾個通常被科學界忽視或找麻煩的異教徒,首次報告了成人大腦新神經元的證據。這領域終於趕上他們了。

3　另一區提供新神經元給嗅覺系統。基於某種奇怪的原因,處理氣味的神經元時常死去,並且必須被取代。在孕期早期,這種新的嗅覺神經元被大量製造。大約在生產時,它們完全就緒。發現這一點的科學家推測,這些新的嗅覺神經元被賦予和你的後代的氣味產生永遠銘印的任務(大部分的哺乳類母親的關鍵事件)。在孕期早期,當那些新的嗅覺神經元出現,但還沒什麼道理的時候,發生什麼事呢?我打賭這與著名的孕吐、對食物反胃,以及嗅覺敏感有關。這和壓力沒有關係,但太酷了,我必須提到它。

4　明顯的問題:我一次又一次地強調,在壓力中減少把能量傳送到身體不必要的位置,分送到運動中的肌肉,有多麼重要。在之前的段落,我們把海馬迴加到這個壓力開始時需要被餵養的位置清單。隨著壓力持續,這似乎是一個很聰明、該繼續被補充能量的位置。但為何後來葡萄糖傳遞在這裡會被抑制呢?或許是因為隨著時間,你越來越自動運作、依賴大腦內更多的內隱記憶來做反射性的動作,像是你用來削弱恐怖分子的武術展現,或是你在一直很緊張的公司野餐上統整出來的壘球揮棒動作。因此,減少傳送葡萄糖到大腦的誇張區域,像是海馬迴和大腦皮質,可能是把能量分送到其他更反射性大腦區域的辦法。

5　第三章說明了壓力如何間接提高中風或心臟病發的機率,但提到的另一些神經問題,包括癲癇發作、頭部創傷、愛滋病相關失智,以及最重要的阿茲海默症,沒有證據顯示壓力或葡萄糖皮質素會造成這些疾病。可能性反而是它們使既有的狀況惡化。

第 11 章

壓力和一夜好眠

那件事發生在我兒子兩歲左右時的某一天。他是我們的第一個孩子，而那時我們對於教養小孩會有多吃力，已經感到相當緊張。那是很棒的一天，他睡了一整晚，三次醒來喝奶，然後白天有長時間的小睡，讓我們也能打盹。我們習慣了一個時間表，我妻子餵奶時，我製作她從生產後就執著要喝的蔓越莓汁，而我們的兒子照時間填滿他的尿布，他的每一個舉止都確定了他有多麼不可思議。一切都很平靜。

晚上，他睡覺，我們進入老習慣，像是洗碗（好幾天以來的第一次），我讓自己沉溺在某種關於人類狀態的評論。「你知道，如果你好好做，這新生兒的事還真是滿好應付的。你需要像團隊那樣運作，要有組織，隨機應變。」我像這樣愚蠢地說了好一會兒。

那晚，我們一睡著，兒子就醒來要喝奶。他很難搞，不肯繼續睡，除非我一直拍他；每當我試著停止，他就醒來抗議，這持續了瘋狂的一個小時，然後他又需要喝奶了。然後再拍他一陣子，他的回應是噴飛他的尿布，把他的包屁衣和我弄得髒兮兮，當我在把他洗乾淨時，他哭喊得像是有人被殺了一樣。最後，他心滿意足地不用拍拍就睡著，過了大約二十分鐘，又需要喝奶，又一次噴髒他的乾淨包屁衣，接著我們發現沒有乾淨的包屁衣了，因為忘了洗衣服。

我沒做什麼有用的事，而是用半發瘋的狀態發表演說：「我們做不來，我們要死了！我是認真的，人們會因為失眠而死，這不可能做得到，這是生理學上證明過的，我們都要死了！」我揮著雙臂強調著，也打翻了一杯蔓越莓汁，而且玻璃杯大聲碎裂，這吵醒了我們那時候開心睡著的兒子，害我們三個人都飆淚了。

後來，他終於緩和下來，接下來的夜晚都睡得像個寶寶，而我焦慮地翻來覆去，等著他再度醒來。

這裡包含著本章的兩個主要特色，睡眠不足是一種壓力源，而承受壓力會更難睡著。沒錯，我們手頭上有了恐怖的惡性循環。

睡眠的基礎課

仔細想一想，睡眠挺令人毛骨悚然的，你的人生有三分之一的時間在這個懸浮的狀態飄著，一切都慢下來，除了有時候你的大腦比清醒時更活躍，使你的眼皮跳動，同時整理鞏固一天下來的記憶，並為你解決問題。除了在做夢之外，其他都沒什麼意義。然後，你有時候會在睡著時走路或說話，或流口水；還有那些在晚上一陣陣神秘的陰莖或陰蒂勃起。[1]

很怪異。這是怎麼回事？首先，睡眠不是一整塊的歷程、一致的現象，反而是有不同類型的睡眠階段：淺睡（也就是階段一和二），你很容易醒來；深睡（也就是階段三和四，或「慢波睡眠」）；快速動眼（REM）睡眠，就是小狗的腳掌會亂動，以及我們的眼睛動來動去並做夢的時候。不只有這些不同的階段，它們還有特定的結構組成，你從淺睡開始，漸漸進入慢波睡眠，接著是快速動眼期，然後又再回來，大約每九十分鐘重複這整個循環（我們在第十四章會看到，有憂鬱症時，這個睡眠結構會出問題，參見第 242 頁）。

大腦在不同的睡眠階段運作得不一樣，這可以透過讓人帶著腦部掃描機睡覺，並測量大腦不同區域的活躍程度來研究。找一些自願者，讓他們睡眠不足一段時間，把他們連上這種影像儀器，再把他們弄醒一陣子，測量他們醒著時的大腦活動，然後讓他們像小蟲子一樣舒服地睡在掃描機內，在他們睡覺時讓掃描機運作。

慢波睡眠的影像很有道理，此時，與喚醒活動有關的部分大腦會慢下來，而那些控制肌肉運動的大腦區域也一樣。很有趣的是，強化和提取記憶區域的新陳代謝，沒有降下多少，然而，把資訊帶進或帶離這些區域的通路，會戲劇性地關閉或隔離這些區域。對感覺訊息首先做出回應的大腦部位，有某種程度的新陳代謝關閉，但較戲劇化的改變，是在整合和連結那些感覺資訊並賦予意義的下游腦部區

域。你得到的是新陳代謝方面靜止、睡眠的大腦,這是有道理的,畢竟深度慢波睡眠是能量修復發生的時候。因此,「睡眠不足的程度」不是你會睡多久的良好預測指標,而是會有多少慢波睡眠的良好預測指標。一個非常活躍的大腦,或是一個失眠的大腦,傾向於攝取一種大量的特定能量,而該能量的耗竭類型的分解產物,是使大腦傾向於慢波睡眠的訊號。

快速動眼睡眠期是非常不一樣的狀況。整體來說,腦部活動會增加,一些大腦區域的新陳代謝比清醒時還要活躍。大腦中一些調節肌肉運動的部位、控制呼吸和心律的腦幹區域,全都提高了新陳代謝率;大腦中與情緒有關的「邊緣系統」,也提高了新陳代謝率;與記憶和感覺處理有關的區域,尤其是與視覺和聽覺相關的,也提高了新陳代謝率。

視覺處理的區域,發生著特別隱晦的事情。處理視覺訊號的大腦皮質部位,沒有顯現多少新陳代謝增加,然而在整合簡單視覺訊息的下游區域卻有了大躍進。[2] 怎麼會這樣?尤其是你眼睛閉著呢!這就是在做夢。

這告訴了我們,夢的影像如何發生。但是,大腦裡發生的其他事情,告訴了我們夢的內容。大腦中的前額葉皮質,是人類大腦最近期才演化的部位,對靈長類來說大到不成比例,而且是我們大腦最晚完全成熟的部位。前額葉皮質是我們所具有、最接近超我的東西,從如廁訓練開始,它就在幫助你做較難而非較簡單的事情,例如,使用有邏輯的、循序漸進的方式思考,而不是認知上東跳西跳,它讓你不會只因為想做就去謀殺某個人,也會阻止你不去告訴某人他們的衣服醜死了,而是改說一點好聽話。

前額葉皮質藉由抑制不牢靠、情緒化的邊緣系統,來對你進行那些紀律,[3] 如果你傷害了前額葉皮質,這個人會變得「前額抑制解除」,做出和說出那些我們只會想但不會做的事情。在快速動眼睡眠期,前額葉皮質的新陳代謝變慢,對邊緣系統的抑制解除,因而讓人出現最誇張的想法,這就是為什麼夢很朦朧且不真實,沒國籍、不連貫、情緒超級強烈,你在水底下呼吸、在空中飛翔、用心電感應溝通;你對陌生人表達愛意、發明語言、統治帝國,甚至在巴斯比·貝克萊(Busby Berkeley, 1895~1976;編注:他的電影以運用大量伴舞女郎呈現萬花筒般的幾何畫面著稱)的音樂劇中當明星。

這些就是睡眠的各個基礎成分。但是，為什麼我們需要睡眠呢？因為沒有它，你會死，就連果蠅也是如此。最明顯的答案就是讓你的大腦以一半的速度運作，來建立能量補給。因為你的大腦會消耗大量的能量，來做到你寫的那些微積分和交響樂，而且大腦占了體重大約三％的重量，卻需要幾乎四分之一的能量，所以庫存量在日間往往會下降，需要一些好的慢波睡眠來補貨（主要是一種叫做肝糖的分子，它也是肝臟和肌肉裡的一種能量儲存）。[4]

其他人臆測，睡眠是為了降低大腦的溫度，讓它從一整天的腦力激盪降溫，或是幫大腦排毒。奇怪的是，睡眠的另一個重要原因是要做夢，如果你一晚不睡，當你下個晚上終於睡了，你會比正常情況有更多的快速動眼睡眠，這暗示你累積了大量的做夢不足。有些極端困難的研究，剝奪了人或動物的快速動眼睡眠，而那些受試者比被剝奪同樣時間但不同類型的睡眠更快崩潰，光是想到這個，就使我反胃。

於是，我們很需要問：「為什麼要做夢？」要處理關於你和母親的未解決議題嗎？讓超現實主義者和達達主義謀生嗎？讓你做一個與清醒生活中不可能的對象有關的春夢，然後隔天在飲水機旁遇到那個人，你整個表現都不對勁嗎？嗯，或許吧。在快速動眼睡眠期，以及在清醒時某些最受抑制的大腦區域，有大幅增加的新陳代謝活動，這表示某種「用進廢退」的情況，做夢會讓平時不太使用的大腦通路（也就是常被忽略的巴斯比·貝克萊音樂劇大腦迴路）做一些有氧運動。

越來越清楚的是，睡眠在認知中扮演了一個角色，例如睡眠可以促進問題解決，這就是「睡醒再說」，次日早上你在清理眼角的眼屎時，突然發現解決辦法。哈佛的神經生物學家羅伯特·史地克戈德（Robert Stickgold）強調這種問題解決是突破一團沒用的事情而獲得看法的類型。他說，你可能忘記一組電話號碼，然後「睡醒再說」就記得了，這是你為了某種複雜、抽象的問題才會這麼做。

慢波睡眠和快速動眼睡眠，似乎也都在形成新記憶、固化來自前一天的資訊，甚至在一天下來變得比較記不得的資訊上，扮演了角色。支持這一點的證據之一是，如果你教一隻動物某種任務，然後干擾牠晚上的睡眠，這個新資訊不會被固化。雖然這種現象已經用很多方法顯示出來了，但是相關詮釋仍然具有爭議。我們在上一章看到，壓力能破壞記憶的固化。

我們即將深入了解，睡眠不足會造成壓力。也許睡眠不足而破壞記憶固化，只

阿弗雷多‧卡斯塔尼葉達（Alfredo Castaneda），〈我們的夢〉（細部），一九九九年。

是因為壓力，但這不能證明睡眠正常有助於記憶固化，而且睡眠不足造成的記憶破壞模式，與壓力所造成的並不一樣。

　　另一種證據是相關性的。日間接觸到大量的新資訊，與夜間有更多的快速動眼睡眠有關。還有，夜間睡眠的某些次類型的量，可以預測隔天記取新資訊的表現，例如，夜間大量的快速動眼睡眠，可以預測對前一天的情緒資訊的固化較好；而大量的階段二睡眠，可預測對於運動任務的固化較好；大量快速動眼睡眠和慢波睡眠的組合，可預測較好的知覺訊息保存。其他人繼續延伸這些內容，表示能用來預測學習的某種次分類的項目，不只是某種睡眠次類型的量，還有那種次類型是在夜間較早還是較晚時發生。

關於「睡眠幫助你固化記憶」的故事的另一個證據，最開始是由亞利桑那大學的布魯斯・麥克拿頓（Bruce Mcnaughton）所取得。我們在第十章看到，海馬迴對於外顯學習非常重要，而麥克拿頓記錄了老鼠的單一海馬迴神經元的活動，辨識出老鼠在學習新的外顯資訊時，變得特別忙碌的神經元。那一晚，在老鼠的慢波睡眠期，就是同樣的那些神經元特別忙碌，更進一步，他發現了在學習時發生的海馬迴神經元啟動的模式，在那些動物睡眠時會重複，而對人類的大腦影像研究也發現了類似的狀況。甚至有證據顯示，當快速動眼睡眠在進行固化的時候，基因會被啟動來幫助形成神經元之間的新連結。在慢波睡眠時，新陳代謝在海馬迴之類的區域維持驚人的高速，這彷彿像是睡眠是大腦反覆練習那些新記憶模式的時間，要把它們牢牢固定住。

奇怪的是，即使整體來說睡眠不足會破壞認知，但是我的一位研究生依朗娜・黑爾斯頓（Ilana Hairston）在近期的研究中，發現了至少有一種學習會受到睡眠不足的幫助。假設你有個不太可能發生的任務，就是你必須用最快的速度倒數一年中的月份。為什麼這會很難呢？因為一直會有股力道要你以使用了一輩子的方式去數月份，也就是由前往後數；先前的、學得很熟的方式，會干擾新的反向工作。誰會在這種任務中表現優異呢？沒學過數一月、二月、三月等等這種自動方向的人。如果你讓一些老鼠睡眠不足，然後給牠們對老鼠來說是反向作業的事，牠們會比控制組的老鼠表現得更好。為什麼？因為牠們不太記得之前學得很熟的方式，所以不會干擾現在的工作。

現在我們學到了睡眠的基礎，以及它有什麼用處。壓力，請進吧！

當睡眠不足是壓力源

當我們滑入慢波睡眠時，壓力反應系統方面發生了一些明顯的事。首先，交感神經系統關閉，有利於平靜、靜態的副交感神經系統，還有葡萄糖皮質素減少。回到第二章的介紹，「腦下垂體釋放激素」是使腦下垂體釋放「促腎上腺皮質激素」的下視丘荷爾蒙，以激發腎上腺釋放「葡萄糖皮質素」。下視丘對腦下垂體荷爾蒙的某些控制，包含了油門和煞車，也就是釋放因子和抑制因子。好幾年來，流傳

著一個證據說，下視丘的「促皮質素抑制因子」（CIF）會抑制「促腎上腺皮質激素」釋放，並抵銷「腦下垂體釋放激素」的效果。沒有人確定促皮質素抑制因子是什麼，或者它是否真的存在，但是有些像樣的證據顯示，促皮質素抑制因子是一種腦部化學物質，會幫助慢波睡眠發生（被稱為「Δ〔Delta〕睡眠引發因子」），因此，你睡得很深的話，就會關閉葡萄糖皮質素分泌。

另一方面，在快速動眼睡眠期，隨著你推動所有能量來產生誇張的夢境畫面，並且快速地動著眼睛，葡萄糖皮質素和交感神經系統會再度加速。可是，被稱為「一夜好眠」的大多是慢波睡眠，而睡眠主要是壓力反應關閉的時候，這在夜行性動物或日行性動物（就是在天黑時睡覺，像是人類）身上都看得到。在你醒來前大約一小時，腦下垂體釋放激素、促腎上腺皮質激素和葡萄糖皮質素開始增加，這不只是因為從熟睡中醒來是迷你壓力源，需要運作一些能量，也因為那些增加的壓力荷爾蒙與結束睡眠有關。

要是你睡眠不足，睡眠引起的壓力荷爾蒙減少就不會發生，還有，不意外地，它們反而會增加，葡萄糖皮質素增加，交感神經系統啟動；還有前面幾章談過的，生長荷爾蒙和多種性荷爾蒙下降。睡眠不足肯定會刺激葡萄糖皮質素分泌，雖然在大部分的研究中程度並不大（除非睡眠不足真的持續很久；然而，「這是認定這些〔嚴重睡眠不足的反應〕增加，是因為要命的壓力，而不是失眠」，一份期刊文章挖苦地說。）

睡眠不足時升高的葡萄糖皮質素，會分解大腦儲存的一些能量。這一點，以及葡萄糖皮質素對記憶的許多影響，可能與你睡眠不足時學習和記憶那麼差有關。整晚不睡，然後發現在隔天早上的期末考中，幾乎記不起這是哪個月份，更別說那些前一晚填鴨到腦袋裡的資料，我們都從中學到了教訓。

一份近期的研究美妙地顯示了，當我們沒睡覺又試著努力思考時，大腦如何變差。選一個有正常休息的受試者，把她放到腦部影像儀器內，然後要她解決一些「工作記憶」問題（掌握並操弄某些事實，像是把一連串的三位數加起來），結果是她的額葉皮質的新陳代謝活躍起來。現在，找一個睡眠不足的人，他的工作記憶會很糟糕。他的大腦發生什麼事呢？或許你已經猜到，額葉的新陳代謝受到抑制，太昏昏沉沉，無法啟動對這工作的反應。但實際上發生了相反的事，額葉皮質會啟

動，但是皮質的其他大部分也啟動了，就像睡眠不足把這個一閃一閃的額葉皮質電腦，變成一團不修邊幅、胡言亂語、數著自己腳趾頭的神經元，必須請其他的皮質夥伴幫忙這個困難的數學問題。

為什麼要在乎睡眠不足是一種壓力源呢？這很明顯啊。我們很習慣現代生活中的各種舒適：隔天送達的包裹、凌晨兩點可以打電話尋求建議的護理師、二十四小時技術支援，於是人們必須得在睡眠不足的狀況下工作。我們不是夜行性動物，如果一個人晚上工作或是做輪班制，無論他睡眠的總時數多少，都有違生理天性。這種工作時間的人比較會過度啟動壓力反應，而且不易習慣。由於過度活躍的壓力反應與這本書的每一頁都有關係，晚班或輪班會提高心血管疾病、腸胃疾病、免疫抑制和生殖問題的風險，就不令人意外了。

幾年前受到大肆報導的一份研究，使這件事成為焦點。回想一下，持續的壓力和葡萄糖皮質素會如何損害海馬迴，以及使海馬迴依賴型的外顯記憶變差。布里斯托大學的凱·邱（Kei Cho）研究了兩家不同航空公司的空服員。在一家航空公司，員工做完一個跨洲際的航班，有嚴重的時差疲倦之後，在被排入下一個跨洲際航班之前，會有十五天休假。相對地，在二號航空公司，假設有比較弱的工會，員工在下一個跨洲際航班前有五天休假。[5]

邱控制了飛行總時數和飛行時的時區總數量，因此二號航空公司組員的總時差疲倦沒有比較多，只是恢復時間比較少。最後，邱只考量做這種工作超過五年的員工，他發現二號航空公司的空服員平均來說外顯記憶變差、有較多的葡糖糖皮質素、顳葉較小（大腦容納海馬迴的部位）。對於在這些狀況下工作的員工，這顯然不是好事，這可能會使空服員比較記不得 17C 座位的乘客點了薑汁汽水加脫脂牛奶和冰塊。但這使我們有點好奇，五天後上工的飛行員，是不是難以記得這個小開關會打開還是關閉引擎？

這些關於睡眠不足的擔心，甚至關乎那些在白天朝九晚五工作的人。從簡單如室內照明開始，我們使自己睡眠不足的方式空前地多，在一九一〇年，美國人平均在夜晚睡九個小時，只是偶爾被福特 T 型車噴火打擾，而我們現在平均睡七·五小時，而且還在減少中。

要是一天二十四小時都有樂趣、活動和娛樂，或者對工作狂來說，知道在某

處、某個時區、某個人正在工作而你沉溺在睡覺，那種推促自己的「只要再撐幾分
鐘不睡」的力量，會變得難以抗拒，而且有害。[6]

當壓力成了睡眠的破壞者

在壓力中，睡眠會發生什麼事呢？用斑馬中心的世界觀來說：獅子來了，別
打盹（或者像是老笑話說的：「獅子和小羊可以一起躺下睡覺，但是小羊睡不了多
少。」）「腦下垂體釋放激素」似乎最會影響這個效果，這種荷爾蒙不只藉由刺激
腦下垂體釋放「促腎上腺皮質激素」來使葡萄糖皮質素開始變多，也是啟動大腦內
各種恐懼、焦慮、激發途徑的神經傳導物質。

把腦下垂體釋放激素注入在睡覺的老鼠大腦中，會抑制睡眠，這就像是把冰水
倒到開心打盹的神經元上，一部分的原因是腦下垂體釋放激素在腦部的直接作用，
但一部分可能是這種荷爾蒙啟動了交感神經系統。如果你到高海拔地區卻不適應
時，你的心跳會變快，即使你沒有在使力，這不是因為你感到壓力或焦慮，單純是
因為你的心臟必須跳得更快來傳送足夠的氧氣，你突然發現你的眼球有節奏地每分
鐘跳一百一十次，很難入睡。所以交感神經系統啟動的身體結果，會使得睡眠變得
困難。

不意外地，大約七十五％的失眠案例是某種重大壓力引起的。還有，很多（但
不是全部）研究發現，睡不好的人往往會有較高的交感神經喚起或血液中有較多的
葡萄糖皮質素。

所以，壓力很大時，可能睡得比較少，但壓力不只能使睡眠量減少，還可能破
壞你的睡眠品質。例如，當腦下垂體釋放激素使總睡眠量減少時，主要會使慢波睡
眠減少，而那正是能量修復所需要的睡眠類型。你的睡眠主要是較淺的睡眠階段，
這代表你更容易醒來，僅有片段的睡眠，而且當你好不容易能有一些慢波睡眠時，
也得不到一般會有的好處。

當慢波睡眠呈現理想狀態，真的在修復那些能量庫存的時候，在腦電圖紀錄中
可以發現一個名為 Δ（Delta）波的獨特模式。當人們在睡前有壓力，或是在睡眠
中被注入葡萄糖皮質素時，慢波睡眠中這種有用的睡眠模式會較少。

　　葡萄糖皮質素還會破壞其他在優質睡眠時出現的東西。德國的盧貝克大學的簡‧伯恩（Jan Born）發現，如果你在某人睡覺時為他注入葡萄糖皮質素，將會破壞通常在慢波睡眠時會發生的記憶固化。

A 造成 B 造成 A 造成 B 造成……

　　我們在這裡有些大問題，缺乏睡眠或睡眠品質不好會啟動壓力反應，啟動的壓力反應又會使得睡眠更少或品質更差。一個造成另一個，這是否表示即使是經歷一丁點的壓力，或是偶爾熬夜看特德‧科佩爾（Ted Koppel）訪問小甜甜布蘭妮（Britney Spears）討論支持或反對全球暖化的證據，然後你就完蛋了，就開啟了壓力和睡眠不足的惡性循環呢？顯然不是，因為睡眠不足不會造成所有的嚴重壓力反應，還有，對睡眠的需求遲早會勝過最嚴重的壓力。

　　但是，有一份引人入勝的研究認為這兩個因素如何交互作用，以及你預期自己會睡不好，使你的壓力大到足以使睡眠品質變差。在這份研究中，一組自願者被允許要睡多久就睡多久，結果他們睡到大約早上九點，一如所料，他們的壓力荷爾蒙指數大約在八點開始上升。你要怎麼詮釋這件事呢？這些人睡得足夠，開心地恢復並重新有能量，並且在早上大約八點，他們的大腦就知道了，開始分泌那些壓力荷爾蒙來準備結束睡眠。

　　第二組自願者在相同的時間睡覺，但是被告知他們早上六點要醒來。他們發生什麼事呢？在早上五點，他們的壓力荷爾蒙指數開始上升。

　　這很重要。他們的壓力荷爾蒙指數比另一組早三個小時上升，是因為他們需要比另一組少三個小時的睡眠嗎？當然不是。這種上升無關於他們覺得自己已經回復活力，而是關於預期著得比想要的時間更早起床而造成的壓力。他們的大腦在睡覺時感覺到預期性的壓力，表示睡覺時的大腦依然是在工作的大腦。

　　如果你去睡覺時，不只想著你會比自己想要的時間更早被叫起，而且還是無法預期的時間，那會怎麼樣呢？當每一分鐘都可能是你那一晚最後的睡眠呢？壓力荷爾蒙很可能整晚都高升，緊張地預期呼叫電話。我們已經知道，在睡眠時有高升的壓力反應，睡眠品質會比較差。

　　因此，糟糕的睡眠有一個階層結構。持續且不被打斷的睡眠，可是時間太短，像是截止日快到了、晚睡、早起，這不好。更糟的是，睡得太少且睡得片段，例如，有一次我做實驗時，連續好幾天必須每三個小時就取得一些動物的血液樣本，即使那幾個日夜，我除了睡覺以外幾乎什麼都沒做，而且事實上每天睡的時間比平常還多，我還是一團糟。可是，最糟糕的是睡得太少，而且無法預期地睡得片段，你最後去睡了，但是心中想著五小時或五分鐘後另一個病人會進來急診室，或是警報會響起然後得上消防車，或是誰的尿布肯定會慢慢滿起來的這種侵蝕性想法。

　　這告訴我們什麼算是好睡眠，以及壓力如何阻礙好睡眠，但我們會在兩章內看到，這不只是睡眠會有的現象。談到什麼會造成心理壓力，「缺乏可預測性和控制感」就在你想要避免的清單最上面。

注釋

1　這還沒提到某些睡覺時只睡半個大腦的物種，使一隻眼睛和半個腦可以運作以注意獵捕者。例如綠頭鴨，在一群中卡在外圍的那隻，晚上會把朝外的眼睛和相對應的那半邊腦優先保持清醒。還有更多怪事，海豚可以邊睡邊游泳，以及某些鳥可以邊睡邊飛。

2　回到第十章，這就是回應像是點和線那種簡單東西的視覺皮質，胡伯和懷索那部分。

3　很奇妙地，前額葉皮質是大腦最晚完全成熟的部分，通常直到你二十幾歲才會完全上線。這不就解釋了你以前做的一大堆輕率魯莽的事情嗎？

4　即便如此，你的大腦其實很不擅長儲存能量，因為它的能量需求太大了。在一些能量不足的神經災難發生時，這會給你的神經元找大麻煩。

5　基於禮貌或怕被踹屁股，邱沒有指出是哪家航空公司。

6　讓我說清楚講明白，我在這裡完全是偽君子，竟然有膽對此大放厥詞，真是個醜聞。我大多沒什麼壞習慣，我不吸菸、這輩子沒喝過酒或使用非法藥物、不吃肉，不喝茶或咖啡。但我超級不擅長睡飽；我從卡特政府時代開始就需要睡午覺。我有位同事威廉．迪門特（William Dement），他被考慮提拔當睡眠研究的主管，對於睡眠不足的健康風險抱持絕對的神聖信仰，而當我因為缺乏睡眠而真的一團糟的那幾天，很害怕遇見他。所以在這方面，聽我說的，別學我做的。

第 12 章

老化和死亡

可以預料,這會發生在最無法預料的時候。我在授課、很無聊、說著去年說過的相同神經元故事、做白日夢、看著一片惱人的年輕大學生人海,然後腦中突然一閃,產生了幾乎是驚奇的感覺。「你怎麼能只是坐在那裡?我是唯一一個知道我們總有一天都會死的人嗎?」

或者我在一場科學研討會,這次幾乎聽不懂某人的演講,然後在滿滿一間的專家學者中,一波苦澀對我襲來。「你們這些該死的醫學專家,沒有一個可以使我長生不死。」

我們首次情緒性地驚覺到它,大約是在青春期。伍迪‧艾倫曾是我們毫無汙點、死亡與愛的大祭司,在《安妮霍爾》(Annie Hall)裡完美地掌握了它迂迴的攻擊。那位主角是年輕的青少年,憂鬱到足以使擔心的母親把他帶去看家庭醫師。「聽聽他一直說什麼,他有什麼毛病?他有流感嗎?」這個像艾倫的青少年,被塗上了絕望和恐慌,單調地宣布:「宇宙在擴大。」宇宙在擴大;看看無限有多大,而我們多麼有限。他被啟蒙進入我們物種的最大秘密:我們會死,而且我們知道這件事。通過這個人生重要階段的儀式,他發現了這些心靈能量的母礦,它強化了我們最不理性也最暴力的時刻,最自私也最無私的時刻,同時哀悼和否認的神經質辯證,飲食和運動,天堂和復活的神話。這就好像我們被困在一個礦坑,呼叫著救援者:救救我們,我們還活者,但是我們越來越老,而且我們會死。

當然,在我們死亡之前,大部分的人會變老,這是個被形容成不適合軟弱者的過程:充滿了嚴重的痛苦。我們癡呆嚴重到認不得自己的小孩,把貓食當晚餐,被迫退休,大便袋,不再聽我們使喚的肌肉,背叛我們的器官,忽略我們的子女。正

當我們終於長大並學會喜歡自己、去愛、去玩的時候，這道陰影拉長了，時間所剩不多了。

喔，其實這沒有那麼糟。許多年來，我每年花一些時間在東非做野生狒狒的壓力研究，而住在那裡的人，就像許多在非西化世界的人，對這些議題的想法明顯和我們不同，似乎沒有人覺得變老很令人憂鬱。他們怎麼會呢？他們等了一輩子要變成有權力的長者。

我最近的鄰居是馬賽部落的人，游牧人，我常常幫他們處理各種小傷小病。有一天，那村落一位極老的男人（可能是六十歲）跟蹌進入我們的營區。他看起來年老，皮膚上有數不清的皺紋，幾隻手指的指尖沒了，耳垂磨損了，還有早就被遺忘的戰鬥傷疤。他只會說馬賽語（Masai），不會說東非通用的史瓦希利語（Swahili），所以一位更熟悉外界的中年鄰居陪他來，替他翻譯。

他腿上有個感染傷口，我清洗它，並且塗上抗生素藥膏。他同時也看不清楚，而我幾乎沒根據地猜測那是「白內障」，我解釋這超出了我不夠好的治療能力。他似乎認命了，但不特別失望，他兩腿交叉坐在那裡，除了圍著一條毯子，什麼都

在喀拉哈里沙漠一位年老的狩獵採集巫醫。

沒穿，曬在陽光裡，站在他後面的女人撫摸他的頭。她用一種有如描述去年天氣的聲音說：「喔，他比較年輕的時候，很美也很強壯。很快的，他就要死了。」

那一晚，我在帳篷裡，睡不著又對馬賽人感到忌妒，我想：「我願意得到你們的瘧疾和寄生蟲，我願意有你們可怕的嬰兒死亡率，我願意接受被水牛和獅子攻擊的機會，只要讓我像你們一樣不怕死。」

也許我們運氣很好，變成了受到敬重的村落長者；或許我們會優雅地、有智慧地變老；或許我們會被榮耀，身邊圍繞著強壯而開心的孩子，他們的健康和豐饒對我們來說感覺像是永生不朽。研究老化過程的老年學家發現，有越來越多的證據顯示大多數人會還算成功地老化。住在照護機構裡和失能的人數，遠比猜想的還要少；雖然社交網絡隨著年紀越來越小，但是關係的品質會越來越好；有些類型的認知技巧在老年會更好（這與社交智能、使用事實來制定好策略有關，而不只是輕易記得它們）。一般老年人認為自己的健康優於平均值，並且以此為樂，最重要的是，幸福的平均值在老年時更高；有較少的負面情緒，而且有負面情緒時，也不會持續那麼久。與此相關的是，對於大腦影像的研究發現，與年輕人相比，負面影像對老年人的大腦新陳代謝的影響較小，正面影像對大腦新陳代謝的影響較大。

所以，老年或許沒那麼糟。這本書最後一章會看看老化特別成功的老年人的一些模式，這一章的目的是要看看壓力和老化過程有什麼關係，以及我們會不會變成在老化過程中受到榮耀的村落模範老人，還是會變成吃貓食的那種。

老化的有機體和壓力

老化的有機體如何應對壓力呢？不太好。在很多方面，老化可以被定義為「漸漸失去應對壓力的能力」，而此定義肯定符合我們對老化的人很虛弱和脆弱的看法。更嚴格地說，只要不特別出現挑戰，老化有機體的身體和心智的許多方面都運作正常，就跟年輕人一樣；但要是出現一個運動挑戰、受傷或生病、時間壓力、新事物，只要有任何一種生理、認知或心理的壓力源，老化有機體就做得不太好。

在壓力反應方面「做得不太好」，至少有兩種你應該已經很熟悉的形式。第一種是在需要時無法啟動足夠的壓力反應，而在老化過程中，這會在許多層次中發

生。例如，每個細胞有各自在回應挑戰時能夠推動的各種防衛，可以被視為細胞壓力反應，要是讓一個細胞熱到不健康的程度，「熱休克蛋白」會在危機中合成，以協助穩定細胞功能，受損的 DNA 和 DNA 修復酵素也在反應中生成，但這些細胞壓力反應在老化過程中，全都會變得對挑戰比較沒有反應。

整個器官系統對壓力如何反應，也有相似的情況。例如，把有心臟病的老人從研究中排除，只看不同年齡的健康受試者（以此來研究老化，才不會變成在研究疾病），心臟功能的很多方面不會因年齡而有所改變，但是，若用運動來挑戰這個系統，老年人的心臟就不如年輕人的心臟反應得那麼好，他們能達到的最大工作能力和最高心律不如年輕人。[1] 相似地，在沒有壓力的時候，老的和年輕的老鼠大腦含有差不多數量的能量，可是當你用切斷氧氣與養分流動來對系統製造壓力，老的腦的能量下降較快。或像一個經典的例子，正常體溫是三十七度，這不會隨著年紀改變，然而，老化身體的溫度調節壓力反應的能力較差，於是老人的身體在受熱或受寒以後，需要較長的時間來恢復正常體溫。

這個想法也適用於對認知的測量。人老時智商分數會怎樣呢？（你會注意到我沒有說「智力」，智力和智商分數有什麼關係，是我不想碰的爭議話題。）此領域的教條曾經是智商分數會隨著年紀下降，然後是「沒有下降」，因為這主要是根據你怎麼進行測驗。如果你測試年輕人和老年人時，給他們很多時間去完成測驗，就沒有什麼差別；如果你給予系統性壓力，像是讓受試者跟時間賽跑，每個年齡層的受試者分數都會下降，但老年人下降更多。

有時候，老化的問題在於壓力反應不足。可以預料到，在某些方面，問題是過度的壓力反應一直開啟，或壓力源結束後花太久的時間才關閉。

舉例來說，在壓力源結束後，老年人關閉腎上腺素、去甲腎上腺素或葡萄糖皮質素分泌的能力較差，要花較久的時間讓這些成分回歸正常值。還有，即使沒有壓力源，老年的老鼠、非人類靈長類和人類的腎上腺素、去甲腎上腺素或葡萄糖皮質素之濃度，通常也會升高。[2]

老化的有機體是否會為壓力反應的那些成分太常開啟而付出代價呢？似乎如此。舉例來說，在記憶那一章談到，壓力和葡萄糖皮質素會抑制腦中海馬迴的新神經元生成，也會抑制既有的神經元新突起的成長。老的老鼠的新神經元生成和神

經元突起的發展,是否優先被抑制呢?是的,而且如果牠們的葡萄糖皮質素濃度變低,神經生成和突起成長會提高到年輕動物的程度。

我們現在知道,理想上,沒有壞事發生時,壓力反應的荷爾蒙應該要乖乖閉嘴,少量分泌,當有壓力的緊急狀況發生,你的身體需要大量且快速的壓力反應,而在壓力源結束時,一切應該立刻關閉。這些特性正是年老的有機體所缺乏的。[3]

為什麼很少看到很老的鮭魚?

我們轉到「老化—壓力」關係的另一半,不是老化的有機體能否良好地應付壓力,而是壓力能否加速老化。有些不錯的證據支持過度的壓力會提高某些老化疾病的風險,特別是對於超過十二個物種,葡萄糖皮質素過量是老化過程中的死因。

根據馬林·柏金斯的說法,英雄般的野生動物的畫面有:在南極的寒冷中站了一整個冬天的企鵝們,把牠們的蛋護在腳邊保暖;獵豹們用牠們的牙齒把巨大的

一隻公紅鮭,在既定老化程序開始後的模樣。

獵物拖上樹，以便不受獅子騷擾地吃牠們；缺水的駱駝得行軍好幾十英里；還有鮭魚，跳過水壩和瀑布回到出生地的乾淨水流，在那裡產下數不清的卵，然後大部分會在幾週內死亡。

為什麼鮭魚在產卵後那麼快就死亡呢？沒有人確定知道其原因，但演化生物學家提出許多為什麼會這樣的理論，還有其他在動物王國裡較少見的「既定程序死亡」可能有些演化方面的道理。然而，我們所知道的是突然死掉時最接近的機制（不是一千年以來的演化模式的那種「牠們怎麼會死了？」，而是身體哪個部分的功能突然抓狂的那種），就是葡萄糖皮質素分泌。

如果你在鮭魚產卵後立刻捕捉牠們，那時牠們的腮附近有點綠綠的，你會發現牠們有很嚴重的腎上腺、胃潰瘍和腎臟損傷；牠們的免疫系統已經崩潰了，而且牠們充滿寄生蟲和感染。啊哈，這聽起來有點像以前某個時候的塞利的老鼠。[4] 還有，那些鮭魚的血液中有超級高的葡萄糖皮質素濃度。當鮭魚產卵時，牠們葡萄糖皮質素分泌的調節會失靈，基本上，大腦失去了正確測量循環的荷爾蒙量的能力，並且持續傳送訊號到腎上腺去分泌更多荷爾蒙。大量的葡萄糖皮質素當然可以在鮭魚身上造成正在惡化的那些疾病，但是，葡萄糖皮質素過量真的必須為牠們的死亡負責嗎？對。抓一隻剛產卵的鮭魚，移除牠的腎上腺，牠就會再活一年。

奇怪的是，這一系列的事件不只會發生在五種鮭魚身上，也會發生在十二種澳洲袋鼬身上，那些公袋鼬在季節性交配後很快就死亡；然而，把牠們的腎上腺切除後，牠們就繼續活下去。太平洋鮭魚和袋鼬並不是近親，在演化史中，完全各自獨立、兩組非常不同的物種，出現了一模一樣的把戲：如果你想要非常快速地退化，就分泌大量的葡萄糖皮質素。

主流中的慢性壓力和老化過程

對於尋找青春之源的鮭魚來說，這是很好的解釋，可是我們和大部分的哺乳類是隨著時間漸漸老化的，不是在幾天內災難性的死亡。壓力是否會影響哺乳類漸漸老化的速率呢？

直覺上，壓力會加速老化過程，這個想法有道理。我們已經知道，人類怎麼活

和怎麼死之間是有關聯的。在一九〇〇年左右，一位有想法的瘋狂德國生理學家馬克思‧魯伯納（Max Rubner），試著科學地定義這個關聯。

他研究各種不同的家畜，計算像是一生的心跳次數和一生的新陳代謝率之類的東西（不是許多科學家已經複製的研究），而他的結論是，身體只能用這麼久，在這有機體的生命耗完之前，每磅的肉只能有這麼多次呼吸、這麼多次心跳、這麼多新陳代謝。每分鐘心跳大約四百次的老鼠（大約活兩年），比大象（每分鐘心跳大約三十五次，壽命六十年）更快用完心跳配額，這種計算解釋了為什麼某些物種活得比其他物種久，很快地，相同的想法被應用在同一個物種中的不同個體可以活多久，像是如果你在十六歲時為了盲目約會的緊張而浪費很多心跳，八十歲時就會有較少的新陳代謝庫存。

一般來說，魯伯納關於不同物種的壽命的看法，在最嚴謹的版本中並不成立，而受到他的想法所啟發的關於同一物種中的個體「存活的速率」假說，甚至更站不住腳。不過，他們引導此領域的許多人有這樣的看法：大量的環境煩惱會過早耗竭系統，這種「磨耗」的想法和壓力的概念不謀而合。如我們已知，過度的壓力會提高成人型糖尿病、高血壓、心血管疾病、骨質疏鬆、生殖變差、免疫抑制的風險，這些狀況全都會隨著老化而變得更常見。還有，在第四章曾提到，如果你有很多身體調適負荷的指標，則有代謝症候群的風險會更高；同一份研究也發現，你的死亡風險會提高。

我們回來說非常老的老鼠、人類和靈長類血液中有較高的靜態葡萄糖皮質素濃度的傾向。對正常葡萄糖皮質素分泌的調節的某方面，在老化過程中會受到破壞，要知道為什麼會這樣，我們必須回到類似於「為什麼馬桶水箱在補水時不會滿出來」的情況。補水的過程會啟動一個感應器（那個漂浮器），去減少流到水箱中的水量，研究這種事情的工程師稱這個過程為「負回饋抑制」或「終產物抑制」：水箱中增加累積的水量，會減少更多水進來的可能性。

大部分的荷爾蒙系統，包括「腦下垂體釋放激素／促腎上腺皮質激素／葡萄糖皮質素軸線」，會透過負回饋抑制來運作。大腦透過「腦下垂體釋放激素」和腦下垂體的「促腎上腺皮質激素」釋放，來間接引發葡萄糖皮質素的釋放，而大腦需要知道是否要繼續分泌更多腦下垂體釋放激素，因此藉由感應在循環之中的葡萄糖皮

質素濃度（對循環流過大腦的血液中的荷爾蒙抽樣）比一個「定點」低或高來做到這件事。如果濃度低，大腦就繼續分泌腦下垂體釋放激素，就像馬桶水箱裡水位低的時候；當葡萄糖皮質素濃度達到或超過那個定點，就有負回饋訊號，大腦會停止分泌腦下垂體釋放激素。

引人入勝的複雜性是那個定點可能改變。沒有壓力的時候，以及有壓力事件發生的時候，大腦想要血液中有不同的葡萄糖皮質素濃度（這暗示了使大腦關閉腦下垂體釋放激素分泌時所必要的血液中葡萄糖皮質素的量，在不同的情況中會不一樣，結果真的是這樣）。

這是系統正常運作的狀況，可以在對一個人注射大量的人工合成葡萄糖皮質素（地塞米松）這樣的實驗中看到。

大腦感應到突然的增加，就說：「我的天啊，我不知道腎上腺裡的那些白癡是怎樣，但是它們剛剛分泌了太多葡萄糖皮質素。」地塞米松執行了負回饋訊號，這個人很快就停止分泌腦下垂體釋放激素、促腎上腺皮質激素和自體分泌的葡萄糖皮質素，這個人可說是「有地塞米松反應」。然而，如果負回饋調節運作得不太好，這個人就是「地塞米松抗阻」，也就是即使血液中有異常大量的葡萄糖皮質素訊號，他仍繼續分泌那些荷爾蒙，而這正是老人、老的非人類靈長類和老鼠身上發生的事。葡萄糖皮質素回饋調節不再運作得非常好了。

或許這能解釋為何非常老的有機體會分泌過多的葡萄糖皮質素（沒有壓力的時候，還有在壓力源結束時的恢復期）。為何回饋調節會失敗？有足夠的證據顯示，這是因為大腦的某個部位在老化時的退化。並非整個大腦都是「葡萄糖皮質素感應器」，而是具有大量葡萄糖皮質素受器的幾個區域，才能夠告訴下視丘該不該分泌腦下垂體釋放激素。我在第十章說明了海馬迴因為學習和記憶的角色而出名，結果，它也是大腦裡負回饋的重要區域之一，用來控制葡萄糖皮質素的分泌。而且，在老化的時候，海馬迴的神經元可能變得功能異常，當這種情況發生時，有害的結果中包括了傾向於分泌過量的葡萄糖皮質素，而這可能是老年人有較高的靜態葡萄糖皮質素指數、在壓力結束時很難關閉分泌，或是地塞米松抗阻的原因。就像是系統的剎車之一壞了，荷爾蒙往前衝，有點失控。

因此，老年時較高的葡萄糖皮質素濃度，是因為受損的海馬迴的回饋調節問題

而升高。為什麼老化的海馬迴裡的神經元會受損呢？這是因為接觸葡萄糖皮質素，就像第十章說的。

如果你仔細閱讀了，會開始注意到這些發現裡面有著非常陰險的東西。當海馬迴受損，老鼠會分泌更多葡萄糖皮質素，但這會使海馬迴更受損，然後造成更多葡萄糖皮質素分泌……一件事使另一件事更糟，使退化像瀑布那般傾瀉而下，這似乎發生在很多老化的老鼠身上，本書的每一頁都已經詳述了可能的病理結果。

人類也有這種退化的瀑布傾瀉嗎？就像已經提過的，很老的人類的葡萄糖皮質素濃度會升高，而且第十章也概說了這些荷爾蒙可能對人類海馬迴有些不良影響的第一個證據。靈長類和人類的海馬迴似乎是葡萄糖皮質素釋放的負回饋調節器，於是海馬迴受損和葡萄糖皮質素過多有關，就像老鼠一樣。所以，那個瀑布的點點滴滴似乎也會發生在人類身上，而嚴重壓力的經歷，或大量使用人工合成葡萄糖皮質素治療某疾病的經歷，可能加速這道瀑布的某些方面。

這是否表示我們完蛋了，這種功能異常是老化的必然結果呢？當然不是。這種瀑布會發生在「很多」老化的老鼠身上，但不是「全部」，有些老鼠成功的老化方式，使牠們不會受到這種瀑布的影響，很多人類也是，而那些令人高興的故事是本書最後一章的一部分。

葡萄糖皮質素神經毒性是否適用於人類腦部的老化情況，目前還不清楚。很不幸地，幾年內可能都不會有答案，因為這個題目很難在人類身上研究。不過，從我們對於老鼠和猴子的這個歷程的了解，能知道葡萄糖皮質素毒性是壓力可加速老化的驚人例子。

如果這也能應用到我們身上，那我們的老化就有一個層面會存在一種特殊的威脅。如果我們因為意外而殘廢、失去視力或聽力、因為心臟疾病而虛弱到必須臥床，我們就停止擁有那麼多使我們值得活下去的事物。但是，當受損的是我們的大腦、被破壞的是我們記起舊回憶或形成新回憶的能力時，我們害怕自己不再能以有血有淚、獨一無二的個體而存在，這是我們最害怕的那一種老化。

就算是最淡定的讀者，現在也應該因為到目前一共十二章詳細介紹了會因為壓力而出問題的一切，而覺得很疲憊了。該轉向這本書的另一面，探討壓力管理、應對和壓力反應的個別差異了，該是來一點好消息的時候了。

注釋

1　這裡的問題不是年老的人在運動時無法分泌足夠的腎上腺素或去甲腎上腺素。他們分泌得很多，事實上，比年輕人還多。但是，老化的有機體的心臟和許多血管，對腎上腺素與去甲腎上腺素的反應比較沒那麼強烈。

2　過去的文獻發現，人類的靜態葡萄糖皮質素指數不會隨著年齡而上升。然而，那些研究來自於六十歲的人就算是「老人」的時代。現代的老年學家認為，一個人要七十幾或八十幾歲才算老，而且更近期的研究發現，這個年齡群體的靜態葡萄糖皮質素指數大大地跳高。

3　老化也帶來一種荷爾蒙的戲劇化減少，它是得到大量關注的脫氫異雄固酮（DHEA）。有些證據顯示脫氫異雄固酮是一種「反壓力」荷爾蒙，可以阻斷葡萄糖皮質素的行動，而且對老化人口有好的作用。然而，我把脫氫異雄固酮放在這裡，是因為我認為這相當具有爭議，並且需要更多可信的研究。

4　一個非常怪異和刺激反應的觀察：這些鮭魚甚至在牠們的大腦中存入「β 類澱粉」蛋白質，這在有阿茲海默症的人類大腦也有。沒有人確定該怎麼解釋這件事。

第 13 章

為何心理壓力讓人很有壓力？

有些人生來就是要玩生物學的，你在他們小時候就能看出來，他們是自在地扯玩具顯微鏡、在餐桌上解剖某個死掉的動物、在學校因為對壁虎著迷而被排擠的那些孩子。[1] 但其實有各式各樣的人從其他領域移民到生物學，像化學家、心理學家、物理學家、數學家。

在壓力生理學開始發展的幾十年後，此領域充滿了許多以成為工程師為目標而度過成長期的人，例如，生理學家認為人體的運作有厲害到嚇死人的邏輯，而生物工程師傾向於把身體看成收音機的電路圖：輸入—輸出的比例、阻抗、回饋迴路、伺服機構。我連寫這些字都會怕到發抖，因為我幾乎不懂這些；可是生物工程師在這個領域做得很好，加入了很棒的活力。

假設你很好奇大腦如何知道何時該停止分泌葡萄糖皮質素，也就是什麼時候分泌量已經足夠了。模糊來說，每個人都知道大腦一定能夠以某種方式測量循環裡的葡萄糖皮質素的量，將它與想要的定點相比，然後決定是否要繼續分泌腦下垂體釋放激素，或是把水龍頭關掉（以馬桶水箱的模式來說）。生物工程師參與了此類研究，發現這個過程遠比大家想像的更有趣也更複雜，具有「多樣回饋領域」；**大腦有時候測量血液中葡萄糖皮質素的量，有時候測量濃度改變的比率**。生物工程師解決了另一個關鍵的問題：壓力反應是線性的，還是全有全無的？腎上腺素、葡萄糖皮質素、泌乳素和其他物質，都會在壓力中分泌；但是無論壓力源的強度如何，它們分泌的程度都一樣嗎（全有全無反應）？結果，系統對於壓力源的程度極為敏感，例如在血壓下降的程度和腎上腺素分泌的程度之間、低血糖的程度和升糖素分泌之間，呈現出線性關係。

　　身體不只能感應到有壓力，也神奇地精確測量這個壓力源把身體調適平衡破壞得多快、多嚴重。

　　這是很美也很重要的研究。漢斯‧塞利很愛生物工程師，這說得通，畢竟在他的年代，整個壓力領域在主流的生理學家看來肯定有些無腦。那些生理學家知道身體在太冷的時候會做一套事情，在太熱的時候會做完全相反的另一套，可是卻出現塞利及其團隊堅持有生理學機制會對冷和熱有相同的反應？還有對受傷、低血糖和低血壓也是？這些被包圍的壓力專家，敞開雙臂歡迎生物工程師。「你看，這是真的；你可以對壓力算數學、建立流程圖、回饋迴路、公式……」這是那一行的黃金歲月。

　　如果系統的確比預期得更加複雜，而且是以精準、邏輯、機械式的方式在複雜，很快的，就可能把身體呈現為具輸入─輸出關係的大模型：你精確地告訴我侵犯一個有機體的壓力源程度（它破壞血糖、液體量、理想體溫等的身體調適程度），我就能準確地告訴你會發生多少壓力反應。

　　到目前為止，這個取向對於我們已經談到的部分算是可行的，可能讓我們頗為準確地估計斑馬奔逃避開獅子時，牠的胰臟在做什麼，但這個取向無法告訴我們，工廠關門時誰會得潰瘍。一九五〇年代末期開始施行的壓力生理學的一種新實驗風格，戳破了那清楚、機械化的生物工程泡泡，只要一個例子就足夠了。當一個生物體受到痛苦的刺激，你想知道壓力反應會被引發到什麼程度，而生物工程師投入這件事，繪出刺激的強度、時間長度和反應的關係圖，但這次，當那痛苦的刺激發生時，被研究的那個有機體可以找媽媽、在媽媽懷裡哭泣，在這些狀況中，這個有機體有較少的壓力反應。

　　生物工程師提出的清楚而機械化的世界，沒有能解釋這個現象的東西。輸入依然相同；當這孩子經歷痛苦的程序時，應該發作的痛覺受器的數量也一樣，然而輸出卻完全不同。一個重要的體悟在研究圈大吼：「**生理壓力反應可以被心理因子調節**」，身體調適破壞程度一樣的兩個相同壓力源，可以被感知、被評價得不一樣，從此之後，一切就改變了。

　　根據心理因子，壓力反應突然變得可大可小，換句話說，心理變項可以調節壓力反應。無可避免地，出現了接下來的步驟：在生理現實沒有改變的情況下，光是

心理變項就能引發壓力反應，耶魯的生理學家約翰‧梅森（John Mason）是這個取向的領導者之一，興奮到宣稱所有的壓力反應都是心理性的壓力反應。

但舊守衛對此可不開心。正當壓力的概念開始變得較有系統、嚴密、可信，卻來了這些心理學家的攪和，把整個狀況弄混亂了。塞利和梅森在一系列已發表的互動中，一開始互相稱讚對方的成就和前輩，卻試圖摧毀對方的研究。梅森得意地指出在壓力反應的心理啟動與調節方面有越來越多的文獻，但面臨失敗的塞利則堅持不可能所有的壓力反應都是心理性和感知性的：如果一個有機體被麻醉了，在被切下手術切口的時候，他仍然會有壓力反應。

心理學家成功地在這張桌子得到一席之位，在他們學會一些餐桌禮儀和長出白髮的時候，已經比較不被當作野蠻人了。我們現在得想想哪些心理變項是關鍵的。為什麼心理壓力讓人很有壓力？

由心理壓力源組成的基石

挫折的出口

你可能以為關鍵的心理變項會是需要被揭發的模糊概念，但是在一系列的嚴謹實驗中，當時在洛克斐勒大學的生理學家杰‧懷斯（Jay Weiss）演示了這究竟是怎麼一回事。一個實驗中的受試對象是一隻接受輕度電擊（大約等於你在地毯上拖著腳走路產生的靜電）的老鼠，在一系列的這種實驗中，老鼠發展出持續的壓力反應：例如，牠的心律和葡萄糖皮質素分泌率上升。為求方便，我們可以透過老鼠多容易得到潰瘍來看長期後果，而在這個情況中，可能性高升。在下一個房間，一隻不同的老鼠受到相同系列的電擊，一樣的模式和強度；其身體調適平衡被挑戰的程度完全一樣，但這次，只要這隻老鼠被電擊，牠可以跑去一根木頭那邊啃它。這個情況中的老鼠更不容易得到潰瘍，因為你提供了挫折的出口給牠。其他類型的出口也有效，讓受壓力的老鼠吃東西、喝水或跑滾輪，牠就比較不會得潰瘍。

當人類有挫折的出口，像是搥牆、跑步、寄託於嗜好時，也比較善於應對壓力源，我們的腦力甚至足夠去想像那些出口，並從中得到舒緩：想想戰爭中的俘虜花

好幾個小時想像一場高爾夫球賽的驚人細節。我有一位朋友靠一支自動鉛筆和一本筆記本，畫出山區地形圖和在當中健走的想像，臥床撐過持續且壓力極大的疾病。

有效出口的一個重要特徵，是它能否分散壓力，但更重要的顯然是它對你也是正面的，提醒你人生不只是這時讓你發瘋和有壓力的什麼。運動所提供的挫折減少效果，有另一層的好處，而這要重複回到逃命的斑馬和有心理壓力的人類的分別。那個壓力反應是要為你的身體準備好現在有爆發性的能量可使用；但在心理壓力中，則是在沒有這方面的身體需求的情況下，也做出相同的反應，所以運動能為你的身體準備好要使用的能量，提供了出口。

懷斯的實驗的各種作法，發現了挫折出口的特殊特徵。這次，當老鼠遭受一模一樣的一系列電擊，而且不愉快，牠可以跑到籠子另一邊，和另一隻老鼠在一起，並且……狠咬牠，這是壓力引起的攻擊性錯置，非常棒地把壓力源帶來的壓力降到最小。這也是靈長類的專長，當公狒狒輸了一場打鬥，感到挫折時，會轉身攻擊正在做自己的事的較低階公狒狒，有極高比例的靈長類攻擊性，會出現在對於無辜他人的挫折錯置。人類也擅長這麼做，在壓力相關疾病的脈絡中，我們有描述這個現象的技術性方式：「拿別人當出氣筒，對於減少壓力源的影響多有效啊。」

社會支持

還有另一個與有機體互動以減少壓力源的影響的方式，而它比攻擊性錯置對我們星球的未來更有益。老鼠只會偶爾這麼做，但靈長類非常擅長這麼做。讓一個靈長類經歷不愉快、會讓牠有壓力反應的某件事，此時，若是讓牠在充滿其他靈長類的房間裡經歷相同的壓力源，結果則視情況而定。如果那些靈長類是陌生人，壓力反應會更糟；但如果牠們是朋友，壓力反應會減少，這就是社會支持網絡，也就是有可以依靠哭泣的肩膀、可以握的手、傾聽的耳朵，有人擁抱你並告訴你一切都會沒事。

野外的靈長類也一樣。雖然我大多是在進行壓力和葡萄糖皮質素如何影響大腦的實驗室研究，但我的夏天都在肯亞研究國家公園裡的野生狒狒的壓力相關生理學與疾病的模式。公狒狒的社交生活是相當有壓力的，有可能成為錯置的攻擊性下

的受害者而被痛揍，或是你仔細尋找到一些塊莖要拿來吃並清潔它，卻被更高位階的誰給偷走了等等。如果強勢位階的狒狒不穩定，或如果有具攻擊性的新公狒狒加入，低位階的狒狒和整個群體的葡萄糖皮質素會增加，但如果你是有很多朋友的公狒狒，可能會比沒有這些出口的相同位階的公狒狒，有較低的葡萄糖皮質素濃度。怎樣算是朋友呢？你跟小孩子玩、跟母狒狒經常有不具性意圖的梳理活動（非人類的靈長類的社交梳理會降低血壓）。

社會支持對人類當然也有保護性，這甚至在暫時的支持中也能看到。在一些細膩的研究中，受試者在有支持的朋友或沒有的時候，接受一個壓力源，像是必須公開演說或表演心算，或有兩個陌生人和他們爭論，在每個案例中，社會支持與較少的心血管壓力反應有關。社會支持程度的深度和持續程度，也會影響人類的生理：在同一個家庭中，繼子女的葡萄糖皮質素濃度顯著高於親生子女，或者另一個例子是，有轉移性乳癌的女性，若社交支持越多，靜態皮質醇指數就越低。

第八章中提過，有伴侶或密友的人壽命較長，當伴侶死了，死亡風險會提高。那一章也提到了對於在黎巴嫩戰爭中被殺死的以色列士兵的父母之研究：在這壓力源的餘波中，除了那些已經離婚或喪偶的人以外，疾病或死亡風險沒有明顯增加。其他例子則與心血管系統有關。

社交孤立的人有過度活躍的交感神經系統，這可能會導致高血壓和更多血小板聚集在血管中（回想一下第三章的內容），他們更可能會有心臟疾病，可能性是兩到五倍，一旦他們有了心臟疾病，更可能年紀輕輕就死亡。在一份對嚴重冠心病患者的研究中，杜克大學的瑞佛‧威廉斯（Redford Williams）及同事發現，在控制心臟病嚴重程度的情況下，缺乏社會支持的人有一半會在五年內死亡，比有伴侶或密友的病人高三倍。[2]

最後，社會支持也存在於廣泛的社群狀態。如果你是少數族裔的一員，社區中和你相同族裔的人越少，你得到精神疾病、住進精神科病房和自殺的風險越高。

可預測性

杰‧懷斯的老鼠研究發現了另一個調節壓力反應的變項。老鼠接受一樣的電擊

模式，可是這次在每次電擊前，牠會聽到一個警告鈴聲，結果是潰瘍較少。可預測性使壓力源比較沒那麼有壓力，得到警告的老鼠獲得兩種資訊，牠學到了某個糟糕的事情要發生了，也學到了其他時候沒有糟糕的事情會發生，可以放鬆。沒得到警告的老鼠會一直覺得馬上又要被電擊。實際上，提高可預測性的資訊會告訴你壞消息，但又安慰你不會更糟，也就是你很快會被電擊，但不會沒有警告就突襲你。

我們都知道這個原則的人類同等版本：你在牙醫師的治療椅上，沒有施打麻醉藥，牙醫師鑽下去。在十秒鐘令人神經捲縮的疼痛後，沖洗一下，再鑽五秒，牙醫師有點搞不定時暫停一下，然後鑽十五秒，如此下去。在其中一次的暫停時，你很累又試著不抱怨，吸了一口氣問：「快好了嗎？」

「很難說。」牙醫師咕噥著說，繼續一陣又一陣地鑽。想一想，要是我們遇到會說「再兩下就好了」的牙醫師，會感到多慶幸，第二次的鑽牙一停止，血壓就降下去了。當你被告知即將要來的壓力源時，也會因為知道什麼壓力源現在不會到來而偷偷感到安慰。

有幫助的可預測性的另一種版本是，如果一個壓力源一而再、再而三地發生，有機體遲早會習慣它；它一次又一次地發生，可能每次都會打亂生理的身體調適平衡，到後來那就是相似的、可預期的壓力源，引發的壓力反應會比較小。一個經典的範例是在挪威軍隊經歷跳傘訓練的男人，隨著這個歷程，跳傘從讓人頭髮豎起的新事物變成睡著也能做的事，他們的預期性壓力反應從超級大變成根本不存在。

有一份嚴謹的研究發現，失去可預測性會成為造成心理壓力的力量。一隻老鼠在籠子裡做自己的事，這實驗在一定的時間間隔把食物從一個通道送到籠子裡，老鼠吃得很開心，這稱為間歇增強時制。現在改變送食物的模式，老鼠在一個小時內所得到的食物總量完全一樣，可是時間是隨機的，老鼠得到的獎賞一樣，但比較不可預期，結果牠的葡萄糖皮質素指數升高。在這隻老鼠的世界裡，一件生理壓力事件都沒有，沒有飢餓、疼痛、逃命，牠的身體調適平衡完全沒問題，但在沒有任何壓力源的情況下，「失去可預測性」卻引發壓力反應。

有些情況是，即使外在世界較沒壓力，卻更可能出現壓力反應。華盛頓大學的動物學家約翰・溫菲爾德（John Wingfield）發現野鳥的例子，想想一些物種從北極圈遷徙到熱帶，一號鳥在北極，那裡的平均溫度是零下十五度，而那天在戶外

剛好是零下十五度，而二號鳥在熱帶，平均溫度是二十七度，但這天剛好掉到十五度。誰會有較大的壓力反應呢？很神奇地，是二號鳥。重點不是熱帶的溫度比北極的溫度高三十度，而是在熱帶比預期中冷了十二度。

　　人類版的同樣狀況已經有紀錄了。當納粹的閃電戰開始轟炸英格蘭時，倫敦每晚準時被轟炸，這是很大的壓力。郊區的轟炸非常不固定，可能一週一次，有較少的壓力源，但可預測性較低。那時人們發生潰瘍的狀況顯著增加，但誰有比較多的潰瘍呢？郊區人口（不可預測性的另一個重要測量是，到了轟炸的第三個月，所有醫院的潰瘍率都降回正常值）。

　　儘管人類和其他動物對缺乏可預測性的反應相似，但我推測並不會完全一樣。即將電擊老鼠的警告，對於在電擊當下的壓力反應程度沒什麼影響，反而是讓老鼠更確定自己什麼時候不必要擔心，而降低了老鼠在其他時候的預期性壓力反應。類比牙醫師說「再兩下就好了」，這使我們在第二次鑽牙結束時放鬆。雖然我無法證明，但我認為，適當的資訊也會降低我們在疼痛當下的壓力反應，這與老鼠的案例不同。如果你被告知「只要再兩下」或「只要再十分鐘」，你不會使用不同的心智策略去應對嗎？面對任何一種情況，你會在不同時候採用寬心的想法「只要再一次，就是最後一次」；你會把最令人分心的幻想流到不同的時間點；你會從不同的數字倒數到零。預測性的資訊，讓我們知道在該壓力源之下用什麼內在應對機制會更最有效。

　　我們通常希望得知某醫療困擾的病程資訊，因為那會幫助我們做出如何應對的策略。一個簡單的例子：你做了某種小手術，得到預測性的資訊，即手術後的第一天會很痛，相當持續，而到了第二天，你只會覺得有一點點痛。你在知道這個資訊後，更可能計畫在第一天看八部令人分心的影片，第二天則投入寫細膩的俳句詩，而不是反過來。在其他原因中，當我們索取所能遇到的打擊最大的醫療資訊（就是「我還有多少存活時間」時），都希望把自己的應對策略做到最好。

可控制性

　　老鼠實驗也示範了心理壓力的一個相關面向。給老鼠相同系列的電擊，然而這

次你研究那些已經被訓練會壓桿子來避免電擊的老鼠。你在移掉桿子後電擊這隻老鼠，牠會產生強烈的壓力反應，就像是牠在想：「我不敢相信。我知道該怎麼處理電擊，給我該死的桿子，我就能處理。這不公平。」結果就是讓這老鼠產生一堆潰瘍（還有高葡萄糖皮質素指數，較差的免疫功能和較快的腫瘤生長）。給受訓練的老鼠一根桿子去壓，即使這桿子已經沒有和電擊機制連結，依然有幫助：牠的壓力反應會下降。只要老鼠之前有接受過較強的電擊，現在牠會認為這較弱的電擊是因為自己能控制這個情況。這是調節壓力反應時非常強大的變項。

對人類做一樣的實驗，也有相似的結果。把兩個人放在相鄰的房間，讓他們都聽令人難以忍受的間歇大聲噪音，其中有按鈕且相信按下去可以減少更多噪音發生的可能性的人，血壓比較不會升高。這項實驗的一個變形中，有按鈕卻懶得按的受試者，和真的有按下去的受試者，表現一樣好。因此，執行控制並不是關鍵，關鍵在於「你相信自己有控制權」。日常生活的例子是：飛機比汽車安全，可是怕搭飛機的人比較多，為什麼？因為一般駕駛人相信自己是優於平均值的駕駛，因此更有控制權，而坐飛機時，我們完全沒有控制權。

「控制」的議題貫穿了壓力心理學的文獻。最後一章會在應對方面談到，運動是很棒的減壓方式，但這只有在它不完全討人厭時有效。很神奇地，在老鼠身上也一樣，讓老鼠自願在滾輪中跑，這會使牠覺得很棒，但強迫老鼠做同樣的運動量，牠會有很大的壓力反應。

「控制」的議題也充滿在關於職業壓力的大量文獻。當然，有些工作的壓力來自於一個人有太多的控制權和責任，在那些少有的職業中，經過一整天的工作日，或許你會發現自己必須在本地機場指示繞圈的大飛機怎麼降落、親自處理某人的腦動脈瘤，並且做出塔夫綢（Taffeta）是否要出現在米蘭的秋季時尚秀的最後決定。然而，對大部分的人來說，職業壓力比較是建立在缺乏控制上，工作內容像是機器裡的一小部分。無盡的研究發現，職業壓力與較高的心血管和新陳代謝疾病的關聯，是綁定在高要求、低控制的致命結合，也就是你必須很辛苦地工作，公司對你的期待很多，而你對這個過程的控制很少，這是生產線的典型，造成馬克思的工人孤立的壓力源組合。控制的部分比要求的部分更有力，「低要求和低控制」比「高要求和高控制」更會傷害一個人的健康。

　　然而，對工作缺乏控制的壓力，只適用於特定領域。例如，關於公司要製作什麼產品，在這方面缺乏控制通常不會讓人有什麼壓力，很少人會因為堅信那些有能力且上進的同事應該要從這家工廠努力做出一大堆史奴比填充玩具而非滾珠軸承，而發生潰瘍。反而是對於過程缺乏控制的壓力，像是期待什麼工作速度，以及這方面有多少彈性、有什麼設施、你對這些設施有多少控制、主管有多麼威權。

　　這些狀況也試用於一些比較意外的工作環境，就是那些可能非常上流且很多人想要從事的。

　　例如，專業的交響樂團音樂家通常工作滿意度較低，而且比小型室內樂團（像是弦樂四重奏）的音樂家壓力更大。為什麼？一對研究者認為，這是因為在交響樂團中缺乏自主性，數個世紀以來的傳統認為交響樂團是指揮的獨裁奇想的手下，例如，直到近幾年，交響樂團工會才贏得在排練時定時上廁所的權利，而不是得等到指揮注意到沒用的演奏者有多麼坐不住。[3]

　　所以，「控制」的變項極為重要，「能控制你得到的獎賞」可能比「不需付出就得到」還更令人喜歡。一個極棒的例子是，比起不需付出就有食物送來，鴿子和老鼠都寧願壓桿子來獲取食物（只要這個工作不是太困難），這也是在許多富豪子弟的活動和言論中常出現的主題，他們對於自己的生活缺乏目的和奮鬥，不需付出而感到後悔。

　　「失去控制」和「缺乏預測性資訊」之間具有密切關係，一些研究者對此指出一個共同的主題是關於有機體接觸到新事物之時。你以為自己知道怎麼處理事情，你以為自己知道接下來會發生什麼，結果你在這個新狀況中出錯了。在靈長類研究中，只是把那動物放到新籠子裡，就會抑制牠的免疫系統，證明了這個狀況有多強烈。其他研究者強調，這類的壓力源在你尋找控制與預測的新規則時，會造成激發和警戒。這兩種觀點是相同主題的不同面向。

認為事情在惡化

　　然而，壓力反應的另一個重要心理變項已經被發現了。一個假設的例子是：兩隻老鼠接受一系列的電擊，第一天，一隻每小時接受十次電擊；另一隻接受五十次

電擊；次日，兩隻每小時都接受二十五次電擊，哪隻會有高血壓呢？顯然是從十次變成二十五次的那隻。另一隻老鼠會想：「二十五次？小意思，沒問題；我應付得來。」當身體調適所遭到的破壞程度相同時，認為事情變好則大有幫助。

這個原則常出現在人類疾病的領域。回想在第九章提到的情況，當疼痛代表著藥物在發揮作用、腫瘤在縮小等情況時，它造成的壓力會比較小，甚至受歡迎。一個經典的研究發現，在其孩子有二十五％的機率會死於癌症的父母中，也有這樣的現象，很驚人地，那些父母血液中的葡萄糖皮質素指數只有輕微上升。怎麼會這樣呢？因為那些孩子是在緩解期，之前一段時間的死亡機率更高，因此這「二十五％」肯定像是奇蹟。一小時電擊二十五次、一定程度的社交不穩定、你孩子有四分之一的死亡機率，每一個都可以是好消息或壞消息，而且似乎只有壞消息會刺激壓力反應。這不只是關乎外在現實，而是你賦予它的意義。

我在肯亞研究的狒狒也有這種情況。一般來說，當強勢位階不穩定，靜態葡萄糖皮質素指數會上升，這說得通，因為這種不穩定會造成有壓力的時期。然而，看看個別的狒狒，這種模式比較不明確：有相同程度的不穩定，但階級往下掉的公狒狒會有上升的葡萄糖皮質素指數，而階級往上升的公狒狒在這場混亂中並不會有這種內分泌現象。

各項因素的交互作用

所以，某些強大的心理因素本身可以誘發壓力反應，或是使另一個壓力源顯得更令人有壓力，像是失去控制或可預測性、失去挫折的出口或支持資源、認為事情在惡化等，這些不同因素的意義顯然有些重疊。如我們已經知道的，「控制」和「可預測性」是緊密結合的；把它們與「事情在惡化」的觀點結合，你就有了壞事正在發生、超乎你的控制，並且徹底無法預料的情形。加州大學洛杉磯分校的靈長類動物學家喬安・斯意克（Joan Silk）強調，靈長類維持強勢位階很棒的方式，是那位頂端首領以隨機且粗暴的方式把攻擊性分配出去。這是我們恐怖主義的靈長類本質。

這些變項有時候會互相衝突，於是產生了一個問題，就是哪一個比較強大，

而這通常關乎控制／可預測性，與認為事情在變好或變壞的這兩個部分。例如，某個人意外贏得大樂透，這是壓力源嗎？這根據哪個比較強大而定，是「認為事情變好」的有益部分，或是「缺乏可預測性」的壓力部分。不意外地，如果樂透獎金夠多，大多數人的心理能應付一些不可預測性。然而，在一些非人類的靈長類研究中，實驗者操弄了位階，發現也會有相反的反應，也就是如果那個改變是意外的，即使是好的改變，也可能會很有壓力（心理治療通常必須深入探究為什麼人有時候寧願維持已知的痛苦，而比較不想要好的改變）。反過來說，如果一個情況夠糟糕，就算它是可預測的，也不會讓人比較舒服。

我們都經歷充滿壓力源的人生，但對壓力源的脆弱程度卻大不相同，這些因素提供了重要的解釋，這本書最後一章會深入探討這些個別差異的基礎，這將作為分析如何利用這些心理變項的藍圖，即究竟如何把壓力管理得更好。

這些不同的心理變項可以交互作用的方式，帶出了一個重點並主導最後一章，也就是壓力管理不能只是「最大化控制、最大化可預測性、最大化挫折出口」這種頭腦簡單的解決辦法。我們即將看到，壓力管理遠比這個更複雜，最明顯的第一個難關是，某些缺乏控制和可預測性的事，可能是很棒的事，像是一趟好玩的雲霄飛車、一部超棒的電影、一本有很好的意外結局的神秘小說、中樂透、接受到隨機的善意。

有時候，過度的可預測性是個災難，像是工作上的無聊程度，而適量的失去控制和可預測性，就是我們所說的刺激。

在第十六章，我們會看看刺激為何使我們高興而非有壓力的生理學，而目標並不是產生永遠不挑戰生理刺激的生活。這一章剩下的部分要談提高控制和可預測性會減輕壓力的狀況。

關於可預測性的一些細節

我們已經知道可預測性如何改善壓力的後果：接受一系列電擊的老鼠，會比事先得到警告的老鼠，發展出較高的潰瘍風險。然而，可預測性並不總是有幫助，這方面的實驗文獻相當豐富，相關的一些人類案例使這主題更容易被理解（記得，在

這些情況中，壓力源是無可避免的；警告不能改變壓力源，只能改變對於壓力源的看法）。

在沒有警告下，對壓力源的預期性為何？

如果在某個早晨，一個至高無上的聲音說：「你無處可逃；你今天工作的時候（但這是今年唯一一會發生的時候），一顆隕石會來撞爛你的車。」這會怎麼樣呢？令人不舒服。這當中有好消息，就是明天不會再度發生，但那並不會讓人好受；這不是你常會焦慮煩惱的事情。

另一個極端來說，如果在某個早晨，一個至高無上的聲音低聲說：「今天的高速公路會使你很有壓力，車流量很多，走走停停。明天也一樣。事實上，今年每一天，只有十一月九日不太會有車，而且在那一天人們會互相揮手，高速公路巡警會把你攔下來，跟你分享他的咖啡和蛋糕。」會怎麼樣呢？誰需要預知開車去上班會很有壓力這種明顯的事情？

所以，警告對於非常稀有的壓力源（你通常不會擔心隕石），以及經常會有的壓力源（就算沒有警告都可以預測到），比較沒有效果。

在壓力源出現的多久以前有警告呢？

每一天，你去赴一個神秘的約：你閉著眼睛被帶到一個房間、坐在深深的舒服的椅子上，然後，大約差不多的機率，但沒有預警，一個圓潤深沉、慈祥大叔的聲音，會讀你童年時最愛的故事直到你睡著，或是一桶冰水從你頭上倒下來。我打賭這不是讓人喜歡的事，而如果你在事情發生前五秒被告知會遭受哪種待遇，這整件事情是否會比較不那麼令人不安呢？可能不會，這些時間不足以讓此資訊導致任何心理好處。

另一個極端是，如果預期資訊很早就發生呢？你是否會希望一個至高無上的聲音告訴你：「十一年又二十七天後，你的冰水澡會維持整整十分鐘？」在壓力源剛要發生前或太早以前，對於緩和心理預期沒有什麼好處。

有些類型的預期資訊甚至會增加累積的預期性壓力源，例如，那個壓力源真的很糟糕，那個至高無上的訊息說：「明天一個無法避免的意外會輾過你的左腿，雖然你的右腿會維持得很好。」這會讓你寬心嗎？

同樣地，如果預期性資訊很模糊，也會使事情更糟。當我在寫這一段時，我們持續因為後九一一世界中預期性資訊誇張模糊而感到壓力，我們得到的警告聽起來像是地獄來的星座預報：「橘色警戒：我們不知道那個威脅是什麼，但接下來幾天要對一切格外警戒。」[4]

整體來說，這些情況告訴我們，可預測性並不總是能保護我們免於壓力，更有系統的動物研究認為，只有在中度頻率與中等強度的壓力源，並且配合特定的時間差和正確資訊的程度，它才有用。

關於控制的一些細節

要了解「控制」對壓力的影響的一些重要細節，我們需要回到老鼠被電擊的例子。老鼠之前被訓練去壓桿子以避免電擊，現在牠發瘋似地敲桿子，但這桿子沒有反應，老鼠依然被電擊，可是潰瘍的機率較低，因為牠以為自己能控制。在這實驗設計中加入控制感，減少了壓力反應，因為老鼠在想：「一小時電十次。不算糟。想像如果我沒有掌控這裡的桿子，會有多糟。」但如果事與願違，加入控制感使得老鼠想：「一小時電十次，我有什麼毛病？我這裡有一根桿子，我應該已經避免電擊了。這是我的錯。」如果你相信自己能控制壓力源，而事實上你不能控制，你可能會認為這不可避免的事情會發生都是因為你的錯。

在糟糕的情況中有不當的控制感，可能會使我們覺得很糟糕。對於經歷悲劇的人，我們有些最慈悲的話語是減少他們認為的控制感。「這不是你的錯，沒有人能夠及時停住；她突然從兩輛車之間衝出來。」「你對那件事也不能做什麼；你盡力了，現在的經濟就是很差。」「親愛的，為他找世界上最好的醫師，也不能治癒他。」而社會轉移責怪的一些最殘酷無情的方式，就是歸咎比實際上更多的個人控制到壓力源中。「如果她那樣穿就是自找的」（性侵受害者有控制權可以預防性侵）；「你孩子的思覺失調症是你的母育風格造成的」（在這個疾病被認為是源自

神經化學性以前,幾十年來這是精神醫學界主流的破壞性信念);「如果他們有試著融入,就不會有這些問題」(少數族群有能力預防受到迫害)。

對於壓力的控制感所產生的效果,極度依據背景環境而定。一般來說,如果可以很容易想見這個壓力源可能更糟到什麼樣子,加入製造出來的控制權會有幫助。「那很糟,但想想如果我那時沒有那樣做的話,它會糟到什麼程度。」但是當壓力源真的非常糟糕的時候,製造出來的控制權很有害處,你很難想像自己避免了更糟的情況,但很容易因為你沒有預防那個災難而膽戰心驚。當結果很糟時,你不想要覺得自己可以控制無法控制的事情。面對無法控制的情況時,有強烈內控觀的人(換句話說,認為自己主掌人生,發生在身邊的事情反應了他們的行為),比外控觀的人有更大的壓力反應,這對老年人(尤其是老年男性)尤其有風險,因為人生有越來越多的事情超出他們的控制。

我們在最後一章會看到,甚至有一種人格類型傾向於在壞的、無法控制的情況中內化控制,大幅增加特定疾病的風險。

這些關於控制和可預測性的細節,有助於解釋壓力研究的一個令人困惑的狀況。一般而言,控制感或可預測性越少,你得到壓力引發的疾病的風險就越高。然而,喬瑟夫·布萊迪(Joseph Brady)在一九五八年對猴子所做的一項實驗提出了這個見解,就是較多的控制和較多的可預測性會造成潰瘍。有一半的動物可以壓一個桿子來延後電擊(「執行」猴子);另一半被動地被與「執行者」配在一起,只要第一隻猴子被電擊,牠們也會被電擊。在這被大肆報導的研究中,負責執行的猴子更可能發展出潰瘍。根據這些研究而出現了備受歡迎的概念,「執行壓力症候群」,並且連結著人類執行者受到控制、領導和責任的壓力包袱壓垮的畫面。

紐澤西州東橘市退伍軍人醫學中心的班·內特森(Ben Natelson),以及杰·懷斯,注意到那份研究的一些問題。首先,它是在控制與可預測性是「壞消息」的前提上進行的。第二,「執行」和「非執行」的猴子不是隨機選擇的,而是在前導研究中將比較會先壓桿子的猴子選為執行者。那些比較早壓桿子的猴子,已經被發現是情緒反應性較高的動物,所以布萊迪無意間在執行的那一邊放了比較有反應、更容易有潰瘍的猴子。一般而言,所有物種的執行者都比較可能會造成別人的潰瘍而不是得到潰瘍。

　　總括來說，壓力反應會受到心理因素的調節或甚至引發，包括失去挫折出口、失去社會支持、認為事情在變糟，並且在某些情況中，失去控制和可預測性。這些想法已經大大擴展了我們回答這個問題的能力：為什麼只有某些人會得到壓力相關疾病？顯然有不同數量的壓力源會降臨到我們身上，在那些生理學的章節後，你可以猜到我們的腎上腺製造葡萄糖皮質素的速度不同、脂肪細胞中胰島素受器的數量不同、胃壁的厚度不同等。但是在這些生理性的差異之外，我們還可以加上另一個面向，即我們對世界中的壓力源觀點的心理過濾不同。兩個在相同狀況中的人，像是在超市結帳等很久、公開演說、從飛機上跳傘，可能對於這些事件有極為不同的心理觀點。「喔，等待時我就看雜誌好了」（挫折出口）；「我緊張得要命，但講完這個餐後感言，我就升官了」（事情正在變好）；「這太棒了，我一直都想嘗試跳傘」（這是我能控制的）。

　　接下來兩章，我們會看看精神疾病，像是憂鬱症、焦慮症和人格障礙，它們都是「真實世界的壓力有多麼大」與「一個人認為它造成的壓力有多大」的不良結合。我們會看到，這兩個部分的錯配可以用許多形式發生，但共同點是患者可能得付出相當大的代價。然後在第十六章，我們會了解心理壓力和成癮歷程有什麼關係，之後的一章會探討你在社會中的位置以及社會的型態，如何對壓力生理學和疾病模式有深度的影響。在最後一章，我們藉由學習如何利用這些心理防衛，來檢視壓力管理技術如何幫助我們。

注釋

1　我以前會收集大家週五晚餐餐桌上吃剩的雞骨頭，用我的刀清理它們，然後在甜點結束前驕傲地展示排好的骨架。後來回想，我認為那是為了惹毛我姊姊，更勝於追求解剖學。然而，泰迪‧羅斯福（Teddy Roosevelt）的傳記，最近幫助我理解到，當他走入政治後，這個世界失去了最棒的動物學家之一。他在十八歲時已經有鳥類學的專業發表；九歲時，他母親把他放在家裡冰箱的田鼠收藏丟出去，他的反應是在家裡拖地板，聲明：「科學的損失！科學的損失！」

2　最近我以出乎意料的方式學到社會支持的保護效果。一個當地的電視臺在做「尖峰時間的交通壓力有多大」的題材，而我給他們建議。我們誤打誤撞地有了一個很棒的想法，就是找一位被正式認證的 A 型性格（我們後來在當地的 A 型性格心臟科診所找到了一位）、每天這樣通勤的人，測量他在通勤前和通勤當中的壓力荷爾蒙指數。拍攝團隊會取得一些唾液樣本，來測量葡萄糖皮質素。在那個人通勤之前到他家，在試管中收集一些唾液。然後上路。拍攝團隊的壓力越來越

大，擔心這天不會塞車。可是，咆哮很快就開始了，車頭對車屁股。然後採取第二個唾液樣本。焦慮的電視製作人等待著實驗室分析的結果。在家的基礎線樣本：葡萄糖皮質素指數升得很高。尖峰時段的指數：很低。喔，不。我相信這個不科學實驗結果的解釋是社會支持。對於這個每天用 A 型性格過尖峰時段的人，這是超棒的情況。一個上電視的機會、一群人在他那裡記錄他忍受的通勤多麼有壓力、覺得自己被選為所有 A 型性格者的代表、被塗油膏祝聖的人。他顯然整趟路都開心地指出這有多糟、他還看過更糟的。他過了很棒的時光。重點是什麼？每個人被塞車困住的時候，都該有一群在拖車裡的友善攝影團隊。

3　很有意思的是，這文獻是此領域的大師之一西摩‧列文（Seymour Levine）寫的，他的兒子羅伯特（Robert）是專業交響樂音樂家。

4　諷刺風格的報紙《洋蔥》用滑稽的文章挖苦這個資訊的不精確。在文章中，國土安全部部長湯姆‧瑞吉（Tom Ridge）據說宣布了新的警戒程度。「新加的程度是橘—紅警戒、紅—橘警戒、栗紅色警戒、豬肝紅警戒、赭色警戒。」他們以恐懼的升序表示：「關注、深切恐懼、嚴重的恐懼、幾乎癱瘓的恐懼和撕扯褲子的恐怖。請注意這一點。」（二〇〇三年二月二十六日，第七號）

第 14 章

壓力和憂鬱症

　　我們病態地對疾病的奇特之處感到著迷，它們充斥在電視影集、八卦小報，以及希望有天變成醫師的青少年的讀書報告裡。維多利亞時代有象人病的人、有多重人格的殺人犯、有早衰症的十歲孩童、有自閉症的蠢學者、有庫魯症（Kuru）的食人魔（編注：庫魯症是因人吃死人的習俗，造成普里昂蛋白感染而蔓延的，症狀主要有頭痛、關節疼痛和四肢猛烈顫抖，後期患者會精神分裂、失憶、大笑）。誰抵抗得了呢？

　　但談到人類悲慘的基本面，試試憂鬱症吧。它可以威脅性命，能夠摧毀人生、破壞患者的家庭，而它具有令人頭昏的普遍性，這使得心理學家馬丁・塞利格曼（Martin Seligman）稱之為「心理病的感冒」。最樂觀的估計是，我們有五％到二十％的人會在人生中的某個時期經歷至少一次令人失能的重大憂鬱症，使我們去住院或吃藥，或好長一段時間無法運作。幾十年來，它的發生率一直穩定上升，並預測在未來，憂鬱症會是地球上醫療殘障的主要原因之一。

　　本章不同於前面將「壓力」的概念擺在重要位置的章節。一開始，在我們聚焦於憂鬱症時，情況看起來的確是如此，然而，這兩者似乎不得不綁在一起，而且壓力的概念會貫穿這一章的每一頁。如果不接受壓力在這個疾病中扮演的重要角色，就不可能了解憂鬱症的生理學或心理學。

　　要了解這個關聯，首先必須要了解這個疾病的特色，並且與一個語意問題搏鬥。「憂鬱」是一個日常中使用的詞，輕微或相當令人不高興的事情發生在我們身上，我們會「藍色」一陣子，然後恢復，但這不是憂鬱症的狀況。一方面，憂鬱症是慢性的，症狀必須持續至少兩個星期；另一方面是嚴重程度，這是會令人失能的

疾病，使人想自殺；它的受害者可能會失去工作、家庭和一切社會接觸，因為他們無法逼自己下床，也會拒絕去看精神科醫師，因為他們覺得自己不值得好起來。這是很恐怖的疾病，而貫穿這一章，我會談這個毀滅性的重大憂鬱，而不是我們隨便裝內行說「覺得憂鬱」的那種暫時藍色狀態。

憂鬱症的症狀

憂鬱症的主要特徵是「失去愉悅」，如果我必須用一句話定義憂鬱症，我會說它是一種**「強烈的環境誘發因子引發的基因性／神經化學性的疾病，特色為無法欣賞日落」**，憂鬱症可以跟癌症或脊椎受傷一樣悲劇。想一想我們的人生是什麼樣子？沒有人會永遠活著，而我們有時候真的相信會如此；我們的日子充滿了失望、失敗、得不到回報的愛，儘管如此，幾乎難以想像的是，我們不只能應對，甚至感到大量的樂趣。

例如，我踢足球不怎麼厲害是出了名的，但沒什麼能阻止我一週參加兩次球賽，總會有那麼一刻，我扯了比我厲害的人的後腿；我一邊喘氣，一邊感到滿意，而且還有很多時間可以玩，然後來了一陣微風，我突然對自己的動物性存在感恩到頭暈。有什麼比剝奪我們這種「愉悅」能力的疾病更悲劇的呢？

這種特徵被稱為「乏樂」（Anhedonia）：Hedonism 的意義是「追求愉悅」，而 Anhedonia 是「無法感到愉悅」（也常被稱為不安〔Dysphoria〕，後面我會交錯使用這兩個詞）。憂鬱症患者都會乏樂，一個女人剛剛獲得了期待很久的升遷，一個男人剛剛與夢想中的女人訂婚，而如果他們處在憂鬱症中，他們會告訴你，他們什麼感覺都沒有、這真的不算什麼、他們不值得這件事。友誼、成就、性、食物、幽默等，沒有一個能帶來任何愉悅。

這是憂鬱症的典型樣貌，而一些近期的研究大多建立於亞利桑那大學心理學家艾列克思・曹特拉（Alex Zautra）的研究之上，顯示事情其實更複雜。明確來說，正面和負面的情緒並不是相反的，如果你在一天中隨機讓受試者記錄他們當下的感覺幾次，感覺好和感覺不好的頻率並沒有逆相關，也就是說，你生活中充滿多少強烈的正面情緒和多少強烈的負面情緒，正常來說沒有太多相關性。憂鬱症代表那兩

個獨立的軸線形成逆相關的狀態，也就是正面情緒太少，負面情緒太多。當然，這個逆相關的說法並不完美，現在有很多研究聚焦在這樣的問題：憂鬱症的不同次類型的特性，是比較屬於缺乏正面情緒，還是過多的負面情緒？

伴隨憂鬱症的是嚴重的悲痛和嚴重的罪惡感。我們常在自稱為「憂鬱」的日常生活的悲傷中，感受到悲痛和罪惡感，但是在憂鬱症中，它們可以使人失能，這個人會被絕望所淹沒。這些感覺可能有複雜的層次，例如，並不只是對某個造成此憂鬱症的事情有執著的罪惡感，而是對憂鬱症本身有執著的罪惡感，包括它對患者的家庭有什麼影響、關於無法戰勝憂鬱症的罪惡感、在這個疾病中存活了也浪費了生命的罪惡感，難怪全球每年有八十萬起自殺是憂鬱症造成的。[1]

在這種病人的一個次類型中，悲痛感和罪惡感到了妄想的程度。我並不是指思覺失調症那種思考障礙型的妄想，而是憂鬱症患者的妄想式思維會把事實扭曲、過度解讀或解讀不足，到了他必須認為事情很糟糕，而且會越來越糟、越來越無望的程度。

舉個例子，有一位中年男人沒來由地有了嚴重的心臟病發作，而必死性的暗示、生命的轉變，把他淹沒了，使他罹患了憂鬱症。儘管如此，他順利地從心臟病發作復原，而且能夠回復正常生活，但是每一天他都確定自己越來越糟。

他住的醫院是環形格局，有一圈圓形的走廊。有一天，護士帶他在醫院走一圈，然後他累癱回到床上，隔天，他走了兩圈；他越來越強壯。那天晚上，他的家人來訪，他告訴他們，自己每況愈下。「你在說什麼？護士們說你今天走了兩圈；昨天你只走一圈。」不，不，他悲傷地搖頭，你不懂。他解釋醫院在裝修，嗯……昨晚他們關了舊走廊、開了較新的小走廊。你看，新的一圈比舊的一半還短，所以今天的兩圈還是比我昨天能走的更短。

這個事件的主角是我朋友的父親，身為工程師的他，神智清楚地說明半徑範圍和周長，期待他的家人相信醫院在一天內從建築物中心開了新的走廊。這是妄想式的想法；在此一分析和評估背後的情緒能量是失調的，以至於他用造成憂鬱結論的方式詮釋日常生活：很糟糕、越來越糟，而且這是我活該。

認知治療師，像是賓州大學的亞倫·貝克（Aaron Beck），甚至認為憂鬱症主要是想法的障礙而非情緒的障礙，因為患者往往用扭曲、負面的方式看待世界。貝

克和同事做了驚人的研究提供這樣的證據，例如，他們可能給一位受試者兩張圖片，第一張圖是一群人開心地圍繞在餐桌旁吃大餐，第二張圖是同一群人圍繞在棺材旁。快速地或同時遞給受試者看這兩張圖，他會記得哪一張呢？憂鬱症患者看到喪禮畫面的比例高於隨機值，他們不只是對什麼感到憂鬱，而且總是用強化憂鬱的扭曲方式看待周遭發生的事情；他們的水杯總是空半杯。

憂鬱症另一個常見的特徵是「精神運動遲滯」，這個人的行動和說話速度很慢，所有的事情都需要大量的努力和專注力。他會覺得光是要安排就醫時間就令人耗竭，很快地，就連要下床和穿衣服都讓他難以負荷（請注意，並非所有的憂鬱症患者都有精神運動遲滯；有些人有相反的模式：「精神運動激動」）。精神運動遲滯是憂鬱症最重要的臨床特徵之一，也就是嚴重、深度憂鬱症者很少會試圖自殺，直到他們覺得比較好一點點的時候。如果精神運動方面使這個人連下床都很困難，他們當然沒有殺死自己所通常需要的大量能量。

重點是：很多人往往認為，憂鬱症患者就是和你我一樣每天有鳥事的人，但對他們來說情況會失控地惡化。我們可能也會這樣覺得，並且用聽不到的音量偷偷說，這些人只是不能應付正常的起起落落，一直在自我放縱。（他們為什麼不能振作起來？）

然而，憂鬱症就像糖尿病是真實的疾病，另一組憂鬱症症狀支持這個觀點。基本上，憂鬱症患者體內的很多東西運作得很奇怪；這些被稱為「植物性症狀」。你我都會有日常憂鬱，而我們會怎麼辦呢？通常會睡得比平常多，可能吃得比平常多，相信這種安慰能使我們覺得好一點。這些特性剛好和大部分憂鬱症患者的植物性症狀相反，他們的食量變少了，睡眠也變少，而且是一種特殊的狀況。雖然憂鬱症患者不見得睡不著，但會有「早起」的問題，好幾個月下來因為每天早上三點半醒來後睡不著而疲累不堪。不只睡眠變短，而且如第十一章提過的，睡眠的結構也不同了，從深度到淺度的睡眠模式，以及開始做夢階段的節奏，都會受到破壞。

還有一個植物性症狀與這一章極為相關，就是憂鬱症患者常有升高的葡萄糖皮質素指數，這一點很重要的原因有好幾個，之後會再提到，而且這有助於釐清這個疾病到底是怎麼一回事。看著憂鬱症患者坐在床沿，幾乎不能動，我們很容易認為這個人沒有能量、沒有活力，但比較精確的看法是，這位憂鬱症患者像是一綑緊緊

纏繞著的電線，緊繃、壓力大、活動的（但都是內在）。我們會看到，憂鬱症的一個心理動力觀點，說明了這個人在對抗一場巨大的、凶猛的心智戰，難怪他們有升高的壓力荷爾蒙指數。

第十章回顧了葡萄糖皮質素如何破壞依賴海馬迴的記憶方面，而在憂鬱症中葡萄糖皮質素指數常常升高，可能有助於解釋這個疾病的另一個特色，就是海馬迴依賴型記憶的問題，此記憶問題的某部分可能反應了這個憂鬱的人缺乏動力（當每一件事都是無望且沒意義的，何必認真做某個心理醫師的記憶測驗呢？），或者對於在一個任務中回應記得什麼所帶來的獎賞感到乏樂。但是，在這些額外的因素之中，純粹透過海馬迴儲存和提取記憶的歷程經常是受損的，而我們很快就會看到，這極為符合近期的發現，也就是許多憂鬱症患者的海馬迴比平均值小。

憂鬱症的另一個特徵也確認了這是真正的疾病，而不只是一個人應付不了日常的起起落落。憂鬱症有好幾種，看起來不太一樣，其中一種是單極性憂鬱症，患者會在極度憂鬱的感覺和覺得相當正常的感覺中波動，另一種是那個人會在深度憂鬱和狂野混亂的過動間波動，這被稱為「雙極性疾患」，或是大家更熟悉的「躁鬱症」。我們遇到了另一個複雜性，就像我們在日常中以不同於醫學意義的意思使用「憂鬱」，「狂躁」在這裡也有日常的言外之意。我們可能用這個詞彙指稱瘋狂，就像電視裡的殺人狂魔，或者當一個人因為意外的好消息而很興奮，說話很快、大笑、有很多手勢，我們可能會說他在發狂。但是，躁鬱症所展現的狂躁是完全不同的程度。

舉例來說，一位女性進入急診室；她有躁鬱症，處於完全狂躁的一端，且好一陣子沒吃藥。她接受政府的救濟，名下一毛錢也沒有，而上週她用向高利貸借來的錢買了三輛凱迪拉克，可是她完全不會開車。在狂躁期的人可以好幾天每晚只睡三個小時，並且覺得自己有休息；他們會連續幾小時講個不停；思緒飛奔，非常容易分心，無法專心。在非理性的自大爆發時，他們會蠻幹，或對自己或他人造成危險。在極端的狀況中，他們會為了證明自己不會死而服毒、燒掉自己的家、把一生的積蓄送給陌生人。這是深具毀滅性的疾病。

憂鬱症驚人的不同次類型及其差別，意味著它不只是單一疾病，以及疾病的異質性上有不同的生物機制，此疾病的另一個特徵也意味著生理異常。

假設在熱帶，有一位病人去看醫師。病人發高燒，曾經退燒，但一、兩天後又燒回來，再退燒，又燒回來，每四十八到七十二小時都這樣循環。醫師會因為這樣的規律，立刻知道這是瘧疾，因為這與瘧疾寄生蟲從紅血球移動到肝臟和脾臟的生命週期有關，亦即此規律與生物學有關。

同樣地，憂鬱症的某些次類型也有規律。一位躁鬱症患者可能會狂躁五天，接下來那一週嚴重憂鬱，然後輕微憂鬱大約半個星期，最後，幾個星期沒症狀。然後這個模式再來一次，並可能這樣維持十年。有好事和壞事發生，但相同的循環規律持續，表示這就跟瘧疾寄生蟲的生命週期一樣，肯定是生物性的。

憂鬱症的另一種次類型的規律是一年一年的，患者在冬天會憂鬱，這被稱為「季節型情感障礙症」（季節性憂鬱症；「情感」是精神醫學對於情緒反應的詞彙），被認為和接觸光線的模式有關；近期的研究發現，有一種對於光線強度有反應的視網膜細胞，令人意外地把它們的資訊直接傳到邊緣系統，也就是大腦的情緒部分。再一次，規律性似乎獨立於外在生活事件之外；身體裡有個滴答走著的生理時鐘，與情緒有關係，而它走的方式出了大錯。

憂鬱症的生物學

神經化學與憂鬱症

有大量的證據指出，憂鬱症患者的大腦化學出了問題，而要了解這一點，必須略知大腦細胞如何互相溝通。下頁的圖大略顯示了大腦細胞主要類型的兩個神經元。如果一個神經元因為某個想法或回憶（比喻來說）而興奮，它的興奮是與電有關的，一波電從細胞體上的樹突掃過，到了軸突和軸突末梢。當這波電興奮到達軸突末梢時，它會釋放在突觸漂浮的化學傳訊者，而這些傳訊者（神經傳導物質）與鄰接的樹突上特定的受器結合，使第二個神經元電興奮。

然而，在清掃之後，也就是神經傳導物質分子完成工作並飄離受器後，它會怎麼樣呢？在一些情況中，它會被回收，被第一個神經元的軸突末梢取回，重新包裝以待未來使用；或者它可能在突觸內被分解，碎片被沖到海裡（腦脊髓液，然後是

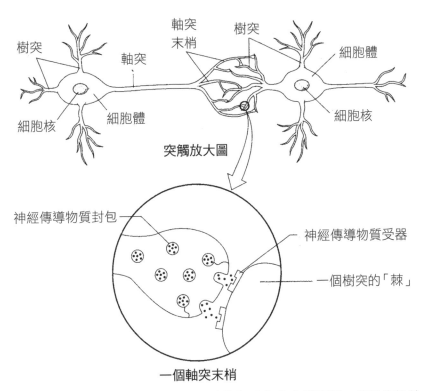

樹突　軸突　軸突末梢　樹突　細胞體

細胞核　細胞體　細胞核

突觸放大圖

神經傳導物質封包　神經傳導物質受器

一個樹突的「棘」

一個軸突末梢

一個興奮的神經元藉由在突觸（神經元之間的接觸點）的化學訊號，傳遞資訊給其他神經元。當神經衝動到達放送訊號的神經元的軸突末稍，它會引起神經傳導物質分子的釋放。傳導物質散步在狹窄的裂縫，並且在相鄰神經元的樹突棘，與受器結合。

血液、尿液）。如果這些清除神經傳導物質的歷程失敗了（停止再吸收，或停止分解，或兩者皆是），突觸中會突然有很多神經傳導物質留在裡面，而給予第二個神經元比平常更強烈的訊號，因此，適當地清除這些強大的傳訊者，是正常的神經元溝通所不可或缺的。

　　大腦裡有好幾兆的突觸，但我們需要好幾兆的化學上獨一無二的神經傳導物質嗎？當然不是，你可以用有限數量的傳訊者來產生似乎無限數量的訊息；想一想我們光靠二十六個字母就能組成多少字。比喻來說，你只需要有規則地讓同一個傳訊者在不同脈絡中傳遞不同意義，在一個突觸，神經傳導物質A傳送與胰臟調節有關的訊息，在另一個突觸，同一個神經傳導物質可能與青春期迷戀有關。有很多神經傳導物質，可能幾百個，但肯定不是幾兆。

　　這就是神經元如何透過神經傳導物質彼此溝通的基礎課，有證據指出，**憂鬱症與去甲腎上腺素、血清素、多巴胺這些神經傳導物質的數量不正常有關**。在看這些證據之前，釐清一個重點是很重要的。你在質疑：「好幾章前不是有關於去甲腎上腺素和交感神經系統的東西嗎？」沒錯，而且這證明了「任何單一神經傳導物質扮演的不同角色」這個重點。在身體的一部分（例如心臟），去甲腎上腺素是喚起四F的傳訊者，而在神經系統的另一個部分，去甲腎上腺素似乎和憂鬱症狀有關。

　　為什麼在憂鬱症中，去甲腎上腺素、血清素、多巴胺可能有問題呢？最佳證據是：那些用來減輕憂鬱症的藥物，大多是在增加這些神經傳導物質的傳訊量。抗憂鬱藥物的其中一類是「三環抗憂鬱劑」（指稱它們的生化結構），阻止那些神經傳導物質被回收或再吸收到軸突末梢，其結果是這些神經傳導物質會在突觸裡停留更久，可能會第二度或第三度碰上相對應的受器。另一類的藥物是「單胺氧化酶抑制劑」，透過抑制一個在分解過程中很關鍵的酶：單胺氧化酶（或稱 MAO），來阻止這些在突觸內的神經傳導物質的分解，結果同樣是會有更多的傳訊者停留在突觸內，刺激接收方神經元的樹突。這些發現帶來了相當直白的結論：如果你使用會增加大腦內突觸裡的去甲腎上腺素、血清素、多巴胺的藥物，結果憂鬱症會改善，那一定是因為一開始這些神經傳導物質就太少。結案。

　　當然沒那麼快。第一個困惑是，問題是出在血清素、多巴胺，還是去甲腎上腺素呢？三環抗憂鬱劑和單胺氧化酶抑制劑，作用於全部三種神經傳導物質系統，導致不可能知道哪一個才是這個疾病的關鍵。以前當大家認為那些經典的抗憂鬱藥物只作用於去甲腎上腺素突觸時，認為去甲腎上腺素是罪魁禍首，現在則大多關注於血清素，主要是因為只對血清素突觸作用的再吸收抑制劑（選擇性血清素回收抑制劑，或稱 SSRI，百憂解是最出名的一種）的效果。然而，還是有一些理由指出另外兩個神經傳導物質是此故事當中的一部分，畢竟有些最新的抗憂鬱藥物似乎對它們的作用勝過對血清素的作用。[2]

　　第二個困惑其實滿重大的。憂鬱症的這些神經傳導物質缺陷，是否真的是關於突觸裡的神經傳導物質太少呢？你會以為這問題已經解決了，也就是有效的抗憂鬱藥物增加了突觸內這些神經傳導物質的量，並減輕憂鬱症，所以問題一定是出在這些東西太少的緣故，然而，一些臨床資料顯示事情可能沒這麼簡單。

　　這個絆腳石與時間有關。給大腦接觸三環抗憂鬱劑，在突觸內的神經傳導物質的訊號量會在幾小時內改變，然而，給有憂鬱症的人同樣的藥，那個人得花上數週才會覺得比較好，這其中好像有什麼說不通。近幾年出現兩個理論，可能可以化解這個時間方面的問題，而且它們都極為複雜。

　　修正主義理論第一版是「神經傳導物質不是太少，而是太多」的假設。首先說明一下，如果有人常常吼你，你會停止傾聽，而比喻來說，如果你用大量的神經傳導物質淹沒一個細胞，那個細胞就不會再那麼仔細「聽」，它會「調降」（減少）對應這個神經傳導物質的受器的數量，來降低對於這個傳訊者的敏感度。例如，如果你把到達一個細胞樹突的血清素加倍，那個細胞就會將它的血清素受器調降五十％，使那個改變大致上被抵銷，但如果細胞調降少於五十％，結果就是在突觸裡會有較多的血清素訊號。換句話說，一個突觸裡的訊號有多強，是第一個神經元吼得多大聲（釋放多少神經傳導物質），和第二個神經元多麼敏感地傾聽（對於這種神經傳導物質有多少受器），這兩者的運作結果。

　　所以，這個修正主義理論說，最原本的問題在於事實上憂鬱症患者的大腦有些部分的去甲腎上腺素、血清素和（或）多巴胺太多。當你開立那些會增加這些神經傳導物質訊號的抗憂鬱劑給病人，結果會怎麼樣呢？一開始，這會使憂鬱症狀惡化（有些精神科醫師說這真的會發生），然而，在幾個星期的過程中，樹突會說：「這些神經傳導物質令人難以忍受；讓我們大大調降受器。」對這個理論很重要的是，當這種情況發生時，不只是抵銷了增加的神經傳導物質訊號，過多的神經傳導物質訊號所導致的憂鬱問題也會消失，這個人會覺得比較好。

　　修正主義理論第二版是「其實真的是去甲腎上腺素、血清素和（或）多巴胺太少。」這理論比第一個還複雜，也需要說明。不只樹突含有神經傳導物質的受器，在傳送訊息的神經元的軸突末稍，也有這個神經元所釋放的神經傳導物質的受器，而這些名為「自體受體」的東西到底有什麼作用呢？神經傳導物質被釋放，飄到突觸裡，與第二個神經元標準的受器結合。然而，有些神經傳導物質分子會飄回去與自體受體結合，它們提供某種回饋訊號的功能，比方說，如果被釋放的神經傳導物質有五％到達自體受體，第一個神經元可以數自己的腳趾頭，乘以二十，然後搞清楚自己釋放了多少神經傳導物質，然後它可以做一些決定，像是我現在該釋放更多

神經傳導物質，還是停止？我該合成更多嗎？等等。如果這個過程能讓第一個神經元對神經傳導物質的開銷記帳，然後此神經元調降很多這種自體受體呢？由於此神經元低估它已經釋放的神經傳導物質數量，免不了會合成和釋放更多。

基於這個背景，這裡有了第二個理論（其實是憂鬱症患者腦部有一部分的去甲腎上腺素、血清素或多巴胺太少）背後的邏輯。給予患者那種會增加神經傳導物質訊號放送的抗憂鬱藥物，然後因為訊號放送增加，在幾週的過程中，去甲腎上腺素、血清素和多巴胺的受體會調降。

這理論很重要的想法是，第一個神經元的自體受體調降的程度，會比第二個神經元的受器更大。如果發生這種狀況，第二個神經元可能也不會聽話，但是第一個神經元會釋放更多的神經傳導物質來克服這一點。結算後的結果是，神經傳導物質訊號放送增加，憂鬱症狀緩解（這個機制或許可解釋電痙攣療法〔ECT〕，又稱「電療」。幾十年來，精神科醫師用這個技術來改善憂鬱症，但沒有人真的了解它是如何發揮作用的，結果是，在電療的許多效果中，其中一個是會減少去甲腎上腺素自體受體的數量，至少在動物實驗中是如此）。

到此，如果你覺得很困惑，你並不孤單，因為這整個領域都極不確定。去甲腎上腺素、血清素或多巴胺？訊號放送太多或太少？例如，如果是關於血清素訊號放送太少，那會是因為釋放到突觸的血清素太少，還是因為有某種缺失造成血清素受器比較不敏感呢？（讓你體會一下這一團亂有多亂，目前已知有超過十二種不同的血清素受器，在大腦中各有不同功能、效能和分配。）也許有很多種不同的神經化學途徑會造成憂鬱症，而不同的通路與不同的憂鬱症次類型有關（單一的憂鬱症之於躁鬱症；或是被外在事件引發的憂鬱症，之於跟著自己內在時鐘發作的憂鬱症；或者主要是精神運動遲滯的憂鬱症，之於主要是自殺問題的憂鬱症）。這是非常合理的想法，但這方面的證據仍然不足。

在這些問題之中，還有一個好問題：這些神經傳導物質太多或太少，為什麼會造成憂鬱症？這些神經傳導物質和功能之間有很多連結，例如，血清素被認為與憂鬱症中的鑽牛角尖情況有關，會讓人無法控制地耽溺在黑暗的想法中，與此相關的是，選擇性血清素回收抑制劑通常對有強迫症的人有效。這裡有個共通性：憂鬱症的狀況是對於失敗、完蛋了、絕望的執著，而強迫症患者可能是執著地擔心出門時

家裡瓦斯沒關、手很髒而需要洗手等，都是困在對相同想法或感覺鬼打牆繞圈圈的腦袋裡。

去甲腎上腺素被認為在憂鬱症的症狀中扮演不同的角色。使用去甲腎上腺素的主要通路，是來自於大腦中名為「藍斑核」（Locus Coeruleus）的區域的一系列放射，這種放射在大腦擴散，並且似乎在警醒大腦其他區域方面扮演了一個角色，會提高它們啟動的基礎線，降低它們回應外界訊號的門檻。於是，這通路中的去甲腎上腺素不足，或許可以解釋精神運動遲滯。

同時，多巴胺與愉悅有關，此關聯會在第十六章說明（參見第 294 頁）。幾十年前，一些神經科學家有一個非常重要的發現，他們把電極植入老鼠的大腦，刺激不同的區域，看看會發生什麼事。之後，他們發現大腦中一個了不起的區域，每當這個區域被刺激，老鼠會變得非常開心。那麼，要怎麼知道老鼠開心呢？記錄牠有多少次願意按下桿子來獲得刺激大腦那個區域做為獎賞，請老鼠告訴你答案。結果，老鼠會一直壓桿子來獲得刺激，忙得要死，牠們寧願刺激那個區域，而在餓的時候不要食物、不要性、不要牠們本來已經上癮且正在戒斷中的藥物。這些研究所針對的大腦區域，很快就被稱為「愉悅迴路」，從那時起就非常出名。

之後沒多久，在神經手術 [3] 中刺激人類大腦相似的區域，也發現了人類有愉悅迴路，結果很神奇，這大概像是「啊，天啊，這感覺好棒那樣，有點像是按摩你的背，但也有點像是性，或像是你小時候在後院的葉堆裡面玩，你媽叫你進去喝熱可可，然後你的腿穿進睡褲……」

這個愉悅迴路似乎大量使用多巴胺來做為神經傳導物質（在第十六章我們會看到，多巴胺放送預期獎賞的訊號勝過放送獎賞本身的訊號，是怎麼一回事，參見第294 頁），這方面最強的證據是模仿多巴胺的藥物，像是古柯鹼，作為欣快劑的能力。最大的特色就是，不悅的憂鬱症可能和多巴胺太少有關，於是有「愉悅迴路的失能」這樣的假設也就顯得合理了。

這些是與憂鬱症有關的神經傳導物質的三大項目，而近來最多的注意力可能是放在血清素上，最少關注多巴胺。主要的抗憂鬱藥物「選擇性血清素回收抑制劑」，還有三環抗憂鬱劑或單胺氧化酶抑制劑等舊的類別，都是透過改變這三種神經傳導物質的至少一種來作用。

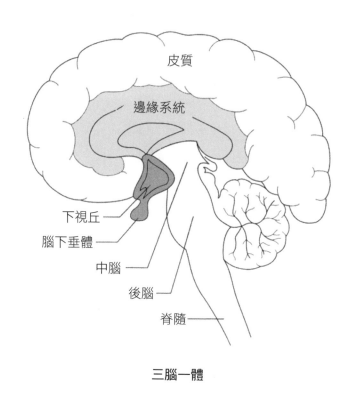

皮質

邊緣系統

下視丘

腦下垂體

中腦

後腦

脊隨

三腦一體

　　最接近科學的莫過於哪種人會對哪種抗憂鬱劑反應最好。

　　當然，學者對於可能有關的其他神經傳導物質仍有所爭執，特別有趣的一個是「P物質」（Substance P）。數十年的研究發現，P物質在痛感方面扮演了一個角色，主要在於啟動第九章提到的脊髓通路，但引人注目的是，近期的一些研究指出，阻礙P物質的藥物對於某些人能發揮抗憂鬱藥物的作用。這是怎麼一回事？或許憂鬱症是「心靈痛」的疾病，不僅僅是比喻性的說法。

神經解剖學與憂鬱症

　　我在這裡介紹一個大腦樣子的圖示（見上圖），來思考一下，除了已經談過的神經化學之外，憂鬱症患者大腦功能可能異常的第二種方式。有一個區域負責調節你的呼吸和心律之類的歷程，它包括了忙著釋放荷爾蒙和指示自律神經系統的下視

丘。如果你的血壓突然大降，造成補償性的壓力反應，就是下視丘、中腦和後腦發揮了作用，每一種脊椎動物在這方面都有差不多的關聯。

在此之上的分層區域被稱為「邊緣系統」，它的功能與情緒有關。身為哺乳類，我們有很大的邊緣系統；相較之下，蜥蜴有很小的邊緣系統，牠們並非以複雜的情緒生活而著名。如果你因為聞到具威脅性的對手之氣味而有壓力反應，那與邊緣系統有關。

再往上是皮質。所有的動物都有皮質，但這真的是靈長類的特色，皮質會做抽象認知、發明哲學、記得你的車鑰匙在哪裡。

現在想像一下。假設你被大象頂得開腸破肚，你可能之後會有一種缺乏愉悅的感覺，或許是一種悲痛，再加入一點精神運動遲滯，不像平常那樣想做健美操；睡覺和吃東西可能出問題，葡萄糖皮質素指數可能偏高；性事可能會有一段時間對你缺乏吸引力。嗜好不再像以往那般吸引人；你不會跳起來跟朋友出去；你不想去吃吃到飽自助餐。這聽起來像不像是憂鬱症的一些症狀？

好，那得憂鬱症的時候會怎樣呢？你會想到自己或所愛的人壽命有限；你想像著在難民營裡的兒童；消失的雨林和無數的物種在蒸發；已故的貝多芬弦樂四重奏，突然間，你有了跟被大象開腸破肚之後一樣的症狀。以極其單純的方式來說，你可以把憂鬱症想成是：你的皮質想到一個抽象負面的想法，並且說服大腦其他部分，這就跟生理壓力一樣真實。在這個觀點中，有慢性憂鬱症的人是大腦皮質對大腦其他部分慣性地細語悲傷想法的人，於是，有了一個粗魯到驚人的預測：把憂鬱症患者的皮質和大腦其他部分的連結切斷，皮質就無法再害大腦其他部分憂鬱。

值得注意的是，這種作法有時候真的有用。對於有嚴重造成失能的憂鬱症患者，且藥物、電療或其他療法無效，神經外科醫師可能會進行這種手術，然後憂鬱症狀似乎改善了。[4]

這顯然是一個簡化的情境，因為沒有人真的斷開整個皮質和大腦其他部分的連結，畢竟皮質所做的不只是為了小說《人鼠之間》最後一章而悶悶不樂。這個手術叫做「扣帶迴切除」，其實是切斷通往皮質前方一個名為「前扣帶皮層」（ACC）區域的連結，前扣帶皮層具有你想要在嚴重憂鬱症中拿掉的大腦區域所有特徵。它是大腦中與情緒非常相關的一個部分。要是給人們看一系列的照片：情況一是請他

們注意照片中的人所表現出來的情緒；情況二是請他們注意這是室內或室外照片的
這類細節，只有前者的情況中會啟動前扣帶皮層。

　　與前扣帶皮層相關的情緒，似乎是負面的。如果你給一個人看有趣的東西，引
發其正面狀態，前扣帶皮層的新陳代謝會下降；相對地，如果你用電刺激前扣帶皮
層，那個人會有一種無形的恐懼感和不祥感。還有，前扣帶皮層的神經元，包括人
類的，對於所有的痛覺有反應，但是，前扣帶皮層反應的並不是真的關於疼痛，而
是對於疼痛的感受。在第九章談到，讓一個人把手泡在熱水裡不會感覺到痛的催眠
暗示（參見第 175 頁），此時，接收脊隨的疼痛放射的主要大腦區域，與沒有接受
催眠暗示時一樣活躍，但前扣帶皮層不會啟動。

　　此外，當你給喪偶者看他們所愛的過世伴侶的照片（相較於陌生人的照片）
時，前扣帶皮層和相鄰的大腦區域會啟動。

　　另一個例子是，把自願者放入腦部影像機器，請他們從裡面透過電腦操作臺與
另外兩個人玩某個遊戲。然後，研究者影響這個遊戲的流暢性，使得一段時間之後
另外兩個人（其實是電腦程式）漸漸變成只跟對方玩，排除了受試者。此時，這個
人的前扣帶皮層的神經元活動會亮起來，他越覺得被排擠，前扣帶皮層的啟動就越
強烈。

　　你怎麼知道這跟中學時那種最後一個被挑選入隊的可怕感覺有關呢？因為此研
究中有一個聰明的控制項：安排這個人與另外兩個玩家一起玩，再一次，這兩個玩
家又變成只跟對方玩，但差別是，受試者早就被告知有個技術性問題，他們的電腦
操作臺壞了。若是因為科技的大問題而被排擠，就沒有前扣帶皮層啟動的情況。

　　考量前扣帶皮層的這些功能，憂鬱症患者的前扣帶皮層在靜態期往往有較高的
活躍程度，就不令人意外了，這是恐懼、痛苦和不祥的預感在那些神經元中翻騰。
很有意思的是，憂鬱症患者大腦的另一部分「杏仁核」，似乎也會過度活躍，在下
一章我們會知道很多關於杏仁核在恐懼與焦慮中扮演的角色。然而，憂鬱症患者的
杏仁核似乎被收編到一個不同的角色，要是你給憂鬱症患者看一個恐懼的人臉，他
的杏仁核不太會啟動（與控制組的杏仁核相較），但給他看悲傷的臉，他的杏仁核
會非常誇張地啟動。

　　在前扣帶皮層前面的是額葉，它是人腦最特別的部分之一。華盛頓大學的李

察‧大衛森（Richard Davidson）的研究發現到，一個名為「前額葉皮質」（PFC）的次區域似乎對情緒高度有反應，而且具有偏側性，具體來說，左前額葉皮質的啟動與正向情緒有關，右前額葉皮質的啟動與負向情緒有關。例如，對一個人引發正向狀態（請他描述人生中最開心的一天），左前額葉皮質會亮起來，而且亮的程度符合那個人主觀評估自己的愉悅的程度；請他回憶一個悲傷的事件，右前額葉皮質會變得強勢。很相似地，把猴子寶寶與母親分開，猴子寶寶的右前額葉皮質的新陳代謝會提高，而左前額葉皮質會下降。因此，不意外地，憂鬱症患者的左前額葉皮質活動減少，而右前額葉皮質的活動增加。

　　憂鬱症患者的大腦還有一些其他解剖學方面的改變，但要搞懂這些，我們必須想想荷爾蒙和這個疾病有什麼關係。

遺傳和憂鬱症

　　這年頭很難看生物學而不牽涉到基因，對憂鬱症也不例外。憂鬱症有遺傳成分，第一個觀察是憂鬱症有家族性。長期以來，對某些人來說那就足以證明遺傳關聯，但不只是基因有家族性，環境也有家族性，所以這種結論被推翻了。在貧窮、有虐待情況、受迫害的家庭中成長，都會提高該家族的憂鬱症風險，並不需要和基因有關係。

　　我們來看更緊密的關係。兩個人的血緣關係越近，共同的基因就越多，於是他們就越可能有相同的憂鬱症特質。最明顯的例子之一是，隨便找兩位手足（不是同卵雙胞胎），他們有大約五十％的基因相同，如果其中一人有憂鬱症病史，另一個就有大約二十五％的可能性，遠比隨機的機率更高。現在來比較兩位同卵雙胞胎，他們所有的基因都相同。如果其中一人有憂鬱症，另一個人有五十％的機率會有憂鬱症。這相當令人印象深刻，相同的基因越多，都罹患這個病的可能性越高，但還有一個干擾因子：同一個家族中成員相同的基因越多，也就有越多的相同環境（例如同卵雙胞胎從一開始就比非同卵雙胞胎得到更多的相似對待）。

　　繼續談關聯性。看看年紀很小就被收養的兒童，若是生母有憂鬱症病史，但是養母沒有，這些被收養的孩子有較高的憂鬱症風險，代表他們有著生母的基因傳

承。但是，所謂的「環境」並不是出生後才開始，而是透過在生母子宮內的循環系統環境，就開始了。

二十一世紀任何有地位的分子生物學家，如果想要證明基因和憂鬱症有關，就得找到那個提高憂鬱症風險的特定蛋白質的特定 DNA 編碼片段，而我們稍後會看到，這正是近幾年發生的事。

免疫與憂鬱症

這本書的上一版沒有這一節。免疫是關於打敗感染源，憂鬱症是關於感覺難過，看起來是不相關的題目，不過它們可能有關係，但這是透過一種明顯到白癡的方式，像是「生病會使人憂鬱」。

但實際上的情況更複雜。與免疫系統過度反應有關的慢性疾病（例如，慢性感染、免疫系統意外啟動並攻擊自己身體某部分的自體免疫疾病），比其他一樣嚴重且長期，但無關免疫系統的疾病，更可能造成憂鬱症，而相互關聯的一些線索，則與在免疫細胞之間擔任傳訊者的細胞激素有關。你可以回想第八章，細胞激素也能影響大腦，在那裡刺激「腦下垂體釋放激素」釋放（參見第 143 頁）。在近期，我們更清楚細胞激素也會和去甲腎上腺素、多巴胺、血清素系統交互作用，非常重要的是細胞激素能造成憂鬱症，這是在憂鬱症的動物研究中發現的。還有，有時使用細胞激素治療某些類型的癌症（來提高免疫功能），通常會造成憂鬱症。於是這代表了生物精神醫學一個新的研究分支：免疫功能與情緒的交互作用。

內分泌與憂鬱症

幾種不同的荷爾蒙的指數不正常，通常與憂鬱症有密切關係。首先，甲狀腺荷爾蒙分泌太少的人可能會有憂鬱症，而且有憂鬱症時可能會非典型地對於抗憂鬱藥物有抗藥性。這特別重要，因為很多人似乎單純有精神科方面的憂鬱症，實際上卻是有甲狀腺疾病。

在憂鬱症的另一個面向中，荷爾蒙可能扮演了一個角色。單一型憂鬱症非常不

一樣，女性遠比男性更容易得到，即使躁鬱症沒有性別差異，但躁鬱症的女性比躁鬱症的男性有更多的憂鬱期。為什麼偏向女性呢？明顯的第一個猜測是女人比男人更可能去找醫療專業人士看憂鬱症，但這個猜測與實情毫無關係。即使這種報告誤差被控制時，此項差異仍然存在。有一個出自認知療法學派的理論，專注在男人與女人往往思考方式不同。當令人不高興的事情發生時，女人更可能一直想，想這件事、想跟某人談談這件事；而男人通常是糟糕的溝通者，更可能想什麼都好，就是不想那個問題，或是去做什麼事，像是運動、使用動力工具、喝醉、開戰。認知心理學家認為，「一直想」的傾向會使你更容易有憂鬱症。

另一個關於性別差異的理論是心理社會的本質。我們會看到，很多關於憂鬱症的心理學理論，都認為它是缺乏權力與控制的疾病，而且一些科學家推測，因為在許多社會中，傳統上女人對自己人生的控制權都比男人少，所以她們有更大的憂鬱症風險。一些精神醫學家提出了資料，指出在一些女性不是次等角色的傳統社會中，女性的憂鬱症比例降到跟男性一樣，這一點支持了那個看法。然而另一個理論認為，男人的憂鬱症比例其實跟女性一樣高，但他們更可能用物質濫用來掩飾。

那些想法都很合理，但一想到以下這個狀況就有問題了：如前面所說，女人和男人有相同的躁鬱症比例，只有單一型憂鬱症是女性比較多。把那些理論用在解釋女性憂鬱症的一大特徵，也就是女人在某些生殖時間點的風險特別高，包括經期、更年期，還有最嚴重的生產後那幾週，這些理論就顯得特別無力，不能解釋了。

一些研究者相信這種較高的風險，與經期、更年期和分娩的兩種主要荷爾蒙「雌激素」和「黃體素」的大起大落有關，並引用女性在以人工方式改變雌激素或黃體素指數時（例如使用避孕藥時）會憂鬱，做為事證。很關鍵地，這兩種荷爾蒙都能調節大腦的神經化學事件，包括神經傳導物質的新陳代謝，像是去甲腎上腺素和血清素。基於荷爾蒙濃度的巨大改變（例如生產時黃體素增加一千倍），目前的推論主要關於雌激素之於黃體素的比例改變，可能極端到足以引發憂鬱症。這是一個有些矛盾的發現的新研究領域，但是科學家們越來越有信心地認為有一個荷爾蒙會造成女性更容易得憂鬱症。

很明顯地，關於荷爾蒙和憂鬱症段落的下一個主題，必須談談葡萄糖皮質素。但一想到這對於本書的整個冒險有多麼重要，這個主題就需要擴大談談。

壓力如何與憂鬱症的生物學交互作用？

壓力、葡萄糖皮質素與憂鬱症初發

壓力和憂鬱症的第一個關聯很明顯，就是壓力和憂鬱症常常並存，而這有兩種方向。首先，對於憂鬱症患者「壓力生成」的研究探討，發現到比較容易有憂鬱症的人對壓力源的感受比一般預期的更高，即使將他們與有其他精神疾病或健康問題的人相比，也是如此。這些有很多似乎是以缺乏社會支持為基礎的壓力源，造成了發生惡性循環的可能性。因為如果你把身邊不明確的社交互動詮釋為拒絕的暗示，並且以你已經受到拒絕那般去回應，可能會提高被社會孤立的機會，於是你認為自己被拒絕的想法得到確認⋯⋯

但是人們思考壓力與憂鬱症關聯的主要方式，以及在此處有關的那個，其因果關係是往另一個方向。明確來說，經歷很多生活壓力源的人，比一邊人更可能敗給憂鬱症，而且陷入第一次憂鬱症的人比一般人更可能在近期經歷了重大的壓力。顯然不是每一個經歷重大壓力的人都會陷入憂鬱症，而那些個別差異是什麼，隨著你繼續讀這一章，應該會更清楚。

前面說過，有些人極為不幸地受到反覆多次的憂鬱症折磨，這是可能有節奏地維持數年的模式。考量這些人的病史，壓力源只有在頭幾次的憂鬱症是誘發因子。換句話說，在統計學上，假設你有兩、三次的憂鬱症發作，以後還會再有憂鬱症的機率並沒有比其他人更高，但是大約在第四次憂鬱症之後，一個瘋狂的時鐘將取得主控權，憂鬱症的波動被破壞了，無論外在世界是否用壓力源擊潰你。以下會說明這種轉變是怎麼回事。

實驗室研究也連結了壓力和憂鬱症狀的關係。給一隻實驗室老鼠壓力，牠會乏樂，明確來說，牠的愉悅通路會需要比正常來說更強烈的電流以啟動愉悅感。牠對愉悅的知覺門檻提高了，就像憂鬱症患者。

很重要地，葡萄糖皮質素也會造成一樣的狀況。第十章的一個重點是葡萄糖皮質素和壓力如何破壞記憶，該狀況的證據有部分來自於庫欣氏症患者（提醒一下，此疾病是各種不同腫瘤的任一種造成血液中有極過量的葡萄糖皮質素），還有服用

高劑量葡萄糖皮質素來治療一些病痛的人。幾十年來，已知庫欣氏症患者中一個特定的次類型，以及服用人工合成葡萄糖皮質素的病人，除了會有記憶問題外，還會有憂鬱症。

這有點難解釋。首先，當某人一開始用人工合成葡萄糖皮質素治療，在憂鬱症發生之前，往往會有歡愉感，甚至狂躁，可能大約一週。你可能馬上猜到了，我們遇到短期和長期壓力生理學的分支；第十六章會更仔細地探討這過渡的歡愉是怎麼來的。第二個複雜性是，庫欣氏症患者，或者服用高藥理劑量的人工合成葡萄糖皮質素的人，其憂鬱的原因是葡萄糖皮質素造成的，還是他們認知到自己有個令人憂鬱的疾病？比較這個群體，例如，有相同疾病和相同嚴重程度，但沒有接受葡萄糖皮質素治療的人，你就可以證明葡萄糖皮質素是壞人。目前，關於此現象的預測性科學並不多，例如，沒有醫師能可靠地預測哪個病人使用高劑量葡萄糖皮質素後會有憂鬱症，更別說是多少劑量，或是劑量增加或下降到某個程度的時候。但是，當你的血液中有很多葡萄糖皮質素，憂鬱症的風險會上升。

壓力和葡萄糖皮質素與生物學，以額外且重要的方式糾纏在一起，使人更容易得到憂鬱症。回到憂鬱症有遺傳成分一事，這是否表示，如果你有「憂鬱症的那種基因」，就是命中注定而無可避免呢？顯然不是，而且同卵雙胞胎的例子就是最好的證明。一個有憂鬱症，而另一個有相同基因的人，大約有五十％的機率也會有這種病，遠高於一般人口的比例。看，這是基因有關係的可靠證據。但反過來說。即便你與有憂鬱症的人每個基因都一樣，仍然有五十％的機率不會有這個病。

基因很少具有必然性，尤其在人類、大腦或行為方面；基因是關於弱點、習性、傾向。在這裡，基因只會在特定的環境中提高了憂鬱症風險：你猜到了，只在有壓力的環境中，這會以好幾種方式出現，但最戲劇化的是在倫敦國王學院的艾夫雪龍‧卡斯匹（Avshalom Caspi）的近期研究中。科學家找出了人類的一個特定基因會提高憂鬱症風險，更明確來說，這個基因是幾種不同的「等位基因版本」，也就是幾種功能稍微不同的不同種類；你有其中一版，就有較高的風險。

我先不說那是什麼基因；留到這一章的最後再說，因為它是有趣的玩意。但關鍵是，有 Z 基因的 X 版本，並不保證你會有憂鬱症，只是增加風險，而且事實上，要是你只知道某人有 Z 基因的哪個版本，此外什麼都不知道，不會使你更可能預

測到他會不會有憂鬱症，X 版本只在結合了重複且重大壓力源的經歷時，才會提高憂鬱症風險。令人驚奇地，在一些具有幾乎等同 Z 基因的非人類靈長類的研究中，也發現相同的狀況。因此，不是基因造成憂鬱症，而是基因和特定環境因素的交互作用，更明確來說，那是使你在壓力環境中更脆弱的基因。

患有憂鬱症後的葡萄糖皮質素樣貌

不意外地，憂鬱症患者通常會有不正常的葡萄糖皮質素濃度。有一種相對不常見的憂鬱症次類型，被稱為「非典型憂鬱症」，以精神運動特徵為主，會有令人徹底無力的身心耗竭，就像是慢性疲勞症候群，非典型憂鬱症的特色是比正常值更低的葡萄糖皮質素濃度。然而，更常見的憂鬱症特色是過度活躍的壓力反應，像是某種過度啟動的交感神經系統，甚至更戲劇性地，葡萄糖皮質素的濃度變高。這補充了這個畫面，就是憂鬱症的人坐在床邊沒有力氣下床，但其實是很警戒且激發的，而且荷爾蒙的樣貌也符合這個現象，但是這場戰鬥是在他們的內在。

早在四十年前的研究中，已經在許多具體小項目上探究為什麼憂鬱症中的葡萄糖皮質素的濃度通常會較高。濃度升高似乎是因為有太多來自大腦的壓力訊號（回到第二章所說，腎上腺通常只在大腦透過腦下垂體發出指令時才會分泌葡萄糖皮質素），而非腎上腺自己一陣一陣地出包而分泌一些會令人憂鬱的葡萄糖皮質素。還有，過多的葡萄糖皮質素分泌，是因為「回饋阻抗」，換句話說，大腦在關閉葡萄糖皮質素分泌的效果比應有的差。正常來說，這個荷爾蒙的濃度被嚴謹調節，大腦會感應到循環中的葡萄糖皮質素多寡，如果量高於期望的值（「期望」的值會根據狀況是平和或有壓力而定），大腦就停止分泌腦下垂體釋放激素，就像調節馬桶水箱裡的水那樣。憂鬱症患者的這個回饋調節失敗了，因為大腦沒有感應到回饋訊號，所以沒做到關閉系統的循環中葡萄糖皮質素濃度這件事。[5]

在憂鬱症前和當中的葡萄糖皮質素量變多會怎樣？

首先要問的重要問題是，過量的葡萄糖皮質素如何提高憂鬱症風險？前面的段

落詳細說明了「憂鬱症究竟是與血清素、去甲腎上腺素或多巴胺何者有關」的這個大困惑。對此來說，葡萄糖皮質素的角度很符合，因為此荷爾蒙能改變那三種神經傳導物質系統的特徵，像是合成的神經傳導物質數量、分解多快、每一個神經傳導物質有幾個受器、受器運作得多好等等。

還有，現在已發現「壓力」也會造成許多相同的改變。長期壓力會在「愉悅」通路中減少多巴胺，在警覺的大腦藍斑核減少去甲腎上腺素，還有，壓力會改變血清素的合成、釋放、效能和分解的每一個方面。至於「這些壓力影響到哪一種荷爾蒙，會成為最重要的因素」這一點，尚不清楚，因為我們還不清楚哪個或哪些神經傳導物質是最重要的。然而，我們可以這麼說，**無論什麼神經化學異常被證明為絕對是憂鬱症的基礎，目前都已經有壓力和葡萄糖皮質素造成相同異常的前例。**

葡萄糖皮質素的量變多，似乎也會造成其他結果，例如，憂鬱症患者通常會有輕微的免疫抑制，而且更容易骨質疏鬆，葡萄糖皮質素在這上面可能扮演了一個角色。還有，即使控制了吸菸、喝酒的變項，長期的憂鬱症會提高心臟疾病風險大約三倍，而過量的葡萄糖皮質素可能也是原因之一。

可能還有更多的後果。回想第十章，其中談論了葡萄糖皮質素破壞海馬迴的許多方式。隨著一九八〇年代越來越多的文獻出現，直接表示了憂鬱症患者的海馬迴可能有問題。憂鬱症中通常會受損的那類記憶（陳述性記憶），是由海馬迴調節的，這一點支持了這個臆測。如第十章談到的，長期憂鬱中海馬迴會萎縮，這萎縮來自於憂鬱症的結果（而非憂鬱症之前），而且憂鬱症病史越長，萎縮越嚴重，也有越多的記憶問題。雖然還沒有人明確證明這種萎縮只會發生在有高葡萄糖皮質素濃度的憂鬱症病人身上，但是這種萎縮最常出現在常有葡萄糖皮質素過量的那種憂鬱症次類型。

一些研究也發現，長期憂鬱症和額葉皮質減少有關。對於我們這些透過葡萄糖皮質素的有色眼鏡看世界的人來說，這一開始很令人不解，但最近被解決了。透過測量葡萄糖皮質素受器的密度，可以知道老鼠的海馬迴是葡萄糖皮質素運作的超大目標；然而，靈長類的大腦中，海馬迴和額葉皮質對於葡萄糖皮質素似乎是平等且非常敏感的。

所以，有一些不錯的間接證據表示了，憂鬱症患者的葡萄糖皮質素過多，可

能與海馬迴及額葉皮質的縮小有關。第十章提到葡萄糖皮質素會對神經元做一系列的壞事，而一些謹慎到偏執的研究已經發現，憂鬱症中額葉皮質變小時也會失去細胞，但令人困惑的一點是，失去的是支持性的神經膠質細胞而非神經元。但是海馬迴的部分，還沒有人有頭緒；可能是神經元被殺死或萎縮、新神經元生成的抑制，或兩者都是。[6] 無論細胞方面的解釋是什麼，似乎都是永久性的；憂鬱症得到控制（通常是使用藥物）後的數年到數十年，萎縮仍然存在。

以抗鹽皮質激素為抗憂鬱藥物

　　葡萄糖皮質素和憂鬱症的連結有一些重要的涵義。當我在這一章的開頭首次介紹這個連結時，是想要提供一些「憂鬱症是什麼樣子」的洞見：一個人看起來像無力的海綿，一動也不動地坐在床邊，但其實他正在內在戰場當中翻騰。這形容所暗示的是：經歷憂鬱症是壓力非常大的事件，因此在各種影響當中，也會刺激葡萄糖皮質素分泌。不過，已檢視過的資料顯示了相反的狀況：壓力和葡萄糖皮質素過量，可能是憂鬱症的成因，而不只是結果。

　　如果真是如此，那麼一個新穎的臨床處置可能有用：找一個葡萄糖皮質素濃度高的憂鬱症患者，給他一些對腎上腺作用以降低葡萄糖皮質素分泌的藥，那麼憂鬱症應該會改善。令人興奮的是，這已經被發現了，然而，這個方式充滿著問題。你不想太抑制葡萄糖皮質素，因為本書前文已經明白指出，那些荷爾蒙相當重要。還有，「腎上腺類固醇合成抑制劑」這種藥，可能造成某些非常討厭的副作用，但是一些可靠的報告顯示，它們對於高葡萄糖皮質素的憂鬱症有抗憂鬱的效果。

　　同一種方式的另一個版本，是使用阻斷大腦中的葡萄糖皮質素受器的藥物，這是存在的，也算安全，而且現在有像樣的證據顯示它們也有效。[7] 有一種特性相對模糊的荷爾蒙「脫氫異雄固酮」（DHEA），具有某種阻斷葡萄糖皮質素進入受器的能力，已被發現有一些抗憂鬱劑的性質。因此，近期的研究不只揭露了憂鬱症的基礎，還可能開啟治療此疾病的藥物的全新世代。

　　有些研究者以這些觀察和一個頗為激進的建議為出發點。對那些關心憂鬱症的荷爾蒙方面的生理精神醫學家而言，傳統的葡萄糖皮質素狀況就像上述那樣，其

中，憂鬱症造成壓力，並增加葡萄糖皮質素；當一個人使用抗憂鬱藥物治療時，不正常的神經化學（血清素、去甲腎上腺素等方面）會變正常，減輕憂鬱症，並且副產品是順便使生活的壓力感較小，葡萄糖皮質素指數回到正常值。

新的情況是此反向因果的邏輯性延伸，在這個版本中，因為各種原因之一（例如，承受很大的壓力、葡萄糖皮質素的調節控制出問題），此人的葡萄糖皮質素濃度上升，造成血清素（或去甲腎上腺素等）的化學變化和憂鬱症。在這種情況中，抗憂鬱藥物透過使葡萄糖皮質素的量回復正常而發揮作用，進而使大腦化學回復正常，並改善憂鬱症。

若要支持這個觀點，必須證明不同類別的抗憂鬱藥物的主要運作機制，是作用於葡萄糖皮質素系統，而且葡萄糖皮質素濃度的改變發生於大腦化學或憂鬱症狀改變之前。有幾位研究者已經提出證據，抗憂鬱藥物快速地改變大腦內葡萄糖皮質素受器的數量，進而改變系統的調節控制，並降低葡萄糖皮質素濃度，而且這些改變發生在傳統的憂鬱症症狀改變之前；其他研究者沒有觀察到這個現象。一如往常，還需要更多的研究。

但就算是某些病人的憂鬱症源自於葡萄糖皮質素的濃度過高（所以降低濃度能治療憂鬱症），也不可能是每個病例的通用疾病機制，因為大約只有一半的憂鬱症患者真的有較高的葡萄糖皮質素濃度，另一半患者的葡萄糖皮質素系統似乎完全運作正常。或許這個特定的壓力／憂鬱關聯，只和一個人的頭幾次憂鬱症有關（在內生的節律發生之前），或只發生在某種次類型的人身上。

我們現在已經知道壓力和葡萄糖皮質素與憂鬱症的生物學怎麼糾纏在一起，一旦考慮到這疾病的心理狀況時，這種糾纏甚至更緊密了。

壓力與憂鬱症的心理動力

我必須從佛洛伊德（Freud）開始說，我知道找佛洛伊德麻煩是必須的，這也是他活該，但他還是貢獻了很多。我只能想到少數幾位科學家在做出重大貢獻後過了將近一個世紀，仍然被認為很重要且夠正確到任何人都想找出他們的錯誤，而不只是把他們歸到圖書館藏書中。

　　佛洛伊德對憂鬱症很著迷，並專注在我們一開始的議題：為什麼大部分的人可以偶爾有很糟糕的經歷，覺得憂鬱，然後恢復，而少數人會崩潰到得憂鬱症？在他經典的文章〈哀傷與憂鬱〉（一九一七）中，他先說兩者的相同之處，他覺得，兩者都是失去所愛（用佛洛伊德的話來說，這個「所愛」通常是人，但也可以是目標或理想）。在佛洛伊德的公式中，每一個有愛的關係都有矛盾心態、混合的感覺，有愛也有恨。在小型反應性的憂鬱中，如哀傷，你可以用健康的方式應對這些混合的感覺：你失去，哀悼，然後恢復，但在憂鬱症中，你會對那矛盾很執著，也就是強烈的愛和強烈的恨同時存在又無法和解的本質。佛洛伊德的理論認為，憂鬱症是這種矛盾所造成的內在衝突。

　　這可以解釋憂鬱症中所體驗到的強烈哀悼。如果你執著於強烈混雜的感覺，會在失去後加倍哀悼，為了失去所愛的人，也為了失去解決問題的機會。「如果我說了我需要說的，如果我們以前能解決……」但你已經永遠失去清理自己的矛盾的機會，在接下來的人生，你會想打開那扇進入純潔無瑕之愛的門，卻永遠碰不到。

　　這也解釋了憂鬱症中常經歷到的罪惡感強度。如果你真的對那個人抱著強烈的憤怒和愛，在你失去之後，一定有一些慶祝的部分，也有哀悼的部分。「他走了；那很糟糕，可是……多謝老天爺，我終於可以活，我終於可以長大，沒有這個或那個了。」無可避免地，不久後，一定會有令你癱瘓的信念，相信你自己成了可怕的怪獸，才會在這種時候有任何的輕鬆或愉快之感，而這是使人失去能力的罪惡感。

　　這個理論也解釋了這種情況的憂鬱症傾向，他會奇怪地開始呈現失去的所愛／所恨之人的一些特性，不是任何特性，而是令倖存者最難受的特性。在心理動力方面，這很符合邏輯。透過表現此特性，你就是忠於失去的、所愛的對手；透過選擇一個令人惱怒的特性，你持續在試圖說服全世界，你有權惱怒，「當你看到我這麼做時，你有多厭惡；你能想像忍受這樣好幾年，是什麼樣子嗎？」選擇一個讓你覺得惱怒的特性，你不只是嘗試在與逝者的爭論中得分，同時也在為了自己的爭論而懲罰自己。

　　佛洛伊德學派的想法，有一個對於憂鬱症更合適的描述：「轉向內在的攻擊性。」失去愉悅感、精神運動遲滯、自殺的衝動，突然都有道理了，升高的葡萄糖皮質素濃度也是，但這不能解釋太無力而無法運作的人，而比較像是憂鬱症病人真

正的狀態，被生命最有消耗性的情緒衝突給耗竭，而且完全在內在發生。如果這不算是心理性的壓力，我不知道還有什麼算是。

就像佛洛伊德提出的其他好東西，這些想法很有同理心，也符合很多臨床特色，感覺上是「對的」。但是這很難被現代科學吸收，尤其是以生物學為中心的精神醫學，例如，沒有辦法研究血清素受器密度和攻擊性內化的相關性，或是「雌激素—黃體素比例」對「愛—恨比例」的影響。對我來說，關於憂鬱症的心理學理論分支「實驗心理學」似乎是最有用的，並且它與壓力的關聯最緊密，該領域的研究已經提供了非常有用的憂鬱症模型。

壓力、習得的無助與憂鬱症

若要欣賞基於模型的實驗研究，需回想前一章提到的心理壓力。我們已經看到心理壓力的某些主要特徵：在特定的脈絡中失去控制和可預測性，失去挫折出口，失去支持來源，認為人生越來越糟。以心理學家馬丁・塞利格曼和史蒂文・梅爾（Steven Maier）為先鋒的一種實驗中，動物被施予達到病理程度的此類心理壓力源，結果是與人類的憂鬱症非常相似的狀況。

雖然實際的壓力源可能不同，但這些研究中通論的取向都是強調動物無法控制的重複壓力源，例如，老鼠可能會被施予長系列的頻繁、無法控制、無法預測的電擊或噪音，而且沒有出口。

一陣子之後，老鼠會發生很驚人的事，這能透過測試而發現。找一隻全新、未受壓力的老鼠，給牠容易學習的事情。例如，把牠放到一個房間，地板分成兩部分，偶爾會有電傳到其中一半而造成輕微電擊，而在有電之前，會有一個訊號表示哪一邊即將通電。那隻普通的老鼠可以輕易地學會這個「主動迴避任務」，並且在短時間內就能隨時平靜地根據訊號從房間的一邊移到另一邊。這很簡單，但對於最近遭受重複且無法控制的壓力源的老鼠來說則不是如此，這種老鼠無法學會這個任務。牠學不會應對，相反地，牠學會無助。

這個現象被稱為「習得的無助」，而且觸及範圍是很廣泛的；這動物在經歷了無法控制的壓力源後，難以應對各式各樣的任務，而這種無助擴展到牠在日常生活

中必須要做的事,像是跟另一隻動物搶食物,或是迴避社交攻擊。有人可能會想,究竟這無助是受到被電擊的生理壓力所引起的,還是無法控制或無法預測電擊的心理壓力所引起的。答案是後者,而要清楚證明這一點的方式,就是比較老鼠。一隻在可預期的條件下受到電擊,也有某種程度的控制權;另一隻老鼠有一模一樣的電擊模式,但沒有控制權或可預測性,結果只有後者會變得無助。

塞利格曼有說服力地說,承受習得的無助的動物與憂鬱症患者有許多相同的心理特徵。這些動物會有積極性方面的問題,牠們無助的原因之一是,當牠們在新的情境中,通常不會甚至嘗試應對反應,這與憂鬱症患者很像,他們不去試試能改善生活的簡單小事。「我太累了,要做那種事太難以承受,反正也不會有用……」

有習得的無助的動物也會有認知問題,牠們看待世界和思考世界的方式很扭曲,當牠們難得做出應對反應之後,卻不知道這有效或無效。例如,如果你把應對反應和獎賞的關聯拉緊,正常老鼠的反應率會提高(換句話說,如果應對反應對這隻老鼠是有效的,牠會繼續這麼做)。相反的,把獎賞和無助老鼠難得的應對反應連結得更緊密,對於老鼠的反應率沒有什麼影響。塞利格曼相信,這不是因為無助的動物沒搞懂此任務的規則,而是牠們已經學到根本不用去注意。照邏輯來說,老鼠應該學會:「當我被電擊,我什麼都不能做,而且那感覺很糟糕,但那不是全世界,並不是所有的事情都這樣。」但牠反而會學到:「我什麼都不能做,永遠。」就算可能提供控制權和主宰力給牠,牠也無法意識到,這與憂鬱症患者總是看到半杯空的杯子非常相似。就像亞倫‧貝克和其他認知治療師強調的,憂鬱症主要是在於回應一件糟糕的事情時過度概化它,在認知方面扭曲這個世界是怎麼運作的。

產生「習得的無助」模式的動物,會出現其他與憂鬱症患者非常相似的特徵。一隻老鼠表現出不安,像是老鼠停止整理自己,對性與食物失去興趣,而且連試著做應對反應都不行,表示牠經歷著動物版的精神運動遲滯。[8] 在習得的無助的某些典型中,動物們會傷害自己、咬自己,此外,有許多植物性症狀也會出現,像是失眠和睡眠結構混亂、葡萄糖皮質素濃度升高。最重要的是,這些動物的大腦某些部位的去甲腎上腺素會耗盡,而抗憂鬱藥物和電痙攣療法會加快牠們從習得的無助復原的速度。

習得的無助可以在鼠、貓、狗、鳥、魚、昆蟲、靈長類,包括人類,身上引

發。要使人類放棄並變得廣泛地無助，所需要的無法控制的不悅，簡單到驚人。在唐納‧廣仁（Donald Hiroto）的一項研究中，給予學生自願者可逃脫或不可逃脫的大聲噪音（就像在所有的這類研究中，要比較兩個群體，所以他們得到的噪音是等量的）。之後給他們一個學習任務，任務中的正確反應是關閉噪音；「無法逃脫」的那一組學習該任務的能力顯著較差。

無助甚至可以擴及較不令人反感的學習狀況。廣仁和塞利格曼做了追蹤研究，再一次，有可控制和不可控制的噪音，然後，後者那組比較無法解決簡單的字謎，而就算是比不可控制的大聲噪音更低調的壓力源，也能引起放棄。在另一項研究中，廣仁和塞利格曼給自願者一個學習任務，他們必須在過程中注意規則，選出特定顏色的卡片，有一組的規則是可學習的；另一組的規則無法學習（卡片顏色是隨機的），結果後者比較無法應對簡單的新任務。塞利格曼和同事也證明了，無法解決的任務會在之後引起社交應對狀況中的無助。

因此，人類很容易就會被引發至少是暫時的習得的無助。當然，這有多容易發生，有很大的個別差異，有些人比其他人更容易（你可以打賭，在最後一章談壓力管理時，這一點很重要）。在關於不可逃的噪音的實驗中，廣仁事先給學生做人格測驗，根據那個測驗，他可以辨識帶著強烈的「內控觀」來參與實驗的學生（相信自己是命運的主宰，並且在自己的生命中有極大的控制力），以及相對顯著有「外控觀」的自願者（傾向於把結果歸因於機率和運氣）。在無法控制的壓力源之後，外控觀的學生更容易有習得的無助。轉移到真實世界，有相同的外在壓力源時，內控觀越強的人，憂鬱症的可能性越低。

整體來說，這些研究使我驚覺在壓力、人格和憂鬱症之間形成關聯是極端重要的。我們的人生充滿了會讓我們變得非理性地無助的事件，有些很蠢，而且也不重要。有一次，我在非洲與羅倫斯‧法蘭克（第七章專精鬣狗的動物學家）共用營地，我們在營火上做起司通心粉，結果搞成一場災難。看看那團混亂，我們悔恨地承認如果先看過盒子上的說明會比較好，但我們兩個都不想那麼做；事實上，我們都對於要搞懂這種說明感到無形的害怕。法蘭克做結論：「接受吧。我們受到習得的烹飪無助折磨。」

可是，人生中充滿了更顯著的例子。如果在教育過程中一個重要時間點的老

師，或是情緒發展過程中一個重要時間點的所愛之人，經常使我們經歷他自己特有的、無法控制的壓力源，我們可能會帶著扭曲的信念長大，相信我們無法學什麼，或是我們不可能被愛的狀況。在一個令人心寒的例子中，一些心理學家研究了城內有嚴重閱讀困難的學生。他們是智力方面不能夠閱讀嗎？顯然不是。那些心理學家以教他們中文字而避開了學生對於閱讀的學習抗拒，幾個小時之內，他們就能夠閱讀比英文句子更複雜的象徵句子。這些小孩顯然以前就徹底地學到了「英文閱讀超過他們的能力」。

這些研究發現表示，對原本已經脆弱的人來說，嚴重的憂鬱症可能是由無法控制的、特別嚴厲的教訓所帶來的結果。或許這可以解釋一系列的研究發現，顯示當小孩受到特定的壓力，像是喪父或喪母、父母離婚、遭父母虐待的受害者，他們在幾年後有更高的憂鬱症風險。當我們還在形成對於世界本質的印象的年紀時，就發生了超出控制的糟糕事情，有什麼能比這一課更嚴重呢？

埃默里大學的保羅·普洛斯基和查爾斯·尼米洛夫（Charles Nemeroff）的發現支持了這一點，也就是在生命早期經歷壓力的老鼠或猴子，大腦內的腦下垂體釋放激素濃度終身都會比較高。

塞利格曼寫道：「根據我們的模型，憂鬱症不是普遍化的悲觀，而是針對自己熟練行為之影響的悲觀。」遭遇足夠多的無法控制的壓力之後，我們會學得無助，會預設最壞的狀況而缺乏動力去試著活；我們缺乏認知清晰度去理解事情其實還好，而且感到在所有事情中都缺乏快樂。[9]

整合各項因素

關於憂鬱症的心理學取向，提供了一些對於此疾病本質的洞察。根據一個學派，憂鬱症是病態地過度接觸「失去控制」和「失去挫折出口」所造成的狀態；另一個佛洛伊德提出的心理學觀點則認為，憂鬱症是矛盾的內在衝突、內化的攻擊。這些觀點與偏向生理學的觀點形成了對比，該觀點認為，憂鬱症是不正常的神經傳導物質數量、大腦特定部分之間不正常的溝通、不正常的荷爾蒙比例、基因問題的疾病。

有很多種看待世界的不同方式，而不同取向的研究者和臨床學家，在對憂鬱症的共同興趣上，通常對彼此無話可說。有時候他們似乎在說著極端不同的語言，例如，心理動力矛盾之於神經傳導物質自體受體，認知過度概化之於等位基因差異。

我認為這一章的重點是，「壓力」是一致的主題，把生物學和心理學這些迥然不同的線拉在一起。

我們現在已經知道壓力和憂鬱症的一些重要關聯：嚴重的心理壓力會導致實驗室動物有類似憂鬱症的狀況；還有，壓力也是使人更容易有憂鬱症的因素，並造成一些憂鬱症典型的內分泌改變；此外，使人更容易有憂鬱症的基因，只會在壓力環境中發揮這種作用。把連結再拉緊一點，壓力反應的重點荷爾蒙「葡萄糖皮質素」，會在動物身上造成憂鬱症般的狀態，也能使人類有憂鬱症。最後，壓力和葡萄糖皮質素兩者都能造成憂鬱症中的神經化學改變。

有了這些發現，各項因素都能開始整合在一起了。壓力，尤其是嚴重缺乏控制和出口的那種，會使一個人有一系列有害的改變。認知方面則是扭曲的信念，認為在任何狀況中都沒有控制或出口，也就是習得的無助。在情感層面，會乏樂；行為方面，精神運動遲滯。在神經化學層面，血清素、去甲腎上腺素和多巴胺訊號可能會受到干擾，這在第十六章會談到，持續的壓力會榨乾愉悅通路中的多巴胺（參見第 296 頁）。生理方面，食慾、睡眠模式、葡萄糖皮質素系統對回饋調節的敏感度等方面，會有改變。我們把這一大堆的改變統稱為憂鬱症。

這很棒，我相信我們確定了這個壓力相關疾病了，但我們仍得問一些關鍵的問題。一個是為什麼在大約三次的憂鬱症發作後，壓力與憂鬱症的關聯就分開了？這是關於憂鬱症的發作具有自己的內在節律，無關外在世界是否真的用壓力源把你擊潰。為什麼會有這種轉變呢？目前有很多的理論，但真正的資料很少。

但最基本的問題還是在於，為什麼只有一些人會有憂鬱症？一個明顯的答案是，因為有些人比其他人遭遇更多的壓力源。而且，當我們把「發展」列入考量時，則包括個人經歷在內，不只是有些人比其他人遭遇更多的壓力源，而是如果我們在早年經歷了糟糕的壓力源，之後會更容易受到以後丟到我們身上的壓力源的影響。這是身體調適負荷和耗損的本質，即受到嚴重的壓力後會產生脆弱性。

壓力量和（或）壓力史的不同，可以解釋憂鬱症的不同狀況，但即使是相同的

壓力源和相同的壓力史，有些人還是比其他人更容易有憂鬱症。為什麼有些人更容易被打倒呢？

要理解這一點，我們必須用一種更厭世的方式反問：「怎麼有人能夠避免憂鬱症呢？」全部想過一遍，這算是很糟糕的世界，而我們竟然可以抗拒絕望，這似乎是一種奇蹟。

答案是我們內建了從引發憂鬱症的壓力影響中復原的生理機制。我們已經知道，壓力和葡萄糖皮質素可以在神經傳導系統中帶來許多與憂鬱症有關的改變，最清楚記載的關聯是壓力會榨乾去甲腎上腺素。沒有人知道為什麼，雖然這可能與去甲腎上腺素被取用得比平常更快有關（而不是比平常製造得更慢）。

關鍵的是，壓力不只會榨乾去甲腎上腺素，還同時引發更多去甲腎上腺素的逐步合成。當去甲腎上腺素的量在暴跌的同時，也就是壓力開始後不久，大腦會開始製造更多關鍵的酵素「酪胺酸羥化酶」（Tyrosine Hydroxylase），此酵素會合成去甲腎上腺素。葡萄糖皮質素和自體免疫系統（間接地），都在這個引發新的酪胺酸羥化酶的過程中扮演一個角色。重點是，對大多數人而言，壓力可能會榨乾去甲腎上腺素，但只是暫時的。我們即將看到與血清素有關的類似機制。於是，當每天的壓力源造成與憂鬱症相關的一些神經化學改變，還伴隨著一些症狀（我們覺得「憂鬱」）的同時，我們已經在打造恢復的機制，我們會度過這一切，把事情拋諸腦後，採用適當的觀點，往前走……我們會療癒和恢復。

那麼，當具有相同的壓力源和壓力史時，為什麼只有一些人會有憂鬱症？有越來越多的證據提供合理的答案，就是易得憂鬱症的生物學方面，你從壓力恢復的狀況不太好。回到關於「Z 基因」的不同版本的發現，一個版本會提高你的憂鬱症風險，但只會發生在有憂鬱症病史的狀況中。這個基因是名為「血清素轉運體」（Serotonin Transporter）這種蛋白質的編碼（血清素轉運體又稱「血清素運送基因」、5-HTT，後者來自於血清素的化學縮寫：5-HT）。換句話說，血清素轉運體是造成從突觸再吸收血清素的幫浦，它的運作受到百憂解等藥物的抑制，而這類藥物是選擇性血清素回收抑制劑（SSRI）。啊哈，一大堆東西快要就定位了。血清素轉運體基因的不同等位基因版本，所具有的從突觸移除血清素的優劣性也不同。壓力在這裡有什麼關係？葡萄糖皮質素有助於調節該基因會製造多少血清素轉運

體，而且重要的是，葡萄糖皮質素有多擅長這件事，根據你有哪種血清素轉運體的等位基因而不同。

這讓我們找出了一個憂鬱症風險的運作模型。它很簡單，而且更實際的版本必須結合基因與壓力源交互作用的許多可能例子，而不只是壓力、葡萄糖皮質素、血清素轉運體的故事。[10] 但是，事情或許是這樣的：一個重大壓力源來了，造成憂鬱症的某種神經化學改變。你過去的壓力史越多，尤其是人生早期，那麼造成這種神經化學改變所需的壓力源越少。但相同的壓力訊號，也就是葡萄糖皮質素，會改變去甲腎上腺素合成、血清素傳送等等，把你帶往恢復的方向，除非你的基因組成造成這些恢復步驟不順利。

這是生物學和經驗交互作用的本質。如研究所說，要是有足夠嚴重的壓力源，每個人實際上都會陷入絕望。

在面對人生中可能產生的一些噩夢時，沒有任何程度的神經化學恢復機制能夠使你維持平衡。反過來說，擁有壓力夠少的人生，即使有著基因上的傾向，你也可能很安全，就像是只要不開車，就算剎車壞了也不會有危險。但在這兩個極端之間，是人生丟給我們的含糊經驗、我們的弱點，與彈性的生物學的交互作用，決定了誰會成為這種可怕疾病的獵物。

注釋

1 一些自殺統計資料：女性有憂鬱症時，比男性更可能試圖自殺；男性更容易自殺成功。風險最高的群體是六十五歲以上，那些能取得槍枝的單身白人男性。

2 現在的草藥狂熱中，聖約翰草已經在傳統科學圈子裡獲得一些可信度。它會抑制血清素、多巴胺和去甲腎上腺素的再吸收，而且似乎與百憂解這種抗憂鬱劑差不多有效。還有，沒有使用其他藥物的人，使用聖約翰草的話，似乎比使用選擇性血清素回收抑制劑的副作用更少。然而，有越來越多的證據顯示，聖約翰草可能嚴重破壞多種其他藥物的效果。

3 因為大腦對疼痛不敏感，所以這種手術有很多都是在病人清醒的狀況下進行（頭皮當然有麻醉）。這很有幫助，因為在現代影像技術出現之前，外科醫師常常必須要病人醒著指引他們進行，像是：「把電極放到大腦，刺激，病人的手彈起來。」「電擊深一點，刺激，病人的腿彈起來。」「快，諮詢你的大腦路線圖，搞懂你現在怎麼樣，再深一吋，過了第三個神經元左邊停一下，腫瘤在那裡。」這類的事情。

4 接受這個手術後還會有哪些改變呢？如果皮質無法再傳送抽象想法到大腦的其他部分，這個人應該不只會失去抽象悲慘的能力，也會失去抽象愉悅的能力。的確如此。但這樣的手術只會用在因

疾病完全癱瘓的病人身上，他們在某個州立醫院住院區的後面待了數十年，抓著自己搖搖晃晃，常常無力地試圖自殺。

5　仔細的讀者會想起前文的一個討論，用地塞米松抑制測試，來顯示很多老化有機體不易關閉葡萄糖皮質素分泌。這裡也用了相同的測試。真的仔細到執著的讀者會想到，在老化中，關閉葡萄糖皮質素分泌的問題（地塞米松阻抗）可能來自於大腦中有助於停止葡萄糖皮質素壓力反應的部分受損了。那麼憂鬱症患者也有類似的損壞嗎？我們會看到，一些長期憂鬱症的人可能會有這個狀況。然而，沒有這種損害的憂鬱症患者的葡萄糖皮質素濃度也升高。最可能的是，長期的壓力減少了大腦那部分的葡萄糖皮質素受器數量，使得神經元對血液中的荷爾蒙較不敏感。

6　第十章詳述了革命性的發現，就是成人的大腦，尤其是海馬迴，能夠製造新的神經元。它也發現壓力和葡萄糖皮質素是這種神經元新生的最強抑制物。此發現也注意到，這些新神經元的功能是什麼尚不清楚，雖然海馬迴裡的新神經元可能有助記憶也不會是個瘋狂的想法。因此，要是推測在憂鬱症前或當中的神經新生抑制，可能與已知的記憶問題有關，也不算瘋狂。對我來說這似乎是可信的。但這領域還有個傳來傳去的另一個想法，就是神經新生抑制也提高了情緒症狀（即定義憂鬱症的乏樂和悲痛），還有抗憂鬱藥物透過啟動海馬迴神經元新生來運作。這個理論已經得到很多關注，而且有一些能見度很高的研究支持它。然而，我不覺得那些研究或那個基本觀念很可信。我可以講出一個連結憂鬱症海馬迴功能和情緒特徵的途徑，但說它是這疾病的成因核心，又好像太過扭曲。

7　有趣的是，市面上最好的葡萄糖皮質素受器是一種已經很出名的藥，它對某些人來說是惡名昭彰的，也就是墮胎藥 RU486。它不只阻斷子宮的黃體素（另一種類固醇荷爾蒙）受器，還有效地阻斷葡萄糖皮質素受器。

8　有人可能會問，整個習得的無助的現象，是否真的只是關於精神運動遲滯。也許老鼠只是被無法控制的電極給搞到沒力，單純只是沒有力氣去做主動迴避的任務。這個看法會把「習得的無助是一種認知狀態」（我什麼辦法也沒有），或者是一種乏樂的情緒狀態（沒有什麼是愉悅的）這樣的重點，轉移到一種精神運動抑制（所有的事情好像都會榨乾我，所以我就坐在這裡吧）。塞利格曼和梅爾強烈反對這種解讀，並提出資料證明，有習得的無助的老鼠不只是和控制組老鼠一樣活動，更重要的是，「被動迴避任務」也受損了，（此任務的學習反應是不要動，而非做什麼的學習情況；換句話說，這是有點精神運動遲滯會有幫助的學習狀況）。主張精神運動遲滯觀點的是此領域的另一號人物：杰‧懷斯，他提出了同等的資料顯示「無助的」老鼠在被動迴避任務方面表現正常，意味著無助是一種運動現象，而非認知或情緒現象。這辯論已經持續了數十年，而我當然不知道如何化解這個衝突觀點。

9　在我們停止談習得的無助之前，讓我承認這些是對動物很殘忍的實驗。沒有別的方法嗎？我想沒有。你可以在培養皿內研究癌症，養一個腫瘤，然後看某種藥物是否能減慢這腫瘤的生長，以及其他的毒性；你可以在培養皿內實驗動脈粥狀斑塊形成，養出血管細胞，看看你的藥物是否能移除細胞旁邊的膽固醇，以及什麼劑量。但你無法在培養皿內或用電腦模仿憂鬱症。數百萬人都被這個如噩夢般的疾病壓垮，治療方式還不是非常好，而動物模組仍是尋找進步最好的方式。如果你是相信動物研究可接受的那一派，目標應該是只對最少的動物使用最少的痛苦做好科學。

10　例如，關於壓力、葡萄糖皮質素及酪胺酸羥化酶的基因，可能有相同的故事。

第 15 章
性格、氣質，及其壓力相關後果

　　第十三章的重點是心理因素可以調節壓力反應，例如，你在一個有表達出口、控制、預測性資訊的情境下，就比較不會有壓力反應。這一章要探究的是人們以心理變項調節自己的壓力反應慣性的不同方式。你的風格、氣質、性格，與你規律地理解到控制的機會或安全訊號的存在、一貫地把模糊的情況詮釋為好消息或壞消息、是否通常會往外尋求並利用社會支持，都具有很大的關係。有些人很擅長用這些方式調節壓力，而有些人很不會運用，這屬於李察·大衛森所說的「情感風格」的大範圍。要了解為什麼有些人比別人更容易有壓力相關疾病，這是非常重要的因素。

　　我們從一個相對的研究開始。想想蓋瑞，在他一生的巔峰時期，看起來很成功。他在物質上經營得不錯，而且從來沒接近餓肚子的情況；他有過的性伴侶多過他該有的。他醒著的時候，在階級的世界中也非常優秀；他擅長自己所做的事，他做的是競爭，他已經是第二名，逼近第一名，第一名已經變得自滿和有些怠惰。事情還不錯，而且可能會更好。

　　但你不能說蓋瑞很滿足，事實上，他從沒滿足過，對他來說每件事情都是一場戰鬥。光是看似要競爭，就能把他衝上緊繃焦躁的狀態，而且他把自己與可能的競爭者的任何互動，都視為一種正面對決的私人挑釁。他完全用不信任的警戒來看待每一個互動。不意外地，蓋瑞沒有朋友可以說話；他的下屬怕得離他遠遠的，因為他常把自己的挫折發洩在他們身上。他對伴侶凱瑟琳也一樣，而且幾乎不了解他們的女兒凱特蘭，這是對最可愛的嬰兒也毫無感覺的那種傢伙。當他看著自己的成就時，只會想到自己還不是第一名。

　　蓋瑞身上的數值帶有一些生理相關性。升高的基礎葡萄糖皮質素指數，是一種恆常的低度壓力反應，因為對他來說，生活就是大壓力源。升高的靜態血壓（Resting Blood Pressure），不健康的「好」、「壞」膽固醇比例，以及嚴重的動脈粥狀硬化的早期階段，未來的發展可能是在中年時早死，而你不會希望最壞的敵人有這種免疫系統。

　　與其相對的是肯尼斯。他也是在巔峰年紀，也是他世界裡的第二名，但是他用不同的途徑到達那裡，反應了他從小對人生的不同取向。刻薄或厭煩的人可能會認為他只不過是在當「政客」而不把他當一回事，但是他基本上是個好人，與別人融洽共事、幫助別人，這些人也會幫助他。他是一個會建立共識又合群的人，而且如果他對什麼事感到挫折，絕對不會拿身邊的人出氣，但不確定他是否曾經有過受挫的感覺。

　　幾年前，肯尼斯很淡定地即將進入第一名的位置，但是他做了很了不起的事：

「蓋瑞」

「肯尼斯」（和嬰孩）

放棄。那時候，他的狀態夠好，不會餓肚子，而且他理解到人生中還有比登上高位更重要的事。所以他花時間和孩子相處，確保他們安全健康地長大。孩子的母親芭芭拉是他最好的朋友，而且他從不去想自己放棄了什麼。

不意外地，肯尼斯的生理數值與蓋瑞的相當不同，基本上在每個壓力相關項目上都相反，並且他享受著強健的好健康。他注定會活到老，被孩子、孫子和芭芭拉圍繞著。

正常來說，在談這些數值組成時，你會試著保護相關人士的個人隱私，但我違反這一點，在上頁放入蓋瑞和肯尼斯的照片。看看吧。

有一些狒狒是充滿動力的鯊魚，藉由讓他者得潰瘍來避免自己得潰瘍，認為這個世界是充滿漏水孔的半空狀態，而一些狒狒在每個方面都相反。與任何寵物主人聊天，他們都會熱切地分享自家的鸚鵡、烏龜或兔子改不了的個性，而他們通常至少都算正確，因為人們已經發表了動物性格的文獻，有些是和實驗室老鼠有關。有些老鼠用有攻擊性的主動風格處理壓力源，要是你把一個新物體放在牠們的籠子中，牠們會把牠埋在墊草裡。這些動物沒有太多葡萄糖皮質素壓力反應。相反地，有些易反應的動物用逃避來回應威脅，牠們有較顯著的葡萄糖皮質素壓力反應。然後有關於鵝的壓力相關性格差異的研究，甚至還有關於翻車魚性格的絕佳已發表研究（有些很害羞，而有些是外向的社交花蝴蝶）。

動物有很強烈的個別性，而在靈長類身上，牠們的性格、氣質和應對風格具有驚人的差異，這些差異會帶來一些很明確的生理性結果和壓力相關的疾病風險。這不是什麼外在壓力源和健康有關的研究，而是個體如何看待、回應及應對那些外在壓力源，以及這些作為對健康的影響。從這些動物身上可以學到的東西，與人類非常相關。

靈長類的性格與壓力的關係

如果你有興趣了解我們日常生活中的壓力源，以及怎麼有些人比其他人更擅於應對它們，就研究一群在坦尚尼亞的塞倫蓋提國家公園的狒狒吧。牠們是很大、很聰明、長壽、高度社交的動物，住在五十到一百五十隻的群體中。塞倫蓋提國家公

園對牠們來說是生活的好地方,天敵的問題極少,嬰兒死亡率低,容易取得食物。那裡的狒狒一天大概工作四小時,在地面和樹上找水果、塊莖及可以吃的草。這對我有重要的意涵,在過去二十年的夏天,我溜出實驗室到塞倫蓋提國家公園時,牠們便是完美的研究對象。如果狒狒一天只花四個小時填肚子,那牠們就有八個小時的白天可以欺負彼此,社交競爭、結盟來對付其他動物、心情不好的大型公狒狒揍比較小隻的、在別人背後做小動作,就像人類一樣。

我不是在亂開玩笑。想想第一章的一些主題,很少人因為必須一天走十英里找食物而得到潰瘍,很少人因為必須與某人一起從水坑中吞下最後一口水而有高血壓。人類在生態上具有緩衝和特權,讓我們得以為了社會和心理原因而有壓力。對大草原狒狒而言,塞倫蓋提國家公園的生態系統是如此理想,所以牠們可以同樣奢侈地運用社會和心理壓力源使彼此生病。

當然,就像人類的世界,牠們的世界充滿著互相支持的聯合、友誼、親戚;但那也是惡性競爭的社會。如果在塞倫蓋提的一隻狒狒遭遇很悽慘,幾乎都是因為另一隻狒狒持續造成的。

應對社交壓力的個別風格似乎很關鍵,因此我要測試的事情之一,是這些風格能否預測壓力相關生理和疾病的差別。我觀察那些狒狒,收集了詳細的行為資料,然後用吹槍在控制條件下麻醉那些動物,在牠們不省人事後,我可以測量牠們在基礎條件和各種壓力條件下的葡萄糖皮質素、製造抗體的能力、膽固醇組成等等。[1]

蓋瑞和肯尼斯的案例讓我們感受到公狒狒能有多麼不同。兩隻位階差不多的公狒狒多快與其他公狒狒形成同盟夥伴關係、有多喜歡替母狒狒理毛、是否跟小孩玩、打架輸了會悶悶不樂還是去揍更小隻的,可能有極大的差異。我的兩位學生,賈斯汀娜·瑞(Justina Ray)和查爾斯·福珍(Charles Virgin),與我一起分析了數年的行為資料,試著使這些動物的風格和性格的不同成分能夠正式化,而我們發現了性格風格和生理學之間一些引人入勝的相關性。

在較高位階的公狒狒之中,我們發現一些與低靜態葡萄糖皮質素有關的行為特質,獨立於牠們特定的位階之外,而這些特質有的與公狒狒如何彼此競爭有關。第一個特質是,這隻公狒狒能否區分和對手的互動是有威脅性還是中性的。這要怎麼在狒狒身上看出來呢?看一隻特定的公狒狒在兩個不同情況的行為。第一個情況:

牠最壞的對手來了，坐在牠旁邊，並且做出有威脅性的動作。這隻公狒狒接下來會做什麼呢？另一個情況：一隻公狒狒坐在那裡，牠最壞的對手來了，然後遊蕩到下一塊地睡著了。這隻公狒狒在這個情況中會做什麼呢？

有些公狒狒能區分這些狀況的不同，當牠們感到只差一步距離的威脅時，會變得焦躁、警覺、做準備；而當牠們看到對手在打盹時，會繼續做自己本來在做的事。牠們能知道一個狀況是壞消息，另一個沒有意義。但即使對手在這塊地的另一邊打盹，有些公狒狒也會焦躁，這種狀況一天發生五次。在調整階級變項後，如果一隻公狒狒無法區分兩種狀況的差別，牠的靜態葡萄糖皮質素濃度平均來說會是能區分差別的公狒狒的兩倍高。如果對手在另一端打瞌睡會害一隻公狒狒大亂，後者就會持續處在壓力狀態中，難怪牠的葡萄糖皮質素濃度會升高。這些有壓力的狒狒，與傑・凱普蘭研究的高反應性的獼猴很相似，第三章曾提到，這些獼候對每一個社交挑釁都已過度啟動壓力反應（交感神經系統）來做回應，並且有更大的心血管問題風險。

下一個變項：如果狀況真的有威脅性（對手在一步之遙，並且做出威脅性的動作），那隻公狒狒是否被動地坐在那裡等打架，或控制這個情況先出手呢？在這個分析中除去階級因素後，被動坐在那裡、放棄控制的公狒狒的葡萄糖皮質素濃度，比控制場面的公狒狒更高。我們也發現，低位階和高位階的模式相同。

第三個變項：打架過後，狒狒能否知道自己是贏還是輸呢？有些傢伙很擅長這一點；牠們打贏一場，然後會幫最好的朋友理毛，而當牠們打輸了，會揍比自己更小隻的。其他狒狒不管結果如何，反應都一樣；牠們不知道生活是更好還是更差，這些無法區分輸贏的狒狒，平均來說比能區分的狒狒有更高的葡萄糖皮質素濃度，而此項結果與階級無關。

最後的變項：如果一隻公狒狒打輸了，牠接下來會怎麼做？牠會自己悶悶不樂、替別人理毛，或是去揍別隻狒狒？在排除階級變項後，最可能去揍別人的公狒狒（展現錯置的攻擊性），有較低的葡萄糖皮質素濃度。低位階和高位階的狒狒都是這樣。

所以，排除了階級因素後，發現基礎葡萄糖皮質素較低的公狒狒，是最擅長區辨威脅性互動和中性互動的，也就是情況明顯有威脅性時會先發制人、最會分辨輸

贏，以及在輸的時候最可能要別人負責這個失敗的公狒狒。這呼應了心理壓力那一章的主題，那些應對最好（根據內分泌的測量狀況）的公狒狒，有較高的社交控制（先發制人打架）、可預測性（能精確地評估情況是否有威脅性、結果是否為好消息），以及挫折出口（傾向於給他者壓力而不是自己得潰瘍）。值得注意的是，這風格在個體的生命中會穩定持續多年，並且帶來大回報：有這些低葡萄糖皮質素特質的公狒狒，維持高位階的時間顯著比平均值更長。

我們後續的研究顯示另一組特質也能預測低基礎葡萄糖皮質素濃度，這些特質和公狒狒彼此如何競爭無關，反而是和社交連結的模式有關。花最多時間為非發情期的母狒狒理毛的（不是為了立即的「性」趣，只是老派的柏拉圖式朋友）、最常被非發情期母狒狒理毛的、花最多時間和幼狒狒玩的，這些是低葡萄糖皮質素的公狒狒。最簡單來說（完全不擬人化），這些是最能夠發展友誼的公狒狒，這個發現和前面幾章談到的，關於社交連結可抵抗人類的壓力相關疾病的保護效果非常相似。在本書最後一章會談到，這種性格特質組合也是長期穩定的，並且有明顯的回報，對公狒狒來說等於是成功的晚年。

因此，對於某些公狒狒，至少有兩種途徑會造成高基礎葡萄糖皮質素，而且無關社會階級：無法妥善看待競爭和社交孤立。國家健康機構的史蒂芬·蘇歐米（Stephen Suomi）研究了恆河猴，發現了另一種應該很熟悉、有某些生理相關性的性格類型。大約二十％的恆河猴是「高反應者」，就像看到對手在午睡就會感受到威脅的狒狒一樣，這些個別的猴子到哪裡都看到挑戰。

但在猴子的情況中，對於存在威脅時的反應是膽怯畏縮。把牠們放到一個新環境，那是其他恆河猴覺得是激勵探索的地方，而牠們的反應是恐懼，會大量分泌葡萄糖皮質素。把牠們和新同儕放在一起，牠們會焦慮地僵住，呈現害羞和退縮，也會釋放大量的葡萄糖皮質素。把牠們和所愛分開，牠們非典型的可能會陷入憂鬱，有過量的葡萄糖皮質素、過度啟動的交感神經系統和免疫抑制。這似乎是應對世界的終身風格，而且早從嬰兒期就開始了。

這些各種的靈長類性格是從哪裡來的呢？關於狒狒，我永遠不會知道。公狒狒會在青春期更換群體，往往搬遷幾十英里才找到要加入的成年群體。我不可能追蹤同一個個體從出生到成年，所以不知道牠們的童年是什麼樣子、牠們的母親是消極

的還是嚴厲的、牠們是否被迫學鋼琴等等。但是，史蒂芬・蘇歐米做了很細膩的研究，顯示基因和環境因素都與這些性格差異有關。例如，他發現幼猴的性格與父親相同的機率顯著較高，即使父親不在幼猴的社交團體中，因此明顯暗示這是遺傳、基因成分的影響。相對的，在早年由慈愛母親養育，可以預防這些猴子的高反應性性格，這是給關於母育風格的環境因素的強力一票。

廣泛來說，各種研究指出靈長類的性格有兩種方式可能會導致壓力相關疾病。

第一種方式是，牠們面對的壓力源的程度，與壓力反應程度不相稱。牠們把最中性的情況視為威脅，做出有敵意的、對抗的反應（就像我的一些狒狒和凱普蘭的一些獼猴），或焦慮退縮（就像蘇歐米的一些猴子），最極端的狀況是，牠們對絕對不屬於壓力源的情況（例如，打架贏了），做出那是很有壓力的慘事（打輸了）的反應。第二種不良方式是，那些動物不擅長運用能使壓力源更好管理的應對技巧，牠們不會把握在困境中可得的控制、當狀況變辛苦時不使用有效的出口，還有缺乏社會支持。

要整理出給那些不快樂的動物的一些心理治療建議，似乎相當乾脆，但在現實中是不可能的。例如，狒狒和獼猴在治療會談中會分心，習慣把書從書架上拿下來；牠們不知道今天是星期幾，因此常常錯過約談；牠們會吃等候區的植物等等。因此，用那些相同的洞見來了解容易有過動活躍的壓力反應、較高壓力相關疾病的人類，可能比較有用。

人類的世界：對研究結果抱持質疑

到目前為止，有一些令人印象深刻也很有說服力的研究，連結了人類的性格類型和壓力反應相關疾病。然而，最好的開始之處，可能是來點警告，我認為對於一些報告所提到的連結需要帶著一點質疑。

我已經提到對於早期心理分析理論中對某些性格類型和結腸炎的連結的懷疑（見第五章，第82頁）。另一個例子是流產和墮胎，第七章談了壓力可能造成流產的機制（參見第130頁），而人們幾乎不需要有親身體驗就能對這種創傷感受略知一二。因此，你可以想像多次流產的女性的特定痛苦，還有得不到該問題的醫學

解釋的特殊悲慘狀態，沒有專家知道是什麼問題。一些激動人士試圖發現女性常見的性格特質來填補這個缺口，稱之為「心因性流產者」。

一些研究者發現了一個女性次群體有反覆的「心因性」流產（大約一半的病例），是「心理發展遲緩」的，她們被描述成情緒不成熟的女人，高度依賴丈夫，在某種無意識的層次中認為即將到來的孩子是對她們自己與配偶的孩子氣關係的威脅。另一個被發現的性格類型，是相反的極端，那些女人被描述成直言且獨立，其實不想要有小孩。因此，這兩種組合中的常見主題，是無意識地希望不要有小孩，無論是因為競爭配偶的關注，或因為不願意壓縮自己的獨立生活型態。

然而，很多專家質疑這些分類的研究。第一個原因回到本書前文提出的警告：「心因性」什麼（性無能、月經不調、流產等等）的診斷，通常是以排除法進行的，換句話說，醫師們查不出任何疾病或生物性原因，在找到之前，這疾病就被丟到心因性的桶子裡。這可能代表著，該疾病的確可用心理原因解釋，或只是相關的荷爾蒙、神經傳導物質、基因異常還沒有被發現，一旦發現了，這心因性疾病就神奇地轉變成生理問題了，「喔，原來不是你的性格導致的。」多次流產的領域似乎充滿了近期的生理學洞見，如果過去十年的心因性流產大多在現今都具有生理解釋，那麼這個趨勢可能會繼續下去。所以，對於任何「心因性」的標籤都要質疑。

另一個困難是這些研究都是回溯性研究設計：研究者在那些女性多次流產後，研究她們的性格。一個研究可能這樣引用一位連續經歷三次流產的女人的案例，說她情緒退縮且依賴丈夫，但由於這些研究設計的本質，我們無法知道這些特質是流產的原因或反應，因為連續三次流產可能耗損大量的情緒代價，或許使得受試者退縮並對丈夫更依賴。

要妥善研究這個現象，需要在女性懷孕前就了解她們的性格，看看這些特質是否能預測誰會多次流產。就我所知，還沒有人做這樣的研究。

最後一個問題是，關於特定的性格類型如何造成無法完成孕期的傾向，沒有任何一個研究提出合理的推測。中介的生理機制是什麼？什麼荷爾蒙和生理功能被破壞了？此領域缺乏科學性，使我相當懷疑那些說法。心理壓力源能提高流產風險，雖然醫學文獻中已有前例認為某種性格類型與流產風險較高有關，但科學家還無法在「什麼性格有關」取得共識，更別說性格是流產的原因還是結果。

精神疾病和不正常的壓力反應

一些精神疾病和特定的壓力反應相關的性格、角色、氣質有關。我們在關於憂鬱症的那一章，已經看到一個例子：大約一半的憂鬱症患者的靜態葡萄糖皮質素指數遠高於其他人，往往高到足以造成新陳代謝或免疫的問題，或在某些案例中，憂鬱症患者無法關閉葡萄糖皮質素的分泌，其大腦對於關閉訊號變得比較不敏感。

前面關於有麻煩的非人類靈長類那一節中，有一個主題是牠們接觸的壓力源類型和應對反應不相稱，而我們認為是憂鬱症基礎的「習得的無助」，似乎是這種不相稱的例子。

一個挑戰來了，有憂鬱症的個體的反應是什麼呢？「我做不到，太困難了，何必要做什麼呢？反正都沒有用，我做什麼都沒用……」在面對有壓力的挑戰時，憂鬱症患者不會試圖擺出應對反應，容易焦慮的人則被發現有不同的反應類型。

焦慮症

什麼是焦慮？不平靜、疾病、腳下的沙子一直移動的感覺，持續的警戒是有效保護自己的唯一希望。

焦慮症有好幾種類型，我們只提幾個：廣泛性焦慮症就如其名，是廣泛性的；畏懼症針對特定的事物；恐慌發作的人是焦慮會隨著使人癱瘓的、過度換氣的危機感而沸騰，造成交感神經系統大量啟動；強迫症患者會用無止境的安撫和分心儀式性模式，來掩埋焦慮和維持忙碌；創傷後壓力症候群的焦慮，可以被追溯到特定的創傷。

這些情況中，沒有一個焦慮是和恐懼有關的。恐懼是「必須逃離真實事物」的警戒和需求，而焦慮是擔心、不祥的預感，以及想像力跟著你亂跑。焦慮跟憂鬱症差不多，都是根基於認知失調。在這情況中，容易焦慮的人會過度估算風險和壞結果的可能性。

不過，容易焦慮的人與憂鬱症患者不同的是，他仍然運作著應對反應，但這個壓力源與應對反應不相稱的情況，在於扭曲的信念，他們相信到處都是壓力源，而

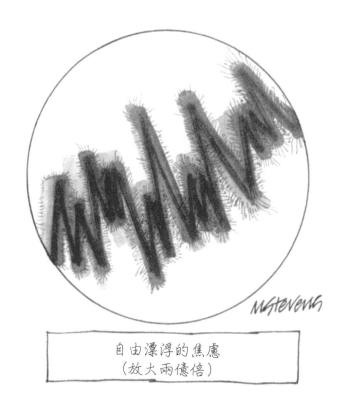

自由漂浮的焦慮
（放大兩億倍）

且壓力源是無盡的，安全感的唯一希望是一直運作應對反應。人生就是具體、焦躁地處理問題的當下，但那些問題對別人來說可能根本不是問題。[2]

　　這很糟糕，而且會給人極大的壓力。不意外地，焦慮症與慢性過度活躍的壓力反應有關，並且具有本書提到的許多疾病的高風險性（例如容易焦慮的老鼠，壽命較短）。然而，葡萄糖皮質素過多不是此病症常見的現象，反而是交感神經系統過度啟動，有太大量的兒茶酚胺激素（Catecholamines，編注：含有兒茶酚核的胺類化合物統稱，腎上腺素和去甲腎上腺素都屬於這一類）。

　　我們現在已經知道葡萄糖皮質素和兒茶酚胺激素（腎上腺素和去甲腎上腺素）一些有趣的對照。第二章強調了兒茶酚胺激素如何在幾秒內從槍櫃裡拿出槍，幫助你抵抗壓力源，而葡萄糖皮質素則在幾分鐘到幾小時的時間中製作新武器來保護你。在時程方面還可以進一步說明，兒茶酚胺激素調節對當下壓力源的反應，而葡萄糖皮質素調節對下一個壓力源的準備。

當涉及精神疾病時，兒茶酚胺激素的增加，似乎與仍要努力應對及所涉及的努力有關；過量的葡萄糖皮質素，似乎是放棄應對的訊號。你可以在實驗室老鼠身上發現這一點。身為夜行性動物的老鼠不喜歡強光，強光會使牠們焦慮。把一隻老鼠放在邊緣陰暗的籠子，那是老鼠喜歡待著休息的地方，但是好吃的食物在籠子中央的強光下，這讓老鼠產生極大的焦慮，牠開始靠近食物，又往後退，一次又一次，瘋狂地試圖想出得到食物又避免強光的辦法。這是焦慮，試圖應對的混亂嘗試，而這個階段是由兒茶酚胺激素主導。如果持續太久，這隻動物就會放棄，待在陰暗區域那裡，那就是憂鬱，由葡萄糖皮質素主導。

焦慮的生物學

本章的重點是要探究「不同的精神疾病和性格類型，如何與不良應對壓力有關」，而我們已經知道焦慮如何符合這份清單，但也值得看看此疾病的生物學。

哺乳類先天就會對一些事物感到焦慮，像是老鼠對於強光、陸生動物對於被吊在空中、大部分動物對於呼吸受阻等。但是大部分使你焦慮的東西，都是學習得來的，或許是因為它們與某個創傷有關，或許是因為我們基於它們與創傷相關事物的相似性，而概化了它們。有些生物本來就比其他生物更快學會某些連結，例如人類和蜘蛛，或猴子和蛇，但我們也學會對完全新鮮的事物感到焦慮，像是我們會加速走過吊橋、懷疑小貨車裡的那個傢伙是不是來自蓋達組織。

這跟我們在第十章關注的學習型態不同，第十章是關於海馬迴和陳述性記憶學習，但本章是關於內隱學習，你身體的某種自主反應被制約了。例如，一個遭受創傷攻擊的女人，她的大腦被制約成每次看到長相差不多的男人，心跳就會變快。就像帕夫洛夫式的學習，用響鈴連結了食物，讓大腦學會啟動唾腺；當她看到某種臉，大腦已經學會啟動交感神經系統。即使你沒意識到，制約的記憶也能被引發。那女人在擁擠的派對中享受不錯的時光，但焦慮突然來襲，她在喘氣、心跳加快，而她不知道為什麼，直到幾秒後才知道，在她身後說話的男人的口音，就像那個男人。在你覺知到相似性之前，身體就產生反應了。

正如我們在第十章看到的，輕微暫時的壓力會提升陳述性學習，長期或嚴重的

壓力會破壞它，但是在前意識、內隱、自主學習的情況中，任何壓力都會強化它。例如，你製造很大的聲響，實驗室老鼠會有驚嚇反應，牠的肌肉在幾毫秒內就緊繃了，要是在此之前，先用任何類型的壓力源給牠壓力，牠的驚嚇反應會更嚴重，並且更可能變成慣性的、制約的反應，就像我們一樣。

　　就像前文提過的，這不屬於海馬迴的領域，它是陳述性記憶的美好理性管道，幫助我們記得某人的生日；焦慮和恐懼制約則是另一個相關的結構「杏仁核」的領域。[3] 要了解杏仁核的功能，你必須看看放射到杏仁核的大腦區域，以及杏仁核放射過去的區域。到杏仁核的途徑之一來自疼痛通路，這與第九章的內容有關，也涉及怎麼會有疼痛、對此疼痛的主觀詮釋。杏仁核與「對疼痛的主觀詮釋」有關，也能獲得感覺資訊，特別的是，杏仁核在資訊到達皮質並造成有意識的覺知之前，就已經得知感覺資訊，像是那女人在注意到那男人的口音之前，心跳就加速了。杏仁核是從自主神經系統得到資訊，而這一點的重要性是什麼呢？假設某種模糊的資訊正在進入，是由你的杏仁核「決定」這是不是該焦慮的時候，而如果你的心臟狂跳，你的胃彷彿跳到喉嚨，那個輸入資訊會左右杏仁核選擇焦慮。[4] 還有，杏仁核對葡萄糖皮質素的訊號極為敏感。

　　杏仁核的輸出完全說得通，它的放射大多是到下視丘和相關的前哨站，這些區域會引發一連串的葡萄糖皮質素釋放和啟動交感神經系統。[5] 那杏仁核如何溝通呢？把腦下垂體釋放激素當作神經傳導物質來使用。

　　與焦慮中的杏仁核有關的最有說服力的研究，來自於大腦影像研究。把人放入掃描儀，拍許多照片，看大腦的哪些部位有各個反應。讓那個人看一張恐怖的臉，杏仁核會亮起來，就算讓那張照片以屬於潛意識的方式，即用幾千分之一秒的速度閃過，快到意識不到（而且快到無法啟動視覺皮質），杏仁核還是會亮起來。[6]

　　杏仁核的功能和焦慮有什麼關係呢？焦慮症患者會有過度的驚嚇反應、看到別人沒看到的威脅。給人們某個閱讀任務，對他們閃過一系列無意義的字，他們必須快速看出真正具有意思的字。每個人遇到有威脅性的字時，都會稍微慢下來，但是有焦慮症的人會更慢。與這些發現相符的是，這樣的人的杏仁核一樣過度活躍。看到一張嚇人的照片，不太會啟動控制組受試者的杏仁核，但會啟動焦慮症患者的杏仁核。一張短暫閃過的嚇人照片，對控制組受試者來說可能連潛意識都不會注意到

的，卻仍會啟動焦慮症患者的杏仁核，難怪他們的交感神經系統會一直運轉，因為杏仁核的警報總是在響。

為什麼焦慮症患者的杏仁核運作方式不同呢？一些令人驚奇的近期研究發現了這是怎麼運作的。我們在第十章看到，憂鬱症和葡萄糖皮質素會破壞海馬迴的功能，使得突觸無法做長期增強的事、神經元的樹突突起萎縮。值得注意的是，壓力和葡萄糖皮質素對杏仁核的影響是相反的，突觸會變得更容易激動，神經元長出更多纜線把細胞連接起來，如果你刻意使老鼠的杏仁核更容易興奮，之後牠就會像是有焦慮症。

關於焦慮，把杏仁核搬上檯面的紐約大學的喬瑟夫‧樂多（Joseph Ledoux），根據這些發現建構了一個了不起的模組。假設發生了憂鬱症，而且程度足以破壞海馬迴功能和提升杏仁核功能，之後在相似的情境中，你會有一個焦慮自主狀態，焦躁且恐懼，但你不知道為什麼，而這正是因為你不曾透過海馬迴去固化記憶，而杏仁核調節的自主通路記得清清楚楚，這是自由漂浮的焦慮的一個版本。

A 型性格在心血管生理學中的角色

現在已經有一些性格和心血管疾病之間的假設關聯被提出了。其中有一個性格和心臟疾病的假設關聯，已經變得廣為人知、飽受稱讚，在很多人的想法中被扭曲到誇張（通常變成用來解釋別人令你想抱怨的最惱人的行為特質，或間接地誇耀自己）。我要說的是「A 型性格」。

心臟科醫師梅耶‧傅雷德曼（Meyer Friedman），以及雷‧羅生門（Ray Rosenman），在一九六〇年代早期創造了「A 型性格」這個詞，形容他們在某些人身上發現的一套特質。他們沒有用壓力方面的方式描述這些特質（例如定義 A 型性格的人是對中性或模糊的情境做出那些情境很有壓力般的反應），雖然我會在後面試圖這麼重新建構。他們是把 A 型性格的人定位為非常有競爭心、過度追求成就、有時間壓力、沒耐心和有敵意的，並且說，有這些特質的人，有較高的心血管疾病風險。

這個論點曾在此領域中遭遇巨大的質疑。一九五〇年代的心臟科醫師，想的是

心臟瓣膜和循環脂質，而不是一個人如何在超市應對排隊等很久的情況。因此，一開始這領域有很多人傾向於把這個行為和疾病的連結，視為傅雷德曼和羅生門所提出的相反版本，也就是得到心臟疾病可能會使一些人表現得更像 A 型性格。但傅雷德曼和羅生門做了前瞻性研究，發現 A 型性格在心臟疾病發生前就存在了，這個發現造成很大的關注。

到了一九八〇年代，心臟科中的一些大人物聚在一起查看證據，做了結論：A 型性格和吸菸或高膽固醇，具有至少一樣高的心臟病風險。

每個人都很高興，而且「A 型性格」成了常用的說法，但麻煩的是，沒多久之後，一些嚴謹的研究無法複製傅雷德曼和羅生門的基本發現。A 型性格的觀點突然看起來不太好了，然後有兩份研究在傷口上撒鹽，它們發現到，一旦你有心臟冠狀動脈疾病，A 型性格與較好的存活率有關。

到了一九八〇年代晚期，A 型性格的概念受到一些重大的調整。一個是承認對於年輕時就有第一次心臟病發作的人，性格因素更能預測心臟疾病，至於較晚有第一次心臟病發作的人，則與脂肪和吸菸更有關係。還有，杜克大學的瑞佛·威廉斯（Redford Williams）說服了這領域的大多數人，在 A 型性格症狀清單中的關鍵因子是「敵意」。例如，當科學家再次分析原本的一些 A 型性格研究，並且把特質組合分解成個別項目，「敵意」跳出來成為心臟疾病唯一一個顯著的預測項。對於二十五年前為了醫學院習作而進行性格測驗的中年醫師的研究，也有相同的結果，

運作中的 A 型性格。左邊照片是一個有心血管疾病的 A 型性格病人支持團體的早晨停車模式，每個人都朝向省時的出入口。右邊是當天稍晚的同一景。

而對美國的律師、芬蘭的雙胞胎、西方電力公司的員工等各方面的群體，研究發現都相同。

　　另一個例子是，美國十個城市的居民的敵意程度，與心血管疾病死亡率有相關性。[7] 各種研究提出，高敵意可預測心臟冠狀動脈疾病、動脈粥狀硬化、出血性中風，以及有這些疾病時的較高死亡率。還有，這些研究大多控制了重要的變項，像是年齡、體重、血壓、膽固醇指數和吸菸，所以敵意與心臟疾病的連結不太可能是因為其他因素（例如，有敵意的人更可能吸菸，所以是因為吸菸而非敵意，才有更多心臟疾病）。更近期的研究發現，敵意與各種疾病的較高死亡率有顯著相關，而不只是心臟疾病。[8]

　　傅雷德曼和同事堅持另一種觀點，他們提出敵意的核心是「時間壓力」的感覺，像是：「你能相信那個銀行行員做事有多慢嗎？我得待在這裡一整天了。我可不能把人生浪費在銀行排隊上。那小子要怎麼知道我在趕時間？我可以殺了他。」而時間壓力的核心是蔓延的不安全感，你沒有時間享受你的成就，更別說是享受別人做的事，因為你必須再一次趕著證明自己，並且試著對世界再隱藏一天你是怎樣的騙子。他們的研究表示，事實上，「持續的不安全感」比敵意更能夠預測心血管疾病概況，雖然他們的觀點在此領域中算是少數。

　　至於敵意和心臟有關係的方面（無論是主要因素或替代變數），敵意的哪個部分是壞消息，尚不清楚。例如，對於律師的研究顯示，外顯的攻擊性和憤世嫉俗的不信任感很關鍵，換句話說，經常公開表現你感覺到的憤怒，可預測心臟疾病。實驗研究顯示，完全表達憤怒是心血管系統的強力刺激物，支持了律師研究的發現。相對地，在原始的 A 型性格資料分析中，一個特別強力的心臟疾病預測值，不只是高敵意，還有不表達憤怒的傾向。史丹佛大學的詹姆斯・果爾斯（James Gross）令人著迷的研究支持後者的觀點。給志願者觀看會引發某種強烈情緒的影片片段，例如反感（某人的腿被截肢的血腥畫面），他們感到不舒服且厭惡地扭動，不意外地，出現啟動了交感神經系統的生理標誌。現在給其他志願者看相同的片段，但事先告訴他們，不要表現他們的情緒（「不要讓別人看出你的感覺」）。研究者讓他們看那些血和內臟，他們緊抓著椅子扶手，試著維持鎮定，然而交感神經系統啟動更強烈，因此，壓抑強烈情緒的表現，似乎會使相關的生理反應更加強烈。

　　為何高敵意（無論是哪一種）會對你的心臟不好呢？一部分很可能是風險因子的循環，有敵意的個體更可能會吸菸、吃得不好、飲酒過量，此外還有心理社會變項，有敵意的人往往因為把別人趕走而缺乏社會支持。不過，敵意也有直接的生物學後果。主觀來說，我們會把有敵意的人描述成這種人：對於其他人看來只會覺得有些刺激，甚至根本不刺激的事件，就會激動和生氣的人。相似地，對於別人不覺得煩擾的情況，他們的壓力反應會切到高速檔。

　　要是你給有敵意和無敵意的人一個非社會壓力源（像是一些數學題），不會有什麼差異出現，每個人都有差不多的輕度心血管啟動。但如果你製造有社會刺激的情境，有敵意的人會分泌更多腎上腺素、去甲腎上腺素和葡萄糖皮質素到血液中，還有血壓升高，以及一大堆心血管系統不喜歡的其他狀況。

　　各種的社會刺激都已經被用在研究中：受試者可能被要求接受一個測驗，並且在測驗過程中被反覆地打斷；或者他們可能玩電玩遊戲，對手不只靠作弊贏了，還表現得很臭屁。在這些與其他的例子中，無敵意者的心血管壓力反應較輕微。但有敵意者的血壓會飆到破棚（這些人和傑·凱普蘭過度反應的猴子，在對於壓力源的過度交感神經系統反應和較高的心血管疾病風險方面有多麼相似，不是很了不起嗎？或是像我的狒狒，那些無法區分世界中有威脅性和無威脅性事件的，完全是屬於有尾巴的 A 型性格個體）。但這裡又出現了不一致的情況。對於焦慮的人而言，生活充滿了險惡的壓力源，需要警戒的應對反應，但對於 A 型性格者，生活充滿了險惡的壓力源，需要具敵意本質的警戒應對反應，這可能代表了在他們之後的人生中，每一天都對於別人覺得沒什麼的事，產生強烈的心血管反應，人生在敵意中被反覆地打擊，那麼心血管疾病風險提高就不令人意外了。

　　一件令人高興的事情是，A 型性格並不是永久的，如果你透過心理治療（用一些最後一章會整理出來的方式）來降低 A 型性格者的敵意部分，就會降低進一步的心臟病機率，那是很棒的消息。我注意到，治療 A 型性格者的許多醫療專業人士，主要是試圖改革這些人。基本上，很多 A 型性格者對於身邊的人來說是有虐待狂的討厭鬼。當你和一些 A 型性格專家談的時候，他們對於「A 型性格是一種道德失敗」與「那是一個醫學上用來描述對別人不好的人的用語」，這兩者之間的分界帶有一種奇怪的語氣。

此外，我注意到很多 A 型性格專家往往是沒受過正規訓練的傳道者或神職人員的傳承者，這之間的宗教關聯會偷偷滲進來。我曾經與此領域的兩位領導者談話，一位是無神論者，另一位是不可知論者，當他們試著讓我了解他們如何讓 A 型性格者了解自己的不良狀況時，利用了一場宗教佈道。[9] 最後我問這兩位醫師一個明顯的問題，他們是做血管方面還是靈魂方面的生意？他們的工作是關於心臟疾病還是道德？他們馬上就選擇了道德，而心臟疾病只是進入更大議題的契機。我那時以為這很棒，如果把我們的冠狀動脈血管變成罪惡的帳本，減少循環的油脂則是一種救贖，能使人們對彼此更正派，也給他們更多力量。

診間的椅子與 A 型性格行為

此領域的最後一個問題是：A 型性格行為是怎麼發現的？我們都知道科學家如何得到他們的發現，有在浴缸裡發現的（阿基米德〔 Archimedes 〕和他洞察的水中置換法）；有在夢中發現的（凱庫勒〔 Kekule 〕夢到碳圍成一圈跳舞形成了苯）；有在交響樂中發現的（有位科學家因過度工作而勞累，被迫和另一半去聽音樂會；在一段安靜的木管樂器演奏時，他突然想到在程式筆記本中那字跡撩亂的等式，便匆忙地說：「親愛的，我必須離開去實驗室。」其他的就是歷史了）。

但偶爾會有某個人有所發現，並且告訴科學家。那某個人是誰呢？那個人在此過程中的角色可以用一句想像的諺語總結，而這諺語可能永遠不會被繡在某人的鍋子隔熱墊上：「如果你想要知道動物園的大象有沒有胃痛，別問獸醫，問獸籠清潔員。」清理髒亂的人能夠敏銳察覺髒亂程度的變化，在一九五〇年代，這使得一個人錯過了改變醫學歷史過程的機會。

我有這個榮幸直接聽到梅耶·傅雷德曼醫師親口說這個故事。那是一九五〇年代中期，傅雷德曼和羅生門的心臟科診所很成功，但他們有一個意外的問題——他們花了很多錢在修理候診室的椅子。這通常不是心臟科醫師需要注意的問題，但是需要修理的椅子似乎沒完沒了。

有一天，一位新的修椅工來看這個問題，看了椅子一眼，就發現了 A 型性格和心血管疾病的關聯。「你的病人是有什麼問題啊？大家不會這樣磨耗椅子的。」

他們發現只有椅墊最前面的幾吋和有墊子的扶手被磨到破，有如某些非常矮小的水獺每晚在診所伸長脖子啃咬椅子的前面，而候診室的病人都慣性地坐在椅子前端，焦躁不安地抓磨扶手。

剩下的原本應該屬於歷史：音樂揚起，那修椅工被抓著手臂並被銳利的眼神盯著，「老天，老兄，你知道自己剛才說了什麼嗎？」修椅工和其他心臟科醫師趕快開會。狂熱的失眠夜晚，各地充滿理想主義的年輕修椅工團隊，把這個發現的消息帶到椅子／心臟科總部，「不，你沒看到泌尿科醫師或神經科醫師或腫瘤科醫師或足科醫師的候診室椅子的磨耗成這樣，只有心臟科醫師。得到心臟病的人有些不一樣。」然後 A 型性格的治療領域起飛。

然而，那些都沒發生。傅雷德曼醫師嘆氣，像是在告解。「我完全沒注意那個人。我那時太忙了；左耳進，右耳出。」一直到四或五年後，傅雷德曼醫師對病人的正式研究開始有一些頭緒時，這段記憶當頭棒喝。喔，我的天啊，那個修椅工，記得那個一直說磨損花樣的那個人嗎？直到今日，沒有人記得他的名字。[10]

還有其他關於性格、氣質和壓力相關生理學的許多研究，科學家已經指出樂觀者和悲觀者有不同的壓力相關免疫功能，其他科學家已經發現害羞的個體在社交情境中有較高的葡萄糖皮質素濃度，其他人認為神經質是一個因素。但是讓我們再多想一個主題，它特別有意思，因為它是關於你以為這世界上最沒壓力的人。

當生活中只有壓抑

這一章已經談了與過度活躍的壓力反應有關的性格類型，並認為這些性格類型的共通之處，是人生丟給這些人哪種壓力源，與他們採用哪種應對反應的不相稱。而這裡是關於過度活躍的壓力反應方面新發現的版本，而且它很令人困惑。

這些人不是在應對壓力源時太消極、太固執、太警戒或太有敵意的人，他們看起來沒有那麼多壓力源，他們說自己沒有憂鬱或焦慮，而且他們做的心理測驗也說的確如此。事實上，他們說自己滿開心的、成功、有成就（而且根據性格測驗，他們的確如此），但這些人（占了大約五％的人口）卻有慢性啟動的壓力反應。他們的問題是什麼？

　　我認為他們的問題可以提供關於人類心理意外地脆弱的洞見。這些人被認為有「壓抑的」性格，而我們都遇過這種人，事實上，我們對這些人的敬意帶有一絲的忌妒。「我希望自己有他們的紀律；對他們來說，每件事情似乎都很簡單。他們是怎麼做到的？」這些人是每個字母 t 的那一橫線都不會漏、每個字母 i 的那一點也不會少的那種原型。他們認為自己不喜歡驚喜，是過著有制度的生活的計畫者，每天用同樣的方式走路上班，總是穿相同風格的衣服，那種能告訴你從這天起到兩週後要吃什麼當午餐的人。

　　不意外地，他們不喜歡模糊，並且努力把自己的世界打造得黑白分明、充滿好人或壞人、許可或嚴格禁止的行為。他們把自己的情緒緊緊地蓋上蓋子，是禁慾的、刻板的、勤勞的、有生產力的、牢靠的人，在團體中永遠不顯眼（除非你開始對他們不正常地極端恪守常規感到納悶）。

　　由理查・戴維森（Richard Davidson）開先鋒的一些人格測驗，可以辨識壓抑型的人。首先，性格測驗顯示這些人並不憂鬱或焦慮，倒是發現他們需要社會順從、害怕社會否定，以及對於模糊感到不舒服，而這些顯示在他們對「絕對性」的論述，以及「永不」和「永遠」的說法的高度同意上。他們沒有灰色地帶。

克里佛德・古迪諾夫（Clifford Goodenough），〈風景中行走的人影〉，纖維版上的金箔、蛋彩畫、油彩，一九九一。

　　與這些特色交纏的是，他們特別缺乏情緒表達。相關測驗發現，壓抑型的人如何「抑制負面感受」，也就是不表達那些亂七八糟、複雜的情緒，也不太體認到別人的這些複雜性。例如，請壓抑者和非壓抑者回憶與特定的強烈情緒有關的經驗，兩組人報告的特定情緒具有相同的強度。然而，問他們還感覺到什麼，非壓抑者通常會報告一系列額外的、次要的感覺：「嗯，那主要使我生氣，但也有一點難過，也有一點噁心……」壓抑者始終如一地說沒有次要情緒。這種非黑即白的感覺，對於隱約細微的混合沒什麼容忍力。

　　這些人真的如此嗎？可能不是。也許在寧靜的表象之下，他們實際上是焦慮不安的人，卻不會承認自己的脆弱。嚴謹的研究顯示，某些壓抑者的確主要是在乎維持表象（一個線索是，當他們可以匿名的時候，在做性格測驗時比較會給予較不「壓抑」的答案），所以他們的壓力生理症狀就很容易解釋了，我們可以把這些人從清單上劃掉。

　　其他的壓抑者呢？他們是否可能在自欺欺人？自己焦慮到一團亂，卻根本沒有自覺？就連嚴謹的測驗都無法發現這種自欺欺人的情況；若要把它揪出來，心理學家傳統上依賴比較沒那麼有結構的、更開放式的測驗（「你在這張圖裡看到什麼？」之類的）。那些測驗顯示，對，有些壓抑者比自己意識到的更焦慮；他們的生理壓力也可以解釋。

　　然而，就算你把那些自欺欺人的焦慮者從清單上刪掉，仍有一群個性拘謹但真的很好的人：心智健康、快樂、有生產力、有社交互動性。但他們有過度活躍的壓力反應，血液中的葡萄糖皮質素濃度和高度憂鬱的人一樣高，也有較高的交感神經系統反應。

　　當壓抑者接觸到認知挑戰時，心律、血壓、出汗和肌肉緊繃會不尋常地大幅增加，而這些過度喚起的壓力反應得付出代價，例如壓抑者有相對較差的免疫功能，還有，有壓抑性格的冠狀動脈疾病患者，比非壓抑者更容易有心臟併發症。

　　他們有過度活躍、製造危險的壓力反應，卻不覺得有壓力、憂鬱或焦慮。回到我們忌妒的想法：「我希望我有他們的紀律。他們是怎麼辦到的？」我猜他們的辦法是，工作得像瘋子一樣來產生有規矩的、壓抑的、沒有模糊或意外的世界，而這會帶來生理帳單。

　　理查‧戴維森以及范德比大學的安德魯‧托馬肯（Andrew Tomarkenk），使用腦電圖（EEG）技術發現了壓抑者額葉皮質的一部分有不尋常的增加活動，下一章會詳細介紹這個抑制衝動情緒和認知（例如，暴力的社會病態者在這部位的新陳代謝活動較低）的大腦部位。這是我們在生理結構上最接近超我的東西；讓你說你很愛那恐怖的晚餐、稱讚新髮型、讓你維持如廁能力；它使那些情緒嚴格地受到控制，就像詹姆斯‧果爾斯對情緒壓抑的研究發現的，要把那些情緒括約肌縮得特別緊，需要很多的努力。

　　外面的世界可能很可怕，而身體很可能會反應我們擠過那些黑暗、嚇人的森林的努力。如果可以在灑滿陽光的別墅的門廊坐下、放鬆，遠離那些野東西的咆哮，會有多好，然而，看起來像是放鬆的，很可能是耗竭，實際上是因為在別墅周遭築牆的勞力，把令人不安的、有挑戰性的、活躍的世界隔離在外的努力，而耗竭了。壓抑型的性格類型及其隱形的負擔，所教我們的是：建構一個沒有壓力源的世界，有時候可能是巨大的壓力。

注釋

1　那些控制很令人頭大。你必須找到一種不會影響你要測量的荷爾蒙的麻醉藥。你必須在每天同一時間射中每一隻動物來控制每天起伏的荷爾蒙。如果你想要得到反應基礎、無壓力條件的荷爾蒙指數的第一個血液樣本，你就不能射生病的或受傷的，或那天打架或性交的。若要做膽固醇研究，我不能射在之前十二小時有吃東西的。如果你試圖測量靜態荷爾蒙，就不能反覆試著射牠、花上整個早上使同一隻動物緊張；你只能射一次，而且不能讓牠看到。最後，你一射中牠，必須在荷爾蒙因為被射中而做反應並產生改變之前，趕快取得第一個血液樣本。還真是拿大學教育做了不起的事啊。

為什麼這些研究只針對雄性呢？因為要射中和麻醉雌性很困難。在這群狒狒中，任何時候都有大約八十％的成年母狒狒正在懷孕或是哺乳幼兒中。你不想射懷孕的母狒狒，因為麻醉藥很可能會危害懷孕。你也不想射那些倒下時會有小狒狒驚慌抓著的母狒狒，或使母狒狒因麻醉而一整天沒有哺乳。

2　強調焦慮的具體本質，心理分析師安娜‧阿拉格諾（Anna Aragno）寫道：「焦慮抹去了符號誕生之處。」

3　杏仁核和攻擊性也有關。為什麼生物在不了解自己是焦慮或恐懼時會有攻擊性，這很難理解。

4　這一點令人興奮的臨床意義，可以在哈佛的賴瑞‧卡希爾（Larry Cahill）和羅傑‧皮德曼（Roger Pitman）的研究中找到。他們提出，如果你阻斷剛經歷重大創傷的人的交感神經系統（用第三章提到的乙型阻斷劑），會降低那個人發展出創傷後壓力症的機率。原因呢？減少到達

杏仁核的交感神經訊號，杏仁核比較不會決定這是一個該引發永遠的狂野喚起的事件。

5　激發的杏仁核會啟動交感神經系統，並且像我們在之前看到的，啟動的交感神經系統會增加杏仁核啟動的機率。焦慮可以自己製造。

6　讓我覺得真的很不安的一些近期研究顯示，如果你閃過一張不同種族的人臉照片，杏仁核通常會亮起來。需要無數的研究來了解閃過的是哪種臉，以及哪種人在看。但同時，想一想這個發現的涵義吧。

7　有關敵意的測量，適用蓋洛普調查的自我評分。那些城市的敵意排名為何呢？由高至低：費城、紐約、克里夫蘭、迪蒙恩（Des Moines）、芝加哥、底特律、丹佛、明尼亞波利斯、西雅圖、檀香山。我幾乎都能理解，但迪蒙恩是怎樣？（編注：迪蒙恩是愛荷華州的首府，人口約四十萬左右。）

8　或許可以把一個很棒的格言改成：「我不會讓任何人藉由使我恨他而貶低我的靈魂或健康。」

9　我聽了約翰・歐特伯格（John Ortberg）的一場名為「回到盒子裡」的佈道錄音帶。內容與他年輕時的一個事件有關。他的祖母有如聖人，仁慈、慈愛，也剛好是有競爭性且技巧絕佳的大富翁玩家，而他在夏天拜訪她時，每玩這個遊戲必失敗。他描述有一年他瘋狂練習，磨練權謀直覺，發展出一種狠毒吸血的風格，終於把她擊潰。然後他祖母站起來，平靜地把盒子收起來。

「你知道，」她漫不經心地說：「這是很棒的一場遊戲，但當它結束後，棋子還是得回到盒子裡。」累積你的財產、旅館……（佈道從這裡開始）……你的財富、成就、獎項、你的有的沒的，最後都會結束，那些棋子都得回到盒子裡。你所剩的只有怎麼過你的人生。

我是在早上五點為了在紅燈前過馬路而奔跑時聽到這捲錄音帶。我在通勤火車上，準備好筆記型電腦，以免錯過火車上的工作時間，開車時單手吃早餐，並抽空聽錄音帶整裡本章的研究內容。這篇佈道從第一句話就很明顯，並充滿了耶穌和我不贊成的其他內容，卻使我流下了眼淚。

10　上一版發行後，我必須把這一部分改成過去式。對我來說宛如父親般的傅雷德曼最近過世了，享年九十一歲。數據上，他是沒多少時間可活的人了，然而他不知怎麼地擊敗了那個滴答在走的有毒時鐘，要多少時間有多少時間。但是他沒有變成沒內涵的怪老頭，直到他最後的日子，他還在看病人、經營加州舊金山大學醫療中心的一個機構、對研究的延誤而不滿、期待下一份資料、與競爭者爭論對該主題的不同觀點。他的食慾很好，食慾本身就是獎賞，而且對於想法可能沒有實現也不會怨恨。並且他深深相信如果能處理那些 A 型性格的人，這世界會變得更好。傅雷德曼是我在幾段前談到的那兩個說自己在做道德工作的人之一（還有他的醫學主任，巴特・史巴拉根〔Bart Sparagon〕）。傅雷德曼在這方面會做非常有意思且告解的事。他是個溫文儒雅的人，在他五十幾歲心臟病發作前，是一個奮發、盛氣凌人的混蛋。他會站在一群病人前面，那些人是毫不留情的總裁 A 型性格梭魚們，在四十二歲就有第一次的心臟病發作。他說：「看看我，我以前的 A 型性格讓我的心臟不好，我的以前 A 型性格讓我成了壞人。」然後他會證明，以前他對人唐突無理的故事、他從不注意別人的努力的故事、他忌妒別人成就的故事。在九十歲時，他就像是有過相同經驗的前酒鬼牧師。心臟科是救贖。要選擇使世界變成更健康或更仁慈的地方，會很困難。但這個男人兩者都做了。我很想念他。

第 16 章
上癮者、腎上腺素上癮者與愉悅

我們試著了解壓力如何運作，以及如何活出更健康的生活、使這世界變得更好，這很棒，可是我們該給真的很重要的議題一點空間了：我們為什麼無法為自己搔癢？

在討論這個問題之前，我們首先要想想，為什麼不是每個人都能使你怕癢？那個人可能必須是你有正面感受的人。所以，你五歲時，沒有人可以像瘋瘋癲癲、追著你滿屋跑的叔叔那樣給你搔癢的感覺，或者你十二歲時，在初中有個人讓你覺得胃裡滿是蝴蝶、你身體的其他部位覺得很神秘和奇怪。這就是為什麼大部分的人被斯洛波丹·米洛塞維奇（Slobodan Milosovic，編注：南斯拉夫政治人物，被一些西方媒體稱為「巴爾幹屠夫」）那樣的人搔癢，可能不會咯咯笑。

大部分的人對自己的感覺算是正面的，為什麼我們不能搔自己癢呢？哲學家多年以來對這個問題想了又想，提出了一些猜測。關於為自己搔癢的理論到處都有，終於有一位科學家透過實驗處理了這個謎。

倫敦大學學院的莎拉一簡·布萊克摩爾（Sarah-Jayne Blackmore）首先提出理論，認為你無法為自己搔癢是因為明確知道自己在何時和何處會被搔癢，完全沒有令人意外的元素。所以她發明了一個搔癢機器來測試這個理論，它有一根桿子接在一個海綿橡膠墊上，由電腦控制各種滑輪和支點，當你用一隻手去動那根桿子時，海綿橡膠墊幾乎同時會觸碰另一隻手的手掌，動的方向和桿子的方向一樣。

身為執著的科學家，布萊克摩爾量化了整個過程，得到了搔癢指數，然後得出多此一舉的答案：如果別人操作桿子，它會搔癢你；如果你自己操作，它不會讓你有癢感，因為沒有令人意外的元素。你不能搔癢自己，就算使用搔癢機。

　　然後布萊克摩爾移除為自己搔癢的過程的可預測性,來測試她的理論。首先,移除搔癢何時會發生的可預測性,也就是那個人動了桿子,但意外的是,海綿橡膠墊過了一下子才會動,只要超過十分之三秒的延遲,搔癢指數就會高到有如別人做了這件事。現在,移除「哪裡」會被搔癢的可預測性,也就是那個人前後移動桿子,但意外的是,海綿橡膠墊移動的方向不同,而只要墊子移動的方向與你的預期有超過九十度的差異,搔癢指數就會高到有如別人做了這件事。[1]

　　現在我們有點進展了。如果沒有意外的元素,搔癢就不會讓人有癢感,也就是必須要不可預測,缺乏控制。突然間,我們美麗的搔癢科學世界在周遭粉碎了。幾頁之前,我們花了大把時間學習心理壓力的基石是建立在缺乏控制和可預測性之上,那些是壞事,可是大多數人喜歡被對的人搔癢。[2]

　　等一下,我們雄偉建築的更多部分開始崩壞了,其他例子還有:我們排著長長的隊伍,準備要看使我們驚喜又會嚇我們的電影;我們玩高空彈跳和坐雲霄飛車,這些肯定剝奪了我們的控制感和可預測性。有時候我們花大錢接受壓力,而且談到這裡,我們已經知道,在性當中,我們會啟動交感神經系統並分泌大量的葡萄糖皮質素,那又是怎樣?第九章說明了壓力引起的痛覺缺失,會使我們在壓力中覺得比較不糟糕。但是,這章的起始點是,如果你有大量的壓力,如果你的身體調適挑戰程度足夠,它不只是會覺得比較不糟糕,而是可以感覺很棒。

　　這是怎麼運作的呢?為什麼有些人覺得壓力和冒險感覺棒到使他們上癮?壓力如何與愉悅和各種濫用的物質的成癮特質交互作用呢?

愉悅的神經化學

　　我們在第十四章已經看到,大腦有個愉悅通路會大量使用神經傳導物質多巴胺,我們也在那一章看到,如果那個通路的多巴胺耗盡了,可能會發生乏樂和不安。這個多巴胺放射是從大腦深處的「腹側被蓋」(Ventral Tegmentum)這個區域開始,然後它放射到「依核」(Nucleus Accumbens),再到各種地方。這些地方包括了額葉皮質,如同在第十章和第十二章看到的,它在執行功能、做決定、衝動控制方面扮演了關鍵角色。它也有到前扣帶皮層的放射,我們在第十四章看到,這

似乎和悲傷感有關係（延伸出多巴胺放射通常會抑制扣帶的想法），此外也有大量的多巴胺放射到杏仁核，我們在上一章看到，它對於焦慮與恐懼扮演了關鍵角色。

多巴胺和愉悅之間的關係很微妙，這也很重要。在一開始，我們可能會預測那個神經傳導物質是關於愉悅和獎賞的，例如，找一隻已經受訓做某個任務的猴子：特定的鐘響表示這猴子已經壓了桿子十次，並會帶來在十秒後出現喜歡的食物為獎賞。你可能會猜測，對獎賞做回應時，多巴胺通路的啟動會造成額葉皮質的神經元最活躍的程度，但瑞士弗里堡的大學的沃福蘭・秀茲（Wolfram Schultz）的一些傑出研究，發現了更有意思的事情。額葉神經元在回應獎賞時的確變得很興奮，但最大的反應更早發生，大約是鐘響並完成任務時。這不是「感覺很棒」的訊號，而是關於熟練、期待和信心；它是「我知道那個燈是什麼意思，我知道規則：『如果』我壓桿子，『然後』我就會得到一些食物。我完全參與其中。這會很棒。」愉悅是在於對獎賞的預期；從多巴胺的角度來說，獎賞幾乎算是後來加上去的。

心理學家把這個預期、期待、追求獎賞、充滿著欲求的階段，稱為「欲求」期，並把得到獎賞的階段稱為「完成」期。秀茲的發現表示，如果你知道自己的食慾會被滿足，比起滿足感，愉悅比較與食慾有關。[3]

下一個要學到的關鍵是，多巴胺與相關的愉悅預期感，會刺激得到獎賞所需要做的工作。北卡羅來納大學的保羅・菲利浦斯（Paul Phillips）用一些非常炫的技術，來測量老鼠的多巴胺在毫秒內的爆發，並以至今最好的時間解析度發現那爆發是發生在行為之前，而決定性的論點是，他以人工方式刺激了老鼠的多巴胺釋放後，老鼠會突然開始壓桿子。多巴胺的確會刺激行為。

下一個關鍵是這些通路的強度可以改變，就像大腦的其他部分。假設開燈後有多巴胺愉悅的爆發，那麼只要訓練在燈光和獎賞之間的時間越來越長，使那些預期的多巴胺爆發，就能讓老鼠壓桿子的行為越來越多。這就是延遲滿足的運作方式，以目標為導向的行為之核心是期待，很快地，我們會放棄立即性的愉悅，以得到好成績，來進入好大學，得到好工作，住進我們選擇的養老院。

秀茲近期的研究對此加入了一個轉折點。假設在一個安排中，受試者接收到一個訊號，做任務，然後得到獎賞。在第二個情況中，有訊號、任務，然後沒有獎賞的確定性，而只是一個高度可能性；換句話說，在一個大致上是善意的脈絡中（就

是說，結果依然很可能是好的），有意外的元素。在這些條件下，多巴胺釋放得更多，一完成任務後，多巴胺的釋放就遠多於平常的量，並在大約應該得到獎賞的時候（如果有獎賞的話）到達顛峰。只要介紹「這會很棒……或許……可能……」然後你的神經元會在預期當中把多巴胺噴得到處都是。基礎心理學裡提到的間歇增強的增強作用會那麼大，原因就在於此，這些研究發現，如果你認為自己的欲求有合理的好機會會得到滿足，但是你不確定，比起滿足，愉悅變得更與欲求相關。

所以多巴胺在對愉悅的預期和回應獎勵的能量方面，扮演重要的角色，但這不可能是愉悅、獎賞和預期的全部解釋。例如，即使那些通路中的多巴胺被人工耗盡，老鼠仍然會對獎賞做出某種程度的回應。鴉片類物質可能在其他的相關通路扮演了一個角色。還有，多巴胺的通路可能與尖銳的強烈預期最相關，一個迷人的近期研究發現了這一點。找一些認為自己處在「唯一真愛」感情中的大學生（任何性別），把他們放到掃描儀中，對他們閃過許多熟悉但中性的面孔，並在過程中的某個時候，閃過一張這學生的愛人的照片。處在這段關係的頭三個月的人，多巴胺通路會亮起來，而處在這段關係中幾年的人，不會有這樣的反應，反而是前扣帶啟動，那是談憂鬱症的那一章提到的大腦部位。腹側被蓋與依核的多巴胺系統，似乎與刺激的、瘋狂的、期待的熱情有關；兩年後，前扣帶加入了，或許把類似的東西調節到舒適和溫暖，或甚至是不會讓人換氣過度的愛。

壓力與獎賞

被搔癢真正的好處，是對於被搔癢的期待，也就是意外和缺乏控制的元素。那麼，缺乏控制和可預測性何時會刺激多巴胺釋放以及期待性的愉悅，又在什麼時候會是使心理壓力很有壓力的核心？

關鍵似乎是此不確定性發生於無害或惡意的脈絡中。如果是在青春期的性發展一開始時，由對的人為你搔癢，也許在搔癢後會有真的很好的什麼，像是牽手。相對地，如果搔你癢的人是斯洛波丹・米洛塞維奇，也許接下來他會對你進行種族淨化。如果此情境是你們其中一人可能會被電擊，「缺乏可預測性」就會增加壓力；如果此情境是那個特別的人可能最後會說好，那麼她的忽冷忽熱就能使你追求她

　　五十年。拉斯維加斯的賭博世界如此令人上癮的原因，有一部分就是人們被操弄成認為這個環境是無害的，而非惡意的，讓你相信結果很可能是好的，尤其是像你這麼好運又特別的人……只要你繼續把硬幣投進去和壓桿子。

　　是什麼使無害情境中的不確定性令人愉快而非有壓力呢？一個關鍵因素是這個經驗持續多久。

　　愉快的缺乏控制都是暫時的，所以一趟雲霄飛車是三分鐘而不是三星期；另一個使不確定性令人愉快的因素是，如果它與一大堆的控制和可預測性綁在一起的話。無論那部恐怖電影有多麼真實和令人五臟糾結，你仍然知道安東尼‧柏金斯（Anthony Perkins）在跟蹤珍妮特‧利（Janet Leigh），而不是你。無論高空彈跳有多麼狂烈、恐怖、不可預測和刺激，它的環境仍然對你確保那些人有高空彈跳安全警察所發的執照。這是遊戲的本質，你交出某種程度的控制，像是一隻狗想找另一隻狗玩耍時，會壓低身體，使自己比較小、比較脆弱、有比較少的控制，但這必須建立在安全的大環境之下，但對於你還沒仔細聞遍的對象，你不會在遊戲中翻過身、暴露自己的喉嚨。

　　該來介紹某種真的很令人意外的、把這一切都連在一起的神經化學了。葡萄糖皮質素，這種與一切壓力有關的病理犯罪現場都會發現的惡棍荷爾蒙，會引起多巴胺從愉悅通路釋放。這不是大腦的每一個多巴胺通路都有的通用性影響，只有愉悅通路。最引人注意的是，法國波爾多大學的皮耶‧文森佐‧皮亞扎（Pier Vincenzo Piazza）和米歇爾‧勒‧摩艾爾（Michel Le Moal）發現實驗室老鼠甚至會為了得到葡萄糖皮質素而工作，會壓桿子壓到剛好可以得到此荷爾蒙釋放出最大量多巴胺的次數。

　　那麼，把多巴胺釋放最大化的葡萄糖皮質素，其接觸模式是什麼呢？你可能已經猜到了——不持續太久的中度上升。我們已經知道，如果經歷嚴重且持續的壓力，學習、突觸可塑性和免疫防衛會變差，而如果經歷中度和暫時的壓力，學習、突觸可塑性和免疫防衛會變好。這裡也一樣，經歷嚴重且持續的葡萄糖皮質素接觸，會缺乏多巴胺、感到不安和患有憂鬱症，但如果是中度且暫時的葡萄糖皮質素增加，你會釋放多巴胺。杏仁核的暫時啟動也會釋放多巴胺，加上葡萄糖皮質素增加，伴隨著交感神經系統的啟動，你也會傳送更多葡萄糖和氧到大腦。你覺得專

注、警醒、有活力、有動力、期待，你覺得很棒，對於這種暫時性的壓力，我們稱它為「刺激」（Stimulation）。[4]

腎上腺素上癮者

關於在壓力和冒險中茁壯，而且在別人會得潰瘍的情況中最有生命力的那種人，與這些生理變化有什麼關係呢？[5] 這些挑戰極限的人，可能會花掉大富翁遊戲中最後的每一塊錢、在公共場所偷偷性交、對重要的晚餐客人嘗試新的複雜食譜，或是回應傭兵廣告。他們是怎麼回事？

我們可以做一些有根據的猜測：也許他們釋放的多巴胺量非典型地低，或是相同問題的另一個版本，也許他們的多巴胺受器非典型地對多巴胺訊號缺乏反應。在這個狀況中，當一個人的生活中沒多少愉快的「好」，就很難對某些令人興奮的可能性「只說不」（談物質濫用時，我們會再回來說這一點）。關於有成癮性格者的非典型多巴胺受器的一些報告，支持了這個想法。[6]

另一個可能性是，也許多巴胺訊號的基礎值沒問題，但那些暫時的刺激（stimulation）使多巴胺大幅增加，讓這個人比其他人有更大的期待性愉悅，這肯定會鼓勵一個人再度嘗試那東西。

然而還有另一個可能。當你用對的強度和時間長度經歷某種令人興奮的事物，多巴胺會在愉悅通路中釋放，體驗結束時，多巴胺回到基礎值。如果一個人的大腦剛好不擅長跟上愉悅通路中的多巴胺逆轉呢？結果是，在使多巴胺釋放增加的刺激結束時，多巴胺不只掉回基礎值，還稍微低於基礎值，換句話說，比你原本的狀態還低一點。要對抗這個輕度不安、稍微無法有期待性愉悅的情況，唯一辦法是什麼呢？找其他令人興奮的事物，而且必須更冒險一點，以達到與上次相同的多巴胺巔峰。之後，你的基礎值掉得更低一點，為了尋求你第一次達到的多巴胺炫目巔峰，你需要另一個又另一個的興奮物，一次比一次更強。

這是成癮越來越嚴重的本質。很久以前，當十六歲的伊夫·韋爾（Evel Knievel）帶著全新的駕照開車，加速闖紅燈時，他得到了一點快感，但後來他發現，下次這麼做，就不覺得一樣興奮了。

托藍・古林內爾（Toland Grinnell），〈老鼠成癮系統（白）〉，
細節，混合媒材，二〇〇三年。

成癮

　　不同的文化都有各種物質可以使你毀滅性地上癮，不管負面後果而衝動地使用
那物質。成癮研究的領域以了解它對大腦化學的影響為立場，長期以來試圖解決這
些各式各樣的成分組合，例如酒精和菸草或古柯鹼非常不一樣，更別說要試著搞懂
賭博或購物這類的事怎麼會令人上癮。

　　在這些多元性中，有一個重要的共同點，就是這些組合都會引起「腹側被蓋—
依核」通路的多巴胺釋放，但程度並非都一樣。古柯鹼直接使多巴胺從那些神經元
釋放，而且極為擅長這麼做，但以介入性步驟達到這種效果的其他藥物就比較弱，

例如酒精，不過它們至少都達到某種程度。服用成癮藥物的人類的大腦影像研究顯示，一個人主觀上越覺得使用某種藥物很愉悅，那個通路就越會啟動。這當然說得通，也定義了一個成癮的本質：你預期它會多令你愉悅，所以你會想要更多。

但成癮性物質不只是令人上癮，通常還含有造成耐受性或習慣性的特性；換句話說，你需要越來越多的這種東西，來得到與先前相同的預期活力，而部分原因在於這些化合物釋放的多巴胺量。想一下我們會有的一些愉悅來源：工作上升官、美麗的日落、很棒的性、得到停車計費表裡還有時間的停車位，它們都會使大部分的人釋放多巴胺。對老鼠來說也一樣，給飢餓的老鼠食物、讓好色的老鼠有性，多巴胺在這通路中的量會上升五十％到一百％，但是給老鼠一些古柯鹼的話，多巴胺釋放量會是**千倍**。

多巴胺的這種潮起潮落有什麼神經化學後果呢？我們在第十四章提到一個相關的版本。如果有人總是對你吼，你會停止聽；如果你用比一般狀況多了數不盡的倍數的神經傳導物質淹沒突觸，接收的神經元必須變得較不敏感來抵銷。沒有人確定這個抵銷多巴胺轟炸，被稱為「對立歷程」的機制是什麼，也許是多巴胺受器比較少，也許是多巴胺受器連結的什麼東西比較少。但無論機制是什麼，下次都需要更多的多巴胺釋放，才能達到對那個神經元相同的影響，這就是使用藥物越來越嚴重的成癮循環。

大約在這個時候，成癮的歷程有個轉變。

一開始，成癮是關乎「想要」那個藥物、期待它的效果，以及在藥物引發多巴胺傾倒出來時，多巴胺的量要多麼多（此外，大約在這時候釋放的內生鴉片類物質也加強了「想要」的感覺），這是關於得到藥物獎賞的動機。

但在一段時間後，情況會轉變成「需要」那個藥物，就是關於沒有那藥物時多巴胺會掉到多低。成癮的束縛是，它不再是關於那藥物給人的感覺有多好，而是沒有它的話會讓人感覺有多差，這是關於逃避不使用藥物的懲罰的動機。斯克里普斯研究機構的喬治‧庫波（George Koob）已經發現，當老鼠被剝奪了牠們已經上癮的藥物時，大腦的腦下垂體釋放激素會增加三倍，尤其是在調節恐懼和焦慮的通路中，像是杏仁核，難怪你會覺得那麼糟。對藥物使用者的大腦影像研究發現，他們看演員假裝使用藥物的影片時，會比看情色影片更能啟動大腦的多巴胺通路。

在先前談過的不確定性和間歇增強的脈絡中，這個歷程會浮現。你相當確定自己已經存了足夠的錢、能找到一個藥頭、自己不會被抓到，你相信那會是好東西，但是在預期之中仍然存在不確定性因素，這會使人們像瘋了似的上癮。

所以這告訴了我們，成癮是怎麼來的，對藥物的耐受性的惡性循環，以及那些歷程發生的心理脈絡。

還有最後一個成癮特徵需要討論。想一想擊敗自己成癮問題的少數人，他們把自己的黑暗面拋在身後、重新開機開始新生活，從他遠離藥物起，已經好幾個月、幾年，甚至幾十年了。但無法控制的情況會使他回到以前使用藥物的狀況，也就是當他回到同一條街的角落、在同一個音樂室、回到鄉村俱樂部吧檯附近同一張塞滿東西的扶手椅上時，那股渴望狂吼地回來，就像昨天的事一樣。引發這種渴望的能力，不必然會隨著時間減少；許多藥物濫用者在這種情況中會說，這就像是他們從來沒停止用藥一樣。

這是環境相關的復發現象，那種渴望在某些地方會比在其他地方更強烈地出現，特別是與之前使用藥物相關的地方。你可以在實驗室老鼠身上發現一模一樣的現象。使牠們對某種物質成癮，牠們會瘋狂壓桿子來得到那個東西，把牠們放到新的、有桿子的籠子，牠們可能會壓一壓桿子，但是，把牠們放回與那種藥物有關的籠子，牠們會瘋狂地壓桿子。就像人類，復發的可能性不必然會隨著時間降低。

連結藥物使用和特定情境的歷程，是一種學習，而且現在有許多成癮研究在探索這種學習的神經生物學。這種研究不是那麼注意那些多巴胺神經元，而是聚焦在放射到多巴胺神經元的神經元，它們有很多來自於皮質和海馬迴區域，那些區域帶有關於情境的資訊，如果你反覆地在同一個情境使用藥物，那些到達多巴胺神經元的放射就會反覆地啟動，最後被加強、強化，就跟我們在第十章學到的海馬迴突觸一樣的方式（參見第 188 頁）。

當那些放射夠強烈，而你回到那個情境中，僅僅需要這個脈絡，就可以引發對那種藥物的多巴胺期待。對於處在這種情況下的實驗室老鼠，你甚至不需要把牠放回同樣的情境，只要用電刺激那些往多巴胺神經元放射的通路，就會恢復牠們對藥物的渴望。就像關於成癮的老梗，真的沒有所謂的前成癮者，他只是一個不在引發使用的環境中的成癮者。

壓力與物質濫用

　　我們終於可以想想壓力和藥物濫用的交互作用了。首先，使用任何一種精神興奮劑藥物，對壓力反應有什麼影響？每個人都知道答案是「我不感覺到痛苦」，濫用的藥物使你感覺壓力較小。

　　這方面的證據通常很不錯，可是有幾個但書。如果一個壓力源發生在某種精神藥物的效果發生後，人們通常說覺得壓力較小、比較不焦慮。酒精是這方面最為人所知的東西，而且被正式稱為「抗焦慮藥物」，一種可減退或瓦解焦慮的藥物，你可以在實驗室老鼠身上看到。在上一章談過，老鼠被放到有強光的籠子裡，會縮在陰暗的角落，把飢餓的老鼠放在中央有強光照著食物的籠子裡，牠得花多久時間克服自己的焦慮衝突，去取得食物？酒精會減短這個時間，其他許多的成癮性化合物也可以。

　　這是怎麼發生的呢？很多藥物，包括酒精，在第一次使用時會增加葡萄糖皮質素，但是持續使用後，許多藥物會使壓力反應中的環節鈍化。例如，目前已知酒精在某些案例中會降低交感神經系統喚起的程度，並且抑制由腦下垂體釋放激素調節的焦慮。再加上，藥物可能改變對壓力源的認知性評估。這是什麼意思？基本上，如果你處在一種幾乎不記得自己是什麼物種的混亂異常狀態，可能不會注意到有壓力事件發生的細微事實。

　　這個解釋的內在意義是，焦慮減輕效果會逐漸消耗的負面影響。當這藥物在血液中的濃度掉下來、效果退掉時，認知和現實會溜回來，然後那種藥物會變成相反的的物質，變得會製造焦慮。這些藥物在體內的動力學是，在血液中的濃度上升的時間及其緩解壓力的作用，比血液中的濃度掉下來的時間更短。至於解決辦法呢？就是再次地喝、吸、打針。

　　許多精神興奮劑能減低壓力反應，其次是鈍化壓力反應的機制，然後使你暈頭轉向地一團糟，以至於你根本沒有注意到有壓力源。這個關係的另一面是：壓力和使用（及濫用）藥物的可能性有什麼關係？明顯的重點是，壓力會使你更容易使用藥物、更可能復發，雖然壓力是怎麼做到這一點的，目前還不完全清楚。

　　第一個問題是壓力對於成癮一開始的影響。安排老鼠在一個情境中，當牠壓桿

子 X 次，就會被注入某種可能有成癮性的藥物，像是酒精、安非他命、古柯鹼。引人注意的是，只有一些老鼠會加入這種「自我用藥」的模式直到成癮的程度（稍後我們會看到哪些老鼠比較可能會如此）。如果你在給藥前不久使老鼠有壓力，牠就更可能會自我用藥到成癮，就像你會根據第十三章而預料到的，不可預測的壓力比可預測的壓力會更有效地驅使老鼠上癮。相似地，把一隻老鼠或猴子放在較低的社會地位，會發生一樣的增加風險。還有，壓力也會明顯增加人類的飲酒量。

重要的是，只有緊接在壓力後面使用藥物的時候，壓力才會增加藥物的成癮可能性。換句話說，是短期壓力，會使多巴胺暫時上升的那種。為何壓力有這種效果呢？想像你接觸一次可能成癮的新藥物，而你剛好是藥物不太能影響的那種老鼠或人類，所以你不會釋放很多多巴胺或其他相關的神經傳導物質，之後你沒有想要再來一次的期待感。但是，在多巴胺因藥物而增多的同時，也有因壓力而導致的多巴胺增多的話，哇，你會錯誤地認為神奇的事情發生了，想要更多。因此，急性壓力加強了藥物的增強潛力。

這些全都說得通，但事情更加複雜。我們從童年甚至是胎兒期的壓力，來談談壓力如何增加自我用藥的可能性到了成癮的程度。要是使懷孕的老鼠有壓力，牠的後代成年時會有較高的自我用藥傾向；在老鼠出生時使牠短暫缺氧，實驗性地製造出生併發症，你會得到一樣的結果；如果在老鼠的嬰兒期給牠壓力，結果也一樣。非人類的靈長類也是，若猴子在發展階段與母親分開，牠成年後更可能會自我用藥。人類也有一樣的狀況。

在這些情況中，發展時期的壓力源不可能只是靠製造暫時的多巴胺釋放增加而運作，一定有長期的東西。我們回到第六章中關於造成終身大腦與身體「設定」的出生前後經驗，這在成癮性物質方面是怎麼運作的，目前並不清楚，只知道獎賞通路的敏感度顯然有永久性的改變。

一旦上癮了呢？持續的壓力會對濫用的程度有什麼影響？不意外地，會增加。這是怎麼運作呢？也許是因為暫時的壓力源短暫地使多巴胺大增，並且使藥物帶來的感覺更爽快，但到了這時候，成癮者的重點可能不是要興奮感，而是比較需要逃避藥物戒斷的低潮。

就如已經說過的，在此時，調節焦慮的腦下垂體釋放激素已經深入杏仁核。還

有，葡萄糖皮質素的分泌在戒斷過程中會升高到消耗多巴胺的程度。如果你再加上額外的壓力，會怎樣呢？那額外的葡萄糖皮質素在此情況中所能做的，只有使多巴胺更耗竭，於是增加了對藥物引起的多巴胺暴增的渴望。

那麼那些可以停止濫用自己上癮的藥物，並且成功戒掉的少數人呢？壓力會提高使他們復發去使用藥物的機率。一如往常，老鼠也是這樣。找一隻壓桿子來自我用藥到上癮的老鼠，現在把注射給老鼠的藥物換成食鹽水，很快地，壓桿子的行為「熄滅」了，這隻老鼠放棄了，懶得再理桿子。一段時間後，把老鼠放那個有藥物相關桿子的籠子，這隻老鼠會再次試著壓桿子來取得藥物的可能性則增加。要是你在把老鼠放回熟悉的地點之前，先為牠注射一些那種藥物，老鼠更可能會再次自我用藥，因為你喚醒了那種藥物給牠的感覺。如果你在把牠放回籠子之前給牠壓力，牠也更可能會重新用藥。一如往常，不可預期且無法控制的壓力源，是真正讓藥物使用甦醒過來的成分，而且，對於人類的研究基本上也發現了一樣的事情。

壓力是怎麼辦到這些的？目前還不完全清楚。葡萄糖皮質素對多巴胺釋放的影響可能有關，但我還沒看到關於它們交互作用的清楚模型。也許是壓力引發的交感神經系統活化的增加，此活化是由杏仁核的腦下垂體釋放激素調節的。也有一些證據表示，壓力會使到達愉悅通路的相關放射強度增加。也許這與壓力會破壞額葉皮質的功能有關，額葉皮質通常扮演著延遲滿足與做決定的理智和節制角色，要是關閉你的額葉皮質，你會突然有似乎令人難以抗拒的聰明點子：「我知道，我何不再使用那個幾乎毀掉我人生的藥呢？」

所以，壓力可以增加濫用藥物到成癮的機會，使戒斷更難受，並且更容易復發。為什麼這些情況比較容易發生在某些人身上呢？皮亞扎和摩艾爾的一份非常有意思的研究提供了答案。

記得第五章的蘋果體型和西洋梨體型嗎？那些傾向於在胃部囤積脂肪，變成蘋果體型，肥胖累積情況中較不健康的人是誰呢？我們知道他們比較可能是傾向於在回應壓力時分泌葡萄糖皮質素的人，而且從壓力反應中恢復的速度較慢。這裡的情況是一樣的。

哪些老鼠最可能在有機會時自我用藥，並且一旦自我用藥就會做到成癮呢？那些「高反應者」，被放在新環境中最會出現行為混亂的那些，牠們對壓力更有反

應。在對壓力源有反應時，牠們分泌葡萄糖皮質素的時間比其他老鼠更久，使牠們在首次接觸到那藥物時，傾倒出更多的多巴胺。所以如果你是特別容易被壓力搞到混亂的那種老鼠，你可能會嘗試那些暫時保證能讓事情好起來的東西。

人造愉悅的領域

第十三章提到重要的一點，就是正面情緒與負面情緒並不只是彼此相反，它們可以獨立影響一個人的憂鬱症風險。成癮也與這一點有關，成癮大致上有兩種分開來的功能，一個是關於正面情緒，藥物可以產生愉悅（雖然有抵銷那暫時獎賞的終極代價），另一個功能是關於負面情緒，藥物可以被用來自我藥療，以消除痛苦、憂鬱、恐懼、焦慮和壓力。這雙重用途把我們帶到下一章，主題在於社會並不會平均分配愉悅的機會或恐懼與焦慮的來源，當人生需要持續的警戒，而且很少有事情可以說「好」，你就很難「只說不」。

本書的前提是，人類（尤其是西化的人類）已經發展出一些相當奇怪的負面情緒來源，會因為那些單純錯置了空間和時間的心理性事件而擔心及難過，但西化的人類也發展出一些奇怪的正面情緒來源。

有一次在大教堂管風琴音樂會中，我坐在那聲音海嘯裡起雞皮疙瘩時，突然想到，在很久以前的某個時候，對一個中世紀的鄉下人來說，這一定是他們所能體驗到最大聲的人造聲音，那是以我們無法想像的方式而令人讚歎的事物，難怪他們會把這東西與宗教結合，而我們現在持續被教堂管風琴的聲音所震撼。曾經，狩獵採集者可能會巧遇「金礦」，例如野蜂窩的蜂蜜，於是可以短暫地滿足最根深柢固的食物渴望之一；現在我們有好幾百種仔細打造、設計和行銷的商業食物，充滿著人體可以快速吸收的精製糖，會造成低級天然食物比不上的感覺爆炸。曾經，在很多貧乏和負面當中，我們的生活也提供大量的微妙且常需要努力爭取的愉悅；現在我們有藥物可造成比無藥世界所能產生的刺激多上一千倍的陣陣愉悅和多巴胺。

因身體調適而出名的彼得・斯特林，傑出地寫了人類的愉悅來源怎麼變得如此狹隘和人工性地強烈，他的想法主要是關於我們期待性的愉悅通路被許多不同的東西所刺激。要能這樣運作，那條通路必須迅速習慣，必須對於任何刺激它的來源

降低敏感度，這樣它就準備好回應下一個刺激。但人造的體驗、感覺和愉悅的不自然強烈爆炸，會引起不自然程度的習慣。這有兩個後果。第一個是，我們很快就幾乎不會再注意到秋葉、正確對象的徘徊偷看，或在長時間辛苦又值得的任務後保證會帶來獎賞等情況，它們所帶來的稍縱即逝的愉悅細語。另一個後果是，一陣子之後，我們甚至會習慣那些強度和時刻的人造洪水。如果我們只是局部恆定性調解的機器，那麼我們攝取越多，就會越不渴望，但我們的悲劇反而是變得更飢渴，要求更多、更快和更強烈。「現在」已經不像以前那麼好了，它在明天就不夠用了。

注釋

1　這麼細膩又聰明又古怪的實驗，使我對於身為科學家感到驕傲。

2　簡短離題談一下搔癢的論述。有一次我讀到某篇奇怪冗長的文章，裡面提到，其實沒有人喜歡被搔癢，那都是關於搔癢者本身的權力和控制，尤其是關於兒童，還有那個笑其實不是愉悅的而是反射性的，以及要求被搔癢是他們對自己所戀者的服從和喜愛的徵兆，然後很快地「陽物中心」和「死白男」及西雅圖酋長的假引述被掛在嘴上。身為生物學家，在質疑這樣的謎題時，所做的第一件事就是去找系統發生的先例，來了解人類現象。其他物種也這麼做嗎？如果其他關係相近的物種也一樣，那麼關於這整個現象是深植於人類文化中的論述，就被削弱了。我可以在此報告，黑猩猩喜愛被搔癢。那些被訓練學會美國手語的黑猩猩都是，牠們掌握的頭幾個字之一是「搔癢」，而頭幾個句子之一是「搔我癢」。在大學時，我和一隻會手語的猩猩共事，牠會正確地比出「搔我癢」的順序，然後你瘋狂搔癢牠。猩猩們被搔癢時，會縮起來、擋住自己的肋骨，並發出快速、無聲、呼吸般的咯咯笑。你停下後，牠會站起來，喘氣，擦額頭的汗，因為太刺激了。然後牠眼神中閃閃發亮，又一次「搔我癢」。

3　一位大學的朋友彷彿永無止盡地一直有災難般的感情關係，他用一種會使蕭伯納（George Bernard Shaw）驕傲的偏激為這個概念作總結：「感情關係是你對它的預期所付出的代價。」（蕭伯納曾經寫道：「愛情是一個人和其他每個人之間的不同過度誇張。」）

4　這解釋了第十四章談到的一個模式，常在使用人工合成葡萄糖皮質素控制自體免疫疾病或發炎疾病的人身上看到。這些人通常最後會覺得憂鬱。但在頭幾天是相反的，他會充滿精神和愉快。

5　應該很明顯的是，與其說「腎上腺素上癮者」，更恰當的說法是「暫時中度葡萄糖皮質素增加上癮者」更為適當。

6　成癮研究的領域中，很多人相信在各方面都有成癮性格的存在，包括藥物濫用、酒精、賭博、金錢或性方面的魯莽。然而這部分仍有爭議。

第 17 章

低社會位階觀點

　　接近第一章末尾的時候，我提出一個警告：當我說到壓力會使你身體不適時，只是對於「壓力如何使你更容易得到讓身體不對勁的疾病」的簡化說法，那基本上是使兩個對於不良健康持不同看法的陣營和解的第一關。一個極端是化約生物學的主流醫學群，對他們而言，不良的健康是關乎細菌、病毒、基因變異等等。另一個極端是堅持身心議題的人，他們認為不良的健康是關乎心理壓力、缺乏控制與效能等等。

　　本書的目標之一，是試圖進一步發展這兩種觀點的連結，作法是展現化約生物學多麼容易受到那些心理因素影響，並探討這方面的機制，而且發展成批評這兩個極端陣營：一邊是試著說明，相信人類居然可以被簡化到 DNA 序列，是多麼地有侷限性；另一邊則試著表示，否認人類生理學和疾病的現實，是有害地愚蠢。理想的解決辦法是回到第八章談過的賀伯特・偉能的智慧，關於疾病，如果沒有考慮到生病的人，即使是把疾病化約到極致也沒有意義。

　　很棒，我們終於有點進展了。但這個分析以及本書到目前至止的大部分內容，都漏掉了三足鼎立的其中一部分，不良的健康也和以下這些因素有關係：經濟衰退中的較佳工作；或是靠食物券救濟的飲食含有太多可樂和奇多酥脆條；或住在骯髒破舊、太過擁擠的公寓，靠近有毒的垃圾場，或是冬天缺乏足夠的暖氣，更別說住在街頭、難民營或戰地了。如果我們在思考疾病時不該脫離病人，那麼也不該脫離這個人生病時所處的社會，還有那個人在該社會中的位置。

　　我最近在意外之處發現了對此觀點的支持。神經解剖學是神經系統不同區域的連結的學問，有時候似乎像是集郵的大腦版本，大腦中某個名字有好幾個音節的

部位,以另一個名字有好幾個音節的放射傳送軸突,到名字有十八個音節的目標位置,然而在大腦的下一個區域……

在我還是小屁孩的時候,特別喜歡盡可能學習神經解剖學,越難懂越好,而我最喜歡的名字之一是在兩層腦膜之間的一個小空間,那是包覆著大腦的堅硬纖維,叫做「血管周圍間隙」(Virchow-Robin Space),而我能夠隨意說出這個名字,為我贏得神經解剖學呆子同事的尊敬。我從沒搞懂羅賓(Robin)是誰,但魏修(Virchow)是指魯道夫・魏修(Rudolph Virchow),十九世紀的德國病理學家和解剖學家。老天,把你的名字用在兩層腦膜之間的微小空間,何等榮耀,這傢伙肯定已經是各種化約科學之王,才能得到這種榮耀。我打賭他甚至帶著單片眼鏡,在盯著顯微鏡之前會先拿下來。

然後我發現一些魯道夫・魏修的事。身為年輕醫師,他成年時有兩件令人崩潰的事件,一八四七年斑疹傷寒爆發,他試著第一手對抗它;以及注定失敗的一八四八年歐洲大革命。第一件事是絕佳的案例,可以學到疾病與可怕的生活條件有關,就像與微生物有關那樣;第二件事教了我們,權力機器如何有效地征服那些在可怕生活條件中的人。

在之後的爛攤子中,魏修顯露了自己不只是一位科學家兼醫師兼公共衛生先鋒兼獨特的進步類政治人物,他透過有創意的整合,視那些角色為單一整體的顯化。「醫學是一種社會科學,而政治只是大規模的醫學。」他寫道。還有,「醫師是窮人的天然律師」。

對於一個名字被用在顯微鏡才看得到的空間的人來說,這是非常宏大的視野。這年頭,除非一個人剛好是非典型的醫師,否則這個視野一定也看似相當古怪,就像畢卡索認為他可以把顏料弄上畫布,把那幅畫稱為〈格爾尼卡〉(Guernica),並且做什麼事來阻止法西斯主義一樣令人覺得古怪。

在第八章詳述的胸腺淋巴體質(想像中所謂嬰兒有過大胸腺的疾病)的歷史,使我們學到你在社會中的位置,可以對你最後的屍體留下印記。這一章的目的是要顯示,你在社會中的位置,還有那是什麼樣的社會,在你活著時會留下疾病模式的印記,而且要了解這印記,需要結合了解壓力。這會為最後一章談壓力管理的一個重要概念做準備:根據你在社會階層中的位置,特定的減壓技巧效果並不同。

　　我在好幾章中使用的一個策略是介紹一些動物的現象，通常是社交型的靈長類，這是為了在談人類的複雜性之前，顯示較簡化的原則。我在這章也一樣，從討論動物的社會位階與健康和壓力相關疾病有什麼關係開始，但這次有一個矛盾的轉折，在本章最後應該會讓人憂鬱到死，因為這次是人類提供簡單得要命的版本，而非人類靈長類表親提供小細節。

有尾動物的社會位階

　　啄食順序／位階高低，可能一開始是在母雞群中發現的，但這現象存在於所有物種中。無論資源有多麼充足，很少會被平均分配，而且「位階高低」出現，取代了使用牙齒和爪子來爭奪食物的情勢。在聰明到知道自己位置的動物之間，這個正式的不平等系統取代了持續的攻擊性。

　　靈長類把位階競爭帶到動物複雜性的高峰，例如狒狒，牠們有一百個大社會群體在大草原上跑來跑去。

　　在一些情況中，位階可以是流動的，時常改變；在其他情況中，位階是繼承的和終身的；在一些情況中，位階根據情況而定，像是爭奪食物時，A 比 B 高階，但競爭異性時卻反過來。

　　位階可能是循環的，像是 A 擊敗了 B，B 擊敗了 C，C 則擊敗了 A。位階可能來自結盟的支持，像是 B 被 A 打敗，除非 C 及時幫助，趕走了 A。兩隻動物之間真正的衝突，包括從幾乎致死的爭鬥，到高支配地位的那隻有威脅性地移動並害低位階者很緊張。

　　無論細節如何，如果你是草原上的狒狒，大概不會想要當低位階的那隻。你在那裡努力了兩分鐘，要從地下挖出什麼根莖來吃，把它洗乾淨，然後任何比你高位階的狒狒都能搶走它。你花了好幾個小時對某隻狒狒甜言蜜語，要她幫你理毛，幫你弄掉毛髮裡那些煩人的刺、蕁麻和寄生蟲，然後某隻高位階狒狒只為了找你麻煩當好玩，就能打斷你理毛的時間。

　　或者你坐在那裡做自己的事，像是看鳥之類的，然後某個當天心情不好的高位階傢伙決定找你出氣，用牠的犬齒重傷你（這種針對第三者的「錯置攻擊性」占

理毛，在一個大家的背沒有被公平抓癢的社會裡，達到社會凝聚力和減壓的美好方法。

據了狒狒暴力的大部分。中位階的公狒狒要是打架輸了，會轉頭追較低位階的公狒
狒，較低位階的公狒狒會衝向成年母狒狒，而成年母狒狒咬小狒狒，小狒狒則打嬰
兒狒狒巴掌）。

　　對於低位階的動物，生活不只充滿了不成比例的身體壓力源，還有心理壓力
源：缺乏控制、可預測性和挫折出口。

　　低位階公狒狒的靜態葡萄糖皮質素指數，遠高於高位階狒狒的，這並不令人驚
訝，因為低位階公狒狒每天的基本處境都很有壓力，但這只是低位階狒狒的葡萄糖
皮質素問題的開始。當真正的壓力源來了，牠們的葡萄糖皮質素反應比高位階者更
少，也更慢，而當壓力源過去後，牠們恢復的速度似乎會延遲，這些都算是效果不
好的壓力反應。[1]

　　低位階者還有更多的問題：靜態血壓高；對真正的壓力源有遲鈍的心血管反
應；遲鈍的恢復；好的高密度脂蛋白膽固醇受到抑制；雄性低位階者的睪固酮比雄
性高位階者的，更容易受到壓力抑制；循環的白血球細胞較少；可幫助傷口修復的

「類胰島素生長因1」（IGF-1）循環濃度變少。透過本書後文的說明，你會很清楚這些全都是身體受到慢性壓力的跡象。

　　慢性啟動的壓力反應（升高的葡萄糖皮質素濃度，或過高的靜態血壓，或較高的動脈粥狀硬化風險）似乎也是其他物種的低位階標記。從普通的恆河猴到被稱為「原猴」的那種動物（像是倭狐猴），靈長類都有這種狀況，大老鼠、小老鼠、倉鼠、天竺鼠、狼、兔子、豬，也是一樣，甚至是魚、蜜袋鼯等，全都是如此。

　　一個重要的問題是：我所說的是處於低位階，以及受到那些生理與心理壓力源，會慢性啟動壓力反應。有沒有可能是反過來的呢？如果你有二流的壓力反應，是否可能害你有低位階呢？

　　你可以藉由圈養動物來人為地形成社會團體並進行研究，就能回答這個問題。監測團體剛形成時的葡萄糖皮質素、血壓等指數，當階級出現時再測一次，你可以從比較中得知因果關係是哪個方向，像是生理差異是否會預測誰會落到哪個階級，或者反過來？答案是一面倒地先有階級，再造成特定的壓力模式。

一隻中位階的狒狒，花了一整個早上跟蹤一隻黑斑羚，卻被高位階的公狒狒偷走獵物的屍體。

我們已經發展出頗為清楚的樣貌了。社會低位階等於長期有壓力，又等於過度活躍的壓力反應，再等於更多壓力相關疾病。但現在來看看這個說法為什麼是太過簡單且錯誤的。

第一個提示不算含蓄。當你在某個科學會議站起來說你的低位階狒狒或樹鼩或蜜袋鼯的悲慘健康狀態時，一定會有研究其他物種的內分泌專家站起來說：「嗯，我的低位階動物沒有高血壓或高葡萄糖皮質素。」有很多物種的低位階與過度活躍的壓力反應無關。

怎麼會這樣？為什麼在那些物種的低位階沒什麼不好？答案是，對於那些物種，身為低位階不是壞事，或是身為高位階可能很累贅。

第一點的例子之一是叫做狨的南美猴子。在牠們之中的低位階者，不會有生理或心理壓力源的悲慘狀況；因為位階無關被又大又兇的高位階動物強迫征服，反而是放鬆等待的策略。狨生活在「合作繁殖」的小型社會團體，身為低位階者通常表示你要幫忙較高位階的手足或表親，並等著輪到你畢業進入那樣的角色。威斯康辛區域靈長類研究中心的大衛・阿伯特（David Abbott）發現低位階的狨沒有過度活躍的壓力反應，符合這個現象。

野狗和侏儒獴提供了第二點的例子，就是低位階沒那麼不好。那些物種的高位階並沒有奢華的生活、輕鬆地得到最好的採集物，以及偶爾捐款給美術博物館，沒有那種維持現狀的東西，反而是高位階者必須時常用外顯的攻擊性來重申高位，因為牠會被一再地測試。蒙大拿州立大學的史考特（Scott）和南西・庫利尤（Nancy Creel）發現，這些物種中有較高的基礎葡萄糖皮質素的，不是低位階的動物，而是高位階的。

最近，我和阿伯特利用了同事所進行的非人類靈長類的位階與壓力生理學研究，確認了靈長類社會的什麼特色能預測是高位階或低位階動物會有較高的壓力反應。我們對各靈長類物種的專家詢問相同的問題：在你所研究的物種中，身為高位階者有什麼好處？攻擊性在維持高位階中扮演了什麼角色？低位階的個體必須承受多少悲傷？那物種的低位階者有哪些應對和支持（包括親戚在場）的來源？有什麼競爭之外的隱性替代選擇？如果低位階者不照規則走，牠們多可能被逮到，並且懲罰會有多糟？位階多常改變？

這些關於十二個不同物種的十七道問題，具有很可靠的資料，證明了低位階動物葡萄糖皮質素較高的最好預測項目，是經常被高位階者騷擾，以及缺乏社會支持的機會。

位階對於不同物種有不同意義，而在同一個物種中，位階對於不同的社會團體也可能有不同的意義。這陣子靈長類學家談到靈長類「文化」，而這不是擬人化的用語，例如，在雨林某部分的黑猩猩和四個山谷遠的黑猩猩，可能有非常不同的文化，包括社交行為的頻率不同、發出相似的聲音但意義不同（換句話說，接近「方言」的概念）、使用不同的工具，而且團體內的差異會影響位階與壓力的關係。

一個例子是母恆河猴，低位階者通常有大量的悲傷，並且有較高的基礎葡萄糖皮質素，除了一個被研究的社會團體中，基於某種原因，在打鬥後有較多的和解行為。在對於低位階者來說相當無害的一個狒狒團隊中，也發現了一樣的情形。另一個例子是，公狒狒中，低位階者通常會有較高的葡萄糖皮質素，除了嚴重乾旱的時候，高位階公狒狒忙著找食物，沒有時間或精力去騷擾別人（很諷刺地，環境壓力源對於低位階動物可能是祝福，能夠把你從更嚴重的社會壓力中拯救出來）。

壓力反應方面有一個重要的團體內差異，是位階的穩定度。假設說一隻動物在第十名的位階，在穩定的系統中，這個個體有九成五的時間會被第九名打敗，但也有九成五的時間會打敗第十一名；相對地，如果第十名只有在互動的五成一時間中會贏過第十一名，就表示牠們兩個快要交換位置了。在穩定的位階結構中，高低位階在九成五的互動中加強了現況，在那些條件下，高位階的個體穩定地侵犯，並且具有該地位所帶來的一切心理好處：控制、可預測性等；對於以上談到的各種靈長類物種，高位階個體有最健康的壓力反應。相對地，有極少數時候，位階結構會變得不穩定，像是某個關鍵個體死亡、某個有影響力的個體進入這個團體、某個重要的結盟夥伴關係形成或分裂了，結果就是發生革命，動物們到處改變位階。在那些條件下，通常是高位階的個體處於不穩定的暴風中心，遭遇最嚇人的最大挑戰，並且最會受到結盟政治翹翹板的影響。[2] 在這種不穩定的時期，那些相同物種的靈長類中，高位階者不再有最健康的壓力反應。

位階是壓力反應的個別差異的重要預測項目，而位階的意義（在特定社會中伴隨位階的心理包袱），也是同等重要的。另一個重要的變項是，一隻動物對於位階

與社會的個體經驗。例如，一隻極有攻擊性的公狒狒加入了一群狒狒，並且在沒有被挑釁時也到處攻擊別的動物。這隻破壞穩定的動物，可能讓你預測整群狒狒都有壓力反應，但是，該模式反應了動物的個別經驗，那些運氣好、從沒被這傢伙攻擊的狒狒，免疫功能沒有變化；相對地，被攻擊的那些，特定那隻狒狒越常受到那傢伙的牙齒折磨，免疫抑制就越嚴重。因此你會問這個問題：「在社會群體中，一個有攻擊性、製造壓力的個體，對於免疫功能有什麼影響？」答案是，「看情況，不是住在有壓力的社會的抽象狀態會造成免疫抑制，反而是你多常被迫接受不穩定的具體狀態造成的。」[3]

最後一個變項，可預測壓力反應的因素不只有位階，不只有位階存在的社會，也不只有該社會的一位成員對於這兩件事的體驗；它也跟性格有關（第十五章的主題）。我們已經知道，某些靈長類總是看到水杯半空、生活充滿了挑釁，牠們不能善用出口或社會支持，是壓力反應過度活躍的個體。對牠們來說，牠們的位階、社會和個人經驗可能都有美好的益處，但如果性格使牠們看不到那些好處，牠們的荷爾蒙、動脈和免疫系統就會付出代價。

全面考量後，呈現出靈長類社會位階和壓力相關疾病有什麼關係的微妙樣貌，若你認為人類會更加複雜也是合理的。但令人驚訝的時候到了。

人類有位階嗎？

小時候，我總是最後一個被挑入威浮球隊的，太矮、沒有協調性，而且通常滿腦子都是我帶著邊走邊看的書。於是，我持續被隱藏在社會等級的最底端，讓我對於人類有位階系統感到質疑。

這個問題有部分與定義有關，有些號稱研究人類高位階的研究，其實探究的是A型性格特色。那些被定義為高位階的人，是在訪談中的答案具有敵意、競爭性的人，或是講話很快並打斷訪談者的人，這不是動物學家會支持的高位階。

其他研究檢視了使用看起來強勢的方式直接彼此競爭的人類，彼此間個別差異的生理相關性，例如，有些檢視了大學摔角手輸或贏時的荷爾蒙反應，其他研究檢視了軍隊中位階競爭的內分泌相關性，收穫最多的領域之一是檢視企業界的位階。

第十三章提到「執行壓力症候群」很可能是個迷思，實際上是在頂端的人讓別人得到潰瘍，而不是自己得到潰瘍。大部分的研究發現，中階管理者才是被壓力相關疾病壓垮的人，這被認為反應了殺手級的組合：這些人通常背負著工作高要求的負擔，卻只有很少的自主性，沒有控制的責任。

整體來說，這些研究產生了一些實驗上可靠的相關性，我只是對它們的意義有些半信半疑。首先，我不確定兩位受高度制約的二十幾歲人之間兩分鐘的競爭性摔角，能告訴我們關於六十歲動脈阻塞的事。另一方面，我納悶商業主管的位階有什麼更大的意義，因為靈長類的位階結構最終可以決定你得多辛苦工作才能得到熱量，而企業位階結構是你得多辛苦工作才能得到電漿電視之類的東西。我會質疑的另一個原因是，在百分之九十九的人類歷史中，社會可能是沒有位階結構的，而這是根據這個事實：當代的狩獵採集者團隊非常平等。

但我的質疑強烈根源於關乎人類心理複雜性的兩個原因。第一，人類可以同時屬於好幾個不同的位階系統，理想上至少會在其中一個勝出（因此，可能會給它最大的心理分量）。所以，在大企業的郵務室裡非常低位階者，下班後可能因為在自己的教會是執事，或是周末壘球隊的隊長，或是成人進修教育課程中的第一名，而得到很高的名望和自尊。讓一個人非常賦能的高位階，對於隔壁隔間的同事來說可能無關緊要，而這會大大影響結果。

最重要的是，人們在自己的腦袋裡對於位階做出的各種詮釋。假設一個研究人類生理學和位階的火星科學家，在觀察一場馬拉松，最明顯該做的事是記錄完成比賽者的順序，第一名跑者勝過第五名，第五名顯然勝過第五千名。但如果第五千名的跑者是個平時不動的人，只在幾個月前開始跑步，隱約覺得自己會在跑到第十三英里時因為心冠問題跪下而沒有跑完，但他跑完全程了，累癱了，卻也容光煥發。如果第五名跑者在前一週閱讀報紙的運動版，提到具有世界一流水準的人肯定會跑到前三名，甚至可能會震驚整個領域，那他該怎麼辦？沒有一個火星人能正確預測到誰會在之後歡欣鼓舞地覺得自己處於高位。

在對照外在標準的同時，人們可能與自己競賽，與自己以前最好的時間比較，在企業界也能看到這種現象。一個虛構的例子：在郵務室的小子做得非常好，被給予年薪五萬美元的獎賞；一位資深副總裁嚴重搞砸了，受到年薪五萬零一美元的處

罰。在那個火星人或是以位階結構思考的牛羚看來，會認為副總裁顯然更能夠取得生存所需的堅果和梅子，但你能猜到誰會滿足地去上班、誰會生氣地坐在豪華轎車上打電話給獵人頭公司？人類能根據自己所知的一些什麼，來決定自己的地位，玩內在的、合理化的位階遊戲。想想這個引人入勝的例子：在某種競爭互動中勝利的男性，循環的睪固酮濃度通常會至少上升一點，除非他們認為自己純粹是因為幸運才會贏。

若要思考人類位階及其與壓力反應的關係，當你把那些條件都放在一起，結算後的結果是相當不穩固的立場。除了一個領域以外。如果你想搞懂帶有異常高比例的生理和心理壓力源的低位階社會性動物的人類版，這在生態學上是有意義的，因為它不只是關於必須工作多少小時才能買一台 iPod，也可能會淹沒我們所能想到的大多數合理化與替代位階結構。可憐的人類。

社經地位、壓力與疾病

如果你想要看慢性壓力的例子，就研究貧窮。貧窮包含了很多的生理壓力：體力勞務和更高的工作意外風險，甚至可能有兩份或三份累死人的工作，還得承受慢性睡眠不足；也許走路去工作、走路去自助洗衣店、提著很重的食品雜貨從市場走回來，而不是開有冷氣的車；也許沒錢買新床墊來改善背部的疼痛，或是多一點淋浴的熱水來改善風濕痛；當然還可能有點飢餓……這份清單可以一直列下去。

當然，貧窮也會帶來不成比例的心理壓力源，如缺乏控制、缺乏可預測性：在生產線上令人麻痺的工作、職業生涯花在接受點餐或從一個暫時性工作換到下一個。經濟不好時，第一個被裁員的人；研究顯示，失業對健康的破壞性影響不是在被裁員時開始的，而是這個威脅一開始出現的時候。懷疑錢夠不夠撐到月底，懷疑那搖搖晃晃的車能否準時送你到明天的面試地點。還有這個缺乏控制的情況：一份對有工作的窮人的研究發現，他們較不會配合醫囑服用降血壓利尿劑（透過使你小便而降低血壓的藥物），因為他們工作時不能一有需要就上廁所。

下一個因素是，貧窮代表你常常不能有效地應對壓力源，因為你沒有庫存的資源，永遠無法計畫未來，並且只能對當下的危機做反應，而當你有反應時，當下

的解決辦法經常伴隨著稍後巨大的代價，就像是你永遠在用向高利貸借來的錢付房租。凡事都是反應性的、當下的，這提高了你應對下個壓力源時會有更糟能力的機率。所謂的越挫越勇，幾乎算是那些過得好的人的奢侈品。

伴隨著壓力和更差的應對能力，貧窮也會讓人顯著地缺乏出口。對人生感到有點壓力，考慮放鬆地度假，買一輛健身自行車，或上古典吉他課來獲得一點心靈平靜？可能不行。辭掉那個有壓力的工作，在家待一陣子，來想清楚自己的人生要幹嘛呢？不行，因為有家人依賴你的收入，而且銀行帳戶裡沒有錢。想要至少固定慢跑來運動並消除一些壓力？統計上，窮人更可能住在犯罪率高的社區，慢跑可能會變成讓頭髮豎起來的壓力源。

最後，隨著很長的工作時數和需要照顧的小孩，還帶來了嚴重的缺乏社會支持。如果你認識的每個人都做兩份或三份工作，你和所愛的人儘管有那份心，卻沒有多少時間可以坐著提供支持給彼此。所以，貧窮一般來說等於更多的壓力源，雖然窮人是否會有更多的重大災難壓力源的研究並不一致，但窮人有更多的慢性日常壓力源。

這些困境全都意味著，低社會經濟地位（社經地位，評估方式通常結合了收入、職業、居住環境和教育）應該和壓力反應的慢性啟動有關，只有很少的研究注意這一點，但它們都支持這個觀點。一個是關於蒙特婁學童的研究，那城市的社區相當穩定，而且犯罪率低。在六歲和八歲的兒童中，低社經地位小孩已經有高葡萄糖皮質素的傾向，到了十歲，有了階梯式的狀況，低社經地位小孩的循環葡萄糖皮質素，平均是高社經地位小孩的兩倍。另一個例子是立陶宛的人，一九七八年，立陶宛仍屬於蘇聯，當地男人的冠心病死亡率和附近的瑞典男人一樣，到了一九九四年，蘇聯解體後，立陶宛男人的死亡率是瑞典的四倍。在一九九四年的瑞典，社經地位和葡萄糖皮質素沒有關係，而在一九九四年的立陶宛則有強烈的關係。

這類的發現表示，貧窮與更多的壓力相關疾病有關。

首先，我們來探討，低社經地位是否與更多疾病有關。

結果，貧窮對健康風險有巨大的影響，是行為醫學中最大的風險因子。換句話說，如果有一群同性別、同年齡、同種族的人，你想要預測誰會活多久，最有用的事就是知道每個人的社經地位；如果你想提高活得又久又健康的機率，就不能

貧窮。貧窮與這些狀況有更高風險有關：心血管疾病、呼吸道疾病、潰瘍、風濕疾病、精神疾病和數種癌症，這只是一些例子。[4] 貧窮與人們更傾向於認為自己健康不良、新生兒死亡，以及因為各種原因的死亡有關。還有，在控制了體型大小的情況下，低社經地位可預測低出生體重，我們從第六章得知低出生體重對一輩子的影響。換句話說，出生就貧窮，但是在三週大時中樂透，下半輩子都和唐納·川普（Donald Trump）四人約會，統計學上你在人生中還是有更高的那些疾病風險。

社經地位和健康的關係，難道只是統計數據方面的小問題嗎？不，它具有很大的影響。如果你死守在社經階梯的最下面一階，和那些在高處的人相比，某些對社經地位敏感的疾病的盛行率會是十倍。[5] 換個方式說，比較最窮和最有錢的人，在某些國家中有五到十年的壽命差別；比較最窮和最有錢的人的次群體時，有幾十年的差別。

這樣的發現可以追溯到幾個世紀之前。例如，一份對英格蘭和威爾斯的男人的研究，呈現了二十世紀每十年的死亡率的社經地位陡峭梯度。英屬哥倫比亞大學的羅伯特·伊凡斯（Robert Evans）指出這有重要的意義：一個世紀前最常見的死因疾病，與現在最常見的極為不同。不同的死因，但相同的社經地位梯度，而且社經地位與健康的關係相同，這告訴你，這梯度並非來自於疾病，而是社會階級。所以伊凡斯寫道：「（社經地位健康梯度的）根源超乎於醫療之外。」

所以社經地位和健康有緊密的關聯。因果關係的方向是什麼呢？也許貧窮害你有不好的健康，但也許是反過來，生病害你惡行循環而貧窮。後者肯定有，但大部分的關係是因為前者。從你人生中某個時候的社經地位，可以預測日後的健康重要特徵，例如，早年的貧窮對健康有永遠的不良影響；這可以參考第六章中成年疾病的胎兒期根源。一個引人注目的研究是關於一群老年修女，她們在年輕時發了誓言，然後在接下來的人生有一樣的飲食、一樣的醫療資源、一樣的居住環境等等，即使控制了全部這些變項，老年時她們的疾病、失智、壽命模式，仍能透過她們超過半世紀前還不是修女時的社經地位而預測得知。

所以，社經地位會影響健康，你人生中有越多的時間是貧窮的，就對健康有越多不良影響。[6] 社經地位怎麼會影響健康呢？對於一個世紀前的美國，或現在的發展中國家，這個答案會很明顯。窮人會得到更多的感染性疾病、較少的食物，以及

極高的嬰兒死亡率，但隨著我們轉到現代盛行的緩慢的、退化性疾病，答案也跟著轉變。

醫療照護取得權的難題

讓我們從看似最合理的解釋開始。在美國，（有健康保險或沒有健康保險的）窮人與富人並沒有相同的醫療照護取得權，這包括了更少讓醫師做預防性檢查；注意到什麼困擾時，得等更久才能做檢驗；真的發現問題時，得到的照護比較差，尤其是那醫療照顧需要昂貴、特殊的技術時。此狀況的一個例子是，一份一九六七年的研究發現，如果你被認為越窮（根據居住的社區、住家、外表），救護車隨車救護人員就比較不會試圖在前往醫院的路上救你。在較近期的一些研究中，對於嚴重程度相同的中風，社經地位會影響你接受物理治療、職能治療或語言治療的可能性，以及你得等多久才能動手術修復那條造成中風的受損血管。

這當然看似能夠解釋社經地位梯度，讓醫療系統公平、把醫藥社會主義化，梯度就沒了。但這不可能只是關於醫療照護取得權的差別待遇，或甚至大部分不是關於這件事。

首先，想一想貧窮和疾病盛行有強烈相關的國家：澳大利亞、比利時、丹麥、芬蘭、法國、義大利、日本、荷蘭、紐西蘭、前蘇聯、西班牙、瑞典、英國，當然，還有美國。社會主義化醫療系統、社會主義化整個國家、變成勞工的天堂，你還是會有那個梯度，像是英格蘭這種地方，社經地位梯度在這個世紀以來越來越糟，即使他們施行全民健保使每個人都有平等的醫療照護取得權。

你可以冷嘲熱諷又正確地指出，有美好平等主義的醫療照護取得權的制度，可能只是理論上的平等主義，即使是瑞典的醫療制度，比起對待某個名不見經傳、在診所吵鬧的窮人，也可能對富有的企業家、生病的醫師或有名的騎師，有更多一點點用心，有些人總是會得到比公平更好一點的待遇。但有一份研究是關於參加預付健康方案的人，所有參加者都能使用那些醫療機構，儘管窮人可以多使用醫療資源，他們仍有較多的心血管疾病。

反對「醫療照護取得權差異的重要性」的第二票，是因為這種關係形成了我

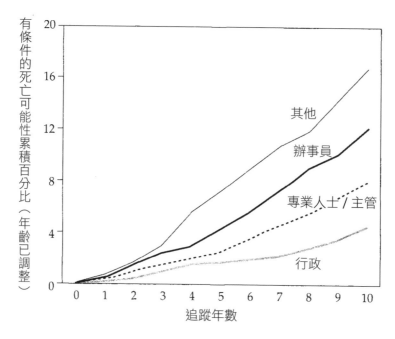

白廳研究，職業階級死亡率追蹤

一直在用的那個詞：「梯度」。並不是只有窮人才會比其他人不健康，而是在社經地位階梯每往下一階，健康就更糟（而且你的社經地位越往下，健康惡化的那一階就越大）。倫敦大學學院的麥可‧馬莫（Michael Marmot）的白廳（Whitehall，指英國政府）研究，是此領域中最受讚譽的研究，大聲說明了這一點。馬莫研究英國的公務員系統，這是社經地位梯度明顯到職業位階簡直像是被印在大家額頭上的制度，包含無技巧的藍領工作者到高權力的決策者。比較最高階和最低階，心臟疾病死亡率有四倍的差異。記得，在這個制度中，每個人的醫療照護取得權差不多平等，也得到可以生活的收入，而且在不可預測性方面非常重要的是，他們非常可能繼續賺取這樣的收入。

反對醫療照護取得權爭論的最後一票：與取得權無關的疾病也有那種梯度。每天對一個年輕人小心翼翼地進行良好的醫療檢查，檢查他的生命徵象，研究他的血液，讓他跑跑步機，給他關於良好健康習慣的嚴厲教學等，他得到某些疾病的風險還是會像沒有得到那些關注時一樣高。窮人依然更可能得到那些無關取得權的疾

病，范德比大學的希歐多爾‧平克斯（Theodore Pincus）仔細地記錄了這些疾病中有兩種存在著社經地位梯度：幼年型糖尿病和類風溼關節炎。

所以，此領域的領導者似乎都不認為醫療照護得權是這故事的重要角色。這並不是完全排除它（更別說是建議不要達成全民醫療照護取得權），證據是，資本主義美國的梯度最糟糕，而社會主義的北歐國家有最輕微的梯度。但即使他們採取社會主義，梯度仍然嚴重，主因一定是別的。我們前往下一個看似最可能的解釋。

風險因子和保護因子

在西化世界中，較窮的人比較可能會過度飲酒和吸菸（幾乎讓吸菸被視為低社經地位的專屬活動）。還有，窮人更可能飲食不健康，貧窮在發展中國家代表無法負擔食物，而在西化世界中則表示無法負擔健康的食物。由於工業化，社會中需要付出體力的工作變少了，加上某些時髦健康俱樂部的高額會費，窮人就更少運動了。他們更可能病態肥胖，而且是蘋果體型那種；他們更可能不繫安全帶、不戴機車安全帽、沒有汽車安全氣囊；他們更可能住在有毒的廢棄場附近、被搶、冬天的暖氣不夠暖、住在擁擠的環境（於是提高暴露於傳染疾病的機會）。這份清單似乎沒有止盡，而且它們都有害健康。

統計上，貧窮可能還有另一個風險因子：教育不足。所以，窮人或許不了解或不知道自己遇到的風險因子，或是他們缺乏的有益健康因子，所以即使能力做得到，他們也不知道。

一個使我困惑的例子是，很多人顯然不知道香菸有害，而研究發現他們不是寫博士論文忙到沒空注意公共衛生小事的人。其他的研究顯示，例如，貧窮女人最不知道子宮頸抹片檢查的需要，所以子宮頸癌的風險較高。[7] 貧窮和教育不足的糾纏，可能解釋了窮人即使窮，也能夠吃得健康一點、繫上安全帶或戴上安全帽等等，但他們不這麼做的比例卻很高；這可能也有助於解釋為什麼窮人較不配合可以負擔的醫囑，因為他們可能比較不了解說明，或不認為配合醫囑很重要。還有，高教育程度也會在各方面產生較好的問題解決技巧，統計上，教育程度較高，可預測你的親友群的教育程度也比較高，具有這些附帶的優勢。

　　然而，風險因子與保護因子不是社經地位梯度主要的部分，這需要強大的統計學技術來說明，你會看到在控制一個或更多個因子後，某個影響是否依然存在。例如，你的社經地位越低，越可能吸菸，所以控制吸菸變項，也就是只比較有吸菸的人，社經地位越低是否依然有較高的肺炎發生率呢？再進一步，吸菸的量相同，肺炎發生率是否也較高呢？吸菸和喝酒的量都相同，那麼……這類的分析顯示這些風險因子有影響，就像羅伯特・伊凡斯寫的：「就算是比爾・蓋茲（Bill Gates），喝汙水可能也是不明智的。」只是它們沒那麼重要。例如在白廳研究中，吸菸、膽固醇指數、血壓和運動量，只能解釋三分之一的社經地位梯度，而相同的風險因子和同樣缺乏保護因子，再加上貧窮，你就更可能生病。

　　對於風險因子或保護因子的接觸不同，並不能解釋很多，但用另一個方式可以更了解這一點，即比較富裕程度不同的國家。你會認為，在較富裕的國家有較多的機會購買保護因子和避免風險因子。例如，你會發現在最窮和最有錢的國家汙染最少；前者是因為沒有工業化，後者是因為他們不是乾淨地做，就是讓別人做。然而，透過地球上所有的國家中最有錢的那四分之一，你會發現一個國家的富裕和國民的健康沒有關係。[8] 這是華盛頓大學的史蒂芬・貝茲魯卡（Stephen Bezruchka）談到美國時，所大力強調的重點：儘管有著世界上最昂貴也最精密的醫療制度，比較不富裕的國家的國民比我們國民活得更久、更健康的數字，多到荒謬。[9]

　　所以，我們不管醫療照護取得權和風險因子了。這是科學研討會變得緊張的時候。這本書大部分都在談的是，某種「主流」醫學的風格過度聚焦在疾病只與病毒、細菌和變異有關，不情願地必須讓出空間給心理因素的相關性，包括壓力。相似地，思考社經地位／健康梯度的「社會流行病學家」，長期以來的主流觀點聚焦在醫療照護取得權和風險因子，他們也得讓出空間給心理因素，包括壓力。

壓力與社經地位梯度

　　我們已經說過，窮人的日常壓力源和重大壓力源肯定都嚴重到不成比例地多。如果你已經讀到這裡，還沒有疑惑壓力和社經地位健康梯度有沒有關係的話，你該退錢了。它們有關係嗎？

在這本書的上一版中，我根據三點，論述了壓力的重大角色。第一，窮人有那些各種的慢性日常壓力源；第二，當我們檢視個別疾病的社經地位梯度時，最強的梯度發生在對壓力最敏感的疾病中，像是心臟疾病、糖尿病、新陳代謝症候群和精神疾病；最後，當你把通常的嫌犯（醫療照護取得權和風險因子）都圍捕起來，並且認為它們不是最重要的，那麼社經地位梯度還能歸咎在什麼上呢？太陽黑子嗎？

因為那樣的證據，社會流行病學家願意讓一些心理學家和壓力生理學家參加，但得從後門進來，自己煮，在廚房裡找點吃的，如果你願意的話。

那是五年前的壓力論述，但從那時起，驚人的新發現使得壓力論述非常扎實。

真的窮與覺得窮

本書的一個中心概念是，要是你應對的有機體沒有被獵捕者追殺，而且有足夠的遮蔽和足夠的熱量來維持健康，那麼他的壓力是深植於心理學的。一旦那些基本需求被滿足，無可避免的事實是：如果每個人都很窮，那就沒有人是窮的。要了解壓力和心理因素為什麼與社經地位健康梯度有那麼大的關係，必須從這個明顯的事情開始，亦即「每個人都很窮，所以沒有人是窮的」這個觀點，其實是錯的。這把我們帶到此領域關鍵的一點：社經地位健康梯度並不真的是關於掉到貧窮低點的分配。它不是關於貧窮；它是關於「覺得窮」，也就是覺得自己比周遭的人更窮。

加州大學舊金山分校的南西・阿德勒（Nancy Adler）在這方面做了很美妙的研究。阿德勒不只是看社經地位與健康的關係，還注意健康與一個人如何認為並感覺自己的社經地位有什麼關係，也就是他們的「主觀社經地位」。給一個人看十階的階梯，問他們：「對於你自己在社會中混得如何，你認為自己在階梯的哪一階？」很簡單。

首先，如果人們完全精確和理性，整個群體的答案平均會在階梯的中間。但文化扭曲來了，膨脹的、沾沾自喜的歐裔美國人，平均高於中間那一階（阿德勒稱為烏比岡湖效應，那裡所有的小孩都高於平均值）；相對地，來自不那麼自大狂妄個人主義文化的華裔美國人，平均低於中階，所以你必須調整那些偏差。再加上，如果你要問人對某事物有什麼感覺，需要控制患有感覺疾病的人，也就是憂鬱症。

　　你做到之後，看看健康測量值和主觀社經地位有什麼關係。令人驚奇的是，在預測健康測量值時，它的效果與實際社經地位一樣好，而在某些狀況中，甚至更好，像是心血管指數、新陳代謝指數、葡萄糖皮質素指數、兒童病態肥胖。在我們的社會經濟世界中，「覺得窮」這個因素能預測不良的健康。

　　這其實沒那麼令人驚訝。我們是極為競爭、貪婪、令人反感的物種，而且對於自己怎麼相互比較，並不太理性。這裡是一個與主題無關的領域的例子，給一群女性志願者看一系列有吸引力的女模特兒的照片，比起看照片前，她們之後的心情會比較差、自尊較低（更令人沮喪的是，給男人看相同的照片，之後降低的是他們對自己妻子的滿意度）。

　　所以這不是關於窮，是關於覺得窮。差別是什麼？南西‧阿德勒發現，主觀社經地位是根據教育、收入和工作職位（換句話說，主觀社經地位的組件），加上對於生活水準的滿意度和未來經濟的安全感，而最後兩項很重要。收入可以告訴你一些社經地位的什麼（但不是全部）；對生活水準的滿意度，是窮而快樂的人，以及仍然要抓住更多的大富翁的世界，那是主導這本書的那些麻煩東西。而「經濟的安全感」和什麼有關呢？焦慮。所以，社經地位的現實，加上你對那社經地位的滿意度，以及你對於自己的社經地位多麼可預測的信心，比起只使用社經地位，是更好的健康預測指標。

　　這不是硬性規定，而且阿德勒最近的研究發現，主觀社經地位對於某些族群不必然是很好的預測指標（請靜候後文）。但整體而言，我驚覺這相當了不起，當你已經不用擔心是否有足夠的遮蔽和食物時，「貧窮」並沒有「覺得窮」那麼糟。

貧困與豐足中的貧困

　　就很多方面來說，這整個現象更精確的重點是「這是關乎『被製造』窮的感覺」，來看此領域的第二份研究，這一點就更清楚了。此研究受到英格蘭的諾丁漢大學的理查‧偉金森（Richard Wilkinson）支持，他採取了由上而下的方式，看看社會等級的「你過得如何？」階梯。

　　讓我們想一想「你過得如何？」的答案在階梯上如何分布。假設有一家十名

員工的公司，每個人的時薪是五‧五美元，公司付出的薪水總共是每小時五十五美元，員工平均收入是每小時五‧五美元。在這樣的分布中，最有錢的員工賺每小時五‧五美元，等於總收入的十％（$5.50/$55）。

同時，另一家公司也有十名員工，其中一位每小時賺一美元，另一位每小時賺二美元，再另一位每小時賺三美元，以此類推。這家公司付出的薪水總共是每小時五十五美元，員工平均收入是每小時五‧五美元，但最有錢的員工每小時賺十美元，分走總收入的十八％（$10/$55）。

現在，在第三間公司，九名員工每小時各賺一美元，第十個員工每小時賺四十六美元。這家公司付出的薪水總共是每小時五十五美元，員工平均收入是每小時五‧五美元，而這裡最有錢的員工每小時賺總收入的八十四％（$46/$55）。

這些是收入越來越不平等的公司。偉金森和其他人發現的是，不只是貧困，而且在絕對收入之外，豐足中的貧困也能預測不良健康，也就是社會中的經濟不平等越嚴重，健康與死亡率越糟。

研究一再地發現這種現象，而且具有多種層次。例如，在許多歐洲國家，收入不平等能預測較高的嬰兒死亡率；在美國，無論以州或城市來看，收入不平等可以預測各年齡層（除了老年人）的死亡率。在常常充斥著善變資料的科學世界，這個結果極為可靠：收入不平等在美國的每一州都是很好的工作男性死亡率預測指標。當你比較最平等主義的州（新罕布夏州）和最不平等的州（路易斯安那州），後者的死亡率高出六十％。[10] 最後，即使加拿大是「比較窮」的國家，它的平等主義和健康程度遠高於美國。

在這些了不起的發現中，收入不平等和不良健康的關係似乎並非普世皆然。注意加拿大的曲線有多麼平，還有，你在西歐的成人中也找不到這個現象，尤其像是丹麥那種社會福利制度很建全的國家。換句話說，當你比較哥本哈根個別的行政區時，可能不會發現收入不平等與不良健康有關，因為這種地方整體的模式是這麼地平等主義。可是，健康與收入不平等的關係在英國就相當強烈，而美國更是佼佼者，社經地位階梯最上面一％的人控制了將近四十％的財富，所以是巨大的影響（即使控制了種族變項也是這樣）。

這些對國家、州和城市的研究，提出了一個議題，就是一個人思考自己在「過

得如何」階梯上的哪裡時，是拿自己跟誰比較。阿德肋問了兩次問題，試圖解決這一點，第一次，請你根據「社會整體」決定自己在階梯的哪裡；第二次，根據「你直接接觸的社群」。由上而下的偉金森類型則透過比較國家、州和城市層級之數據的預測能力，來回答這個議題。兩者都尚未提供清楚的答案，但似乎都認為，直接接觸的社群是最重要的，就像提普·奧尼爾（Tip O'Neil）那圓滑的政客以前說的：「所有的政治都是本地的。」

在傳統的情境中，每個人只知道自己村落中的直接接觸社群，「看看他有幾隻雞，我這麼失敗。」但如今打造了地球村的都市化、機動性和媒體，讓史無前例的事情現在能夠出現，我們可以被根本不認識的人製造窮的感覺，或是因此覺得自己很糟。你在城市人群中看到某人的衣服、高速公路上開著新車但你看不見的駕駛人、出現在晚間新聞的比爾·蓋茲，甚至是電影裡的虛構角色，都能使你覺得自己很貧窮。我們的社經地位很可能會在本地的社群中提升，但現代世界使得延伸到全球的本地社群都可能羞辱我們。

若要了解社經地位和健康的梯度，「收入不平等」似乎真的很重要，但也許沒那麼重要。也許不平等這回事只是障眼法，可能事實上嚴重不平等的地方往往也是貧窮的地方（換句話說，回到「真的貧困」而非「在豐足之中貧困」的關鍵）。但是，在控制絕對收入後，不平等的數據依然存在。

還有第二個潛在的問題（警告，如果你有數學恐懼症，就跳過這一段。劇情概要是，收入不平等假設受到了數學壞蛋的威脅，但被高潮迭起的結尾所拯救）。在社經地位階梯往上爬，與較好的健康（無論計量方式是什麼）有關，但是，就像已經說過的，每一階的間距越來越小。用一個數學的方式來說，就是社經地位與健康的關係形成一條漸進線，從非常貧窮到中低階級的健康狀況呈現陡升線條，然後隨著進入高社經地位的範圍，上升情況就比較平緩。

所以，如果你檢視富裕的國家，就是在檢視社經地位平均值在曲線平坦區的那些國家，然後，比較兩個同等富裕（也就是說，在曲線平坦區有相同的平均社經地位），但收入不平等狀況不同的國家。就定義上來說，不平等越嚴重的國家會有越多的曲線陡降數據，所以一定有較差的平均健康，在這種情況中，收入不平等的現象並不能真的反應整體社會的某些特徵，而只是作為數學上的必然性而從各個數據

點出現。然而，一些相當花俏的數學模組研究發現，這個加工品無法解釋美國所有的健康與收入不平等關係。

可是，可能有第三個問題。假設在某個社會中窮人的不良健康，比富人的良好健康，對於社經地位因子更敏感。現在假設你把富人的一些財富移轉給窮人，使這個社會中的收入分布得更平等，[11] 這麼做的話，你也許會使富人的健康更差一點，而窮人的健康好很多。幾個富人的健康差一點點，加上很多窮人好很多，整體來說，你得到了更健康的社會。在壓力和心理因素的脈絡中，那不會非常令人感興趣，但是偉金森提出很了不起的觀點：在收入較平等的社會中的窮人和富人，都比相同的平均收入但較不平等的相似社會更健康。這裡面有更深層的東西。

收入不平等和覺得窮，與不良健康有什麼關係？

「收入不平等」和「覺得窮」可以透過幾個途徑造成不良的健康。一個是由哈佛大學的河內一郎（Ichiro Kawachi）打先鋒，他聚焦在收入不平等如何使每個人的心理狀況更糟糕、生活更有壓力。他大量取用了社會學的一個概念，稱為「社會資本」。「金融資本」是指你遇到困難時所能取用的金融資源的深度與廣度，社會資本指的是社會領域的相同概念，就定義而言，社會資本發生在社群層次，而非個人或個人的社交網絡層次。

是什麼構成了社會資本呢？就是這個社群有許多自願服務和組織可以讓人們加入，讓他們覺得有超乎個人之外的意義。這是人們不鎖門的社群；在此社群裡的人會阻止小孩破壞車子，即使他們不知道那輛車子是誰的；這是小孩不試圖破壞車子的社群。河內發現的是，一個社會中的收入不平等越嚴重，社會資本就越低，而社會資本越低，健康就越差。

顯然，「社會資本」可以用很多方式測量，也仍在發展可靠的測量方式，但是大體上，它結合了信任、回饋、缺乏敵意、大量參與公眾利益組織（從追求樂趣的保齡球隊，到更嚴肅的事，像是租屋者組織或工會），並且那些組織有所成就。大部分的研究用兩種測量方式來得到結果：人們怎麼回答諸如「你認為，如果大部分的人有機會的話，他們會試圖占你便宜，還是會很公道？」這樣的問題，以及人們

隸屬於多少個組織,這樣的測量方式會告訴你,在州、省、城市、社區的層級,低社會資本往往代表不健康、不佳的自述健康和高死亡率。[12]

這樣的發現對偉金森來說完全有道理。他在著作中強調,信任需要回饋,而回饋需要平等;相對的,階級是關於優勢支配,不是對稱和平等。就定義來說,一個社會不可能有嚴重的收入不平等,又有很多社會資本。已故的亞倫·安東諾夫斯基(Aaron Antonovsky)他是最早研究社經地位與健康梯度的人之一,也會認為這些發現有道理。他強調,身為社會的隱形成員一事,對於健康和心理有多大的傷害。要體認到窮人得不到回應的程度,只需要想一想大部分的人經過街友時,學會了怎麼對他們視若無睹的各種方式。

所以,收入不平等、最少的信任、缺乏社會凝聚力,都是一起存在的。是哪個造成了哪個,又是哪一個最能預測不良健康?你需要一些花俏的統計學技術:路徑分析。我們已經知道一個來自前幾章的例子:慢性壓力會造成更多的心臟疾病。壓力可以透過直接提高血壓來達成,但壓力也會使很多人吃得較不健康。從壓力到心臟疾病的途徑,有多少是直接來自於血壓,又有多少是來自於飲食改變的間接途徑呢?這就是路徑分析能告訴你的事。河內的研究顯示,從收入不平等(在控制了絕對收入的變項後)到不良健康最強烈的途徑,是透過社會資本的那些測量項目。

大量的社會資本如何在整個社群變成更好的健康?較少的社會孤立;健康資訊擴散得更迅速;對公開的不健康行為有潛在的社會約束;較少的心理壓力;要求更好的公共服務的較佳組織性團體(還有,測量社會資本的另一個好方法,是社群中有多少人願意投票)。

所以這聽起來像是:生活的疾病(包括一些壓力相關疾病)的解決辦法,是要進入有很多社會資本的社群。然而,我們在下一章會談到,這不總是很棒的事。有時候,社群得到鉅額社會資本的方式,是使所有成員具有相同的想法、信仰和行為,並且不與任何不同的人來往。

河內和其他人所做的研究,發現了另一個形成更多生理和心理壓力的收入不平等的特徵:一個社會的經濟不平等越嚴重,犯罪就越多,像是施暴、搶劫,特別是殺人,以及更多人有槍枝。很重要的是,比起貧窮等因素,「收入不平等」一致能良好地預測犯罪,這在州、省、城市、社區,甚至是個別的城市街區的層級都發現

了。就像我們在第十三章的攻擊性錯置的盛行率看到的，在豐足之中的貧困可以預測更多的犯罪，但他們不是對付富人，缺乏的人對付缺乏的人。

同時，羅伯特・伊凡斯（英屬哥倫比亞大學）、約翰・林區（John Lynch），以及喬治・凱普蘭（後兩位皆屬於密西根大學）提供了另一個連結收入不平等和不良健康的途徑，再次也是透過壓力。一旦你搞懂了，這個途徑會讓你沮喪地想要擋下路人並高唱《悲慘世界》的革命歌曲。詳情如下：

如果你想改善健康和生活品質，並且減輕壓力，身為社會中的一般人，你會把錢花在公共財上，包括更好的公共運輸、更安全的街巷、更乾淨的水、更好的公立學校、全民醫療。社會中的收入不平等越嚴重，有錢人和一般人的經濟差距就越大，而有錢人和一般人的差距越大，有錢人越感受不到花費在公共財的好處，他們反而會把相同的錢（稅金）花在私有財上，以得到更多的好處，像是更好的司機、有柵門的社區、瓶裝水、私立學校、私人醫療保險。

羅伯特・伊凡斯寫道：「社會中的收入越不平等，公共開銷對於過得好的人的壞處就越明顯，而他們會有更多（可得）的資源來登上有用的政治地位。」他注意到這種「富人的脫離」如何推向「私人富裕和公共窮髒」。

公共窮髒越多，意味著使每個人健康惡化的日常壓力源和身體調適負荷就越多。對有錢人來說，這是因為築牆把自己圍起來與社會隔離的花費；對富人以外的社會來說，這是因為他們必須住在其中。

這是不平等的社會造成更有壓力的現實的一個途徑，但此途徑肯定也會製造更多的心理壓力，因為要是社會中的歪斜使得越來越有錢的人傾向於避免那些可以改善公眾生活品質的公共開銷，這可能對於信任、敵意、犯罪等等有壞影響。

所以，收入不平等、社會凝聚力和社會資本、階級緊張和大量犯罪，都會組成不健康群集，讓我們看看這些東西結合起來的一個可怕例子。在一九八〇年代晚期，東方集團的國家的人民壽命比每個西歐國家都短。伊凡斯分析，那些國家有相當平等的收入分配，但遷徙、言論、信仰等自由的分配高度不平等。蘇聯解體後，俄羅斯怎麼了呢？收入不平等和犯罪巨幅增加，絕對財富減少，在工業化社會中史無前例地整體壽命變短。

再一個例子。美國，這個有極大的財富、極大的收入不平等、高犯罪率、地

球上最重度武裝的國家，還有非常低的社會資本，流動和匿名簡直是美國人的憲法權利。展現你的獨立，為了工作機會而從國家的一端搬到另一端（他住在父母家對面？這不是有點沒長大嗎？），新口音、新文化、新名字、隱藏電話號碼、重設生活，這些都與發展社會資本完全相反。這有助於解釋健康－收入不平等關係的某件細微的事。比較美國和加拿大，前者有較多的收入不平等和更差的健康，但如果把分析限制於一個非典型的美國系統的次分類，並選擇跟加拿大一樣不平等程度較低的地區，那些美國城市依然有更糟的健康和陡升的社經地位／健康梯度。一些細節的分析發現了原因：美國不僅在收入上是非常不平等的社會，就算收入不平等的程度相同，美國的社會資本卻更減少。

美國人的信條是，人們願意忍受社會資本非常低的社會，只要能有巨大的收入不平等，希望自己很快就能坐在陡峭的金字塔頂端。過去的四分之一個世紀，貧窮和收入不平等狀況穩定地升高，而且信任、社群參與和投票參與等，每個關於社會資本的項目都下降。[13] 美國人的健康呢？美國國家的財富和公民的健康之間的差距史無前例地大，而且還越來越糟。

想一想它的意義，這是很令人沮喪的。大約在全民健保首度成為頭版標題時，南西‧阿德勒曾在文章裡提到，認為這種全民納入健保，「對於與社經地位相關的健康不平等有很小的影響」，但她的結論完全不是反動派的，而是說，如果你想改變社經地位梯度，比起草草弄好保險讓每個人都能常常造訪諾曼‧洛克威爾（Norman Rockwell）作品中的友善小城醫師，你需要格局更大的東西。貧窮，以及窮人的不良健康，不只是沒有足夠的錢的事情，[14] 那是關於容許把那麼多成員拋在後面的社會所製造的壓力源。

這與一個更令人沮喪的想法有關。我一開始先探討社會位階和非人類的靈長類的健康有什麼關係，低位階的猴子是否有不成比例的疾病、更多壓力相關疾病呢？答案是，「嗯，其實沒那麼簡單。」這取決於該動物生活的社會類型、牠在該社會的自身經驗、牠的應對技巧、性格、社會支持的可取得性等。改變這些變項中的某幾項，位階與健康的梯度就可能轉往完全相反的方向，這就是靈長類學家陶醉其中的那種發現的：看看我的動物們有多麼複雜和精細。

本章的後半部聚焦於人類，可憐的人類是否有不成比例的疾病呢？答案是：

「有，有，一次又一次。」無論性別或年齡或種族，有全民醫療或沒有的社會，族裔單一和充滿族裔關係緊繃的社會，文盲遍布和幾乎沒有文盲的社會，嬰兒死亡率暴跌的社會和某些富裕、工業化而嬰兒死亡率不可饒恕地攀升的社會；還有核心神話是「過得好就是最好的報復」的資本主義信條的社會，以及「各盡所能、各取所需」的社會主義之歌的那種社會。

我們和這些動物表親的差異凸顯了什麼呢？靈長類的關係很微妙，並且充滿著條件；人際關係則是消除一切社會差異的大槌。人類是否真的比非人類的靈長類更不複雜世故呢？就連最挺自己的動物的靈長類學家也無法對這個結論投下一票。我認為那其中有別的意義。農業是相當近期的人類發明，在很多方面來說，它是史上最蠢的招數之一。狩獵採集者有數千種野外食物來源可以維生，而農業改變了那一切，造成對幾十種人工養殖的食物來源的嚴重依賴，使你更容易受到下一個饑荒、下一個蝗蟲害、下一個馬鈴薯枯害的影響。農業使我們能儲存過多的資源，所以無可避免地導致了不平等的資源儲存，出現了社會分層和階級，所以它讓貧窮的發明得以出現。我想，靈長類與人類的區別是，人類發明貧窮的時候，他們找出了靈長類的世界不曾見過的、制服低階層者的辦法。

注釋

1　我和我的狒狒花了大約十二個夏天，搞清楚低位階動物不佳的葡萄糖皮質素系統的神經內分泌機制。「神經內分泌機制」的意思是，把大腦、腦下垂體和腎上腺連結起來，以調節葡萄糖皮質素釋放的步驟。關鍵是，哪一個步驟是出問題之處。結果是，低位階和高位階的狒狒有好幾個地方運作得不一樣。很有意思的是，造成低位階狒狒那種模式的機制，和那個使得許多有憂鬱症的人類有較高的葡萄糖皮質素的機制，簡直一模一樣。

2　你認為在一九一七年當俄國沙皇會是很放鬆的事嗎？

3　要記得，一個團體整體的糟糕時期，不必然等於每一個個體的糟糕時期。你可以想一想那些在戰時於黑市賣盤尼西林發大財的人，或囤積重要食糧的人。

4　一個例子，在所有歐洲國家中，社經地位與「誰會中風」有六十八％的關係。然而，並不是所有疾病都更可能發生在窮人身上，而且有些疾病甚至更常發生在有錢人身上。黑色素細胞瘤就是一例，表示躺在沙灘上曬太陽的疾病風險，可能與彎腰做體力活把脖子曬紅不一樣（在烈日下工作的窮人，大多數有一定數量的黑色素在皮膚裡）。其他還有多發性硬化症、自體免疫疾病，以及曾盛行的小兒麻痺症。此外，還有「住院病」（Hospitalism），這是一九三〇年代的小兒科疾病，嬰兒會在醫院裡喪失生命。現在我們知道，那主要是因為缺乏接觸和社交性，待在比較窮的

醫院的小孩比較不會遇到這個情況，因為那些醫院負擔不起高科技的保溫箱，所以工作人員必須真的抱著他們。

5　這領域的一些作者（甚至在狄卡皮歐〔Dicaprio〕之前）已經注意到，誰會在鐵達尼事件中存活，有密切的社經地位梯度。

6　這表示，如果你生下來就貧窮，並不是徹底完蛋；社會移動有些幫助。

7　這份研究中一個低調但驚人的複雜性是，教育會使健康不平等更惡化。隨著醫學研究產生醫療的新進步和預防性醫學，第一個知道、理解和使用的，是高教育的人，所以受惠狀況不同，更放大了健康梯度。

8　這一點可能看起來像是旁白，但是它與這本書提到的任何重點一樣重要。一旦你到了世界最窮的二十五%的國家，國家的財富和國民自稱快樂的百分比就沒有關係了。（清單上的國家中，即使是比較窮的國家，它們的國民至少或甚至比美國人快樂的，有幾個？十個，它們大多都有社會福利制度。不快樂呢？最不快樂的那十二個都是前蘇聯國家，或是東歐國家。）

9　一九六〇年時，美國的壽命排名是第十三名。到了一九九七年是第二十五名。相對的例子是，希臘人的收入大約是美國人的一半，卻比美國人長壽。

10　最平等主義的州通常在新英格蘭那些草原州，像是達科達、愛荷華和猶他；最不平等的是深南部的州，加上內華達。

11　一個社會的財富必須要被移轉多少比例，來達到完全平等的收入，被稱為羅賓漢指數（Robin Hood Index）。

12　即便是在大學校園的層級，根據這些測量標準，校園中有越多的社會資本，暴飲爛醉的學生就越少。

13　哈佛的政治科學家羅伯特・普特南（Robert Putnam）為這個擴散中的美國混亂，創造了有名的比喻：「獨自打保齡球。」在最近幾十年，打保齡球的美國人增加了，但參與保齡球隊這種經典的美國社交現象的人，變少了。

14　伊凡斯以這樣的說法表達這個重點：「大部分的研究生都有『錢非常少』的經驗，但沒有貧窮的經驗。這兩者是非常不同的事情。」

第 18 章

如何管理壓力

如果你到了現在還沒有因為前面幾章的壞消息而沮喪，你可能只是隨便翻翻而已吧。壓力可以搞翻你的新陳代謝、提高血壓、破壞白血球細胞、使你脹氣、毀掉你的性生活，如果這樣還不夠，它還可能會損害你的大腦，[1] 我們現在何不丟毛巾投降算了？

還有希望！雖然這希望可能會用安靜低調的方式偷偷溜進來。我常常在老年學研討會上驚覺這件事，我坐在那裡，聽著多到不知幾次的相同論調的演講，腎臟專家說那器官隨著年齡如何衰變，免疫學專家說免疫如何變差等等，但總有一個條狀圖是年輕研究對象的「什麼」在百分之百，另一條顯示老年人只有年輕人的七十五％的腎臟相關「什麼」，六十三％的肌肉相關「什麼」等等。

不過，那些條狀圖有個重要的特徵。這些研究通常涉及了群體的研究，而不是一次一個個體，那些個體從來沒有完全相同的「什麼」，條狀圖中的條柱代表的是平均年齡（見下頁的圖表）。假設一組受試者得到十九、二十和二十一分，平均是二十分；另一組得到十、二十、三十分。他們的平均也是二十分，但那些分數的差異較大。根據科學的慣例，這些條柱也包含了每個年齡群組的差異性如何：超過條柱的「⊤」的大小，表示該組有百分之多少的受試者，他們的分數在平均分數的 X 範圍內。

一個完全可靠的東西是，差異性隨著年齡而變化的程度，老年人的條件總是比年輕受試者更多變。身為研究者，你說好麻煩，因為那些變化使你的統計沒那麼乾淨好看，而且你必須在老年群體中加入更多受試者來得到可靠的平均值。但是，認真想一下這件事，看看年輕與年老的受試者的條柱大小，看看⊤形變異數符號，快

亨利・馬諦斯（Henri Matisse），〈舞〉，畫布油彩，一九一〇年。

速計算一下，你突然得到驚奇的體悟：要在五十位受試者群體中得到有那麼大的變異的條柱，得有六位受試者的「什麼」隨著年齡改善，他們的腎過濾率變得更好，他們的血壓降低，他們的記憶測驗結果更好。在那場研討會中，你突然不會只是無聊地坐著、等著休息時去拿點不健康的肉桂卷了，你坐不住了。那六個人是誰？他們做對了什麼？我該怎麼做才能把所有科學分類拋開呢？

這個模式在過去對老年學家來說是

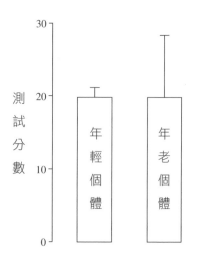

原理圖展現年輕個體組與年老個體組可能有相同的測驗平均分數，然而老年組的分數變異通常比較大。

個統計學上的麻煩，但現在卻是最時髦的主題：「成功的老化」。不是每個人變老的過程都會悲慘地分崩離析，不是每個器官系統都會爛掉，不是一切都是壞消息。

在生活考驗著我們的其他領域中，同樣的模式也會發生。十個男人在當了好幾年的政治人質後被釋放，九個人離開後不好過，與親友疏遠，有惡夢，很難重新適應日常生活；九個人中，有些人再也無法有良好的功能。然而，總是有一個人在離開後說：「對啊，被打很糟糕，他們用槍頂著我的頭而且還扣上板機，那是我人生最糟的時候，我當然不會想要再來一次，但直到被囚禁，我才理解到什麼是真正的重要，我決定把剩下的人生都投入給 X。我很感恩。」他是怎麼做到的？極少數的大屠殺倖存者出來後，跟當初進去時有幾乎相同的健康心智，這要怎麼解釋？

想一想對於人們執行有壓力的危險任務的生理學研究，如跳傘、學習在波濤洶湧的海洋中降落在航空母艦上、執行水下破壞，那些研究發現了一樣的模式：大部分的人有極大的壓力反應，而有一類人在生理上完全平靜。然後是令人抓狂、挑戰極限、無法預測的超市排隊世界，你選到了前進很慢的隊伍，你後面那個看起來正開心地站在那裡做白日夢的人，使你悶燒中的惱怒變得更嚴重。

即使壓力有數不盡的方式可以帶來破壞，我們並不會全都崩潰成壓力相關疾病和精神失調的爛泥。當然，我們並沒有遇到一模一樣的外在壓力源；但即使是相同的壓力源，甚至是相同的重大壓力源，我們身體和心理應對的方式極為不同。最後一章提出帶來希望的問題：能夠應對的那一類人是誰？他們是怎麼做到的？我們可以怎麼做？第十五章提出，某些性格和氣質不擅於應對壓力，而我們很容易想像相反的狀況，就是有些是擅長應對的。沒錯，但這一章說，擁有「對的」性格並不能解釋所有的成功應對，所以算是對其他人來說也有希望。

我們先從探討超會應對壓力的個體的狀況開始。

來自壕溝的故事：一些超會應對壓力的人

成功的老化

成功的老化可能是最好開始談的地方，第十二章對這個主題談了很多。在那

一章的許多好消息中，有一組特別淒涼的發現絕對是與葡萄糖皮質素有關。回想一下，老年的老鼠釋放過多的這種荷爾蒙，牠們在無壓力的基礎情況中有較高的量，並且在壓力結束時無法關閉釋放。我談到了證據顯示這可能來自於海馬迴的損害，也就是（在扮演學習和記憶的角色之外）大腦幫助抑制葡萄糖皮質素分泌的那部分。然後，我們發現了葡萄糖皮質素會加快海馬迴神經元的死亡，此外，葡萄糖皮質素可能會傷害海馬迴，使得葡萄糖皮質素更加過度分泌，然後導致更多的海馬迴損害、更多的葡萄糖皮質素，如此惡性循環下去。

大約二十年前，我提出了「前饋串接」模型，描述了老鼠老化的一種基本且無可避免的重要特徵（至少從我這個每週在研究所花八十個小時研究它的鄉下人觀點來說），我滿自豪的，然後一位老朋友，麥基爾大學的麥可·米尼做了一個使我的自我膨脹洩氣的實驗。

米尼和同事研究了老年老鼠的串接，但他們先做了很聰明的事，就是在研究開始前先測試老鼠的記憶力。一如平常，老年老鼠比起年輕的控制組，平均說來有記憶問題，但一如平常，有一小組沒有問題，完全沒有任何記憶損傷。米尼和團隊把老年老鼠分成有記憶損傷和無記憶損傷的兩群，在後者身上完全沒有找到退化性的前饋串接的證據，牠們在基礎時和壓力後有正常的葡萄糖皮質素，海馬迴沒有失去神經元或葡萄糖皮質素的受器。結果，那些糟糕的退化性特徵並不是老化過程中無可避免的部分，那些老鼠所要做的是成功地老化。

那一小群老鼠做對了什麼呢？很奇怪地，這可能和牠們的童年有關。如果一隻老鼠在生命的頭三週被觸摸，牠成年後會分泌較少的葡萄糖皮質素，這產生了一個推論：如果新生兒觸摸會降低成年時分泌的葡萄糖皮質素量，而成年時的這種分泌影響了老年時海馬迴退化的速度，那麼在老鼠生命的頭三週的觸摸，應該會改變牠幾年後老化的方式。

米尼的實驗室和我合作測試這一點，發現結果就是這樣。我們所做的最誇張的事，只是在老鼠生命的頭三週，每天捧著牠十五分鐘，再把牠放回籠子，然後是沒有被捧的控制組，兩年後再來看……被捧過的老鼠沒有那整個前饋串接的海馬迴損傷、記憶損失和較高的葡萄糖皮質素。

真實世界的真老鼠沒有被研究生捧著，但在真實的世界中，是否會有和實驗室

的「親生兒觸碰」相同的東西呢？米尼繼續發現，在老鼠出生後的頭三週，如果老鼠媽媽花更多時間舔舐小老鼠和幫牠理毛的話，也會引發相同的觸碰現象。這糟糕的老年時壓力相關退化串接，可以因為之前細膩的母育之年而脫軌，似乎特別令人欣喜。無疑地，還有其他的基因與經驗因子會影響老鼠走向成功或不成功的老化，這是米尼依然在探究的主題。然而，對於我們現在的目的來說，最重要的是，這種退化並非不可避免的。

　　如果近親交配的實驗室老鼠的命運這麼多變，人類的遭遇可能更加多元。哪些人類會成功地老化？看看十二章的內容，單純的老化比大多數人以為的更成功，自評的滿足程度並沒有隨著年齡減少，雖然社交網絡的大小會變小，但品質不會變差。在美國，普通的八十五歲民眾花在機構內的時間很少（女性一年半；男性半年），在那年齡層的普通人，每天服用三到八種藥，卻通常認為自己很健康。還有

喬瑟夫‧葛林斯坦（Joseph Greenstein），老年的「偉大的原子」。我年輕時的偶像，葛林斯坦在八十多歲時仍在麥迪森花園廣場表演他的力量之拳。他歸功於乾淨素食的生活。

另一件非常好的事情：儘管在數學上來說是不可能的，但一般老人認為自己比其他一般老人更健康也過得更好。

在這些好消息當中，老化得特別成功的那些人是誰呢？我們在上一章看到，一個因素是要確定你挑到不窮的父母，但也有其他的因素，精神科醫師喬治・威朗特（George Vaillant）從有名的哈佛老化研究開始，已經研究這件事好幾年了。在一九四一年，一位哈佛院長選出兩百名大學生（當時自然全都是男性），他們接下來的人生都會受到研究。首先，在六十五歲時，這些男性的死亡率是其他哈佛同儕的一半，這已經是成功老化的一群了。院長挑出的學生是誰呢？他認為「身心健全」的學生。嗯，你可能會想，我是個五十歲的女人，試著搞懂怎麼成功地老化，結果處方是要我表現成一九四〇年代叼菸斗、穿花呢夾克的波士頓文人雅士會認為我是個身心健全的二十歲小夥子的樣子？

幸好，喬治・威朗特的研究給我們的不只是那樣。在這個群體中，哪個次群體的老年健康、滿足和長壽程度最好呢？他們是在五十歲以前明顯有一系列特質的次群體：不吸菸、酒喝得最少、大量運動、正常體重、沒有憂鬱症、溫暖穩定的婚姻和成熟有彈性的應對風格（這似乎圍繞在外向性、社會連結和低神經質）。當然，這不能告訴你，某人怎麼能夠有成熟又有彈性的應對風格的能力，或是擁有穩定婚姻的社交手段；它也沒有控制相關變項，例如，男人可能因為必須處理大量的悲慘壓力源而過度飲酒。即使有這些干擾因子，其他的研究已經出現這樣的發現，而且受研究的群體比哈佛畢業生更具代表性。

另一份文獻顯示，老年時受到尊敬且被需要，在老人病學中有巨大好處，這已經在許多情境中被發現，但透過在我們社會中等同於村落長者的狀況，最能理解：高等法院法官和指揮家誇張地成功老化。這顯然符合我們在第十三章所學到的一切：你八十五歲，而且可以影響國家接下來一個世紀的法律，或是把日子花在揮動指揮棒的有氧運動，並決定一整團交響樂團的成年團員是要在另一輪的華格納的〈尼伯龍根的指環〉前或後去上廁所。[2]

成功老化的研究是一個新領域，而一些巨大的縱貫性研究正在進行中，它們將會產生寶貴的資料，不只是發現哪些特質可預測成功的老化，還有那些特質是怎麼來的。同時，這一章的重點是要知道有很多人成功地度過了生活中最緊張的階段。

應對災難性的疾病

在一九六〇年代早期，科學家剛開始研究心理壓力是否會和生理壓力一樣引發相同的荷爾蒙改變，一群精神科醫師進行了一個研究，後來成為經典。它研究了孩子死於癌症的父母，以及這些父母分泌的高葡萄糖皮質素，而這方面有很大的變異，有些父母分泌極大量的葡萄糖皮質素，其他人則在正常範圍內。在深度的精神訪談中，研究者探究哪些父母能夠好好撐過這個可怕的壓力源，並且找出一些與低葡萄糖皮質素有關的應對風格。

一個重要的變項是父母把重大擔憂轉移到比較沒威脅性事情的能力。一位父親已經在病孩身旁守夜好幾週了，他顯然需要離開幾天，拉開一點距離，畢竟他已經接近崩潰了。他做好了離開的計畫，但就在要離開前，他感到非常焦慮。為什麼？一個極端是這樣說的：「我看過這階段的醫療危機可以發展得多迅速。如果我不在時，我女兒突然病重過世了呢？如果她過世的時候我不在呢？」另一個極端是能夠把焦慮重新包裝成比較能管理的：「嗯，我只是擔心我不在時她會孤單，護理師不會有時間讀她最愛的故事。」後者的風格和較低的葡萄糖皮質素有關。

第二個變項和否認有關。當孩子進入常見的緩解期，父母會看著孩子並問醫師：「都結束了，沒什麼好擔心的，我們甚至不想聽到『緩解』這種詞，他會沒事的，對嗎？」還是父母會焦慮地盯著孩子，懷疑每一聲咳嗽、每一次疼痛、每一次疲倦都是疾病回來的徵兆呢？在緩解期，否認復發和死亡的可能性，聚焦在似乎健康的時刻的家長，有較低的葡萄糖皮質素（但我們很快就會看到，此研究在這方面有非常不一樣的註記）。

最後一個變項是，家長是否有宗教性的合理化結構來解釋這個疾病。一個極端是父母明顯為了孩子的癌症而深深悲痛，但有很深的宗教信仰，並把癌症視為神對其家庭的測試，她甚至報告了像是自尊變高的東西：「神不會隨便選任何人來做這件事；祂選擇我們，因為祂知道我們很特別也能承受。」另一個極端是，父母會說：「別告訴我上帝的行事深奧莫測。事實上，我不想聽到有關上帝的事。」研究者發現，如果你能看著自己的孩子有癌症，並決定上帝選擇你來做這件特別的事，你可能會有比較少的壓力反應（宗教信仰和健康的更大議題稍後會談到）。

不是每個人都容易習得無助

在第十四章，我介紹了「習得的無助」的模組，以及它與憂鬱症的關係。我強調了那個模組似乎很通用：許多不同物種的動物，在面對負面且無法控制的事情時，都會以某種版本放棄生活。

然而，當你看看關於「習得的無助」的研究報告，有一般的條狀圖和 T 形變異，表示有非常不同的反應。例如，接受習得的無助範例的實驗狗中，大約有三分之一會變得抵抗這個現象，這就像是十個被放出來的人質當中，有一個變得比被抓去時的心智更健康。有些人和有些動物更能抵抗習得的無助，這些幸運兒是誰？

為什麼有些狗比較能抵抗習得的無助？一個重要的線索是：在實驗室出生長大的狗，只是基於研究目的而被繁殖，比起從收容所來到實驗室的狗，更容易敗給習得的無助。馬丁‧塞利格曼提出了這個解釋：如果這隻狗已經經歷過真實世界，體驗過人生和防衛自己（去了收容所的狗很可能有過），牠已經學到生活中有多少可控制的事情。當無法控制的壓力源發生時，這隻狗更可能認為「這很糟糕，但不是全世界」，牠抗拒把壓力源擴大到習得的無助。同理，有更多內控觀的人類（認為自己是命運的主宰），更能抵抗習得的無助的實驗模組。

從狒狒身上學到更多壓力管理

第十五章和第十七章介紹了社會性的靈長類，以及一些形塑牠們社會成功的重要變項：強勢位階、位階發生的社會、對兩者的個人經驗，以及最重要的是性格扮演的角色。在牠們權謀的世界裡，對於雄性來說，社會成功和健康不只是有很多肌肉或又大又尖的犬齒，其他如社交技巧和政治手段、建立同盟的能力，以及被挑釁時走開的能力，也同樣重要。在有效地應付心理壓力的脈絡中，與低葡萄糖皮質素相關的性格特質，包含了分辨對手具有威脅性或中性互動的能力、在社交衝突中執行某種控制的能力、分辨好消息和壞消息的能力、轉移挫折的能力。在一切之上，還有建立社交連結的能力，像是理毛、被理毛、與嬰孩玩耍。那麼，隨著這些動物老化，這些變項會怎麼樣呢？

　　狒狒是長壽的動物，會在大草原待上十五到二十五年，這表示你沒辦法輕易地從牠青春期剛開始的扭捏，一直追蹤到老年。我一直到做這個案子二十五年了，才剛開始對其中一些動物的生命史和牠們的個別差異發展有點概念。

　　第一個發現是，有「低葡萄糖皮質素」性格的雄性，比起有高葡萄糖皮質素性格的雄性，維持在高位階層的時間顯著較久，大約三倍久。還要加上其他事情，這可能表示低葡萄糖皮質素的傢伙比另一群繁衍了更多後代。從演化（傳承基因等）的角度來看，這是很大的差異。這意味著如果你離開好幾千萬年，讓這個差異選擇發展下去，然後回去完成你的博士論文，大部分的狒狒會是那些低葡萄糖皮質素傢伙的後代，而且狒狒的社交世界將涉及大量的衝動控制和延遲滿足，說不定還有如廁訓練。

　　現在還活著的狒狒個別的老年呢？我所發現最誇張的差別，在於社會隸屬的變項。普通的公狒狒，一旦有了大肚腩、磨耗的犬齒，並且在位階結構上掉到地窖去，就會有滿遜的老年。看看公狒狒之間的位階互動的標準模式，通常位階三號與二號和四號有最多互動，而十五號與十四號和十六號最多（除了三號心情不好且需要把攻擊性分散到下面位階的時候），大多的互動會發生在位階相連的動物之間。然而，在這個模式中，你會注意到大約有六隻最高位階的動物，花很多時間用羞辱性的強勢展現來對待十七號，把牠從正在吃的東西旁拉開、要牠從已經安頓好的舒服陰影處起身離開，整體來說就是要找牠麻煩。這是怎麼回事呢？原來，當現在的這隻強勢動物還是害怕的青少年時，十七號曾經是非常高位階的。牠們記得這件事，而且不敢相信自己隨時想要就能使這個衰老的前大王卑躬屈膝。

　　隨著普通的公狒狒老化，常因為現在這代的流氓而感到悲痛，會導致牠以一種特別痛苦的方式度過這段歲月，牠被對待的那麼糟糕，到了得收拾離開，到其他陣營去的地步。移動到全新的地域，自己動手捕食，這是一個很有壓力的危險旅途，就算是黃金年華的動物也有極高的死亡率。搬到新的群體，是靈長類老年真實的極端版本；牠的老年是花時間與陌生人在一起的時光。很明顯的，對於在這個狀況中的狒狒，在陌生人當中成為低位階、年老和被忽略的一員，比起低位階、年老，卻被有報復心的世代記得更好。

　　至於在全盛時期有低葡萄糖皮質素性格、花很多時間和雌性交往、理毛、坐著

互動、跟小孩玩的雄性呢？牠們繼續做一樣的事。牠們也會被現在的統治者騷擾，但似乎比不上這些狒狒的社會連結那麼重要，牠們不轉換陣營，並且在接下來的生活中持續相同的理毛與社交模式，對於任何靈長類來說，那似乎是成功老化相當好的定義。

應付心理壓力的應用原則：一些成功的故事

承擔孩子罹患致命疾病的重擔的父母、有朋友網絡的低位階狒狒、抵抗習得的無助的狗，這是面對不理想的情況時，個體擅長應對的驚人例子。這很棒，但如果你剛好不是那種人呢？對希望成功老化的老鼠而言，前面提到的有用忠告是要選對嬰兒期；如果是人類希望應對壓力並成功老化，你肯定該挑對父母的基因，還有挑對父母的社經地位。成功應對壓力的其他例子，可能對其他人來說並不令人鼓舞。如果我們剛好不是看到光明面的那種狒狒、在別人絕望時仍保持希望的那種人、孩子有癌症但心理上能處理這種狀況的父母呢？有絕佳應對天賦的人的故事很多，但對於沒天分的人，有沒有辦法改變周遭的事件，並且改變我們的觀點，至少讓心理壓力可以小一點呢？

本章剩下的部分專注在改變我們應對風格的方式。但第一個要強調的是，**我們可以改變自己的應對方式，在生理上和心理上都可以**。最明顯的例子是，規律運動能帶來身體的調節，會降低血壓和靜態心律，並提高肺活量等。對 A 型性格的人而言，心理治療不只可以改變行為，也能改變膽固醇組成、心臟病發風險和死亡風險，即使他沒有改變飲食或膽固醇的其他生理調節項目。另一個例子是，分娩的疼痛和壓力可以透過拉梅茲這類的放鬆技術而調節。[3]

光是重複某些活動就能改變你的行為和壓力反應啟動之間的連結。在先前提過的經典研究中，學跳傘的挪威士兵在訓練的幾個月過程中接受檢視。第一次跳傘時，他們都怕死了；他們覺得自己像是一缸缸的果凍，而他們的身體也反應出這一點，在跳傘前與後的幾個小時，葡萄糖皮質素和腎上腺素都升高，睪固酮受到抑制。當他們重複這樣的經驗後，變得擅長了，不怕了，荷爾蒙分泌模式就改變了。在訓練結束時，跳傘前後幾個小時，他們不再開啟壓力反應，只有在真正跳傘的時

候才會開始。當有身體壓力源，他們能夠把自己的壓力反應限制在適當的時候；整個壓力反應的心理成分在習慣後就消失了。

這些例子全都顯示了壓力反應的運作可以隨著時間改變。我們成長、學習、適應、變得無聊、發展興趣、疏遠、成熟、變堅強、遺忘，我們是有可塑性的動物。我們可以用來操弄系統，使它對我們有利的那個按鈕是什麼呢？

在壓力的心理學那一章提出的議題顯然很重要：控制、可預測性、社會支持、挫折出口。例如，塞利格曼和同事報告了，他們在實驗室中，成功地在受試者遭遇無法解決的任務時，減緩他們的習得的無助，前提是如果受試者先接受了「賦能」的活動（各種他們可以輕易掌握和控制的任務），但這是相當人工的環境。一些經典的研究操弄了在真實世界中相似的心理變項，甚至是真實世界中最糟糕的部分。這裡有兩個例子，有著令人吃驚的結果。

自我藥療和慢性疼痛症候群

無論我遇到了什麼痛苦的事情，在所有苦難中，我總是因為被提醒了「疼痛有多痛」而感到驚訝。那想法後面還有另一個想法，「如果我一直這麼痛呢？」慢性疼痛症候群很容易讓人失去力量，而糖尿病神經病變、脊神經根部壓迫、嚴重燙傷、手術後恢復過程，都可能極為疼痛。醫學上的問題是，通常很難給足夠的藥物來控制疼痛，同時又不會造成上癮或使那個人有服藥過量的危險。任何護理師都會證明，這種困境也造成了一個管理問題，就是慢性疼痛的病人有大半天的時間都在按呼叫鈴，想要知道下次止痛藥是什麼時候給，而護理師得花上半天的時間解釋時間還沒到。有一個總是會使我發抖的回憶：有一次，我父親因為某個狀況而住院，隔壁房是一位老年男性，似乎不停地、每隔三十秒就會哀怨地大叫：「護士。護士！很痛。很痛！護士！」第一天很恐怖，第二天很煩，到了第三天，它的影響就和蟋蟀有節奏的唧唧聲一樣了。

一段時間前，一些研究者有個十足瘋狂的點子：何不給那些病人止痛藥，讓他們自己決定何時需要用藥呢？你可以想見主流醫學對這件事的暴怒，像是病人會用藥過量、上癮，你不能讓病人這麼做。

但是，這個點子被試用在癌症病人和手術後的病人身上，結果那些病人自我藥療得很好，事實上，使用的止痛藥總數量減少了。

用量怎麼會降低呢？因為當你躺在床上，處於疼痛中，對時間不確定，不確定護理師是否聽到你的呼叫或有沒有時間回應，對一切都感到不確定，這時你索取止痛藥，並不只是要停止疼痛，還要停止不確定感。建立控制感和可預測性，讓病人知道如果疼痛太嚴重時藥物就在那裡，那麼疼痛通常會變得更能管理。

在安養院提高控制感

我想，沒有比安養院更能顯現心理壓力的本質。在最好的情況中，老人的應對風格通常比年輕人的更不活躍、更不直言。面對壓力時，年輕人更可能會試著直接面對和解決問題，而老人更可能遠離壓力源或調整自己的態度。安養院的情境使得退縮和被動的傾向更惡化：那是一個你通常被孤立於一輩子的社交支持網絡之外的世界，你對自己的日常活動、經濟，通常還有你的身體，有很少的控制感。在這個挫折出口很少的世界，你通常被當成小孩一般，「被幼兒化」，最容易有的預測就是「人生會更糟」。

一些心理學家冒險進入這個世界，試圖應用第十三章提出的控制和自我效能的一些想法。例如，在一項研究中，安養院的居民得到可對日常決定更多的責任，他們必須負責選擇自己隔天的餐點、事先報名社交活動、挑選並照顧自己房間的植物，而不是有人把植物放在那裡並且由護理師照顧（喔，這裡，親愛的，我會澆水；你何不回去床上？）。後來，那些人變得更活躍，主動進行更多的社交互動，並且在問卷中說自己更快樂了，接著由不知道他們是增加責任組或控制組的醫師來評估，他們的健康改善了。最值得注意的是，增加責任組的死亡率是控制組的一半。

其他的研究操弄了不同的控制變項。幾乎完全一致的，那些研究發現，中度增加控制感會產生剛剛所說的每一個良性影響；在少數研究中，甚至做了生理測量，發現葡萄糖皮質素下降或免疫功能變好的改變。有很多方式可以增加控制感。在一項研究中，基礎線組不受到操弄，而實驗組被組織成對安養院的生活做決定的居民議會，後者的健康改善了，而且個體更主動參與社交活動。在另一項研究中，一個

安養院中的居民，因為第一個機構經濟破產而非自願地被搬到另一家，基礎線組用正常的方式被搬走，而實驗組得到很多關於新安養院的說明，並且被賦予了與搬遷有關的許多事情方面的控制（哪天搬走、自己房間的裝飾等）。到了搬家的時候，後者有較少的醫療狀況。

失去控制的幼兒化效果，在另一項研究中很明顯地出現，那項研究中的居民被賦予各種任務。當在場的員工鼓勵他們，他們的表現會進步；當在場的員工幫助他們，他們的表現會退步。

這些原則的另一個例子：有一項研究是關於大學生造訪安養院的住民。一個安養院組是基礎線組，沒有學生訪客。在第二組，學生會在無預期的時間去聊天，這一組有各種功能與健康的改善，證明了增加社交接觸的正面影響。第三組和第四組，則有控制和可預測性的變項，第三組的住民可以決定對方什麼時候造訪，第四組則不能控制這一點，但至少會被告知訪客什麼時候會來。相較於第二組，這兩組的功能和健康改善得更多。控制和可預測性有幫助，甚至是在對一個人的不快樂不會有影響的情境。

壓力管理：仔細看暗藏的訊息

這些研究產出了一些應對壓力的簡單答案，但要應用在日常生活中卻不簡單。他們強調操弄控制感、可預測性、情緒出口、社會連結，以及事情會變好或變糟的觀點的重要性。實際上，在應對壓力之戰中，安養院和疼痛研究是從前線來的鼓勵急件，它們提供簡單、賦能、解放的訊息：如果在那些艱難的情況下操弄這些心理變項有用，它們肯定也對日常生活中的瑣碎心理壓力源有用。

這是充斥在壓力管理研討會、治療會談，以及關於此主題的許多書籍的訊息。它們一致強調：**要找到在困難的情況中得到某種程度的控制的辦法、把壞情況視為個別的事件而非永遠或持續的事件、在困難的時候找到妥當的挫折出口和社會支持與安慰的辦法。**

這很棒，但體認到這個故事沒那麼簡單，是非常必要的。很重要的是，別以為你要管理和最小化心理壓力，以及解決辦法總是與更多的控制感、更多的可預

測性、更多的出口、更多的社會隸屬有關。這些壓力管理原則只在特定的情況中有用，而且只對有特定類型問題的特定類型的人有用。

前一陣子，我被提醒了這一點。感謝這本書把我從老鼠神經元的專家轉變為人類壓力的專家，我和一位雜誌作家談這個主題。她替一份女性雜誌寫文章，撰寫諸如身為財富五百強公司的總裁要如何維持完全滿意的性生活之類的文章。我們正在談壓力與壓力管理，我正在說心理壓力那一章裡一些想法的概要，一切都很順利，快到最後時，這位作家問我一個要收錄在文章中的私人問題：「你應付壓力的出口是什麼？」我犯了一個誠實回答的錯誤：「我熱愛我的工作，我試著每天運動，而且我有很棒的婚姻。」突然，這位頑固理性的紐約作家開始轟炸了：「我不能寫你有美好的婚姻！別告訴我你美好的婚姻！你知道我的讀者是誰嗎？他們是四十五歲，很可能永遠都不會結婚，也不想被告知婚姻有多棒的專業人士！」我驚覺或許她也是同一類。當我逃回去我的老鼠和試管之後，我也驚覺自己真是個白癡，你不會輔導戰爭難民去注意膽固醇太高或飲食中的飽和脂肪；你不會告訴一位住在內城的爛地方、被壓垮的單親媽媽，關於日常嗜好的減壓效果；而且你肯定不會告訴這種雜誌的讀者群，有個終身的靈魂伴侶有多棒。**「更多控制，更多可預測性，更多出口，更多社會支持」，不是該配著笑臉徽章毫無分別地發送的咒語。**

前面提到的兩個研究，用極大的力道教了我們這一刻，它們表面上似乎是壓力管理的成功故事，但結果不是。回到緩解期癌症病童的父母。全部的病童最後都會結束緩解期並死亡，當這種情況發生時，那些家長的處境呢？有些家長一直都接受了復發的可能性，而有些家長堅定地否認這個可能性。就像已經說過的，在緩解期，後者的葡萄糖皮質素分泌通常較少，但是當他們的幻想破碎、疾病回來時，他們的葡萄糖皮質素濃度增加最多。

與這種不幸結局同等辛酸的版本，來自一個安養院研究。回想那個學生每週探訪一次的住民，無論是沒有預告、由學生決定的指定時間，或是由住民選擇的時間。那社交性對大家都有一些好處，可是最後兩組的人，有增加的可預測性和控制，好處更大。很美好，研究結束，慶祝，每個人對於明確和正面的結果很欣喜，發表報告，演講。當學生參加者最後一次訪視安養院的住民時，給了彆扭的一句：「你知道這個研究結束了，我，不會再回來了，但是，認識你很棒。」然後呢？功

能、快樂和健康改善的人，現在是否會降回到實驗前的程度呢？不，他們掉得更多，比研究之前更差。

這完全有道理。思考一下，昨天你被電擊十次，今天被電擊二十五次，是什麼樣子？在你花了一整年否認緩解期會結束的可能性之後，小孩的緩解期結束，是什麼感覺？想一想那些安養院的住民：在安養院裡，寂寞、孤立、無聊的子女一個月來看一次是一回事。有機會和聰明伶俐、熱情、似乎對你有興趣的年輕人相處，然後發現他們不會再來，這種情況更糟。我們每個人，除了最英雄式堅強的人，都會在面對這種失落時往下掉一階。無論是多麼不理性的希望，都能使我們在最黑暗的時刻撐住，這是真的，但沒有什麼比「給了希望，又突然把它拿走」，更能有效地擊碎我們。

注入控制感、可預測性、出口和社交性的原則，什麼時候有用，什麼時候用了又是災難呢？這裡有一些規則。記得那些規則，讓我們看看一些具體的壓力管理方式，及它們什麼時候有用。

運動

我從運動開始談，因為這是我頻繁依賴的減壓方式，而且我深深地希望著，把它放在第一個，表示我會活到很老又健康。

用運動來對抗壓力會有好處的原因，第一，它減少了各種新陳代謝與心血管疾病的風險，於是減少了壓力使那些疾病惡化的機會。

下一個是，運動整體來說會使你覺得很好。這裡面有個干擾因子，就是做很多運動的人，尤其是競爭性運動員，大多本來就有不神經質、外向、樂觀的性格（馬拉松跑者例外）。然而，做一個有適當控制的研究，即使包含神經質的內向者，運動也會造成 β- 內啡肽分泌。再加上有自我效能感和成就感，它們是當你的大腿肌肉在有氧運動課過程中很難受時，你會試著回想的好東西。最重要的是，壓力反應是關乎為肌肉活動的突然爆發而為身體做好準備。

如果你開啟壓力反應，是真的為了那個目的，而不只是為了窩在浪費時間的會議裡，那麼你會減少緊張程度。

最後，有證據顯示，運動會使得你對多種心理壓力源的壓力反應更小。

這很棒。現在來說明一些附帶條件：

- 運動只會在運動後改善情緒和鈍化壓力反應幾小時到一天。
- 只有你真的想要運動時，才有減壓效果。讓老鼠自願在滾輪裡跑，牠們的健康在各方面都會進步；強迫牠們跑，就算放著很棒的舞曲，牠們的健康還是會惡化。
- 相關研究相當清楚地顯示，有氧運動比非有氧運動對健康更好（有氧運動是持續的類型，當你在做的時候，不會害你喘不過氣，不能說話）。
- 運動需要規律並持續一段時間。雖然相關專業都投注在搞懂究竟有氧運動的時間表怎樣最好（多常、多久），但很清楚的是，你一次運動需要至少二十或三十分鐘，一週三次，才能真的得到健康的好處。
- 不要過度。記得第七章的教訓：過猶不及。

冥想

如果規律、持續地做（每天且每次十五、三十分鐘），冥想似乎對你的健康很好，它可以降低葡萄糖皮質素、交感神經系統運作，以及這兩者之一太多時會產生的一切壞東西。現在是一些提醒：

第一，研究清楚地顯示了冥想當下的生理好處，但這些好的效應（例如，降低血壓）是否能在之後持續很久，沒有那麼清楚。

再來，當冥想的那些好效應真的持續，可能有受試者偏差存在。假設你想要研究冥想對血壓的影響，你會怎麼做？你隨機分配一些人到控制組，確保他們不冥想，而一些人到每天冥想一小時的那組。但在大部分的研究中，並不是隨機分配；換句話說，你研究的是已經選擇規律冥想的人的血壓，把他們和不冥想的人作比較。誰選擇冥想不是隨機的，因此，也許在他們開始冥想以前，這個生理特質就已經存在了；也許那些特質甚至與他們選擇冥想有關。有一些好研究避開了這個干擾因子，但大部分沒有。

最後，有很多不同類型的冥想。別信任說自己的特殊品牌被科學證明比其他品牌對你的健康更好的人，小心你的錢包。

得到更多控制感、更多可預測性……也許吧

關於即將發生的壓力源的預測性資訊較多，有助於減壓，但不總是如此。在第十三章說過，得到一般事件的預測性資訊，沒有太多好處（因為它們基本上無可避免），或知道很稀有的事情的預測性資訊，也沒有太多好處（因為你一開始就不會對它們感到焦慮）。在壞事發生前的幾秒鐘得到預測性資訊，沒有太多好處（因為沒有時間取得放鬆一下的心理好處），或者太早以前知道也沒有太多好處（因為反正沒人在擔心）（參見第 233 頁）。

在某些狀況中，預測性資訊可能使事情變得更糟，例如，只告訴你一點點資訊的時候，像是在九一一後常聽到的：「正常生活，但要格外小心」（橘色警戒）。

過量的資訊也可能造成壓力。我在研究所時，最不想去的地方之一就是圖書館的「新期刊桌」，上一週收到的期刊全都擺在那裡，有好幾千頁。每個人都圍著它，恐慌即將發作的翹翹板晃來晃去。可得的全部資訊似乎都在嘲笑我們，讓我們覺得自己有多麼失控，又笨又落後，脫節又無法負荷。

操弄控制感，就是在玩弄可能是雙面刃的心理壓力變項，過多的控制感可能有害，無論這種感覺正確與否，有個例子如下：

當一位朋友還是醫學生時，參與手術輪班。第一天，他很緊張，不知道該期待什麼，他去了被分配到的手術室，站在做著腎臟移植手術的一群醫師和護理師後面。幾個小時後，首席外科醫師突然轉向他：「啊，你是那個新的醫學生；很好，過來，抓著這個牽開器，停在那裡，穩定，好孩子。」手術繼續；我的朋友危險地維持著被那個外科醫師擺弄的不舒服姿勢，以一個特定角度往前傾，一隻手臂伸進人群中抓著器具、無法看見發生什麼事，他被忽略了。

幾個小時過去，他變得頭昏眼花，因為維持不動而頭昏。當那位外科醫師縫的時候，他發現自己晃來晃去，眼睛要閉上了。「一條肌肉都不要動，因為你會搞砸一切！」他受到刺激、感到恐慌地勉強撐著，結果發現那個「你會搞砸一切」的戲碼是對每個醫學新生所做的蠢惡作劇。他整個時間都抓著跟身體無關的器械，卻被騙到覺得自己對病人的生存有完全的責任（最後他選擇了另一個醫學專科）。

另一個例子是，壓力和癌症之間的關聯有多麼薄弱。錯誤解讀此領域的少數正

面研究的影響力，使癌症患者或其家人相信控制癌症成因和病程的可能性比事實上更大，顯然是一種曲解。這麼做就是告訴癌症患者及其家人，罹患這疾病是他們自己的錯，但這不是真的，也無益於在很有壓力的情況中減壓。

在心理上，「控制」並不總是好事，好的壓力管理的一個原則，不可能只是增加一個人在生活中認為的控制程度。就如我們在第十三章看到的，這取決於此看法的涵義。當壞事發生時，你覺得有控制感，是否能減壓呢？如果你認為，「吼，那很糟，但想像如果我沒主控的話，它會壞到什麼程度」，控制感顯然作用於使你不感受到更多的壓力。然而，如果你這樣想，「真是個災難，而且都是我的錯，我應該預防它」，控制感就會對你製造傷害。成功運用的原則是：**壓力源越災難性，相信自己對結果有某種控制力就越糟**，因為你無可避免地會認為如果你做了更多，事情的結果就會比較好。**控制感在輕度壓力源時作用最好**（記得，這個建議是關於你自認為擁有的控制感，不是你真正有多少控制權）。

在壞情況中懷有幻想的控制感，可能使人生病，甚至嚴重到在健康心理學文獻中有專屬的名字，原本可以在第十五章談論這個，但我留到現在。正如杜克大學的雪曼・詹姆斯（Sherman James）所描述的，那叫做「約翰・亨利現象」（John Henryism），這個名字來自於美國民俗英雄，他錘打著六尺長的鐵鑽機，試著跑贏正在穿過一座山的蒸氣鑽洞機，最後約翰・亨利打敗了機器，卻死於這個超人的努力。如詹姆斯定義的，約翰・亨利現象是相信所有的要求都能被克服，只要你夠努力。在問卷中，約翰・亨利類型的個體強烈同意這種說法，「當事情不如我的意，只會使我更努力」，或「一旦我決定要做什麼，就會堅持直到完全做好」。這是有內控觀的個體的典型，他們相信，靠著足夠的努力和決心，可以調節所有的結果。

這有什麼不對嗎？沒有，如果你運氣夠好，住在菁英的特權世界，一個人的努力真的和他得到的獎賞有關，而且在舒適的中產階級世界，內控觀也很好用。例如，在社會特權階層的典型個體群中，總是把生活中的事件歸因於自己的努力（內控觀），可高度預測終身健康，例如喬治・威朗特研究中的哈佛畢業生。然而，在一個人生於貧窮、教育有限或職業機會有限、有歧視和種族主義的世界裡，要當「約翰・亨利」會是一個災難，若你以為只要再努力一點，就能決定那些無法克服的可能性本來可以被克服，那麼約翰・亨利現象會與高血壓和心血管疾病的顯著風

險有關。驚人的是，詹姆斯的先鋒研究發現了約翰‧亨利現象的危險，主要發生在那些最像神話般的約翰‧亨利的人身上，即工人階級的非裔美國人，這種性格類型使你相信自己可以控制無法控制的壞事。

有一個關於天堂與地獄的差別的老寓言故事。我們被告知，天堂是把永恆花在研讀聖書，相對的，地獄也是把永恆花在研讀聖書。某種程度來說，我們對事件的觀點和詮釋，可以決定外在情況是天堂還是地獄，而這本書的後半部已經探討了把後者改成前者的辦法，但關鍵是，「某種程度來說」，**壓力管理大多是關於有助於應對比較不災難性的挑戰的技術。**

這在前述的領域滿有效的，但若是產生一個主觀性宗教，把這些技術歡樂地提供給一些處境宛如地獄的人，像是無家可歸的街友、難民、被社會中高不可攀的人歧視，或癌症末期病人等，當作解決辦法，這是沒有用的。在那種情況中，偶爾會有人真的從這些技術中受惠，令人吃驚地具有應對能力。這是值得為他們慶祝的事，但絕不是一個鼓勵其他處境相同的人來參加該計畫的好理由。

那是壞科學、壞臨床運用，以及終極的壞倫理。如果任何地獄真的可以被改成天堂，那你只要把自己從沙發叫醒，去告訴某種恐怖事件的受害者，他們的不快樂是誰的錯，就可以把這個世界變得更好。

社會支持

這本書進行到這裡，以下這一點應該不花腦力了：社會支持使得壓力源比較沒那麼有壓力，所以去弄一點來吧。很不幸的，事情沒那麼簡單。

首先，社會隸屬不總是心理騷亂壓力的解決辦法。我們很輕易就能想到，有些人是在我們不安時最不想被困在一起的人，也可以輕易地想到和某人在一起會使我們感覺更糟的麻煩狀況。生理學研究的發現也是如此。找一隻獨居的老鼠或靈長類，把牠放到一個社會團體中，結果通常是嚴重的壓力反應。在猴子的情況中，這可以持續數週或數個月，牠們緊張地試著搞清楚這個團體的社會位階中誰主宰著誰。[4]

此原則的另一個例子是，把幼猴和母親分離。可以預測的是，牠們會有相當大

的壓力反應，葡萄糖皮質素會增加。如果幼猴被置於一群猴子當中，只有當幼猴已
經認識那些動物的時候，葡萄糖皮質素增加的情況才可以被預防。陌生人不太能夠
提供安慰。

即使動物們彼此之間已經不再陌生，團體內平均有一半動物會對任何一隻動物
是社會強勢的，而有較多的強勢動物不必然是困境中的安慰。甚至親密的社會隸屬
並非總是有幫助。我們在第八章的心理免疫看到，已婚狀態與各種更好的健康結果
有關，一部分是因為反向因果關係的老把戲：不健康的人比較不會結婚；一部分是
因為婚姻常增加人們的物質福利，並且有人提醒你及哄你減少某些生活型態風險因
子。在控制那些變項後，平均來說，婚姻與健康改善有關。但那一章也提到一個明
顯且重要的例外：對女性來說，不好的婚姻和免疫抑制有關，所以，與錯的人的親
密關係，絕對不會減壓。

往外擴展，有強大的朋友網絡，並且如我們在上一章看到的，處於充滿社會資
本的社群，也有益健康。潛在的缺點呢？我間接提過了。在那些很好、烏托邦似的
社會資本玩意之中，埋伏著麻煩的事實，就是非常緊密凝聚、合作且有相同價值觀
的社群，可能都是具同質性、順從及仇外的，甚至可能有嚴重的種族歧視和極權主
義，所以社會資本並非總是暖烘烘的。

我一直強調，要從對的人、對的朋友網絡、對的社群得到社會支持。**社會支
持最強大的減壓特質之一，常常是給予社會支持、被需要**。十二世紀的哲學家邁蒙
尼德（Maimonides）建構了一個做慈善的最佳方式之階層制度，而最上面是慈善的
人匿名地施予不知名的接受者。那是一個很棒的抽象目標，但是看見你幫助的人的
臉，常常有巨大力量。在缺乏控制而很有壓力的世界，我們都有一個驚人的控制感
來源，那就是使這個世界變得更好的能力，一次做一點。

宗教與靈性信仰

「宗教或靈性信仰能保護人對抗疾病，尤其是壓力相關疾病」，這種想法極有
爭議。我遇過這領域的一些研究者，注意到他們閱讀的文獻通常呼應了個人的宗教
信仰觀點。因為這個原因，我認為在討論此主題之前，我先攤牌會有一些幫助。

我的成長背景是非常傳統的宗教，並且虔誠地相信。不過，現在我是無神論者，我的人生完全沒有任何靈性信仰的空間，而且認為宗教是嚴重有害的。不過，我但願自己也能相信宗教。雖然宗教對我來說毫無道理，而且我無法理解那些相信的人，不過我也被他們感動，所以我很困惑。來談一點科學吧。

大量的文獻發現，宗教信仰、宗教實踐、靈性信仰和禱告，可以維持良好的健康，也就是說，這會降低疾病的發生率、降低疾病造成的死亡率（把這兩個效果放在一起，你會得到更長的壽命），並加速疾病復原。那麼爭議點是什麼呢？

第一，一些定義上的問題。宗教和靈性信仰有什麼不同？前者是有歷史慣例和很多追隨者的制度化系統；後者是比較私人的。鮑林格林州立大學的肯尼斯·帕格曼特（Kenneth Pargament）指出，前者也代表正式的、向外取向的、教條的、權威的和抑制表達的；而後者常常意味著主觀的、情緒的、向內取向的和自由表達的。比較相信宗教的人，和自認為有靈性信仰但不屬於宗教的人，前者通常比較老、教育程度較低、社經地位較低、男性比例較高。所以，宗教和靈性是非常不同的東西。儘管如此，健康相關文獻說這兩者差不多，所以我在這裡會混用它們。

爭議點是什麼？在發現健康好處的所有研究當中，是否真的有任何好處。為什麼有這麼多的不確定？首先，因為這些研究很多都很瘋狂，或存在著在中學科學營就該被處理掉的錯誤。但就算是最認真的那些研究，也很難以科學界認為的黃金標準而在此領域執行研究。大部分的研究都是回溯性的，還有人們通常會自己評估自己的宗教信仰程度（包括客觀項目，像是他們多常參加宗教活動），而一般人對這種記憶大多不正確。

另一個問題是應該很容易避免卻很少避免的事，這是統計學的一個細微問題，有點像是這樣：測量與宗教相關的多到數不清的東西（大部分會重疊），也測量與健康相關的多到數不清的東西（同樣有重疊），然後看看第一類裡有沒有任何東西可以預測第二類的任何東西。即使宗教和健康之間沒有任何關係，但只要有足夠的相關，某個東西就全憑機率地跳出來像是有顯著相關，然後你證明了宗教使你更健康。最後也是這科學領域最重要的，你不能把人隨機分配到不同的研究組中（「你們這些人變成無神論者，而你們那些人開始深信上帝，然後我們十年後在這裡再見，量量大家的血壓」）。

所以最厲害的人輕易指出，很難對宗教做真正的科學。想一想這個領域的兩位主要思想家，哥倫比亞大學的李察‧史隆（Richard Sloan）和史丹佛大學的卡爾‧索瑞森（Carl Thoresen）。我會一直引用他們，因為他們各自都是極為嚴格的科學家，而一位是「宗教的健康好處」的強力代言人，而另一位是強力的批評者。要是你去讀他們在這主題的評論，會看到兩位都花上半個篇幅猛攻那些文獻，指出這領域的大部分研究都很糟糕，也該被忽視。

一旦你去蕪存菁之後，發現什麼呢？很有趣地，史隆和索瑞森同意下一點，也就是：當你看客觀醫學項目時，像是一個疾病的住院天數，沒有任何證據顯示「為某人祈禱就會改善他的健康」（排除他知道有某人向更高的力量為他加油的那種社會支持）。這是十九世紀的科學家法蘭西斯‧高爾頓（Francis Galton）已經確定的，他指出每個星期天都有坐滿教會的忠誠鄉巴佬替歐洲貴族的健康禱告，但這些歐洲貴族沒有活得比其他人更久。

史隆和索瑞森同意的另一件事情是，當你看到宗教和良好的健康之間可靠的連結時，你不知道是哪一個先發生，因為有宗教信仰可能使你健康，而健康可能使你有宗教信仰。他們也同意，當你看到一個連結，甚至是宗教使健康變好的連結，你依然不知道這與宗教有沒有關係。這是因為有宗教信仰通常會給你帶來宗教社群，所以有社會支持、有意義的社會角色、好的榜樣、社會資本等所有那些好東西。而且，在大部分的宗教中，有宗教信仰通常表示較少有喝酒、吸菸和狂飲作樂的風險因子。所以這些項目需要被控制。

一旦你做到了，很驚人的，索瑞森和史隆幾乎意見相同，也就是：**宗教信仰的確在少數的醫學領域中，可預測某種程度的良好健康。**

索瑞森在此領域一些很硬的評論中，對這方面做了最仔細的分析。他發現，規律參加宗教活動的人，可被合理預測死亡率降低，以及心血管疾病與憂鬱症風險減少。然而，他也發現，宗教信仰不能預測其他的事，像是癌症發展、癌症死亡率、醫學性的殘障、從疾病復原的速度。還有，宗教信仰很深的人（根據他們的自評）並不比宗教信仰較不深的人，獲得更多的健康好處。他的結論是，宗教信仰本身可改善健康的證據只是可能性而不是絕對的，而且效果相當有限，此外，宗教信仰大多是使健康的人維持健康，而不是使生病的人活下去並比較快復原。

史隆是此領域的強力批判者，他的結論幾乎相同，但是更在意這些效果有多微小，並且覺得這整個主題根本不值得這麼多的關注。相對的，支持者回應說：「這些效果並不比其他更主流的醫學更小，而且在一些次類型的人身上，它們是很大的因素。」於是每個人吵來吵去，直到那一節的研討會告一段落，所有科學家該去吃午餐的時候。

一旦你控制了社會支持和風險因子減少，就算宗教信仰真的對健康很好，為什麼它會令人健康呢？由於許多原因，這些都與壓力以及你信仰的神明類型有關。

首先，你可以有一個規定很神秘的神明，即原始的猶太基督教的耶和華（Yahweh），湯瑪斯‧卡希爾（Thomas Cahill）在他的書《猶太人的禮物》中強調這一點。

在一神論的耶和華之前，那些神明是合理而可猜測的，祂們有熟悉的、超越人類的胃口，不只想要小羊腿，而是要最好的小羊腿，想要勾引所有的樹林仙女等等。

但早期的猶太人發明了一個沒有任何這種欲望的神，祂完全深不可測、不可知，恐怖到了令人尿褲子。[5] 所以即使祂的作為很神秘，當祂介入時，你至少得到歸因的減壓好處：雖然你不清楚這神明到底在幹嘛，但你至少知道誰該為蝗害或中樂透負責。這個隱藏的目的，成為存在性的空虛的解藥。

接下來，如果介入的神明有可識別的規則，這位神明則提供了歸因和預期性資訊的安慰，像是做 X 儀式，Y 會發生，所以當事情不順利時，就有了解釋。[6] 如果事情真的只對你很糟，你有機會重新框架這個事件，像是用某些癌症病童父母的辦法：上帝把祂不能信任別人的重擔，信任地託付給你。

如果一位神明具有上述的條件，而且會回應你私人且明確的懇求（尤其是如果這神明偏愛回應，且看起來、說起話來、吃東西、穿衣服、祈禱得像你），就有多一層控制感。如果在這些之上，這位神明被認為是良性的，減壓的好處肯定更厲害。如果你能夠把癌症和阿茲海默疾病、大屠殺和種族清洗、你所愛的每個人的心跳無可避免地停止等事情，都視為在一個有愛心的計畫之上，那麼這肯定構成了所能想像的最大的支持來源。

史隆和索瑞森還有兩個同意之處：此領域的發現會使醫師們建議病人有更虔誠

的宗教信仰，而他們對於這樣的想法感到非常緊張。而且兩人都說，在這些慎重的好消息中，宗教信仰可能使健康、心智和其他方面變得更糟。社會研究新學院的雪倫·佩克（Sharon Packer）指出，宗教對於減少壓力源很好，但它們通常在一開始就是那些壓力源的發明者。

在對的時候選對的策略：認知彈性

面對某壓力源時，「應對」可以有各種型式。你可以解決問題，挑戰這個弄清楚試著改變壓力源或改變自己的觀點比較合理的認知任務；你也可以聚焦在情緒，光是承認自己因為那個壓力源而情緒受傷，就可以減壓；你可以聚焦在人際關係和社會支持，做為讓你覺得壓力比較小的方法。

人們傾向於哪種風格，顯然各有差異。例如，在異性戀關係中，永無止盡的緊張來源，是女人平均來說傾向於情緒為主或關係為主的應對風格，而男人傾向於解決問題。[7]

但無論你最自然的應對風格是什麼，一個關鍵是，不同的風格往往適合於不同的情況。一個白癡的例子，假設有一個大考試要到了，一個應對版本是用功；另一個是重新框架壞成績的意義（「人生不只是這門課，我還是個好人、擅長其他事情……」）。顯然，在考試前，應該是以用功來減壓的策略為主，而你應該把以重新框架來減壓的策略，留到考試之後。更有意義的例子是，想一想家庭中有人罹患重大疾病，即將有很多殘忍且困難的決定要做，另一個是家中有人死亡的情況。通常問題解決取向比較適合那個疾病的情況；情緒和關係為主的應對比較適合死亡的那個狀況。

這方面的另一個版本，需要馬丁·塞利格曼的研究中出現的切換策略。在內控觀的好評中，我們已經看到約翰·亨利現象的例子，呈現了內控觀也可能有反效果。塞利格曼的研究顯示，**能夠切換控制觀是有用且健康的**。當好事發生時，你要相信這結果來自於自己的努力，並且對你有廣泛、長期的意義。當結果不好時，你要相信這是在自己控制之外的事情，而且只是暫時的事件，意義非常有限。

在特定狀況中切換到最佳策略，意味著擁有認知彈性來切換策略，這是社經地

位與健康研究的先鋒之一亞倫·安東諾夫斯基所強調的。對他而言，什麼可以預測一個人的健康呢？根據固定規則和彈性策略的應對反應。這需要我們對抗大部分的人都會有的反射性。如果壞事發生，而我們應對的嘗試不成功，最常有的反應之一是加倍利用平常的應對方式。雖然有時候這招有用，但實際上很少有效。在有壓力時，要找到資源嘗試新辦法，真的很難，而這通常就是你需要做的。

一個可能有用的想法

這裡有額外一個想法，但連半生不熟都稱不上。本書的主題之一是某些對比的目標。面對生理壓力源，你最好啟動壓力反應；面對心理壓力源，你最好不要啟動壓力反應。在基本情況下，最好盡可能少分泌葡萄糖皮質素；但面對真正的壓力源時，葡萄糖皮質素的分泌要盡可能多。壓力一開始時，要迅速啟動壓力反應；壓力結束後，要迅速恢復原狀。

想一想那些學跳傘的挪威士兵：他們第一次跳時，血壓在跳的時候爆高（B部分）。但除此之外，在預期的恐怖情境之前就升高了數小時（A部分），之後也持續數小時，表示他們依然腿軟（C部分）。

在他們跳了無數次之後，這個組成變成什麼樣子呢？在跳的時候（B部分）有一樣巨大的壓力反應，但兩秒鐘前和兩秒鐘後，什麼都沒有，傘兵只是在想午餐要吃什麼。

「習慣」就是這樣，把開與關、前景與背景的對比變得更明顯，提高訊噪比。在這本書的脈絡中，當某人已經有了數不清的跳傘經驗，就只會在真正的壓力源發生時開啟壓力反應，像之前談過的，被經驗除去的是A部分和C部分的心理壓力反應。

這很棒。但我在理解的是一個更不明顯的目標。這個想法歸功於俄亥俄州立大學的曼祖拉·沃卓恩（Manjula Waldron），他是一位工程學教授，剛好也是一家醫院的附屬教堂牧師。對我這個愛個子、輕躁症般、有布魯克林口音的傢伙來說，滔滔不絕地說這些內容，會覺得丟臉得像禪學似的，但還是該說：

也許我們的目標並不是要把低基礎值和高啟動的對比最大化，也許是要同時有

兩者。什麼？也許目標是要讓你的基礎值不只是沒有啟動、不只是缺席，而是有一種活躍的平靜、一個主動的選擇，最好是由貫穿「激動地啟動」的某種平衡和鎮定所組成。我在踢足球時感受過幾次，即使我很笨拙，在某個時刻，無論結果成功與否，每個生理系統都抓狂似地運作，我的身體做著我的心智想都沒想過的事情，而那情況發生時的兩秒鐘似乎比本該發生的時間更久。但是，「在啟動當中冷靜」這回事，並不只是換個方式談「好壓力」（有激勵性的挑戰，相對於威脅）。即使壓力源是不好的，而且你的心臟在危機中跳得很快，目標應該是以某種方式使每次心跳之間的極短時間成為可以延長的瞬間，並讓你重新組合。

好了，我不知道自己在說什麼，但我想那裡應該有藏著什麼重要的，說夠了。

壓力管理的八十／二十特性

在一些領域中有稱為「八十／二十規則」的想法。在零售業是這樣的，「百分之八十的抱怨來自於百分之二十的顧客」；在犯罪學，「百分之二十的罪犯得為百分之八十的犯罪行為負責」；或者，「百分之八十的新想法十來自百分之二十的研究和設計團隊。」這些數字的意義並不是字面上的；這只是在說因果關係並非平均分配在病因群體中。

我會把「八十／二十規則」的想法應用在壓力管理：**頭百分之二十的努力，成就了百分之八十的減壓**。我這麼說是什麼意思？假設你是 A 型性格的人，對待周遭的人是有敵意的、唐突無禮的、緊繃的。你的朋友和所愛的人邀請你坐下，溫暖地看著你的眼睛，然後對你大吼說你很難相處，無論他們這樣做多少次，都無法造成任何改變。無論多少次你看診時測出血壓高，都不會有什麼不同。在你決定改變以前，什麼都不會發生，你必須要真的決定，而不只是決定試著讓大家停止為了某個不存在的問題而煩你。

對於心理健康專業人士來說，這是根本的事實。在療程中的整個家庭，迫切地試著使其中一人做些改變，而如果他只是繃著臉盯著精神病醫師書架上的席吉·佛洛伊德（Siggie Freud）公仔，什麼也不會發生。可是，一旦你真心想要改變，只是付出努力就能有絕妙的結果。例如，有憂鬱症的人只要第一次約心理治療師的

診，就會覺得有顯著的改善，因為這表示他們意識到自己有問題，表示他們努力克服精神運動性的沼澤來做點什麼，表示他們已經好轉。

這與壓力管理有明顯的關係。這一節已經檢視了最有效的壓力管理方式的特色。但不要激動，在你搞清楚對你來說的那個完美方式之前，不要輕舉妄動。在某個程度來說，你用什麼管理技術（只要不虐待周遭的人）並不重要。如果你特別的減壓把戲，是穿著寬袍站在忙碌的街道一角、唸著天線寶寶的獨白臺詞，而**你會從中獲益，單純是因為你已經決定了「做改變是足夠重要的優先事項」**，你願意對一切不能說不的事情說不，來進行丁丁的獨白。別把你的壓力管理留到週末，或留到你在電話上等三十秒的時間，而是每天都花時間去做。

如果你能做到，改變就已經變得對你夠重要，你已經做得很好，也許不真的是百分之八十，但至少是很棒的開始。

總結

所以我們學到了什麼？

- **面對無法控制、無法預防、無法治癒的壞消息時，那些能夠找到否認辦法的人往往應對得最好。** 這種否認不只被允許，也可能是讓人不發瘋的唯一辦法；事實和心理健康通常是攜手並進的，但在這樣的情況中卻不必然。在遇到比較小的問題時，一個人應該要有希望，但得是保護性和理性的。找辦法把最有壓力的情況視為進步的保證，但不要否認「事情不會進步」的可能性。仔細地平衡這兩個相反的趨向，對最好的情況保持希望，並讓這種心態主宰你大部分的情緒，但同時讓一小部分的自己做最壞的打算。

- **那些成功應對壓力的人，通常在面對現在的壓力源時會尋求控制，但不是試圖控制已經發生的事情。** 他們不會試著控制無法控制的未來事件，也不會試著修理沒壞或壞到不能修的東西。面臨壓力源的大牆時，如果有一個單一解決辦法可以讓牆垮下，那很棒。但可行的解決辦法通常是一系列可控制的立足點，每個立足點很小但仍可以提供支持，使你可以攀牆過去。

- **尋求可預測的、正確的資訊，通常有幫助。** 然而，如果資訊來得太早或太晚、不

必要、多到讓人有壓力、比你想知道的更糟，這種資訊就沒有用。

- **幫自己的挫折找到出口，並且經常做。**這個出口必須要對周遭的人無害，不要為了自己不得到潰瘍，就害別人有潰瘍。閱讀每個據說能抗壓的救贖新方法的細則和清單，對天花亂墜的宣傳存疑，搞清楚什麼對你有用。
- **找到社會隸屬與社會支持的來源很重要。**即使在偏執的個人主義社會裡，大部分的人都渴望感到自己屬於自身以外更大的什麼，但不要把真正的隸屬和支持，誤以為只是社交而已。一個人可以在一大群人裡，或是面對著據說親密的對象而他實際上是陌生人時，感到極大的孤獨。要有耐心；大部分的人花了一輩子學習怎麼當真正的好朋友和好配偶。

這些想法有一些被包含在瑞合‧尼伯（Reinhold Niebuhr）的著名祈禱文中，並且被匿名戒酒會採用：

主啊！求祢賜我寧靜的心去接受我不能改變的一切，賜我勇氣去改變我所能改變的一切，並賜我智慧，去分辨這兩者的差異。

要有智慧地慎選戰場。一旦你有這種智慧，就具有這些戰鬥中使用的策略彈性和恢復力，正如我在一個貴格教徒聚會中聽到的東西：

面臨強風時，讓我成為一片草。

面對堅牆時，讓我成為一陣強風。

有時候，應對壓力包含把牆吹倒，但有時候是當一片草，被風吹打和折彎，但是在風停了很久以後依然屹立。

並非到處都有壓力。我們身體的每一個功能不正常的劇痛，並非都是來壓力相關疾病造成的。真實的世界的確充滿著我們可以藉由改變觀點和心理狀況，來巧妙處理的壞事情，但也充滿著無法靠改變態度就消除的糟糕事，無論我們多麼英雄式地、熱切地、複雜地或老派地希望著。一旦我們真的生病，使我們在凌晨兩點依然焦慮地醒著，那時可以拯救我們的東西，與這本書的內容沒什麼關係。一旦我們心臟病發作、腫瘤擴散、大腦嚴重缺氧，我們的心理觀點不太可能有幫助。我們已經

進入了別人（受到良好訓練的醫師）必須使用適當醫療介入的最高科技的領域。

　　遇到多種疾病，在該找什麼治療方式和做什麼歸因時，這些警告必須一再被強調。但在這些告誡之中，還有一個健康與疾病的領域是對我們的心智特質（包含想法、情緒和行為）很敏感的，有時候我們是否會因為那個在凌晨兩點嚇我們的疾病而生病，反應了這個心智領域。就是這裡，我們必須離開醫師和醫師事後清理麻煩的能力，體認到自己在日常生活中一小步一小步地事前預防這種問題的能力。

　　也許我開始聽起來像是你的祖母，勸告你要快樂，不要擔心太多。這個忠告或許聽起來陳腔濫調又瑣碎，但是，你只要改變老鼠理解自己世界的方式，就會誇張地改變牠得到某疾病的可能性。這些想法不只是廢話，而是該被利用的、強大且有解放潛力的力量。身為已經研究壓力多年的生理學家，我清楚知道這系統的生理學常常不比心理學更有決定性。回到第一章一開始的內容，我們都會覺得很有壓力的事：塞車、擔心金錢、過度工作、感情關係的焦慮，它們很少是「真的」，像是斑馬或獅子能了解的那樣。在我們特權的生活中，我們獨特地聰明到足以發明這些壓力，並獨特地愚蠢到足以讓它們太常主宰我們的生活。當然，我們有獨特的明智潛力，足以消除壓力的掌控。

注釋

1　對於那些真的很熱衷壓力相關疾病的瑣事的人，再加一個病理狀況：「一夜白髮」，這是一個術語，指的是被什麼搞得壓力又大又害怕，到了你的頭髮在幾天內變白或變灰的離奇狀態。這真的會發生。

2　「尊敬」這個議題可能有助於解釋這個被大肆宣傳的發現，就是相較於被提名但沒有得獎的演員，在人生中任何時候贏得奧斯卡獎，會使你的壽命延長大約四年。

3　嗯，我對這個不太確定。我已經看過太太分娩兩次，拉梅茲的奇蹟發揮差不多只有三分鐘，然後一點用都沒有，只是害我毫無意義地忙著複習拉梅茲課程的筆記。

4　以前的某個時候，美國政府提出改善研究使用的靈長類的心理健康新指南；一個立意良好但無知的部分是，在研究中獨居的猴子至少應該每週一次與猴子團體相處。這個社會情境被當成慢性社會壓力的模型研究好幾年了，但這規定顯然不會增進這些動物的心理健康。幸運地，在某個專家聲明後，所提議的規定改變了。

5　結合這個概念，嘲諷性的報紙《洋蔥》（二〇〇一年十月二十五日）有一次這麼開始一篇文章：「紐哈芬市，康乃狄克州：在星期一的一個診斷，可以解釋宇宙令人困惑且矛盾的方面，那千年來使哲學家、神學家和其他人類情境的學生百思不得其解的神，這位宇宙的創造者暨億萬朵花的

長期神明，深受躁鬱症之苦。」

6　我年輕時，曾被教導，大屠殺是神對於德國猶太人發明改革運動的公然侮辱，所做出的非常有邏輯的反應。那時，那個說法給我相當大的安慰，而當那整個大樓垮下後，造成了無法計量的盛怒。

7　語言學家黛博拉・天能（Deborah Tannen）的書《你就是不懂》高明地解釋這一點；這本書應該要是新婚夫妻的必讀書籍。

健康
Smile78

健康
Smile78